世界のエリートが学んでいる

MBA
マーケティング
必読書50冊を1冊にまとめてみた

永井孝尚
Takahisa Nagai

KADOKAWA

はじめに――マーケティングは、モビルスーツである

マーケティング力の有無で、大きな差がつく時代になった。

しかし日本のビジネスパーソンは素手と竹槍《たけやり》で、モビルスーツに乗る敵と戦っている。

しかもそのことに気づいていない（モビルスーツとは、ガンダムに登場する人型兵器だ）。


30代中頃までの私は「大量の仕事を最速でこなせば勝てる」と考え、現場に密着して製品企画やセールスをしていたが、一生懸命やっても成果はイマイチだった。

その後、私は勤務先のＩＢＭが新設したマーケティング専門職1期生として、ＩＢＭがグローバルで展開していたマーケティング研修で学び始めた。

その途端に、目からウロコが何枚も落ちた。勝つための戦い方がわかったのだ。


それまでの私にはマーケティング戦略がなかった。仕事は速いが大量の仕事に忙殺され、ムダが多かった。マーケティングの知識があれば、市場を俯瞰《ふかん》的に見て勝てるポイントを見つけ、戦略を立てて飛び道具を正しく使い、余裕で勝つ。本当にやるべきことを決め、ムダなことはしない。

マーケティング戦略を立てた上で戦えるようになった私は、事業戦略の立案と実施を担当して大きな成果をあげ、会社の成長を実現できるようになった。独立後はさまざまな業界の人たちにマーケティングを教える立場になり、勝ち方を学んだ人たちが次々と成果を生み出している。

マーケティング巧者の欧米・中国企業は、自由自在にモビルスーツ（マーケティング戦略）を使いこなす。ＧＡＦＡ（グーグル・アップル・フェイスブック・アマゾン）、テスラ、ネットフリックスといった超優良企業はどこも、本書でも紹介するさまざまな最新マーケティング理論を活用している。

マーケティングを学ばない日本企業は相変わらず現場第一主義。素手と竹槍で戦っている。しかも武器の違いに気がついていない。しかし日本のビジネスパーソンの現場の経験や勘は海外企業に負けていない。

しかもこのモビルスーツは、マーケティングを学んで日々の仕事の実戦で使い続ければ、誰でも使いこなせるようになる。使わないのは実にもったいない。

マーケティングはキャリアとしても赤丸急上昇だ。先日もファミリーマートのＣＭＯ（最高マーケティング責任者）就任が社長就任並みの扱いで報じられた。ＵＳＪ復活も森岡毅氏のマーケティング戦略によるもの。今後、マーケティングは経営幹部登用の必須条件になるだろう。

マーケティングは、主に米国のビジネススクール（経営大学院、ＭＢＡ）で進化してきた。

100年前、米国で「ビジネスで成功するには幹部に理論を学ばせればいい」と考えた人がMBAをつくった。私がIBMで学んだマーケティング研修もMBAマーケティングだった。

囲碁の世界で上達の早道は、勝つための「定石」を学ぶことだ。マーケティングでも、まずはMBAマーケティングの基本定石を学べばいい。**マーケティング力をつける近道は、このMBAマーケティングを学ぶことだ。**

ただし注意が必要だ。マーケティングは変化が激しいので、10年前の定石でもいまは有効でないものがある。だから最新マーケティング理論を学ぶことも必要だが、この見極めが難しい。どの本を読めばいいかわからないし、多忙な私たちには何十冊も読む時間なんてない。

そこでこれらを1冊でつかめるようにしたのが、本書だ。

本書は、定番から最新までMBAマーケティング指南書のエッセンスをまとめた一冊である。世界的に定評のあるマーケティング良書百数十冊の候補から、定番と最新理論を選り分けて50冊を厳選した。**この50冊がわかれば、現代のマーケティングにはひと通り対応可能だ。**言い換えれば、**マーケティングを語るのならばこの50冊の内容は最低でも理解して欲しい**（なおマーケティングへの理解を深めるために、日本人著者の本も10冊入れた）。

ただこの50冊は難解で分厚い本が多い。一方でビジネスパーソンは「要は仕事でどう役立つか」を手っ取り早く知りたいものだ。そこで本書は「**仕事でどう活かせるか**」「**わかりやすさ**」「**面白さ**」の3点を重視してまとめた。具体的には、1冊あたり5分でエッセンスをつかめるように50冊の本質を押さえた上で、身近な事例と日々の仕事への指針も加えた。

さらに50冊で関連する箇所を参照し合うことで、マーケティングの理解促進も図った。

また、マーケティング成功のカギは俯瞰的に考えることだ。そこで本書では、テーマ別に6章構成でマーケティングを俯瞰できるようにした。

第1章は「戦略論」、第2章は「ブランド論と価格論」、第3章は近年進化が続く「サービス・マーケティング」、第4章は「マーケティング・コミュニケーション」、第5章は「チャネル戦略と販売戦略」、第6章は「市場と顧客を理解する方法論」だ。


ところで、なかには「あのマーケティング定番本がない」と思われる方もいるかもしれない。

本書は2019年出版の『世界のエリートが学んでいるMBA必読書50冊を1冊にまとめてみた』（KADOKAWA）の姉妹書だ。そのため、掲載する本は重複を避けている。『MBA必読書50冊』で紹介した本のリストも巻末に用意しているので、あわせてご覧いただきたい。


まずは興味をもった本から読んで欲しい。わからない箇所は飛ばしてOK。それでもいまの仕事に役立つ多くのことが学べるだろう。興味をもった本は原書にも挑戦して欲しい。

学んだ理論を仕事で日々実践し続ければ、あなたにも大きく活躍できる日が来るはずだ。

永井　孝尚

世界のエリートが学んでいる
MBAマーケティング必読書50冊を1冊にまとめてみた
——もくじ

第1章「戦略」

第2章 「ブランド」と「価格」

第3章「サービス・マーケティング」

第4章 「マーケティング・コミュニケーション」

第5章 「チャネル」と「販売」

第6章 「市場」と「顧客」

第1章

「戦略」

マーケティング戦略の出発点はこの半世紀変わらない。
顧客である。
顧客から選ばれるための施策を考えるのが、戦略だ。
一方で、マーケティング戦略の方法論は
時代とともに進化している。マーケティング戦略は、
まさに「不易と流行」が混在する世界。
不易と流行の見極めが必要なのだ。
第1章では「不易」の世界を教えてくれる古典と、
「流行」の世界を教えてくれる最新著を13冊紹介する。

Book

1

『T・レビット マーケティング論』（ダイヤモンド社）

――60年経っても変わらないマーケティングの本質

セオドア・レビット

元ハーバード・ビジネス・スクール名誉教授。1925年ドイツに生まれ、ナチスの勃興とともに一家はアメリカへ移住。51年にオハイオ州立大学で経済学の博士号を取得。ノースダコタ大学で最初に教鞭を執り、一貫して教職に携わったが、59年からハーバード・ビジネス・スクールの教壇に立ち、『ハーバード・ビジネス・レビュー』誌編集長も兼任した。90年に退職。2006年永眠。

「マーケティングの本質を理解するために、オススメの本はありますか？」

イチオシは、1960年執筆の33ページの論文「**マーケティング近視眼**」である。

著者のレビットはマーケティングの大家だ。本論文はマーケティング界に実に大きな影響を与え、レビットの名を世に知らしめ、現代マーケティングの思想に大きく貢献した。

本書は『ハーバード・ビジネス・レビュー』に掲載された彼の全論文を収めた一冊だ。冒頭に「マーケティング近視眼」がある。ここでは本論文を中心に、彼の考え方を紹介する。

あらゆる商品は「必ず陳腐化する」

近所のクリーニング店が廃業を決めた。ご主人曰《いわ》く。

「もう限界ですよ。いまどき洋服なんて家で柔軟剤を使って洗えるし。ワイシャツを着る人も減ったでしょ。お客もゴッソリ減って、この業界自体がもう衰退しているんですよ」

実はかつてドライクリーニングは一大成長産業だった。ウール衣料の全盛期、ドライクリーニングは衣料を傷めず簡単に洗う唯一の方法だった。同様に、あらゆる産業は例外なく成長産業だった。現在低迷する百貨店・アパレル・家電も、登場時は成長産業だった。

しかし、商品は放置すると必ず**陳腐化**する。**原因は市場の衰退ではない。経営の失敗だ。**

私はあらゆる業界の数多くのビジネスパーソンから、何度もこんな話を聞いてきた。

「市場が衰退しているので、厳しいです」

これは単なる「**マーケティング努力の不足**」。要は市場への責任転嫁である。

クリーニング店も、いくらでも打ち手はある。「着た洋服を気持ちよく着られる状態に戻したい」というニーズは増えている。私はボタンが外れたとき、近所のビック・ママでボタン付けをお願いしている。ビック・ママのような洋服のお直し業者は成長している。コインランドリーの国内店舗数も、15年間で2倍に増えている。

クリーニング店は自分たちを「クリーニング業」と**製品中心**で考えず、「衣料再生業」と**顧客中心**で考えれば成長する。たとえば衣料保管サービスに手を拡げるクリーニング店もある。

ちなみにビック・ママは、顧客中心の考え方を徹底している。

会社員のヨウコさんは悩んでいた。長女が入園する幼稚園が「バッグは手づくり」と指定しているのだ。裁縫経験がないヨウコさんは、ビック・ママでこんなメニューを見つけた。

「通園グッズ作成を承ります。通園バッグは7200円から」

衣料の端切れを使い、いかにもお母さんの手づくり風にこしらえたバッグの写真もあった。

（うーん。マリメッコのトートバッグが買えるなぁ。でも、背に腹は代えられない）

ヨウコさんはその場で即決。顧客の悩みを掘り起こせば、成長の種は必ず見つかるのだ。

“飽和している”コンビニは4倍成長した

いまや私たちの生活に欠かせないコンビニエンスストア。実は30年前から「コンビニ市場は、もう飽和した」と言われ続けてきたのを、ご存じだろうか？

コンビニは「コンビニ飽和論」をはね除け、１９９０〜２０１９年の29年間で国内売上と店舗数は実に4倍に成長した。理由は単なる小売業に甘んじなかったからだ。

コンビニは、１９９０年代から大きく変貌した。公共料金の支払い、宅配便の取次、銀行ＡＴＭ設置、冬のおでん販売、さらにセブンプレミアムのような安く高品質なＰＢ商品開発、セブンカフェのようなレギュラーコーヒー提供など「顧客にとってもっと便利な存在になる」ため常に変わり続けてきた。コンビニの進化こそ、あるべき姿のお手本だ。

現代も相変わらず「コンビニ飽和論」が言われている。たしかに近年は店舗間の過当競争による歪みが表面化して、コンビニのあり方の見直しが行われている。しかし、消費者の不満を見つけて「もっと便利な存在になる」努力を続ければ、今後もコンビニは成長し続ける。努力をやめた時点で飽和する。要はそれだけのことだ。そして消費者の不満は、必ずどこかにある。

自分の目で消費者の不満を見つけ、自分の手で成功の要因を創り出すしかないのだ。

市場調査で「好み」はわかるが、存在しない製品の「ウォンツ」はわからない

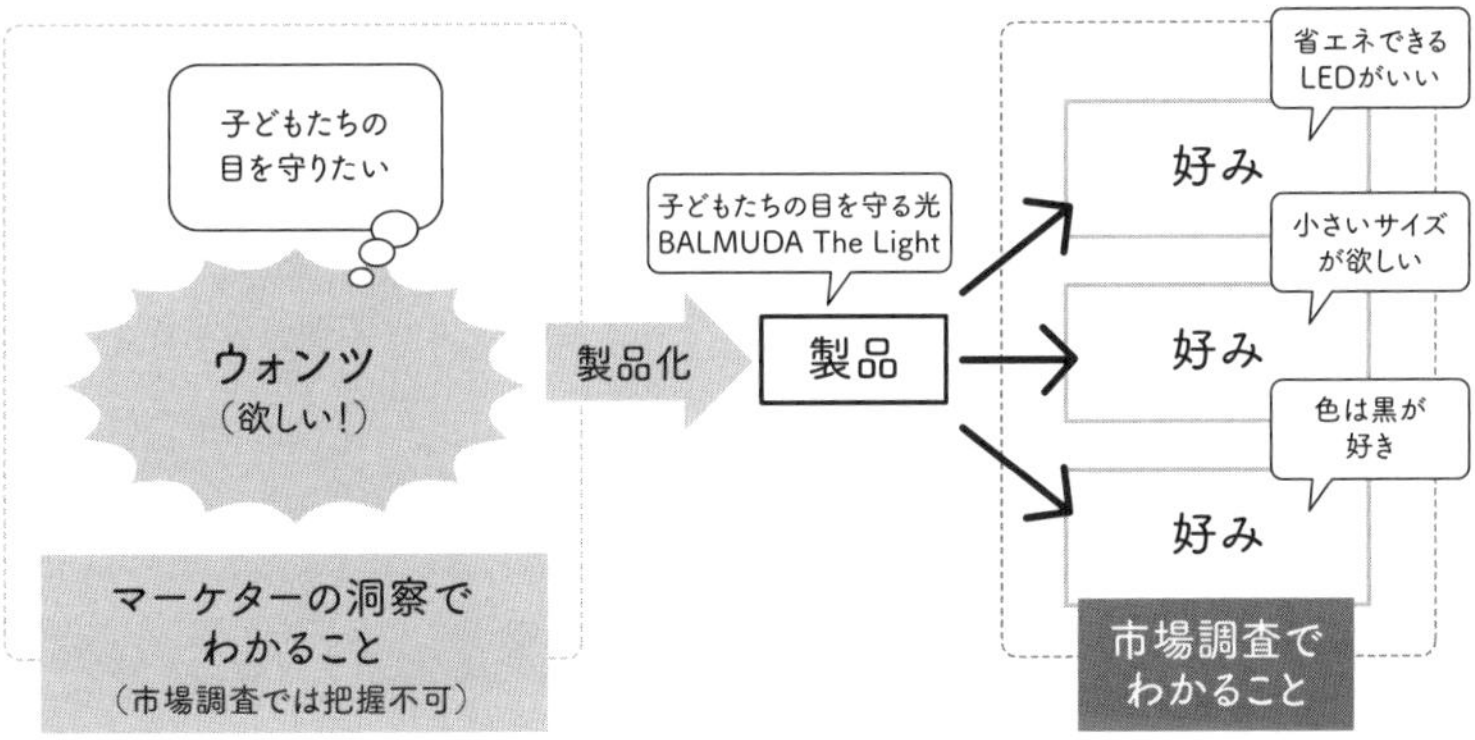

出典：『T.レビット マーケティング論』を参考に著者が作成

ではどうするか？　多くの企業は「市場調査しよう」と考える。これはうまくいかない。

照明器具メーカーのホシさんは、市場調査の資料を見て、新商品の企画で悩んでいた。

「市場はマイナス成長か。白熱灯からＬＥＤにシフトが進んだから、今後はＬＥＤに完全集中だ。価格競争は避けられないな。厳しい……」

まさに「市場が衰退しているので、厳しいです」状態である。

２０１８年、バルミューダは定価３万７０００円の照明「BALMUDA The Light」を発売、市場で高く評価されている。この商品は、子どもたちが絵や文字を書き始めると机に顔を近づける姿を見たバルミューダの寺尾玄社長が「目が悪くならないか？」と心配になったことがきっかけで開発された。

世界で一番、物がよく見えなければならない現場はどこかと考えた末、手術灯と出合った。通常の照明は手元に影が落ちるが、この照明は手術灯の技術

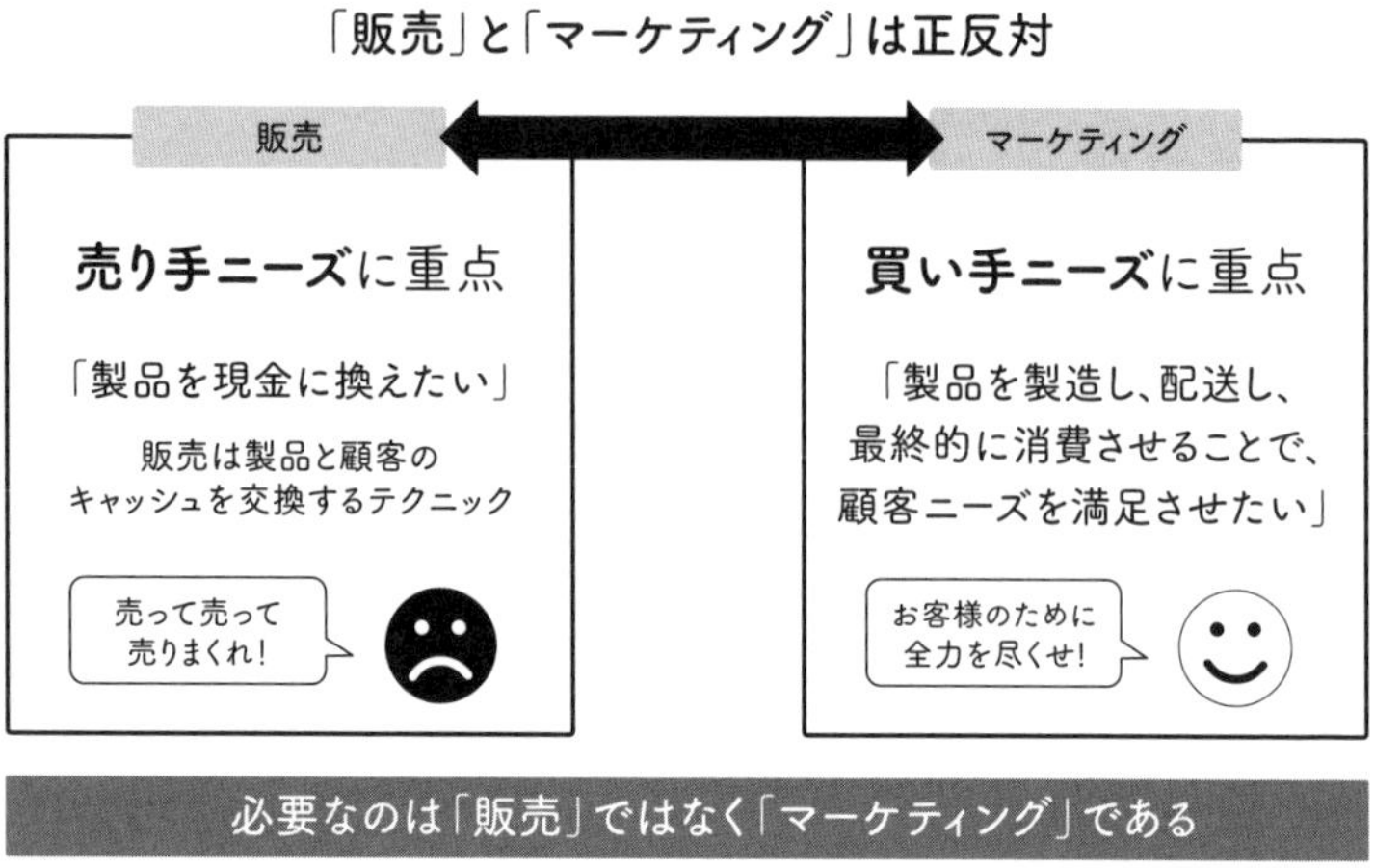
「販売」と「マーケティング」は正反対
販売
マーケティング
売り手ニーズに重点
「製品を現金に換えたい」
販売は製品と顧客の
キャッシュを交換するテクニック
売って売って
売りまくれ！
買い手ニーズに重点
「製品を製造し、配送し、
最終的に消費させることで、
顧客ニーズを満足させたい」
お客様のために
全力を尽くせ！
必要なのは「販売」ではなく「マーケティング」である

出典：『T・レビット・マーケティング論』を参考に著者が作成

を使っていて影が出ない。また通常のＬＥＤ照明はブルーライトで目への刺激が強いが、この照明は太陽光なので目も疲れない。

　こんな製品は、市場調査からは生まれない。市場調査で顧客の好みは把握できるが、この世に存在しない製品のウォンツは把握できないのだ。売れる製品は顧客の「これが欲しい」というウォンツがきっかけで生まれる。**ウォンツは、マーケターの洞察でつかむ**のだ。

「販売」と「マーケティング」は正反対

　企業に必要なのは「**マーケティング**」だ。

　似た言葉に「**販売**」がある。しかし販売とマーケティングは正反対だ。販売は「製品を現金に換えたい」という**売り手のニーズ**が出発点だ。マーケティングは**買い手のニーズ**が出発点だ。

　販売重視の会社は、よく「売って売って、売りまくれ」という。この言葉には買い手ニーズがまった

POINT

大切なのは製品ではない。顧客を創り出し、満足させることだ

くない。一方でマーケティングでは「お客様のために全力を尽くせ！」と考える。

しかし「販売も、お客様のことを考えている」と言うかもしれない。本当にそうか？

Book35『私のウォルマート商法』の著者であり、世界最大の小売会社ウォルマート創業者のサム・ウォルトンが、創業した頃のこと。部下が定価1ドル98セント、仕入れ値50セントの商品を「1ドル25セントで売りましょう」と言ったときに、サムはこう言ったという。

「仕入れ値に3割上乗せして、65セントで売る。儲けは、お客に還元するんだ」

ウォルマートはお客に**最安値という価値を提供する**ことを真剣に考え、短期的な利益を削っても徹底的に買い手に尽くしたので成長した。

企業の使命は、顧客創造と顧客満足だ。製品の製造は手段に過ぎない。しかしあまりにも多くの企業が、手段に過ぎない製品を中心に考えている。残念ながら、本論文から60年経った今でも、これはあまり変わっていない。

本書は60年前に書かれた論文だが、いまでも通用する深い洞察ばかりだ。私も折に触れて読み返し、自分を戒めている。ぜひ本書からマーケティングの本質を学んで欲しい。

Book

2

『コトラー、アームストロング、恩藏のマーケティング原理』（丸善出版）

——戦略は「STP」→「4P」の順に考える

フィリップ・コトラー他

アメリカの経営学者（マーケティング論）。ノースウェスタン大学ケロッグ経営大学院特別教授。世界で最も影響力のあるビジネス思想家トップ10（『フォーブス』誌）。シカゴ大学で経済修士号を、マサチューセッツ工科大学で経済博士号を取得したほか、世界の大学から多くの賞や名誉学位を授与されている。何十という名著があり、主要学術誌への寄稿も100を超える。本書はゲイリー・アームストロング、恩藏直人との共著。

「マーケティングの父」といわれるコトラーは、マーケティングの名著を数多く執筆している。本書はマーケティングの考え方を広く網羅し、紹介する一冊だ。早稲田大学の恩藏《おんぞう》直人教授が2年間をかけ、米国事例を日本事例に置き換え、日本でなじみのない箇所を3割カットするなどして、日本の読者にもわかりやすい一冊に仕上げている。

マーケティングの最初のステップは、**戦略計画策定**だ。❶**企業のミッションの定義**、❷**企業の目的と目標の設定**、❸**事業ポートフォリオの設計**、❹**マーケティング戦略の策定**の順番で進める。しかし、こう言われても難しくてわからないかもしれない。

そこで、いま注目が集まる星野リゾートを例に考えてみよう。

「星野リゾート」の戦略計画策定ステップ

星野リゾートが運営する「星のや軽井沢」に泊まったときのこと。

フロントでチェックインすると、フロントの女性が笑顔を絶やさず部屋に案内してくれた。その日の夕食、今度は同じ女性がレストランで給仕。翌日の外出では、同じ人が車を運転して案内してくれた。さらに昼間に部屋へ戻ると、彼女はなんとベッドメークを行っていた。

普通のホテルでは、フロント担当はフロント専任、客室係は客室専任だ。星のやでは一人が何役もこなしている。実はこの仕組み、星野リゾートの戦略に基づいている。

星野リゾート代表の星野佳路《よしはる》氏は、1991年に同社4代目に就任した。

ここで星野氏は「**リゾート運営の達人になる**」という長期ビジョンを立てた。

西武グループがプリンスホテルを所有・運営するように、日本ではホテル所有者と運営者が同じことが多い。しかし、ホテル所有は不動産業、ホテル運営はサービス業だ。ノウハウがまったく違う。だから「所有するホテルの運営を任せたい」と考える会社もある。

そこで星野氏は運営に特化した事業会社への移行を決断した。自社所有をやめたおかげで自社資産はスリムになり、新たなリゾートを次々展開できるようになった。

戦略論の大家マイケル・ポーターは「**戦略とは何をやらないかを決めること**」と言ったが、星野リゾートはなんと「ホテルの自社所有」をやめたのである。

「リゾート運営の達人になる」には優秀な運営会社になること。そのためにはオーナーの満足を生む「利益」と、将来利益の先行指標である「顧客満足」の両立が必要だ。しかし、利益を生むには効率化が必要だ。利益と顧客満足の両立は、ともすると相矛盾する。

そこで星野リゾートは一人が何役もこなすマルチタスク化の仕組みをつくったのだ。多くのホテルでは常識の分業制は、効率が悪い。一人何役も兼任すれば効率はアップする。

しかし、サービス品質が落ちると顧客が離れる。そこで顧客満足を徹底把握し、社員と共有している。目標値を決め、ノウハウを数値化して管理すれば、確実にノウハウは進化して顧客満足は高まり、将来利益につながる。さらに個々の旅館で予約を受けず、統合予約サイトに移行した。おかげで顧客対応は迅速化し、旅館の手間も大きく減った。

加えてホテル物件ごとにきめ細かなマーケティング戦略を立案するようにした。

星野リゾートは現在4ブランドある。

【星のや】 星野リゾートの旗艦ブランド。日本発の温泉旅館ならば、海外でも勝てるリゾート運営会社になれる

【界】 徹底して地域化することで、日本温泉旅館のチェーン化を図っている

【リゾナーレ】 12歳以下の子連れファミリー層をターゲットにしている

【OMO】 都市観光をテーマに、駅まわりのディープカルチャー観光を提供する

次ページ図は星野リゾートの取り組みを「戦略計画策定ステップ」にまとめたものだ。このように**全要素が顧客目線で首尾一貫していることが大切**だ。

しかし、これはあくまでも全体の戦略計画。個々のマーケティング戦略に落とし込み、展開する必要がある。

戦略計画策定のステップ
星野リゾートの場合

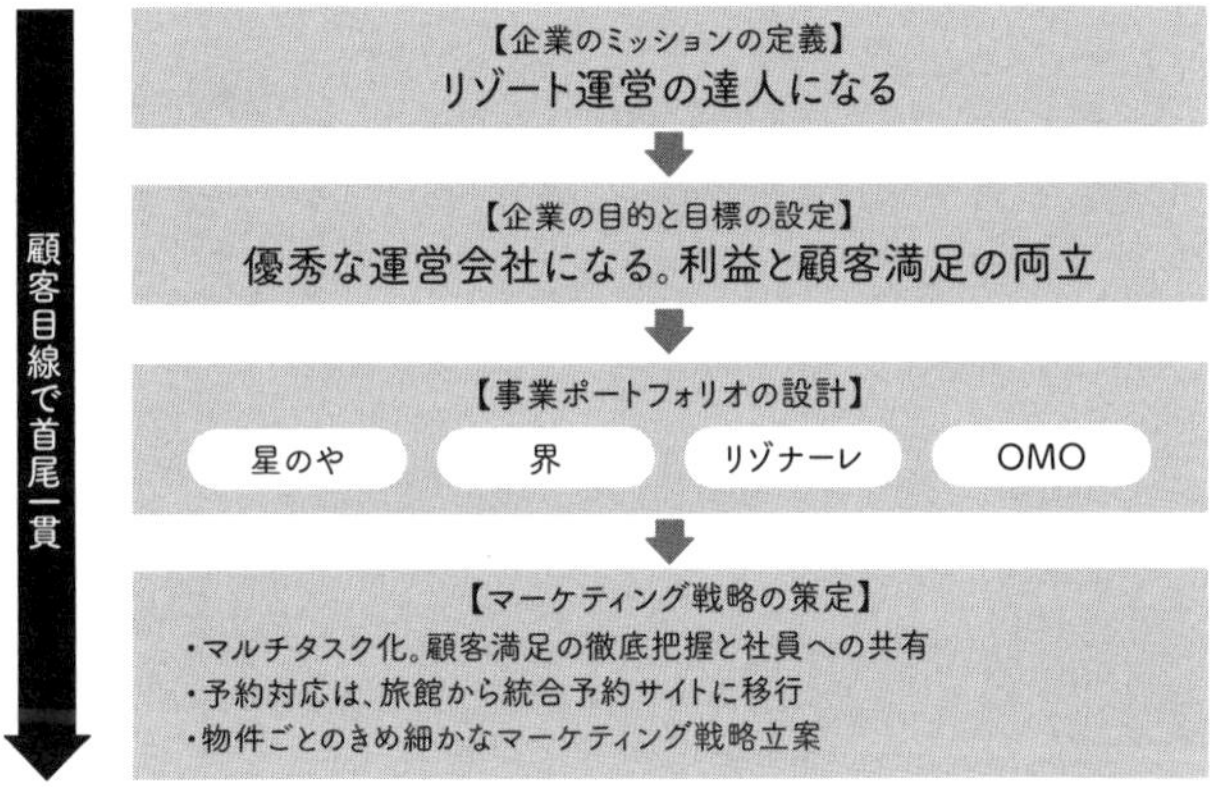
顧客目線で首尾一貫
【企業のミッションの定義】
リゾート運営の達人になる
【企業の目的と目標の設定】
優秀な運営会社になる。利益と顧客満足の両立
【事業ポートフォリオの設計】
星のや
界
リゾナーレ
OMO
【マーケティング戦略の策定】
・マルチタスク化。顧客満足の徹底把握と社員への共有
・予約対応は、旅館から統合予約サイトに移行
・物件ごとのきめ細かなマーケティング戦略立案

出典：『コトラー、アームストロング、恩藏のマーケティング原理』を参考に著者が作成

「OMO」のマーケティング戦略

OMOを例に、マーケティング戦略を考えてみよう。OMOのきっかけはふとしたことだった。

星野リゾートは長野県松本市で「界 松本」を運営していた。旅館の稼働率はよかったが、温泉街の集客が減っていた。温泉街に来る客は、なぜか松本市内のビジネスホテルに宿泊していた。そこで全国のビジネスホテルを調査してみると、宿泊客の6割がビジネス客でなく観光客だった。彼らは設備や料金に不満はないが、ビジネスホテル独特のそっけなさに「テンションが下がる」と感じていることがわかった。

「これは新たな鉱脈ではないか？」と考えた。そこで「都市型ホテルはどう変われるか」を社内で議論して、「寝るだけでは終わらせない、旅のテンションを上げる都市観光ホテル」というコンセプトが生み出されてOMOが誕生した。

マーケティング戦略は「STP」と「4P」で考える

星野リゾート　OMOの場合

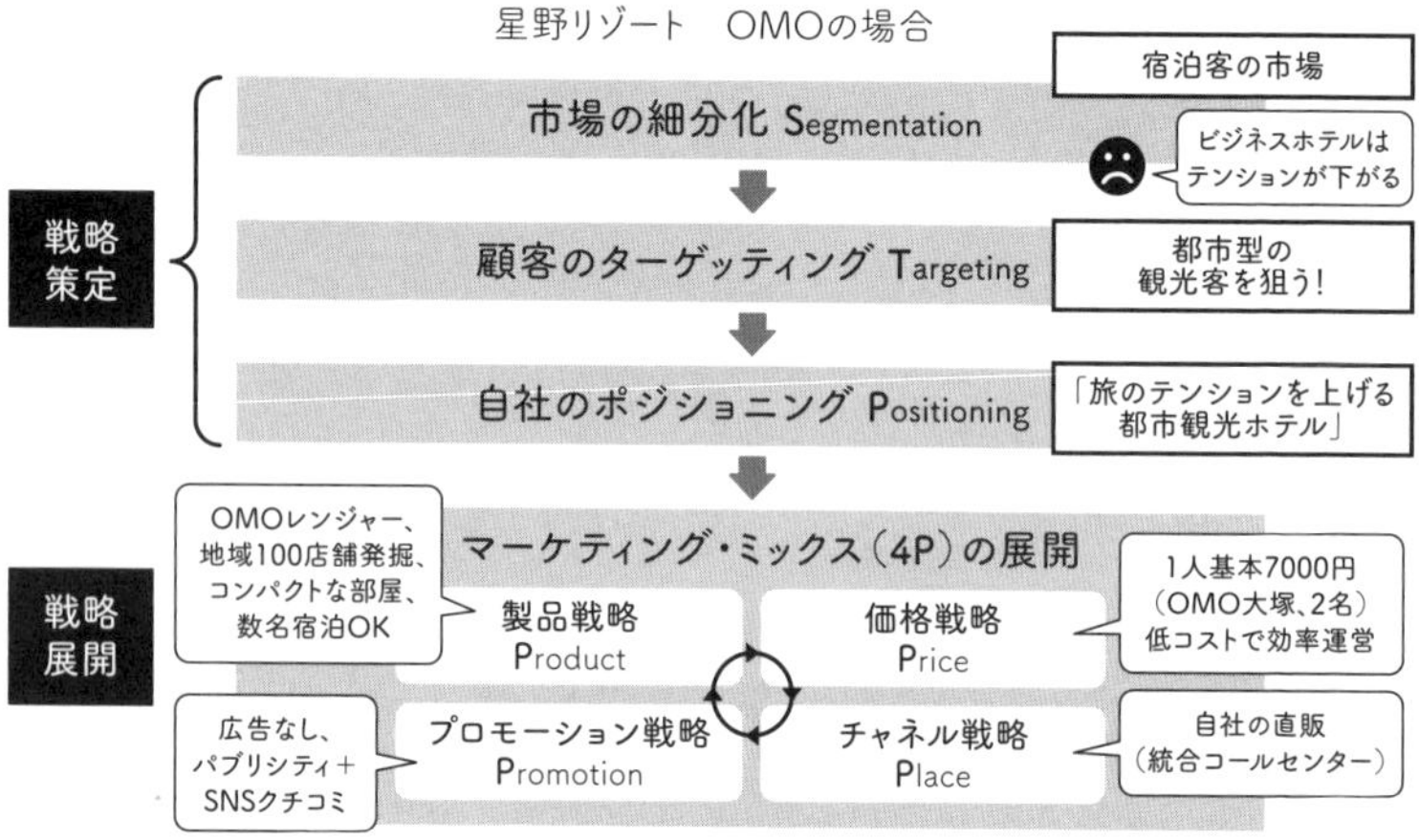

出典：『コトラー、アームストロング、恩藏のマーケティング原理』を参考に著者が作成

こうして生まれた「OMO5東京大塚」のコンセプトは、「ディープな大塚を楽しむ」。

東京・大塚には地元の人しか知らない飲み屋、炉端焼き店、銭湯などコアな店が多い。そこで大塚の街を案内する「ご近所専隊OMOレンジャー」を結成、宿泊客はこれらの場所で特別な体験ができる。部屋はコンパクトかつ機能的に仕上げた。

OMOのマーケティング戦略は上図の通りだ。戦略はまずSTP、次に4Pの順番で考える。

戦略策定段階が**STP**だ。「市場の細分化→顧客のターゲッティング→自社のポジショニング」を行う。STPとはそれぞれの英語の頭文字だ。

策定した戦略はマーケティングの4要素（製品戦略、価格戦略、プロモーション戦略、チャネル戦略）に分けて展開する。英語の頭文字で**4P**、または**マーケティング・ミックス**と呼ぶ。

OMOはまず宿泊客の市場を細分化し、「ビジネスホテルはテンションが下がる」という部分（**セグ**

メント）を切り出した。そして「都市型の観光客を狙う」と**ターゲット**を定め、OMOの**ポジショニング**を「旅のテンションを上げる都市観光ホテル」と決めた。これらがSTPによる戦略策定だ。そして、次に4Pの戦略展開だ。

製品戦略としてOMOレンジャーで地域を発掘し、コンパクトな部屋で数名でも宿泊できるようにした。**価格戦略**は一人7000円。低コストで効率運営を図る。**プロモーション戦略**は広告を使わず、PRとクチコミで話題性を高め、集客を図る。そして**チャネル戦略**では統合コールセンターを活用して主に自社直販で売っている。

「STP→4P」が首尾一貫している上に、4Pもお互いの要素が補完しあっている。このように**マーケティング戦略で何よりも大切なのが首尾一貫性**だ。各要素の細かい部分がしっかり噛み合うことで全体が相乗効果を生み、大きな成果をもたらすのだ。

星野リゾートの製品ライフサイクル

星野リゾートは、新たなブランド「BEB」も立ち上げている。

2019年オープンの「BEB5軽井沢」は「時間を気にせず、仲間とルーズに過ごすホテル」がコンセプトだ。35歳以下は一部屋一泊1万5000円の固定価格。3人宿泊で一人5000円だ。居酒屋で過ごす感覚で、仲間と一緒にゆるい時間を共有できる。

なぜ星野リゾートは「星のや」「界」「リゾナーレ」にとどまらず、「OMO」「BEB」などの新ブランドを次々仕掛けるのか？

星野リゾートの製品ライフサイクル

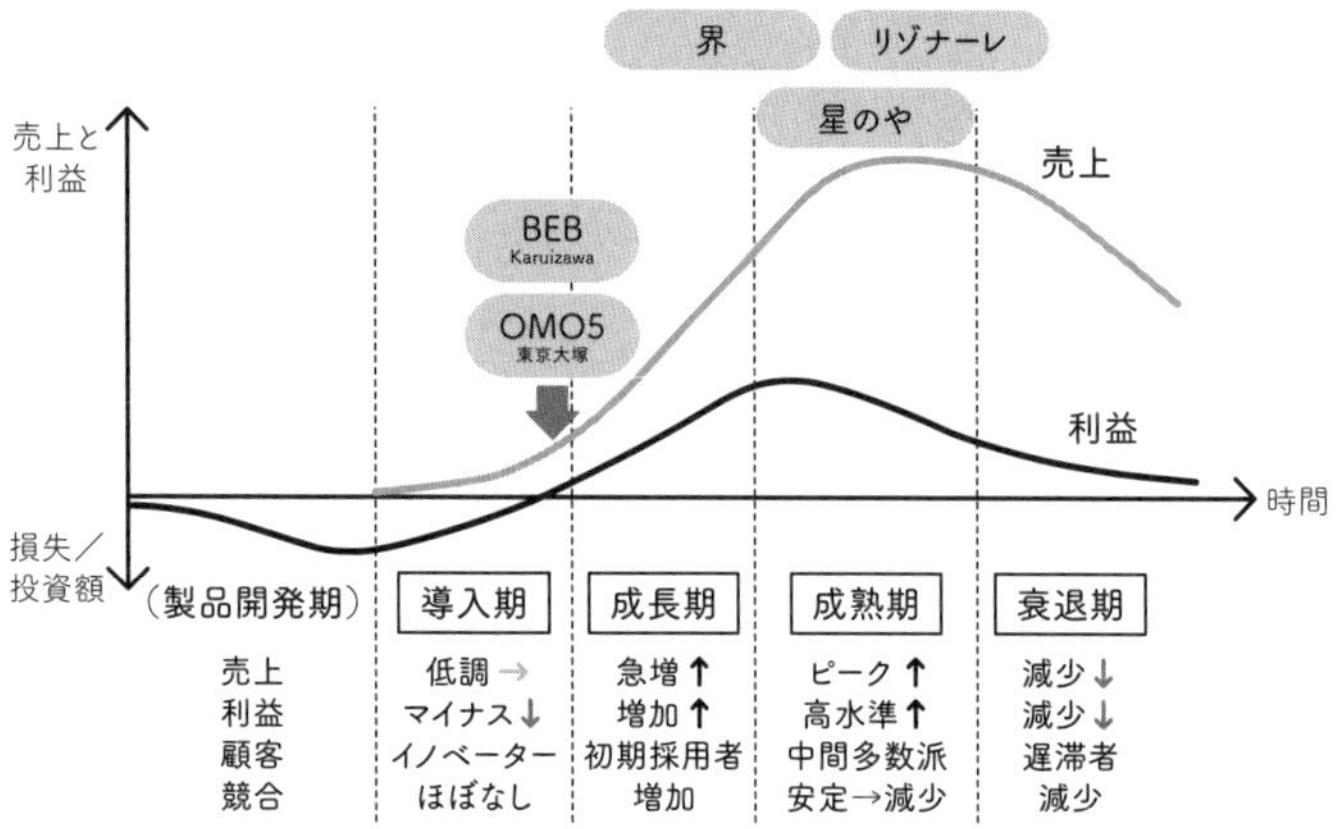

出典：『コトラー、アームストロング、恩藏のマーケティング原理』を参考に著者が作成

これは、**製品ライフサイクル**を考えるとよくわかる。人の一生と同様、製品にも導入期、成長期、成熟期、衰退期があり、それぞれの時期に応じて課題と戦略があるという考え方だ。

導入期は、売上は低調で利益はマイナス。購入顧客はイノベーターが中心。競合はいない。

成長期は、売上・利益が増え始め、初期採用者が購入。市場に競合が参入してくる。

成熟期は、売上はピークで利益は高水準、中間多数派が購入。競合は安定し、減ってくる。

衰退期は、売上も利益も競合も減り始める。

成熟期にある「星のや」「界」「リゾナーレ」は、いずれ衰退期に移行する。星野リゾートが将来も発展し続けるには、常に新しいブランドを投入し続けることが必要だ。だから星野リゾートは、「OMO」や「BEB」などの新ブランドに投資している。

企業が顧客に常に選ばれるためには、隠れた顧客ニーズを常に発掘し続けて、新しい商品を継続的に投入していくことが必要なのである。

さて、本書日本版担当の恩藏教授は、冒頭でコトラーの言葉を紹介している。

「自分の著書であっても、古い版の本にはサインしない。私がケチだからではなく、古い本は役に立たないからだ」

実際にコトラーの英語版の著書は数年ごとに改訂され続け、情報鮮度が保たれている。

そのコトラーのバイブルといわれる最高峰は“Marketing Management”。しかし、日本語訳の『マーケティング・マネジメント』最新版の英語版原著は２００６年出版の第12版。残念ながら古さを感じざるを得ない（なお、英語版は２０１６年に構成が一新された第15版が出版された）。

一方で本書は、２０１２年出版の“Principles of Marketing”第14版がベースである。本章ではコトラーの言葉に倣い、より最新の本書を選び、基本中の基本を紹介した。

マーケティングの基本を押さえるには、本書は最適な一冊である。

POINT

「ＳＴＰ」から「４Ｐ」までを、首尾一貫して考えよ

Book 3

『ポジショニング戦略［新版］』（海と月社）

――消費者の脳内に「特別な場所」を確保せよ

アル・ライズ／ジャック・トラウト

両者は本書で「ポジショニング」という新しい概念を提唱し、マーケティング界に一大旋風を巻き起こして以来、世界屈指のマーケティング戦略家として活躍。共著に『マーケティング戦争』『売れるもマーケ 当たるもマーケ』など。アル・ライズはライズ＆ライズ社を経営。著書に『フォーカス！』のほか、娘との共著で『ブランディング22の法則』『ブランドは広告でつくれない』などがある。ジャック・トラウトはトラウト＆パートナーズ社社長。

ポジショニングは、自社商品を際立たせるカギだ。

ポジショニングという概念は、1969年に本書の2人の著者が発表した。本書は2001年に刊行された最新版の邦訳だ。欧米のマーケティング関係者にとって必読書である。

著者らはポジショニングを「**消費者の脳内にある特別な場所に商品を位置づけること**」としている。スターバックスは消費者の脳内に「自宅でも仕事場でもない、第三の場所」という位置づけ（ポジション）を築いて成功した。そのために必要なのが、顧客の脳内の理解だ。

ポジショニングは「一番乗り」を目指せ

あなたはこの数日間で見た広告をいくつ思い出せるだろうか？　ほぼ皆無だろう。

私たちは膨大な量の広告を見ているが、そのほとんどを無視している。

「では、数で勝負」とばかりに大量の情報を流しても、ますます消費者に無視されるだけだ。

人は自分が興味をもち、理解できるモノしか受けつけない。相手の脳内にポジションを確保するには、相手の脳内に最も刺さる情報を選び抜くことだ。

ではどうすればいいか？　次の簡単なクイズを考えてみて欲しい。

【問1】北大西洋単独無着陸飛行に最初に成功した人と2番目に成功した人は？

【問2】日本で最も高い山と2番目に高い山は？

問1の答えは、1番目がリンドバーグで2番目はチェンバレン。問2の答えは、1番目が富士山で2番目は北岳だ。1番目はわかっても、2番目はわからなかったのではないだろうか？つまり**相手の脳内に一番乗りすれば、ポジションは確保できる。**一番乗りになれば脳内にポジションを刻むことになり、ライバルは切り崩せない。

コーラといえば一番手のコカ・コーラ、宅配便といえば一番手のクロネコヤマトなのだ。生まれたてのヒヨコは最初に見た動くものを親と認識する。この**刷り込み現象**と同じだ。まっさらな消費者の脳内に、一番乗りを果たすことが大事なのだ。要は「早い者勝ち」。全力をあげるべきは、まだ勝負が決していない市場の立ち上がり段階、どこも優位に立っていないタイミングだ。一番乗りでリーダーになれば、「我々はナンバー1」と言わずとも認知され、競合は切り崩せない。

逆に市場が確立した後に、「ここは確実に儲かるんだな」とノコノコ出て行くのは、一番乗りを果たした手強いリーダーに自分から負けに行くようなものなのだ。

相手の脳内に一番乗りすれば、
脳内に刺さり、ポジションを確保できる

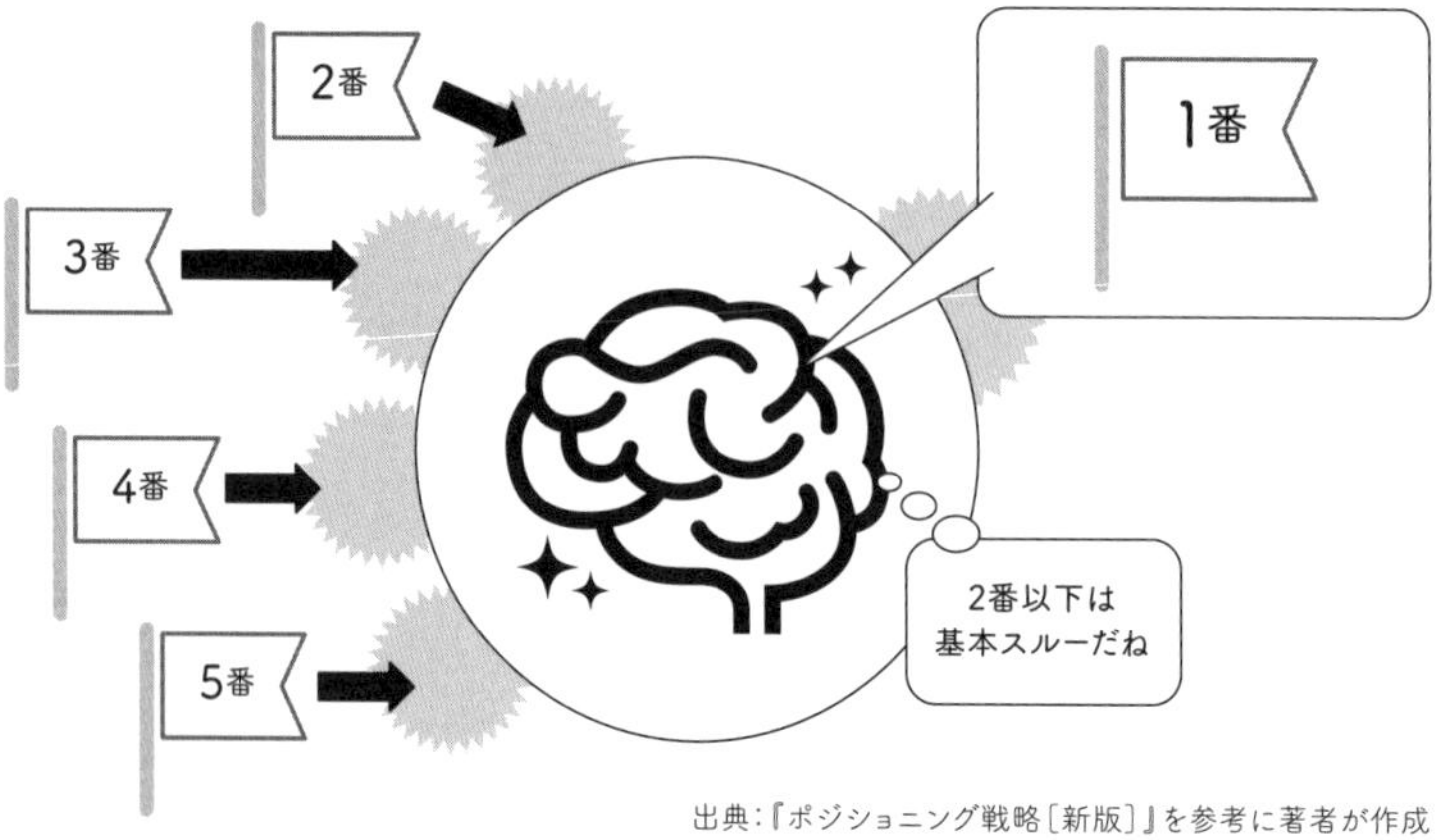

出典：『ポジショニング戦略［新版］』を参考に著者が作成

こうして確立したポジションは、絶対変えないこと。P&Gは商品ごとに、消費者の脳内でポジションを築いている。技術や消費者の好みが変わっても、ポジションは決して変えない。P&Gは一度確立したポジションを動かすのは難しいことを熟知している。ポジションを変えるくらいなら新商品を立ち上げる。そのほうが長期的に安上がりで効果的なのだ。

そして、**新商品は既存商品に対抗させる形でポジショニングすべし。**初めて自動車が登場したときは「馬なし馬車」と呼ばれた。おかげで当時の人々は、主な移動手段だった馬車の代わりとして「自動車」という概念を理解した。人の脳は多くの情報を単純化して処理する。このとき、既知のモノと関係づけて理解しようとするのだ。

二番手企業は「リーダーよりも高品質の類似品を出せばいい」と考えるが、失敗する。

お掃除ロボット・ルンバには10社以上の類似品が

あるが、ルンバは過半のシェアだ。消費者は「お掃除ロボット＝ルンバ」と刷り込まれており、他社は勝てないのだ。

二番手企業は、誰もやらない「穴」を探すべきだ。あえて天邪鬼《あまのじゃく》になるのだ。

かつて米国の自動車は「より長く、より低い車」ばかりだった。そこへフォルクスワーゲンから寸詰まりで丸っこいビートルが登場。ビートルにとって穴は「サイズ」だった。

ビートルはフォルクスワーゲン史上最も効果を上げた広告で、ポジションを獲得した。

「シンク・スモール（Think small）」

この広告は、消費者の頭の中にポッカリ空いた穴を埋めて、「大きい車がいい」という米国人の常識を覆し、大きな効果を上げた。

ダメな企業は、穴を消費者の頭の中ではなく社内で探す。大型車と小型車が好調だったフォードは、中型車の穴を埋めるべくエドセルを販売したが、中型車は競争が激しく空いているポジションは皆無。歴史的な大失敗を喫した。

ライン拡大はたいてい失敗する

ブランド名が一般名詞になればポジショニングは大成功。ここで落とし穴がある。

「このブランドは有名だ。このブランドを使って新商品を出せば、成功間違いなし」

こう考えるのだ。こうして定評ある商品名を新商品に使うことが、**ライン拡大**だ。

しかし、ほとんどのライン拡大は間違っている。消費者の頭に刻まれたポジションがぼやけてしまうからだ。言い換えれば、製品中心の発想に陥っている。

消費者は薬局でアスピリン頭痛薬が欲しいとき、「バイエルください」と言う。消費者にとってバイエルはアスピリンの頭痛薬。それ以外の頭痛薬はニセモノだ。

実はバイエルは会社名だ。「頭痛薬→アスピリン→バイエル」と信じる消費者に「バイエル鼻炎風邪薬」や「バイエル非アスピリン錠剤」を売り出すと、「奥さん！　実はバイエルって会社名なんですよ」とわざわざ自分でネタばらしするようなもの。そこで数多くの薬を販売するバイエル社は、バイエルという商品名を頭痛薬だけにつけている。

ライン拡大の多くは間違いだが、この逆をやれば成功する可能性もある。「ジョンソン・ベビーシャンプー」は、商品・パッケージは一切変えず、「赤ちゃんが使う＝肌にやさしい」を大人にアピールして成功した。要は、用途だけ変えたのだ。もしライン拡大して「ジョンソン・アダルトシャンプー」にしたら、おそらくダメだっただろう。

新商品を成功させたいのならば、新しいポジショニングを考えるべきだ。

フォルクスワーゲンは、賢明・現実的なライフスタイルをもつ人が乗る車というポジションを築いている。お金持ちとは正反対だ。しかしフォルクスワーゲンは大型高級車に挑戦し、失敗してしまった。そこで中型高級車として、新たにアウディをつくって成功した。

何かを捨てないとポジションは築けない

ポジショニングでは、シンプルなコンセプトをシンプルな言葉で表現することがヒットにつ

POINT

ながる。そこで必要なのが**トレードオフ**。何かを捨てないと、独自ポジションは築けない。多くのマーケティング戦略は逆に市場拡大を狙うが、二兎を追う者は一兎をも得ない。

ポジショニングでは、むしろ小さいことはいいことだ。万人ウケを狙い大市場を競合他社と分けずに、**ターゲット市場を絞って独占するほうが、強力なポジションを維持できる。**

一方で最近は**Book6**『ブランディングの科学 新市場開拓篇』でバイロン・シャープが提唱するように、「強いブランドポジションでなく多くのCEP（カテゴリー・エントリー・ポイント）とつなげろ」という考え方も生まれている。詳しくは**Book6**を参照されたい。

ポジションを確立したら徹底的に継続し、守り抜くことだ。しかし、失敗も多い。

「キリンラガービール」は長年トップシェアだったが、生ビールの「アサヒスーパードライ」に追い上げられた。そこで1996年、ラガーも生ビールに変更したが、ラガー愛好者は次々と離れていった。キリンはラガービールのポジショニングを、顧客視点でなく「生か、熱処理か」という製品視点だけで考えた結果、トップシェアを奪われた。

マーケティングを熟知する日本の大企業でも、ポジショニングの基本を理解していない企業は多いのだ。もはや古典となった本書だが、私たちが本書から学ぶべきことはまだまだ多い。

ポジショニングでは、顧客の頭の中を徹底的に洞察せよ

Book 4

『エスキモーに氷を売る』（きこ書房）

――超弱小チームの売上がマーケティング戦略だけで急成長したワケ

ジョン・スポールストラ

1968年ノートルダム大学卒業、78年NBA（全米バスケットボール協会）のポートランド・トレイルブレイザーズ副社長、89年デンバー・ナゲッツの社長兼CEO。91年、NBAで観客動員数最下位だったニュージャージー・ネッツの社長兼CEOとなり、独自のマーケティング理論でNBAの27球団中1位のチケット収入伸び率を達成した。ネッツ引退後はSROパートナーズを設立。その後、マンダレー・スポーツ・エンターテイメント社長を務める。

ここまでマーケティング戦略の考え方を紹介してきたが、現実のビジネスは厳しい。

現場でマーケティング戦略を立てて展開する方法を知る上で、本書は最高の教科書だ。

ニュージャージー・ネッツは、北米プロバスケットボールリーグ（ＮＢＡ）27チーム中、入場料収入５年連続最下位、成績も最下位から２番目という超弱小チームだった。

そんな中で、著者が社長に就任。業績を劇的に回復した過程を描いている。

しかし『がんばれベアーズ』のようなチーム成長物語を期待すると、肩透かしを食う。マーケティング戦略のみで、大きな成果をあげたのだ。

「敵のスター選手」を自社の商品として売り込む

ネッツのようなチームを任されると、多くの人はこう考えるのではないだろうか。

「チームが勝てば、ファンは試合を見に来る。まずはチーム力を強化しよう」

「地元愛に訴えるべきだ。そしてホームタウンとして地元に売り込もう」

しかしネッツはこれらの方法は採らなかった。

チーム強化にはヒト・モノ・カネ＋時間がかかるが、チームが強くてもファンが来るとは限らない。実際に閑古鳥が鳴く優勝争いの試合は少なくない。これは「いい商品をつくれば、顧客は買う」という**製品志向**の考え方と同じで、大間違いだ。

またネッツは、ハドソン川を挟んで大都市ニューヨークが見えるニュージャージーという地区のチームだった。住民はニューヨークのテレビやラジオを見ていて、ニュージャージーよりもニューヨークに愛着をもっている。地元愛に訴えても、効果は期待できない。

地元住民に自分たちのスタジアムに足を運んでもらわないことには、収入は増えない。ではどうすればいいか？

先入観をすべて捨てて「地元のニュージャージー住民にとって、ネッツの**商品力**は何か？」という顧客の視点で考えると、まったく違う世界が見えてくる。

ネッツの商品力は、ネッツの選手だけではない。地元のネッツの試合には、対戦チームも来る。対戦チームにはマイケル・ジョーダンのようなスタープレイヤーがいる。彼らは地元住民にとって、一目でも見たいスターだ。彼らも立派なネッツの商品である。

そこで、著者はこう考えた。

「マイケル・ジョーダンなどの対戦チームのスタープレイヤーを、地元に売り込む」

ネッツは課題と等身大の自分を見極め、即効的で現実的な戦略を立てた

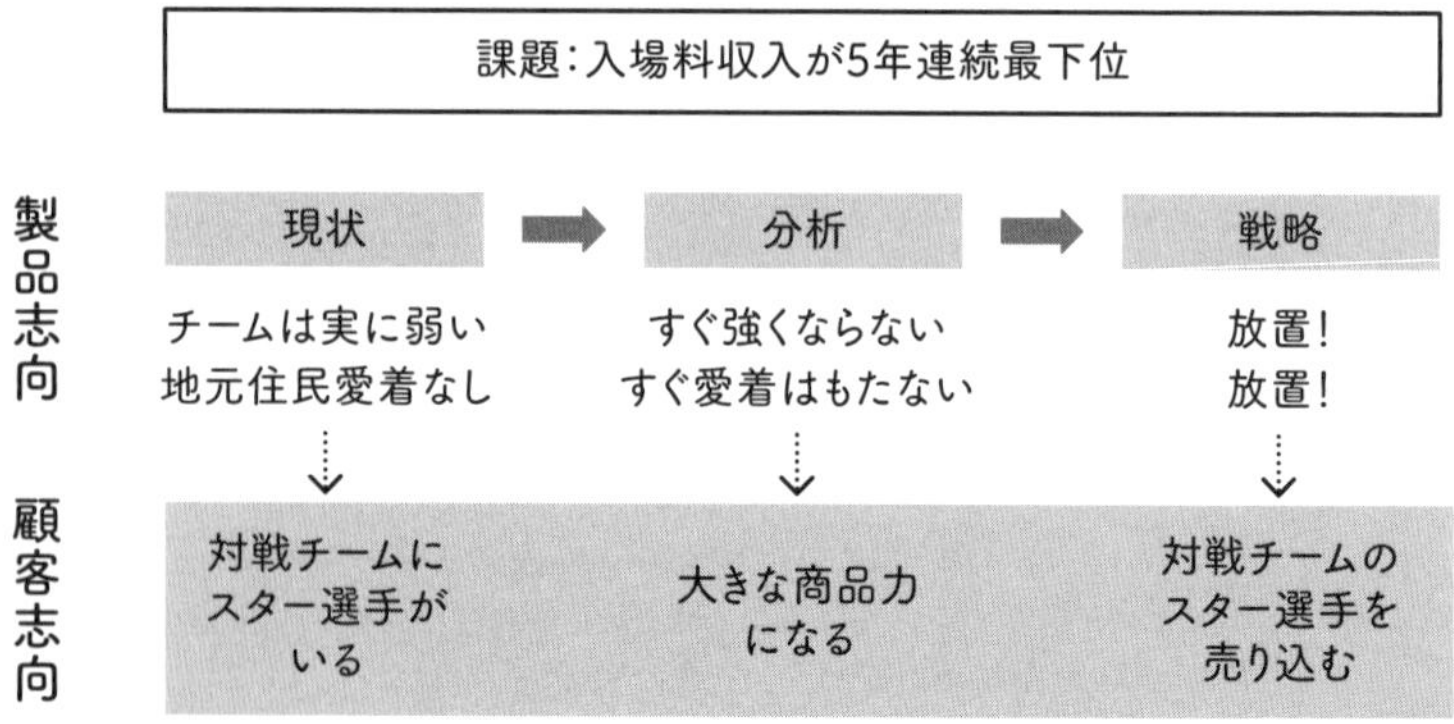
課題：入場料収入が5年連続最下位
製品志向
現状
分析
戦略
チームは実に弱い
地元住民愛着なし
すぐ強くならない
すぐ愛着はもたない
放置！
放置！
顧客志向
対戦チームにスター選手がいる
大きな商品力になる
対戦チームのスター選手を売り込む

出典：『エスキモーに氷を売る』を参考に著者が作成

地元住民に弱小チーム・ネッツを押しつけるのはやめて、地元住民が欲しがっている対戦相手のスタープレイヤーがもつ商品力を提供したのである。

これぞまさに**顧客志向**の発想である。

この戦略を実践した結果、4シーズンで観客数は27位（最下位）から12位へ、地元スポンサー収入は4年間で4000万円から7億円へ、チケット収入は5億円から17億円へ、飛躍的に跳ね上がった。

マーケティング戦略で成功するには、**まず正確に等身大の自分を見極めること**。

実態がないのに「過度に自分を盛るのがマーケティング」と考えるのは大間違いだ。

そして顧客の視点で価値を考え抜くのだ。

「商品に興味がある人」のリストをつくる

顧客の名前と連絡先さえわかれば、顧客一人当たりの**購買頻度**を高めて、売上をアップできる。

ネッツは社内に埋もれる顧客情報をかき集めた。

・シーズン席を更新しない顧客（毎年3割の顧客が何らかの理由で更新しなかった）
・「対戦スケジュール表が欲しい」と電話をかけてきた数千人のファン
・チケット購入時に「チケットマスター」というシステムに顧客が入力した名前と住所
・子どもたちが選手に送ってくるファンレター

これらの人たちはすべて何らかの形でネッツに興味がある。こうしてつくった7万5000人の**顧客リスト**は、その後何年間も役に立った。たとえば200万円かけて8ページのチケット紹介カタログをつくり全員に郵送したところ、売上は3000万円だった。

あなたの会社にも、埋もれた顧客情報はないだろうか？　その顧客はあなたの会社に興味をもっているはずだ。かき集めれば、強力なプロモーションが可能になる。

さらにシーズン席所有者800名にも、ピンポイントでプロモーションをかけた。

ネッツのホームゲーム41試合中、5試合はマイケル・ジョーダンなどのスーパースターを擁する対戦チームとの「モンスターゲーム」だ。シーズン席所有者はもっと多くのチケットを入手できれば、これらモンスターゲームに家族・同僚・友人を呼びたいはずだ。

そこでシーズン席所有者限定で、5ゲームの「モンスターゲーム・チケットパッケージ」を1セット2万円で売り出した。飛ぶように売れ、5試合はすべて完売になった。前年までネッツの試合は完売ゼロだったが、これがきっかけで完売ゲームが増えていった。

プロスポーツでは、「完売」自体が最高のマーケティングツールだ。顧客は「席が欲しい」と思っても、十分に席があれば先延ばしにして買わない。しかし、席が売り切れるとわかれば、何カ月も前に購入する。こうして、よい循環が回りはじめた。

ポイントは「**自社の商品に関心があるとわかっている人たち**」**のリストをつくること**だ。

外部調査会社が顧客リストを売り込みに来ることがある。このようなリストに使うお金はムダだ。このリストには、自社商品に関心がある人はほとんどいない。

現場に出て、「顧客」を感じ取れ

著者は自チームの試合は、役員用のボックス席ではなく安い席から見ていた。ファンの生の反応を現場で知るためだ。さらにコールセンターで乱暴な言葉を吐く顧客は、自分に回してもらった。一見困った人たちだが、率直に何が間違っていて、自分たちを喜ばせるには何が必要か教えてくれる貴重な情報源なのだ。

また試合前に入場口でファンに無料の試合プログラムを渡すこともあった。ファンは12ページの無料プログラムをとても気に入っていることを感じ取ることができた。

チケット売場でチケットを売ったり、ホットドッグを調理して販売したりするうち、名前も顔もわからない大勢の顧客の全体的なイメージがはっきりとわかってきたという。

現場で実体験しないとわからないことは、実に多い。これはオフィスに座って数字を見ているだけでは決してわからない。ネッツのような**サービスビジネス**では、価値は顧客にサービスを提供する瞬間に生まれる。だから**現場を理解することがとても大切**なのだ。

サービスビジネスについては、第3章で詳しく紹介していく。


本書は全17章で、著者のマーケティングの方法論を余すことなく紹介している。

一見奇抜だが、現場目線で顧客を確実に把握し顧客が求めるものを提供するマーケティングの勘所を確実に押さえている。本書の手法は多くの業界で活用できるはずだ。

本書のタイトルは、「この方法を使えばエスキモーに氷を売ることも可能だ」という著者の冒頭の言葉からつけられたものだ。しかし、その方法は本書には書いていない。

本書を読み終えた上で、読者一人ひとりが考えるべき宿題なのだろう。

POINT

等身大の自社を見つめて、顧客にとっての商品力を見極めろ

Book
5

『ブランディングの科学』（朝日新聞出版）

――これまでのマーケティング理論は、大間違いだった!?

バイロン・シャープ

南オーストラリア大学の教授。同大学のアレンバーグ・バス研究所のマーケティング・サイエンス・ディレクターも務める。同研究所は、コカ・コーラ、クラフト、ケロッグ、英国航空、プロクター・アンド・ギャンブルなど世界中の多くの研究機関に利用され、資金援助を受けている。100を超える学術論文を発表し、ジャーナル5誌の編集委員も務める。2020年に『ブランディングの科学〔新市場開拓篇〕』が日本で刊行された。

ここまで紹介してきたマーケティング論について一気に「ちゃぶ台返し」をする一冊だ。最新マーケティング理論を知る上で重要なので、ぜひ紹介したい。本書は消費者行動をデータで細かく検証した上で、新たな戦略立案とブランディングの方法を示している。

著者のバイロン・シャープ教授は、豪アレンバーグ・バス研究所のマーケティング・サイエンス・ディレクター。本書は、アンドリュー・アレンバーグ教授とジェラルド・グッドハート教授が50年前から始めた研究に基づいている。

何はさておき、顧客の数を増やせ！

次ページ図をご覧いただきたい。自社の担当製品のシェアはライバルの半分。**ロイヤル顧客**（購入頻度が高い顧客）も半分だ。すぐに他ブランドに乗り換える**ブランドスイッチャー**が売上の3分の2を占める。同等品質なのに、顧客はライバルより低品質と思っている……多くのなぜ売れない？　どんな対策を立てる？

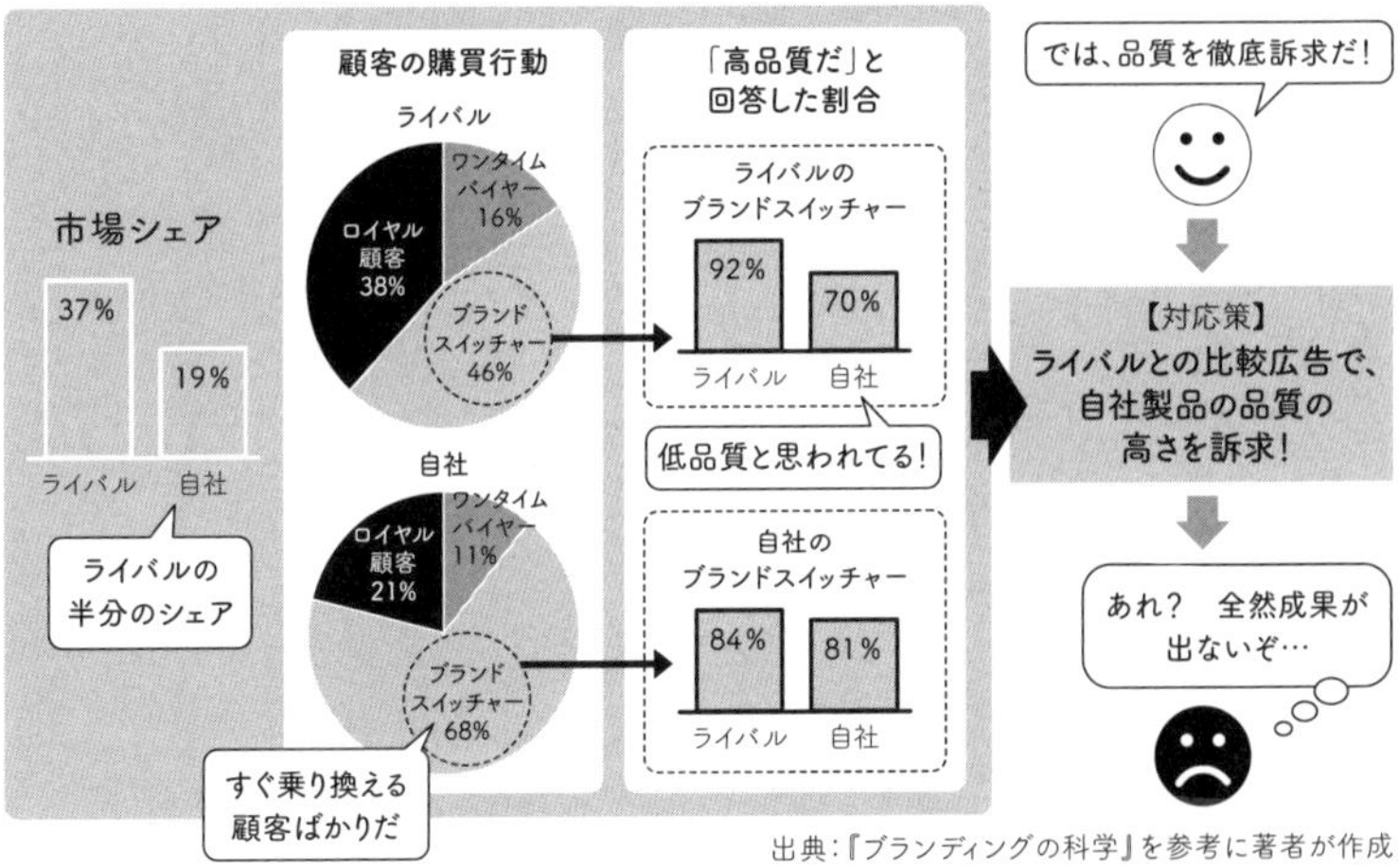

出典：『ブランディングの科学』を参考に著者が作成

人はこの分析をもとに「品質の高さを訴求して、ロイヤル顧客を増やそう」と考え、ライバルとの比較広告を出したりする。しかし、これでは売れない。顧客の行動を誤解している。

売上は、**顧客数**と**購買頻度**の掛け算だ。私たちは顧客数がライバルの半分でも、ロイヤル顧客の購買頻度を倍にすれば売上は追いつくと考えがちだが、現実はそうならない。

英国の洗剤でシェア1位のパーシル（22％）とシェア5位のサーフ（8％）を比較しよう。年間の**市場浸透率**（全消費者の購入者比率）はパーシル41％、サーフ17％、年間の購買頻度はパーシル3・9回、サーフ3・4回だ。

市場シェアが大きなパーシルは、顧客数（＝市場浸透率）も購買頻度も高い。シェアが小さいサーフは、顧客数が小さく購買頻度も低い。

157ブランドの調査でも結果は同じだ。このように顧客数が少ないと購買頻度も低いパターンはさまざまな分野で観察される。これを**ダブル・ジョパディ**（二重処罰という意味）**の法則**という。つまり、ブランド成功のカギは、何はさておき、顧客数を増やすことなのである。

既存顧客の維持よりも「新規顧客獲得」

前著『MBA必読書50冊を1冊にまとめてみた』のBook11『顧客ロイヤルティのマネジメント』で「**既存顧客**を大切にせよ。新規顧客獲得は既存顧客維持の5倍の費用がかかる」というライクヘルドの考え方を紹介した。

著者は「ライクヘルドは間違いだ」と指摘している。次ページ図のように単純化して、市場にA社とB社だけいて、顧客が100人いるとしよう。

顧客数がA社80人（シェア80％）、B社20人（20％）のとき、顧客が10人入れ替わると、顧客離反率はA社が12・5％、B社が50％。市場シェアが大きいと**顧客離反率**は低い。

実データで検証すると1989〜1991年の米国の顧客離反率は、1位のポンティアック（シェア9％）は58％、9位のホンダ（4％）は71％。英国やフランスでも同じだ。

これは売り方を変えれば、巨大なチャンスに変わるということだ。

大雑把にいうと、米国の車の売上は**新規顧客**が半分、**既存顧客**が残り半分だ。

シェア2％の会社が頑張って既存客の離反をゼロにすると、既存客の売上は倍だ。新規客とあわせて全社売上は1・5倍に増える。これでも市場シェアは1％増の3％に留まる。

シェアが大きいほど顧客離反率は低くなる

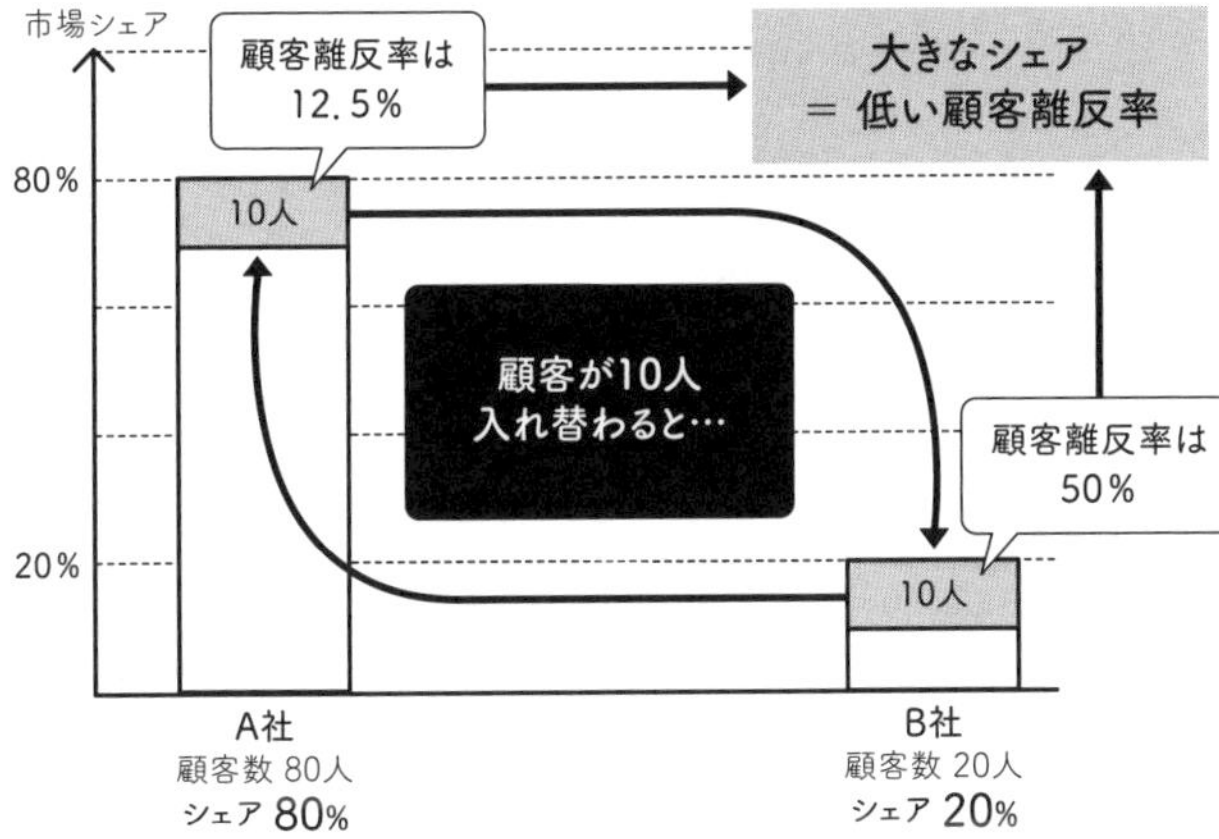

出典：『ブランディングの科学』（著者が一部改変）

しかし市場全体を見ると、まったく違う景色が見える。全購入者の半分が他社に乗り替えるので、最大50％の市場シェア獲得が可能だ。可能性は50倍（50％÷1％）になる。

売上を伸ばす可能性は、顧客離反防止でなく新規顧客獲得のほうが圧倒的に大きい。

しかも、顧客離反率を下げるのは現実にはきわめて難しい。実際に米国で顧客離反率が25％以下のブランドは1社もない。

成長するカギは、新規顧客獲得なのである。

最重要な顧客は「ライトユーザー」

ここからが本書のハイライトだ。コトラーは「**マスマーケティングは時代遅れだ**」と主張しているが、消費者の購買行動を研究すると、むしろマスマーケティングは重要だ。

あなたはコーク（コカ・コーラ）を年何回飲むだろうか？　2年に1回程度かもしれない。

コークの典型的なユーザーは「年1回飲む人」

英国のコーラ購買者のうち、コークを買う人の割合と購買回数（2005年）

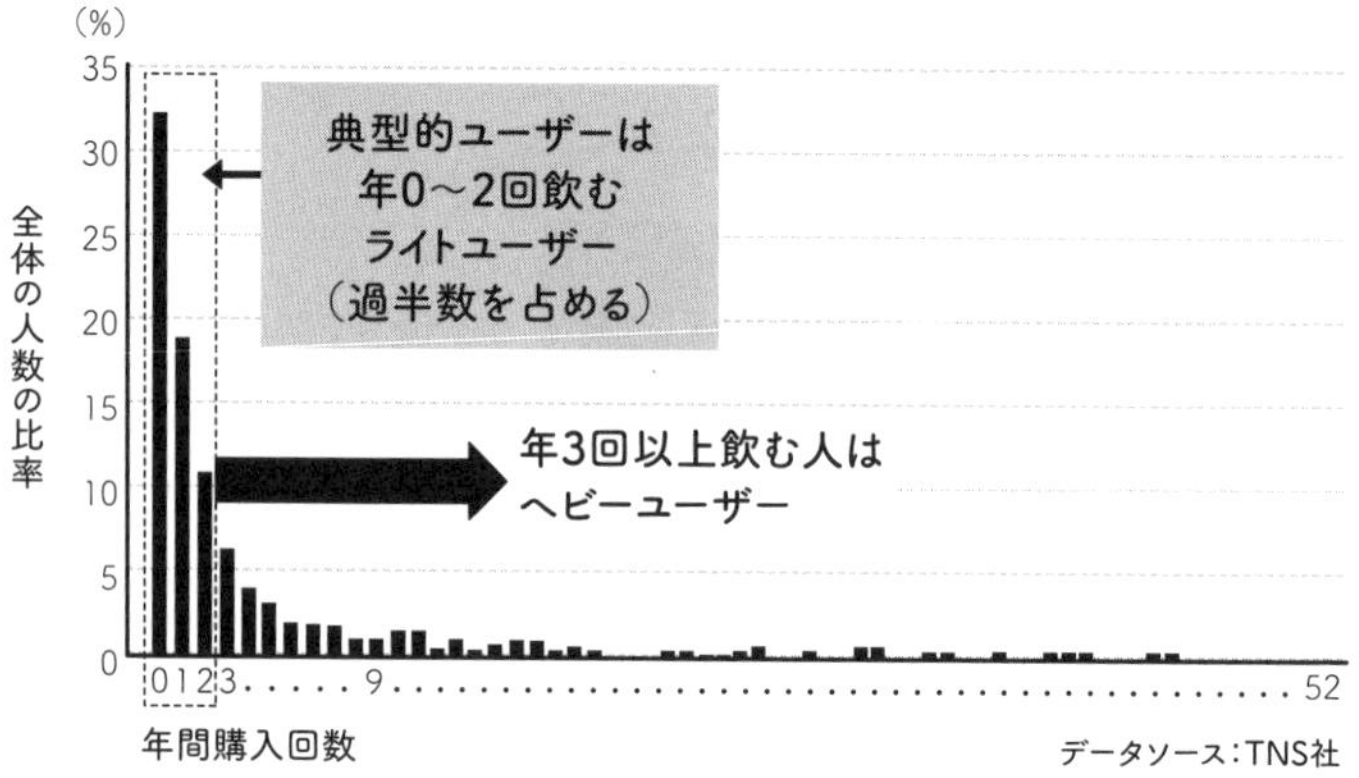

出典：『ブランディングの科学』（著者が一部改変）

「広告に大金かけてマスマーケティングしているけれど、ペイするのか？」と思ってしまうが、実はコカ・コーラが狙う典型的なコークの購入者は、そんなあなたなのである。

上図はコーク購入者の分析だ。年間購入回数別で分類している。過半数を占めているのは、図左の年0〜2本飲む人だ。

1回以下の購入者は約50％いる。実はコークの購買客のほとんどはライトユーザーだ。

「コークは2年に1回程度しか飲まない」というあなたこそが、典型的なコークユーザーなのだ。

コークにとってヘビーユーザーとは、1年に3回（4カ月に1回）以上飲む人だ。

パレートの法則では「上位20％の購買客が売上の80％を占める」といわれるが、実際には売上の50％しか占めない。逆に売上の50％は稀に購入するライトユーザーである。彼らは購買頻度が少なく他社ブランドも買う。これはサービス業でも同じだ。銀行の顧客の半数は、別銀行がメイン銀行だ。

さらに消費者を長期間調査すると、ヘビーユーザーがライトユーザーになったり、逆にライトユーザーがヘビーユーザーになることも多い。あらゆるブランドで、平均状態に回帰する**購買行動適正化の法則**が起こっている。

図の購買頻度は「**負の二項分布**（negative binomial distribution：NBD）」という分布だ。あらゆる商品の購買頻度は、この**NBDディリクレモデル**というモデルで表現できる。市場シェアが増えたり減ったりするときは、この分布の形を保ったまま全体が増減し、この分布の中でユーザーが入れ替わる。だから特定ヘビーユーザーを攻めても、売上が伸びないのだ。**ライトユーザーからノンユーザーまでを広く攻めれば、成功の可能性が高まる。**

似たような自社商品を、同じ顧客にどんどん売れ

「差別化して特定セグメントの顧客層をターゲットに狙え」といわれるが、間違いだ。

ダイエット飲料は女性を対象に広告を出しているが、レギュラー飲料とダイエット飲料を分析すると同じ顧客層に売れている。男女比率もほぼ同じだ。

より幅広いカテゴリーで調査すると、競合ブランドでも同じタイプの消費者が買っている。フォード（大衆車）とシボレー（若者向け）の所有者はまったく同じタイプだった。

バニラアイスクリームを買う人とショコラアイスクリームを買う人は、同じ人だ。同じ人がバニラも買えばショコラも買う。「そんなの当たり前」と思うあなた。あなたの会社は2つの

商品の顧客ターゲットを、分けて考えていないだろうか。

コカ・コーラは、コーク、ファンタ、スプライトなど多くの飲料ブランドを売っている。これは消費者ニーズにきめ細かく応えるためではない。

飲料ブランドはどこも、最も売れているコークと7割の顧客基盤を共有している。コークと各飲料ブランドの顧客基盤は同じなのだ。どんな製品カテゴリーでも、顧客基盤の多くを最大シェアのブランドと共有する。これを**購買重複の法則**という。

では、コカ・コーラは数多くの自社ブランドを同じ顧客基盤に売って、問題はないのか？

脊髄反射で「ブランド重複は絶対ダメ」と思いがちだが、実はまったく問題はない。

要は、どれかが消費者に選ばれればいいのだ。大切なのは市場でブランドが目立つこと。

もしまったく新しいソフトドリンク会社でブランドを自由に2つ選べるのなら、選ぶべきは「コークとファンタ」ではない。世界で最も売れている「コークとペプシ」だ。

ブランド愛好者よりも「ブランドに興味がない人」に注目

アップルとハーレーダビッドソンは熱狂的顧客が多いと思われている。しかし事実は違う。

パソコンの反復購買率（同じブランドを再購入する比率）はシェア1位のデル71%、HP52%、アップル55%。市場シェアを考えるとアップルは健闘しているが、これは他社パソコンとの互換性がないことで説明できる。熱狂的顧客の影響は見られない。

では、ハーレーの所有者を分析してみよう。

熱狂的ハーレーライダーは全体の10％。売上は全体のわずか3・5％にとどまる。低所得で収入を部品に注ぎ込み、しかもバイクを買い替えないので売上貢献度は低い。

大型バイク愛好家の売上は全体の10％以下。ハーレーの装飾部品は買わずに最も小型のモデルを買う。実際にはハーレー所有者全体の40％は不満足で、車庫にバイクを入れっぱなしだ。

ハーレー所有者の反復購買率は33％で、顧客ロイヤルティ指数としては平均値だ。

ハーレーもアップルも、熱狂的信者は少数派だ。実は売上で最重要なのは、**ブランドのことをあまり深く考えずに買い、売上に大きく貢献してくれる人たち**なのである。

「差別化」ではなく「独自性」を追う

マーケティングでは「ブランドを差別化し、消費者にわかりやすく示せ」と言われる。

差別化はブランドで必要不可欠と思われているが、実際に調査すると、消費者は企業が仕掛ける差別化にほとんど気づいていない。

差別化というと真っ先に思い浮かぶアップルでも、ユーザーの77％は「アップルは他ブランドと異なる」「ユニーク」とは認識していない。マックは独自システムだが、多くのユーザーは技術に疎い。他社パソコンと同じ作業をするためにマックを買う。

現実には大成功したアップルでさえ、差別化には成功していない。

消費者に製品の違いを納得させる必要はないのだ。注力すべきは、消費者の購買を促す仕組みづくり、つまり**ブランディング**だ。

差別化は長く続かないが、独自性があるブランディングは一度構築すれば長続きする。

ブランド・ロイヤルティを育てるには、消費者にブランドがすぐわかるように目立たせることだ。たとえばマクドナルドの金色のアーチ、コカ・コーラの赤、ナイキの「Just do it.」、アップルのリンゴマークは、他ブランドとの違いが一目瞭然だ。

現代の消費者は情報過多に陥っている。ブランドが独自性をもち、一目でわかれば商品についてあれこれ考えたり、探し回る必要がなくなり、消費者自身の生活も快適になる。

「すぐに思い出し、かつ買いやすい」ブランドが強い

ブランディングで顧客を獲得するために何よりも重要なのは、メンタル・アベイラビリティとフィジカル・アベイラビリティの2つである。

メンタル・アベイラビリティとは、購入するときにブランドが思い出されやすいことだ。

あなたは「吉野家」という言葉を聞くと、何を思い出すだろうか?

「牛丼」「昼食」「うまい、やすい、はやい」などだろう。これが**ブランド連想**だ。あなたが街で吉野家を見かけ、店で食べるたびに、ブランド連想が築かれて強化される。

そして、あなたが外出先で「昼食を食べたい」と思ったとき、そば屋、大戸屋などとともに吉野家も思い出すようになれば、売れるようになる。このメンタル・アベイラビリティとは、**Book7**『確率思考の戦略論』で紹介する**プレファランス**と同じ意味だ。

フィジカル・アベイラビリティとは、消費者がブランドを見つけて買いやすいこと。たとえば吉野家の場合、食べたいと思ったときに、すぐ近くに店があることだ。フィジカル・アベイラビリティは、『確率思考の戦略論』にある**配荷**と同じ意味だ。

市場シェアが大きいブランドは、このメンタル・アベイラビリティとフィジカル・アベイラビリティがともに大きいのだ。その他のブランド特性は、ほとんど影響しない。

本書は従来のマーケティング理論に、エビデンスつきで真っ向から挑戦している。今後本書の考え方の応用範囲が拡がれば、多くのマーケターの武器になるはずだ。

本書の考え方をUSJで実践したのが、**Book7**『確率思考の戦略論』である。

一方で最近は顧客と直接つながって顧客を可視化して長期的な関係構築を目指す**サブスクリプション・モデル**（**Book42**）や、離脱最少化を目指す**カスタマーサクセス**（**Book43**）も生まれている。スタバも顧客との絆《きずな》を重視する。

マーケティングは常に進化している。本書の内容も、ぜひ押さえて欲しい。

POINT

差別化よりも、多くの人にリーチし、目立って好かれることが大事

Book

6

『ブランディングの科学　新市場開拓篇』（朝日新聞出版）

――「強いブランドポジショニング」は不要である

バイロン・シャープ／ジェニー・ロマニウク

バイロン・シャープは、南オーストラリア大学の教授。アレンバーグ・バス研究所のマーケティング・サイエンス・ディレクターも務める。前著『ブランディングの科学』は『アドエイジ』誌の読者が選ぶマーケティング・ブック・オブ・ザ・イヤーに選ばれた。ジェニー・ロマニウクは、アレンバーグ・バス研究所のリサーチプロフェッサー兼アソシエイトディレクター。専門分野はブランドエクイティーなどで、メンタルアベイラビリティの測定と評価基準のパイオニア。

Ｂｏｏｋ５『ブランディングの科学』を読むと、こう思う人が多いようだ。

「これまでの常識とはまったく違いますね。でも、私の市場は特別ですから」

現実には、あらゆる市場は特殊だ。しかし、根っ子の部分では同じことが起こっている。根っ子の部分を理解すれば、マーケターはさまざまな分野で活躍できるようになる。

Ｂｏｏｋ５の続編である本書（２０２０年８月邦訳刊行）では、新進気鋭のロマニウクも加わり、より豊富なデータを活用し、この理論が多くの分野で汎用的に使えることを示している。

ドラマ『半沢直樹』の続編が７年後だった意味

従来の常識は「強いブランドは強いポジショニングを確立している。『このブランドといえば○○○』と思ってもらえるようにしよう」だった。本書は、これを間違いだという。

カギとなるのがＣＥＰ（カテゴリー・エントリー・ポイント）という考え方だ。

たとえば暑い日や喉《のど》が渇いたとき、私たちは「冷たいドリンクを飲みたい」と考える。CEPとは、このように**モノを買う際に商品を絞り込む理由や状況**のことだ。

そして「冷たいドリンクを飲みたい」というときにコーラを思い出せば、コーラを買う。これは**Book5**で紹介した**メンタル・アベイラビリティ**だ。より多くのCEPでコーラが思い出されると、より多く売れる。本書は「**強いブランドとは、多くのCEPとつながったブランドだ**」という。

いまや国民的スターの堺雅人は、2013年のドラマ『半沢直樹』で大ブレイクした。その『半沢直樹』の続編は、7年後の2020年。7年かかった理由は不明だが、私は「堺雅人」のブランドを考えると、この7年間には大きな意味があったと考える。

堺雅人は苦労人だ。27歳でNHK連続テレビ小説に出演するまでお金がなく、野菜を採るため道ばたのタンポポを食べたこともあったという。その後、映画『南極料理人』『クヒオ大佐』『ツレがうつになりまして。』で、やさしくて少し頼りないクセがある役を好演。2012年のドラマ『リーガル・ハイ』で、毒舌で偏屈な弁護士役が当たり、好評を博した。

このドラマを見た作家の池井戸潤氏は、原作の主人公・半沢直樹役に推した。

2013年の『半沢直樹』は歴史的大ヒットになった。最終回の平均視聴率は関西で45・5％で民放連続ドラマとして歴代1位、関東で42・2％で歴代4位。ドラマのセリフ「倍返し」は流行語大賞に選ばれ、堺雅人は一躍国民的スターになった。

この流れで『半沢直樹』続編を翌年に放映したら、大ヒットになっていただろう。しかし、その後俳優として演じられる役が大きく狭まった可能性がある。これは実例がある。

映画『男はつらいよ』で寅さんを演じた渥美清は、寅さんを演じる前はさまざまな役を器用に演じ分けられる天才肌の役者だった。しかし、「寅さん」の大ヒットでどんな役を演じても寅さんに見えてしまい、その後は「渥美清＝寅さん」のイメージが定着した。

役者デビュー直後に『ウルトラセブン』でモロボシ・ダンを好演した森次晃嗣も、セブン終了後、どんな役を演じてもダンとしか見てもらえず苦しんだ時期があったという。

堺雅人も同じ状況に陥る可能性があった。しかし、堺雅人は『半沢直樹』続編をすぐに受けず、その後は2016年に大河ドラマ『真田丸』で真田信繁（幸村）を主演。さらに複数の映画で主演した後に、2020年版『半沢直樹』に臨んだ。

堺雅人が『半沢直樹』の翌年に続編を受けていたら、どんな役を演じても半沢直樹にしか見えなくなる可能性があった。「堺雅人＝半沢直樹」の**ブランド連想**があまりに強く、CEP的にいうと「半沢直樹」でしか選ばれなくなる、ということだ。

しかし、7年間の活動で「堺雅人＝大河ドラマ主演」という強いブランド連想が加わり、リーガル・ハイやクヒオ大佐などで演じた個性的なブランド連想も活きるようになった。CEP的にいえば「個性的なさまざまな役を演じ分ける役者」で選ばれるようになったのだ。

売れっ子俳優は、さまざまなCEPで筆頭に選ばれる。

木村拓哉といえば、元SMAPメンバー、『ロングバケーション』『HERO』『グランメゾン東京』『教場』などの多くの人気ドラマや『武士の一分』『マスカレード・ホテル』などの映画の主演俳優、雑誌『ａｎａｎ』の好きな男ランキングで15年連続1位、工藤静香との大物カップル、最近はＣｏｃｏｍｉやＫōｋｉのお父さんなど、連想は多岐にわたる。

だからドラマや映画ではさまざまな役のオファーが殺到し、「カッコいい男性」の筆頭に必ず入り、いまやカッコいいお父さんとしても認知され、さまざまなＣＥＰで選ばれるのだ。

コカ・コーラが市場を独占できる理由

実際の商品も、売れ筋商品はさまざまなＣＥＰで思い出される。本書ではトルコのソフトドリンク市場の例が紹介されている。この市場はコカ・コーラの独占だ。コーラ・タルカというローカルブランドはシェアがコカ・コーラの8分の1だ。

著者らはソフトドリンク購入時のＣＥＰで、消費者がどれだけこの2つの商品を思い出すか調査した。まずトルコでは、ソフトドリンクのＣＥＰは「暖かい日に」「少し健康によいモノ」「食事に合う」「自分へのご褒美」など8つあることを特定。この8つのＣＥＰで、消費者がコカ・コーラとタルカをどれだけ思い出すかを調べた。次ページ図は、その結果だ。

タルカの購買客の67％は、どのＣＥＰでもタルカを思い出さなかった。

一方でコカ・コーラの購買客は、多くのＣＥＰでコカ・コーラを思い出した。コカ・コーラは、ソフトドリンクの購買時にＣＥＰで思い出される機会が多かったために、売上がタルカの8倍もあるのだ。タルカが成長するには、より多くの購買客からもっとメンタル・アベイラビリ

売れ筋商品はカテゴリー・エントリー・ポイントで思い出される

トルコにおけるコカ・コーラとコーラ・タルカのCEPの比較（2014年）

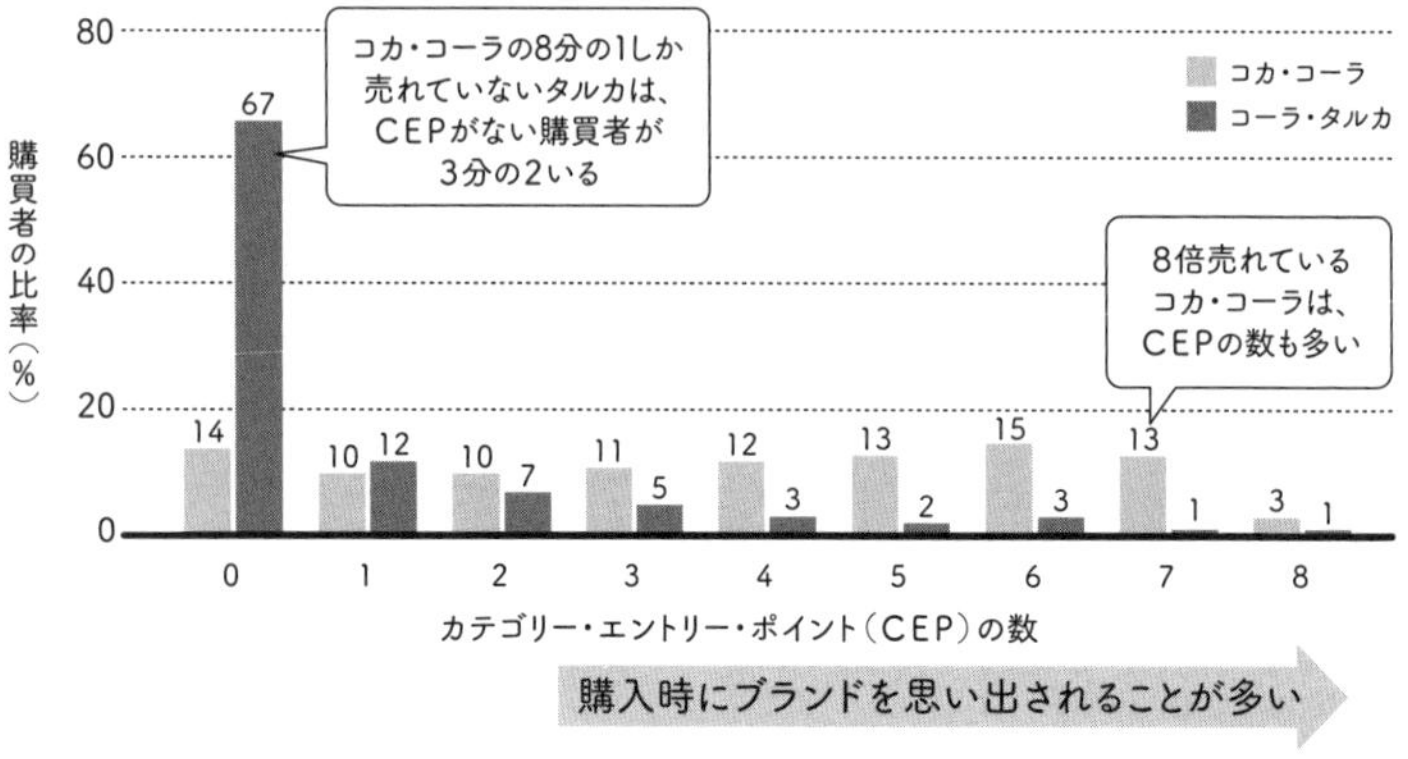

出典：『ブランディングの科学　新市場開拓篇』（著者が一部追記）

ティを獲得するために、CEPを増やす必要がある。

このように現代の強いブランドには、「このブランドといえば○○○」という強いポジショニングは必要ない。むしろ**消費者がモノを買うさまざまな場面のCEPでブランドが思い出されるようにして、豊かなメンタル・アベイラビリティを創り上げることが必要**なのだ。

「ターゲット・マーケティング」の落とし穴

「市場の特定部分に狙いを絞り込む」という**ターゲット・マーケティング**には、落とし穴がある。Book5『ブランディングの科学』で紹介したように、現実には自社ブランドも競合ブランドも似たような顧客に売れている。こんな状況で不用意に顧客のターゲットを狭めるのは、売れる可能性がある市場を必要以上に切り捨てているだけなのだ。

この点、米国に進出した飲食チェーンの大戸屋は賢明な判断をした。ターゲットを米国にいる日本人に限定せず、全米国人をターゲットに、日本と同じメニューの日本食を販売した。全米国人のほうが、市場はずっと大きい。魅力ある商品をいつでも誰にでもニーズに合わせて販売する戦略のほうが、多くの販売機会をつかんで成長できる。

Book7『確率思考の戦略論』の著者・森岡毅氏がユニバーサル・スタジオ・ジャパン（USJ）復活に取り組んだときのこと。就任当時、USJが低迷していた当時のポジショニングは「映画のテーマパーク」だった。ターゲット顧客を絞り込みすぎて低迷していた。

そこで「世界最高のエンターテイメントを集めたセレクトショップ」とポジショニングを変え、顧客のCEPに細かく対応できるようにメンタル・アベイラビリティ（森岡氏の言葉で「プレファランス」）を構築したのも同じ考え方だ（詳細はBook7参照）。

ターゲッティングがすべて悪いのではない。ターゲットを大きく絞り込まず、料理で塩を隠し味に使う感覚で、USJのようにほんの少しだけターゲッティングすればいいのだ。

新ブランドでは「CEPとのリンク」を創り上げろ

新ブランド発売で、ありがちなパターンはこうだ。

❶まず消費者にとっての便益を明確にする→❷差別化のメッセージを決める→❸「○○が新発売」という説得力ある広告を出す。しかし、たいていは売れずに終わる。

あなたは、この1年間で新発売された歯磨き粉の名前をあげられるだろうか？

業界の人でない限り、知らないだろう。消費者は忙しいので、差別化メッセージを出して

「新商品発売」と訴求してもそもそも気がつかない。まずは**「多くの人は既存ブランドと新ブランドの違いを知らずに、商品を買っている」と認識する**ことだ。

Book5『ブランディングの科学』で紹介したように、攻めるべきはライトユーザーからノンユーザーだ。そこで初めて買う人に対して深いメンタル・アベイラビリティを構築するために、2段階で考えるべきだ。

第1段階は、ライトユーザーからノンユーザーに対して広告で幅広くリーチし、新商品を買うように働きかける。ただし、予算は全部使わずに、第2段階に残しておく。

第2段階は、ライトユーザーが買い続けるように、継続的に広告メッセージを続ける。広告は少しでも目立ち、CEPとのリンクをつくること。リンクが多いほど売れる。

資生堂のTSUBAKIは、茶髪や金髪ブームに陰りが見えた絶妙なタイミングで**「日本の女性は美しい」**という直球メッセージを出し、広末涼子、観月ありさ、仲間由紀恵、竹内結子、田中麗奈といった黒髪の人気女優を並べてビジュアルで圧倒、成功を収めた。

さらに、新商品の広告では、小売店に並べた新商品を売り切ることが重要だ。売れ行きが悪いと新商品が店頭から撤収されることも多い。広告では売れる可能性が高いCEPを優先して競合よりも目立つように訴求し、顧客の脳内でリンクするようにする。

高級ブランドが大金をかけて広告を出す理由

「高級ブランドでは『誰ももっていないこと』が大事。だからこの考え方は使えないのでは？」

と思うかもしれないが、高級ブランドでもこのモデルは成り立つ。

そもそも高級ブランドを買う人の大部分は富裕層ではない。ライトユーザーである中産階級（サラリーマン）だ。中産階級の人数は、富裕層の人数と比べて圧倒的に多い。ロレックスを1本しか買わない中産階級のライトユーザーが、高級時計の典型的な顧客だ。

著者らが調査した結果、高級ブランド所有者が多くてもその高級ブランドへの欲求度は高く、売れていた。ロレックスをもつ人が多くても、人はロレックスが欲しいのだ。

多くの消費者は「自分には高級ブランドの目利き力はない」と思っている。だからブランドの人気や評判が、その高級ブランドを買うかどうかの判断に影響を与えている。

高級ブランドがお金をかけて広告を出すのは、認知度を高めて所有者を増やすためだ。

本書では、他にオンラインショッピング、クチコミ、新興国でのマーケティングなどさまざまな市場を取り上げて分析し、この理論が成り立つことをデータで検証している。Book5『ブランディングの科学』と併読すれば、この新しい理論への理解はさらに進むはずだ。

POINT

最優先事項は、顧客が商品を選ぶ際にブランドを思い出させること

Book
7

『確率思考の戦略論』
（KADOKAWA）

――USJで実証された「感情を排し、数字とロジックに徹した」戦略

森岡 毅／今西聖貴

森岡毅は1972年生まれ。神戸大学経営学部卒。96年、P&G入社。日本ヴィダルサスーンのブランドマネージャーなどを歴任し、2010年にユー・エス・ジェイ入社。革新的なアイデアを次々投入し、窮地にあったUSJをV字回復させる。17年マーケティング精鋭集団「株式会社 刀」を設立。著書に『USJを劇的に変えた、たった1つの考え方』など。今西聖貴は盟友・森岡毅の招聘によりユー・エス・ジェイ入社。現在、株式会社 刀でシニアパートナーとして活躍中。

「マーケティングは感覚的なもの」と捉える人も多いが、本書はこう言い切る。

「ビジネスの成否は確率で決まる。その確率はある程度は操作できる」

数学マーケティングを提唱する著者の森岡毅《つよし》氏は、P&G出身。ユニバーサル・スタジオ・ジャパン（USJ）V字回復の立役者だ。共著者の今西聖貴《せいき》氏はP&Gで森岡氏の同僚として20年以上需要予測モデルや予測分析を担当、その後は森岡氏から三顧の礼でUSJに迎えられ、USJ復活を支えた調査のスペシャリストだ。

本書は数字でロジックをつくり、マーケティング戦略を立てる方法論を学べる一冊だ。「数学は苦手で」という人も心配ご無用。本書では透明性の担保のために細かな数式が載せてあるが、読み飛ばしてもわかるように書いてある。

市場構造の本質は**プレファランス**だ。これはBook5『ブランディングの科学』で紹介し

消費者は商品を購入するたびに、エボークト・セットのガチャをしている

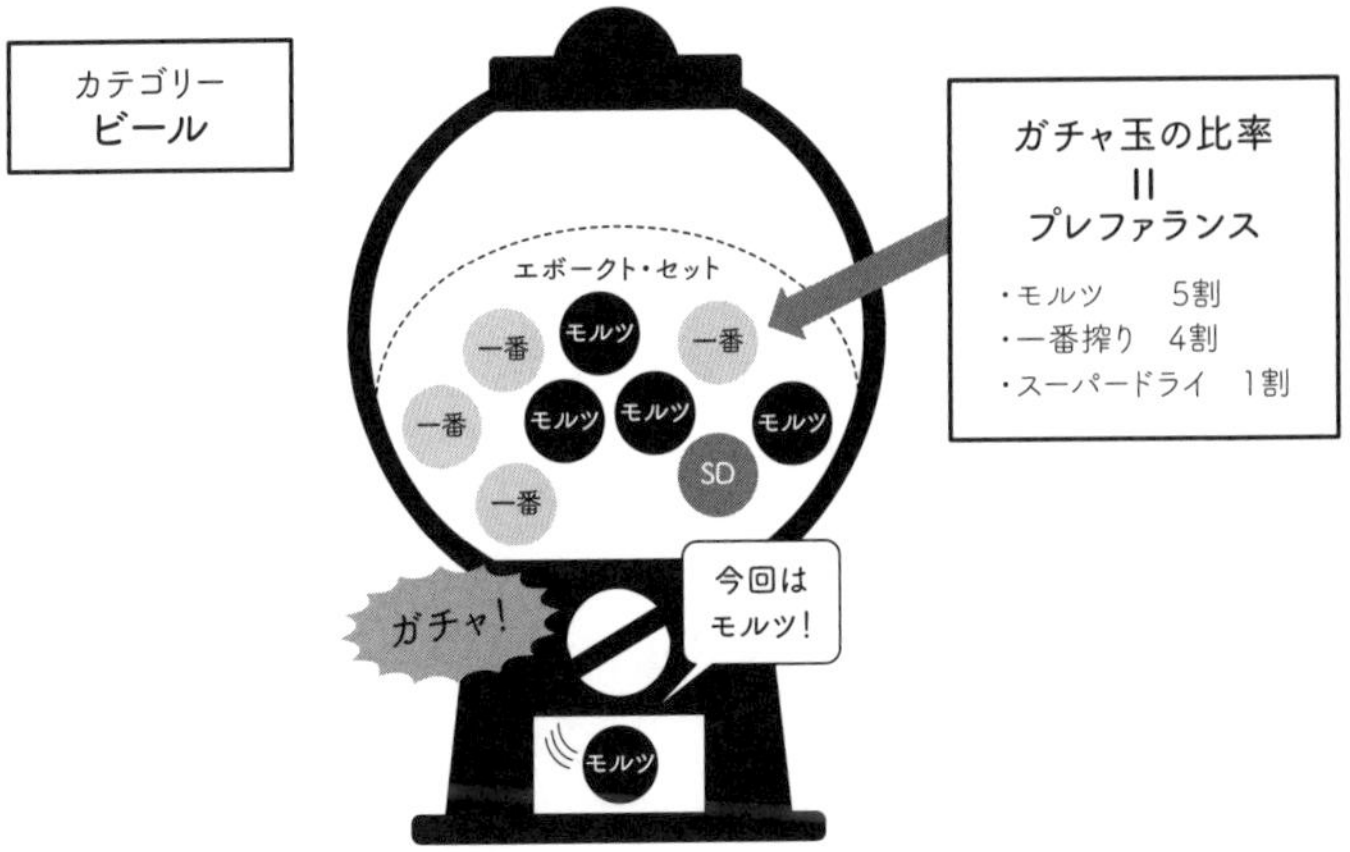

出典:『確率思考の戦略論』を参考に著者が作成

た**メンタル・アベイラビリティ**と同じ意味だ。たとえばビールは「ボクが飲むのはモルツか一番搾り」「俺はスーパードライだけ」というように、人により好みが分かれる。この好みがプレファランスだ。

また「ビール」のように消費者が同じ目的で使用し、同じ便益を与える商品やサービスの集まりを**カテゴリー**という。

消費者の脳内には「モルツか一番搾り。たまにスーパードライ」というようにカテゴリー別にプレファランスがある。このプレファランスの組み合わせが**エボークト・セット**だ。

エボークト・セットは、過去の購買経験によって消費者の脳内に無意識のうちにつくられて、消費者はこの中から買う商品をランダムに選ぶ。上図のようにビールを買う確率が「モルツ5割、一番搾り4割、スーパードライ1割」の人は、脳内でエボークト・セットのガチャを回して商品を買う。この人がビールを10回買うと平均してモルツが5回選ばれる。

全消費者がガチャをした結果の集計がシェアだ。これは市場のプレファランスの平均値だ。企業は市場で消費者のプレファランスを奪い合い、結果がシェアになるのだ。

つまり、**経営資源を集中すべきは、消費者のプレファランスの向上**なのである。

プレファランスを決める3つの要素

プレファランスは、❶ブランド・エクイティー、❷製品パフォーマンス、❸価格で決まる。
❶**ブランド・エクイティー**とは、ブランドがもつ見えない資産のことだ。ブランド・エクイティーは、プレファランスを支配する最も重要な要素だ。東京ディズニーリゾートは「夢と魔法の王国」という圧倒的に強いブランド・エクイティーをもっている。
❷**製品パフォーマンス**の重要度は、カテゴリーで異なる。
機能重視型の商品（家電）や問題解決型の商品（薬）は、製品パフォーマンスが高いとプレファランスが高まる。消費者は失敗したくないので、一度信頼したブランドは他ブランドにスイッチしない。だから満足すると、エボークト・セットに入りやすくなる。しかし、違いが微妙なカテゴリーの製品、たとえば味の違いが微妙なミネラルウォーターは、製品パフォーマンスよりブランド・エクイティー強化のほうがプレファランスが高まる。
❸**価格**を上げると短期的にプレファランスは下がる。しかし、消費者を継続的に喜ばすための原資を得るには価格を上げる必要があるので、中長期的には価格アップが正しい。

当初USJのチケットは5800円で、購買力平価で比較すると世界の半額だった。海外では1万円以上が当たり前。しかし日本のパークは高品質で、人件費・建設費・土地代などのコストも高いのに、料金が安い。これでは日本国内のテーマパーク業界は活性化しない。USJは毎年値上げを続け、7400円まで値上げしつつ集客も伸ばした。先にブランド価値を高めることで、初めて値上げは可能になるのだ。

戦略の本質は「プレファランスを上げ、買いやすくする」こと

成熟した消費者向け市場では、経営資源の配分先は次の3つである。

❶自社ブランドのプレファランス（preference）

市場で自社ブランドのプレファランスを増やすには、より多くの顧客を開拓することだ。ここで重要なのは、顧客ターゲッティングの際に、競合と差別化しようとするあまり顧客のプレファランスを狭めないことだ。目的はあくまで、市場のプレファランス増加だ。

低迷時のUSJのポジショニングは「映画のテーマパーク」だった。しかし、ファン層が大人の独身女性層だけにあまりにも集中していた。USJは東京ディズニーランドと比べて、市場全体で見るとプレファランスがずっと弱かったのだ。実戦経験が浅いマーケターは、特定の消費者ターゲットの中だけでプレファランスを増やそうとしがちだ。

そこで「世界最高のエンターテイメントを集めたセレクトショップ」にポジショニングを変

え、ファミリー層、ハロウィーン客、個別ブランドファン（ハリー・ポッターやマリオ）、スリルを求めるスリルシーカー（後ろ向きジェットコースター）などのターゲットを掘り起こした。

❷認知（awareness）

何%の消費者が商品を知っているかが認知だ。認知率50%を1・2倍向上して60%にすれば、売上も20%上がる。認知の質も大事。商品名「ダイソン」しか知らない人よりも「吸引力が変わらないただ一つの掃除機」と知っている人のほうが商品を買う。

❸配荷（distribution）

消費者の何%が商品を買おうと思えば買えるかが「配荷」だ。具体的には店頭で買える状態にすることだ。配荷率50%を1・2倍向上して60%にすれば、売上も20%上がる。配荷は取扱店を増やせば高まる。

さらに、来店客のプレファランスに最適化すれば、配荷の質を上げられる。シャンプーの場合、高級住宅街のドラッグストアではお高めのシャンプーで店頭を賑わし、郊外ホームセンターではファミリー向けに定番ブランドのお得な大型サイズを増やす。

ブランドの年間売上は次ページ図上の7要素で決まる。

売上を決める7つの基本的要素

	売上の基本要素	コントロール	主要因①	要因②	要因③
1	認知率	◎	認知ドライバー（TV CM／Web広告等）	広告量	店頭活動
2	配荷率	○～△	プレファランス *	店頭状況	取引条件
3	過去の購入率（延べトライアル率）	○	プレファランス *	カテゴリー購入回数	配荷率
4	エボークト・セットに入れる率	○	プレファランス *	ポートフォリオ内の銘柄数	配荷率
5	1年間の購入率	×	カテゴリー購入回数	プレファランス*	配荷率
6	年の平均購入回数	×	カテゴリー購入回数	プレファランス*	配荷率
7	平均購入金額	◎	サイズ選択肢・値段	サイズの好み（プレファランス）	サイズ別配荷率

◎我々が主にコントロールできる、○ある程度できる、△少し可能、×あまりできない
* 総合ブランドに対する当該ブランドのブランド・エクイティー、製品のパフォーマンス、価格

出典：『確率思考の戦略論』

消費者の購買フロー
（洗剤購入者の場合）

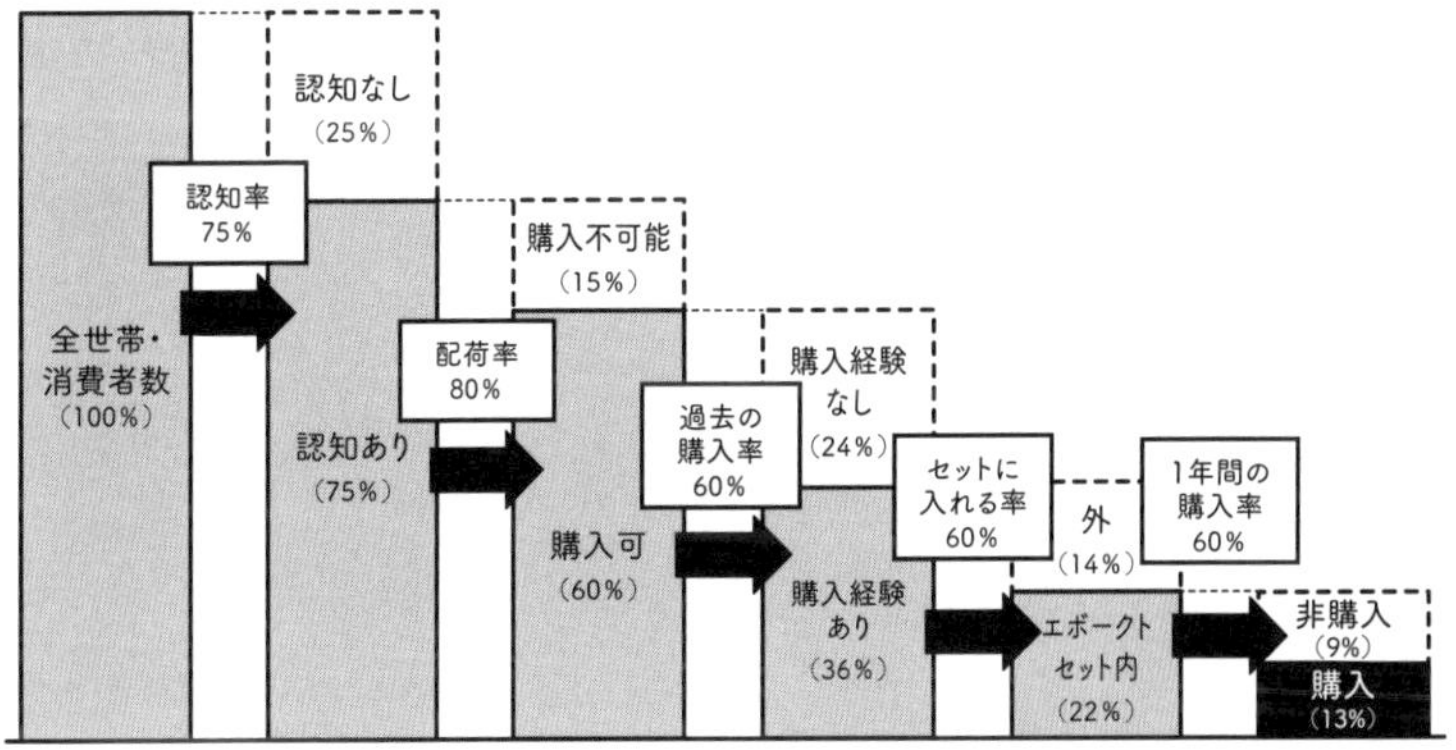

出典：『確率思考の戦略論』を参考に著者が作成

**USJは「つくったものを売る会社」から
「売れるものをつくる会社」へと変わった**

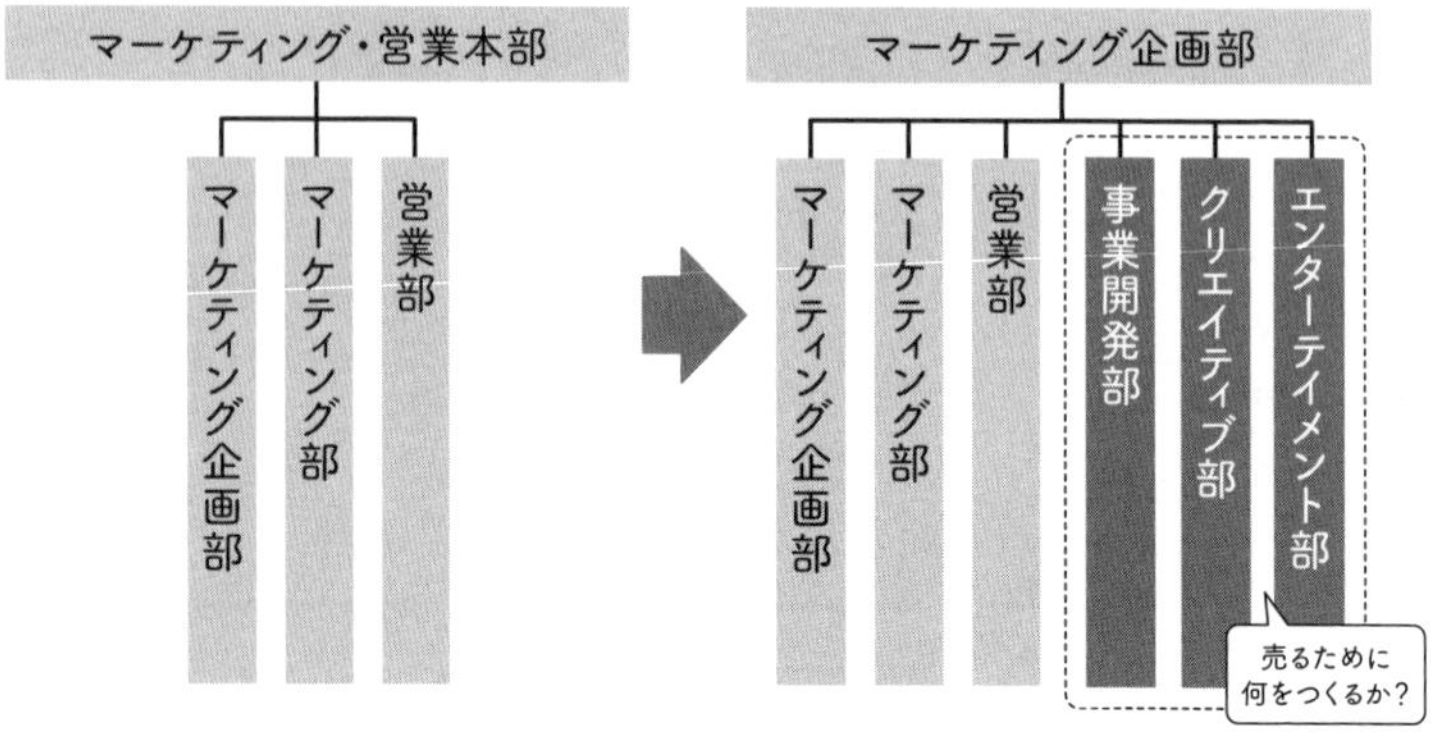

出典：『確率思考の戦略論』（著者が一部改変）

まず競合に対して相対的なプレファランスを上げて「配荷率」「過去の購入数」「エボークト・セットに入れる率」を高める。さらに広告で「認知率」、商品選択肢を増やして「購入額」を高める。洗剤の年間売上を計算してみよう。

【洗剤の年間購入者の全世帯に対する割合】

＝認知率×配荷率×過去の購入率×エボークト・セットに入れる率×1年間の購入率

＝75％×80％×60％×60％×60％＝**13％**

【洗剤の年間売上】

＝総世帯数×購入者割合×平均購入回数×平均購入額

＝5000万世帯×13％×1・3回×420円＝**35億円**

この式は逆算で使うことが多い。年間売上などの目標達成に必要な認知率や配荷率を逆算し、どの要素に経営資源を投資するか決める。

マーケティングを機能させるには「組織」が必要

企業はまずマーケティングを機能させる会社組織づくりから始めるべきだ。

「マーケティングを強化したい」という経営者は「優秀なマーケターを一人雇えばいい」と考えがちだが、マーケティングは個人技ではない。組織づくりをしない限り機能しない。

優秀なマーケターほど、経営の意思決定にズカズカ入ってくる。経営者は「マーケターは消費者の代理人」と考え、会社の意思決定を委ねる覚悟が必要だ。森岡氏はUSJを社内横断で消費者視点を徹底させる組織に変え、「つくったものを売る会社」から「売れるものをつくる会社」に変革した。

情緒的に意思決定する組織と合理的に意思決定する組織が戦えば、後者が勝つ。

戦略意思決定で感情は邪魔になる。本書は合理的に戦略を考える上で大いに役立つ。

著者の森岡氏は本書出版後、USJを退職。マーケティング会社「刀」を創業した。「マーケティングで日本を元気にする」という理念の下、精鋭マーケターを集め、投資会社としての役割ももって、経営支援まで含めて事業創造・再生に取り組んでいる。

Book5『ブランディングの科学』と併読すれば、本書の理解は進むはずだ。

POINT

消費者のプレファランスを高めて、消費者ビジネスを制覇せよ

Book

8

『両利きの経営』

――既存事業からイノベーションを生み出すための「作法」

（東洋経済新報社）

チャールズ・A・オライリー／マイケル・L・タッシュマン

オライリーは、スタンフォード大学経営大学院教授。カリフォルニア大学バークレー校で情報システム学の修士号、組織行動論の博士号を取得。専門はリーダーシップ、組織文化、人事マネジメントなど。タッシュマンは、ハーバード・ビジネス・スクール教授。コーネル大学で科学修士号、マサチューセッツ工科大学で組織行動論の博士号を取得。専門は技術経営、リーダーシップなど。2人はボストンのコンサルティング会社、チェンジロジックの共同創業者。

現代の市場の変化は激烈だ。

そこで企業の命運を分けるのは、変われるか否かだ。

2002年、DVDレンタル最大手のブロックバスターは売上6000億円。ネットフリックスは売上わずか3000万円。その後ブロックバスターは縮小するDVDレンタル事業にこだわり8年後に破産。ネットフリックスはDVDレンタルとの**カニバリゼーション**（共食い）も辞さず、動画配信最大手に育ち、2019年の売上は2兆円だ。

ブロックバスターのように市場の変化に対応できずに消滅する企業がある一方、ネットフリックスのように変化を活かして成長する企業もある。

本書は市場変化にあわせて企業を成長させ続けるための現実的な処方箋を示した一冊だ。著者らはイノベーション研究の第一人者として、コンサルタントとして企業に入り、数多くの事例分析をしてきた。本書でも実に多くの企業事例に圧倒される。

「知の探索」と「知の深化」は両立が難しい

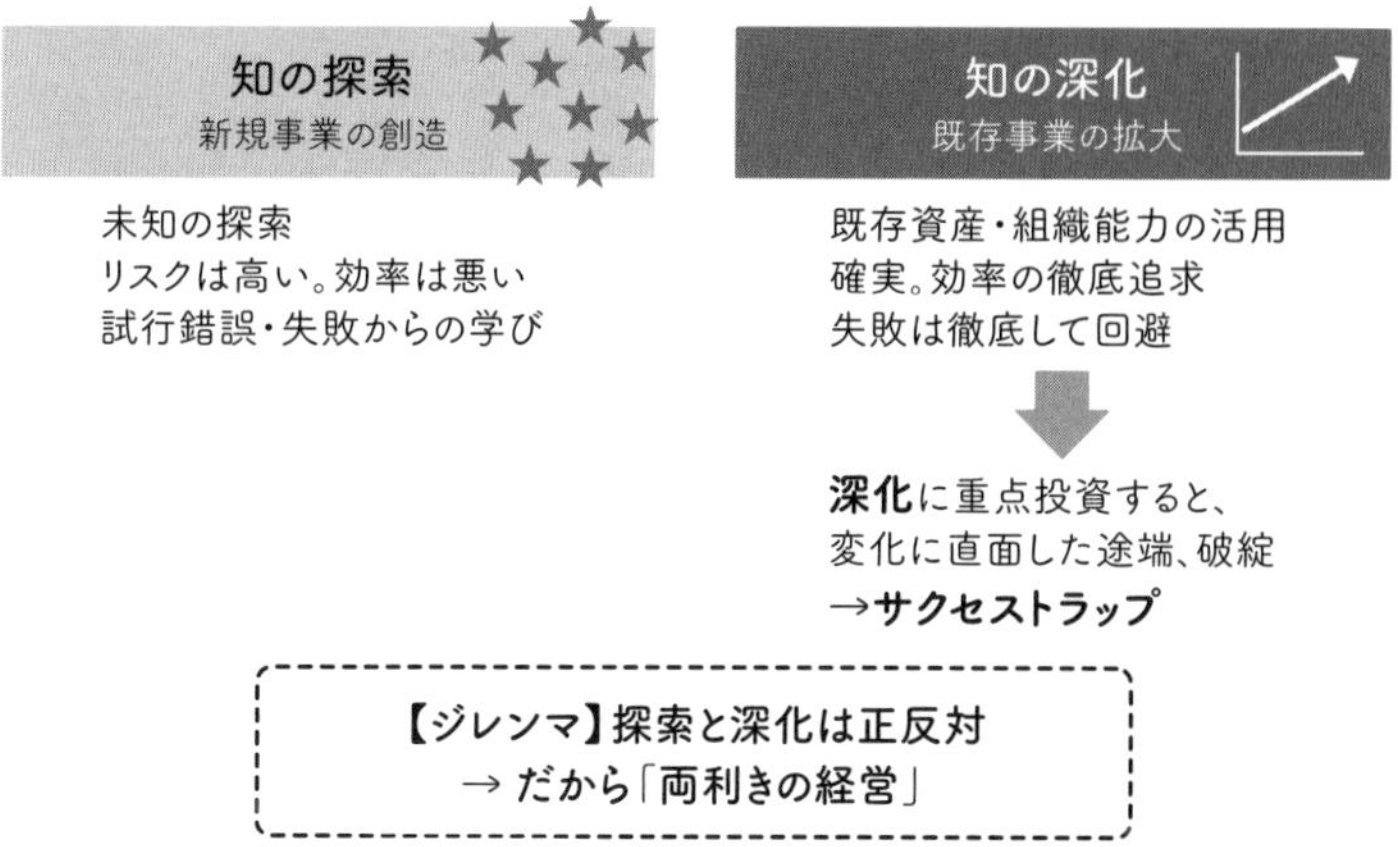
知の探索
新規事業の創造
未知の探索
リスクは高い。効率は悪い
試行錯誤・失敗からの学び
知の深化
既存事業の拡大
既存資産・組織能力の活用
確実。効率の徹底追求
失敗は徹底して回避
深化に重点投資すると、
変化に直面した途端、破綻
→サクセストラップ
【ジレンマ】探索と深化は正反対
→ だから「両利きの経営」

出典:『両利きの経営』を参考に著者が作成

「探索」と「深化」の両立

長い歴史の中で、新規事業に転身し続けて成長してきた老舗企業は多い。明治初期創業の任天堂は花札を製造していたし、1911年創業のIBMは肉秤を製造していた。

しかし新規事業と既存事業ではやり方が異なる。新規事業では、未知の新分野への**探索**が必要だ。一方で既存事業では、効率を追求して組織能力を活用する**深化**が必要だ。

老舗企業には、探索と深化を両立する**両利きの経営**ができるリーダーがいたのだ。

現実には探索と深化は両立が難しい。探索はリスクが高いので、試行錯誤を通じ失敗から学ぶことが必要だ。一方で深化では確実に効率を追求することが必要だ。短期的には深化のほうが確実である。だから成功した企業ほど深化ばかりやりがちだが、変化に直面した途端に破綻する。これが**サクセスト**

ラップ（**成功の罠**）だ。ではどうすればサクセストラップを回避できるのか。

有名な**破壊的イノベーション**を提唱した経営学者のクリステンセンは「企業は探索と深化を同時にできない。新規事業をスピンアウトすべきだ」と言っている。

しかし、この助言に従ったHPのスキャナー部門は携帯スキャナー部門をスピンアウトしたが、HPがもつ強みを活かせずに苦戦を強いられ失敗した。

実際には企業は既存事業で、実に数多くの強みを育んでいる。せっかくもっている自社の強みを新規事業で活かさないのは、実にもったいないことなのだ。

既存事業の強みで復活した富士フイルム

写真フィルム最大手だったコダックは「フィルムに競合するものはすべて敵」という考えを変えられず破綻した。富士フイルムは「写真フィルムで育てた強みを新規事業に活かそう」と考え、写真フィルムのコア技術をさまざまな新事業に応用し、成長を続けている。

サクセストラップに陥らず成長するには、左図のような組織の進化を理解することだ。コダックは大成功した写真フィルム事業の**維持**にこだわり、**多様化**を怠った。当時の富士フイルムは成功した写真事業を維持しつつ、新規事業への多様化を探索した。富士フイルム社内では、「ブレーキを踏みつつアクセルを踏んでいる」と言われたという。

かつてはこの「多様化→選択→維持」への変化は徐々に起こった。今は格段に速い。

電話が世帯普及率50％になるのに50年。インターネットはわずか10年。軌道修正に数十年か

組織の進化を理解し、異質な経営を共存させる

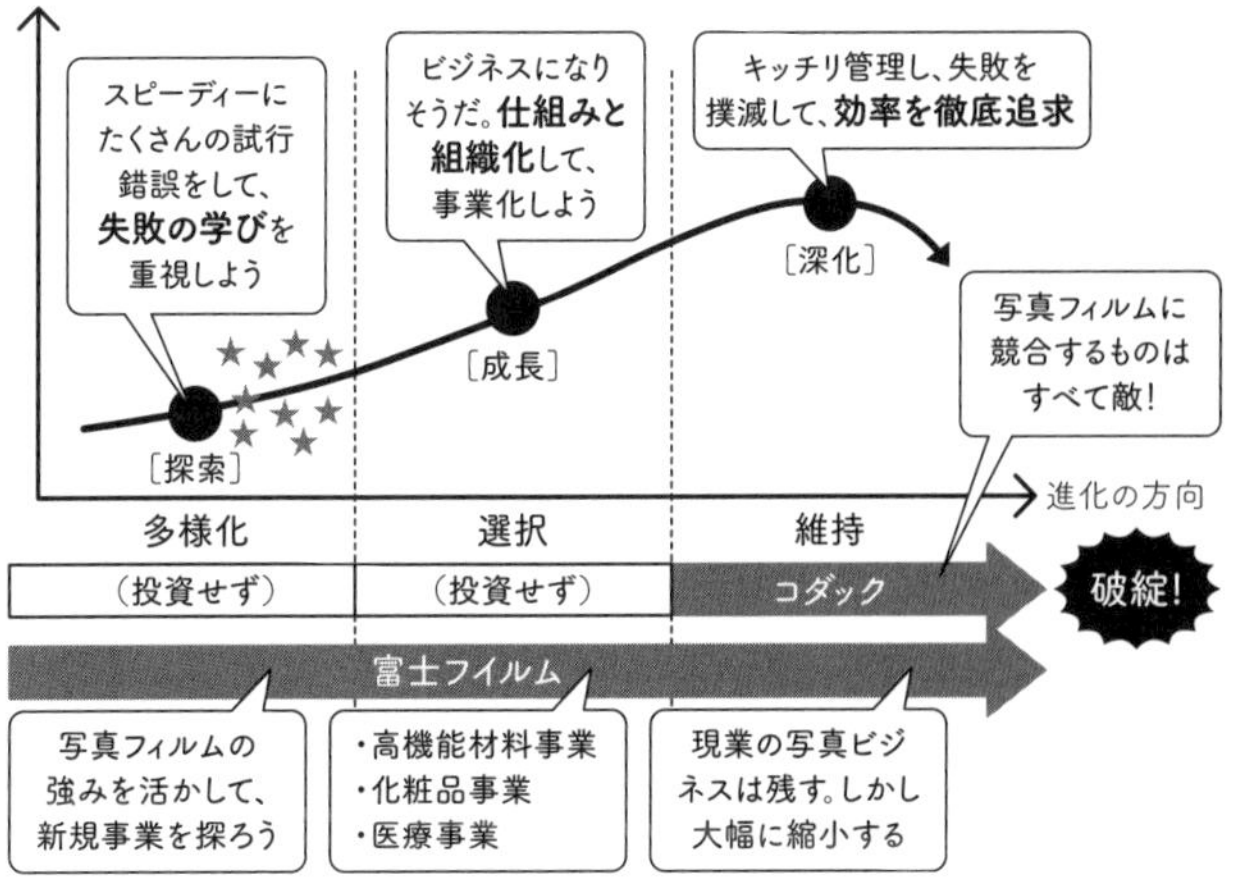

出典：『両利きの経営』を参考に著者が作成

けられたのは昔の話だ。今は数年で一気に土俵際へ追い込まれる。激変する市場で生き残るには、変化に適応するしかない。**強い者が生き残るのではなく変化できる者が生き残る**のだ。

リーダーは強みの深化で収益を確保しつつ、新事業の探索で未来に備えなければいけない。そこで**リーダーシップ**と**マネジメント**の違いを理解することが必要になる。

リーダーシップは「あの山を目指そう」と人々を動機づけ山登りに向かわせることだ。マネジメントは登る山が決まった後、確実に準備させ、安全な山登りを管理することだ。

探索ではリーダーシップが、深化ではマネジメントが必要になる。

富士フイルムは古森重隆社長（当時）が「自社資源を活かしてどこで成長できるか？」を見極め、研究開発を集約し新技術に焦点を絞り、新しい文化や考え方を拡げ、「Value from Innovation」（「イノベーションで価値をつくれ」）というスローガンを掲げて新規事業を追求し続けた。そして既存事業の取り組みを続けながら、新規事業に必要な組織能力も伸ばし続けた。

両利きの経営では、すぐれたマネージャーと同時に、すぐれたリーダーが必要なのだ。

既存事業の成功を深化させつつ、同時に既存事業の強みを活かして新市場を探索する両利きの経営を行うことで、初めて会社は長期的に存続できるようになる。

成否の分かれ目は「組織の理解」

米国の新聞社『ＵＳＡトゥデイ』はオンライン部門を立ち上げた。しかし、紙媒体の新聞部門はオンライン部門を競合と考え、協力しなかった。たとえばスクープを狙う新聞部門の記者は、ウェブに速報を出すのを嫌がった。そこで同社トップは「新聞ではなく、ネットワークになる」という方針を明確にして事業部トップをすげ替え、同意しない幹部を辞めさせ、部門間で人材を異動させて、コンテンツ共有の積極性で昇進・報酬を決定するようにした。

新規事業と既存事業の間で必ず起こる対立は、経営トップしか解決できない。加えて効率と管理を重視する既存事業は、失敗から柔軟に学ぶことを重視する新規事業とは相容れないことも多い。そこで新規事業を既存組織から分離する。

一方で、新規事業を社外にスピンアウトしてしまうと自社の強みが活かせない。組織の強みを活かしつつ、既存事業の影響を受けないようにする工夫が必要だ。

両利きの経営が成功するかは、経営トップ次第だ。では、トップは何をすべきなのか？

両利きの経営を行う上での課題と解決策を見ていこう。

既存事業だけに注力すれば、短期的に見れば売上が上がる。両利きの経営は本質的に非効率だ。ここに両利きの経営の難しさがある。

ポイントは4つある。

ポイント❶ 「探索と深化が同時に必要である」という戦略的意図を明確にする

両利きの経営は非効率なので反対も多い。そこで納得できる根拠を社内に示す。ここでは新規事業を「戦略的重要性」「本業の資産の活用」の2つの視点で整理して考える。

ポイント❷ 経営陣が新規事業の育成と資金供給に関わり、監督し、既存部門から保護する

新規事業は経営陣が積極的に関わらないと、既存事業から「金食い虫」「我々の敵」と見られ、自社の強みを活用できず失敗する。反対者を排除し、入れ替える覚悟も必要だ。

ポイント❸ 新規事業を既存事業から離しつつ、企業の強みを活かせる組織の仕組みをつくる

新規事業と既存事業の組織を分離させつつ、組織能力を活用できるようにする。

ポイント❹ 共通のビジョン・価値観・文化をつくり、全員が仲間だという意識をもたせる

全社で「お互いの協力が必要だ」と心から納得できる共通目標がないと、初期の『USAトゥデイ』のように新規事業と既存事業は互いにライバルと見て戦い始める。

リーダーシップの5つの原則

両利きの経営では、リーダーは針のむしろの上にいる状態だ。一見矛盾する戦略やリーダーシップが必要なので、辛い立場に置かれるのだ。そこで次の原則を実践する。

原則❶ 戦略的抱負を示し、幹部チームを巻き込む

感情に訴え情熱的に語り続けることで、人は動く。トップ一人が抱負を語り続けるだけでなく、経営幹部の一人ひとりがリーダーとして、自分自身で納得して動くことが必要だ。

原則❷ 緊張関係をどこにもたせるかを選ぶ

新規事業と既存事業の間では必ず葛藤が起こり、緊張関係が生まれる。誰がこの緊張関係に向き合うかを決める。一つの方法はトップ自身が全責任をもち、向き合う方法だ。もう一つの方法は幹部チームでお互いにハラを割り、全社視点でオープンに問題を議論し合う方法だ。この場合は事業部リーダーがカギになる。いずれにするかを決める。

原則❸ 幹部チーム間の対立に向き合い、事業間のバランスを取る

両利きの経営で成功するには、対立から生じるさまざまな葛藤に向き合う必要がある。葛藤をウヤムヤにして進めると力がある既存事業が勝ってしまい、新規事業は失敗する。

原則❹ 一貫して「矛盾する」リーダーシップ行動を実践する

両利きの経営のリーダーは、傍から見ると二枚舌だ。既存事業には、利益・規律・確実な戦略を求める。新規事業には、試行錯誤による失敗の学びを奨励し、成熟市場で自社事業とのカニバリゼーションを追求させる。これは探索と深化で正反対の思考が求められるためだが、ちゃんと❶の戦略的抱負を明確にすることで、社員も理解できるようになる。

原則❺ 議論や意思決定の実践に時間を割く

幹部チームで別途時間を設け、新規事業と既存事業の両方のビジネスモデルについて議論して全体を把握した上で、自分が注力すべき点がわかるようにする必要がある。

この30年間、日本企業は製造業を中心に破壊的イノベーションの大波で惨敗してきたが、組織的な強みをもつ日本企業はまだ多い。問題は企業がもつ強みを、イノベーションで活かせていないことだ。

本当の課題はものづくりよりも、両利きの経営を実現するためのリーダーシップと組織づくりにある。

企業がイノベーションを起こしてチャンスをつかむ上で、本書はヒントになるはずだ。

POINT

矛盾に向き合いながら「両利きの経営」を実践し、イノベーションを起こせ

Book

9

『OPEN INNOVATION ハーバード流 イノベーション戦略のすべて』（産能大出版部）

――社内メンバーだけではイノベーションは生み出せない

ヘンリー・チェスブロウ

カリフォルニア大学バークレー校ハース・スクール・オブ・ビジネス客員教授。イノベーションに関する世界的権威。バルセロナのESADEビジネススクールにて、情報システム学の客員教授も務める。エール大卒、スタンフォード大MBA。イノベーションについて多くの著作があるが、オープン・イノベーションという概念を広めたことで知られる。『オープン・サービス・イノベーション』を執筆するなどサービス分野へも関心を向ける。

私は大企業の研究開発エンジニアと会うことが多い。いつも気になるのが、彼らが社内に閉じこもり社外の人と会おうとしないことだ。よく話を聞くとすばらしい技術があるのだが、社外でまったく知られていない。まさに「宝のもち腐れ」である。実にもったいない。

社内だけでイノベーションを進める方法を**クローズド・イノベーション**と呼ぶが、自前主義だけでイノベーションを成功させるのはなかなか難しい。現代では、アイデアを世の中でオープンにやり取りする**オープン・イノベーション**の成功確率のほうが高い。シリコンバレーではオープンにアイデアを取り込み、イノベーションを生むのが当たり前だ。

オープン・イノベーションは、ハーバード・ビジネス・スクール教授だった著者・チェスブロウが提唱した概念だ。著者は多くのベンチャー企業やベンチャー・キャピタル（VC）で研究やアドバイザーの活動を行っている。シリコンバレーでのベンチャー経験もある。

まずはクローズド・イノベーションとオープン・イノベーションの違いを見ていこう。

ムダが多いクローズド・イノベーション

ゼロックスのPARC研究所は、マウス、高速通信のイーサネット、美しい文字フォントのポストスクリプトなど、数多くの技術を生み出した。しかし、これらはゼロックスのビジネスに貢献せず、他社が製品化した。原因はゼロックスのイノベーションの方法にあった。

コピー機主体のゼロックスの既存事業では、PARCが生んだ技術は活かせなかった。そこでゼロックスは、不採用研究の担当者が研究を続けたい場合、プロジェクトとともに会社を去るのを認めていた。結果、多くの研究者が転職・起業した。たとえばある研究者はアップルに移り、マッキントッシュを開発した。その結果、ゼロックスからスピンアウトした企業は成長、2001年にはトップ10社合計でゼロックスの時価総額の2倍になった。

本来PARCはオープン・イノベーションで価値を発揮する組織だったが、クローズド・イノベーションの方法で管理されていたのだ。

ひと昔前、クローズド・イノベーションは勝利の方程式だった。企業が研究所で極秘裏に他社にない技術を生んで製品を出せば、多大な利益を生んだ。転職が難しい時代なので、社内でアイデア不採用でも社員は辞めなかった。いまはまったく違う。優秀な技術者は自由に転職・起業する。結果、不採用のアイデアは社外に流出し、他企業が商品化するようになった。

一方、オープン・イノベーションでは社内で生んだアイデアを使い倒す。使わないアイデアは積極的に社外に出して稼ぐ。社内でアイデアが足りない場合は貪欲に社外のアイデアを取り

①クローズド・イノベーションはムダが多い

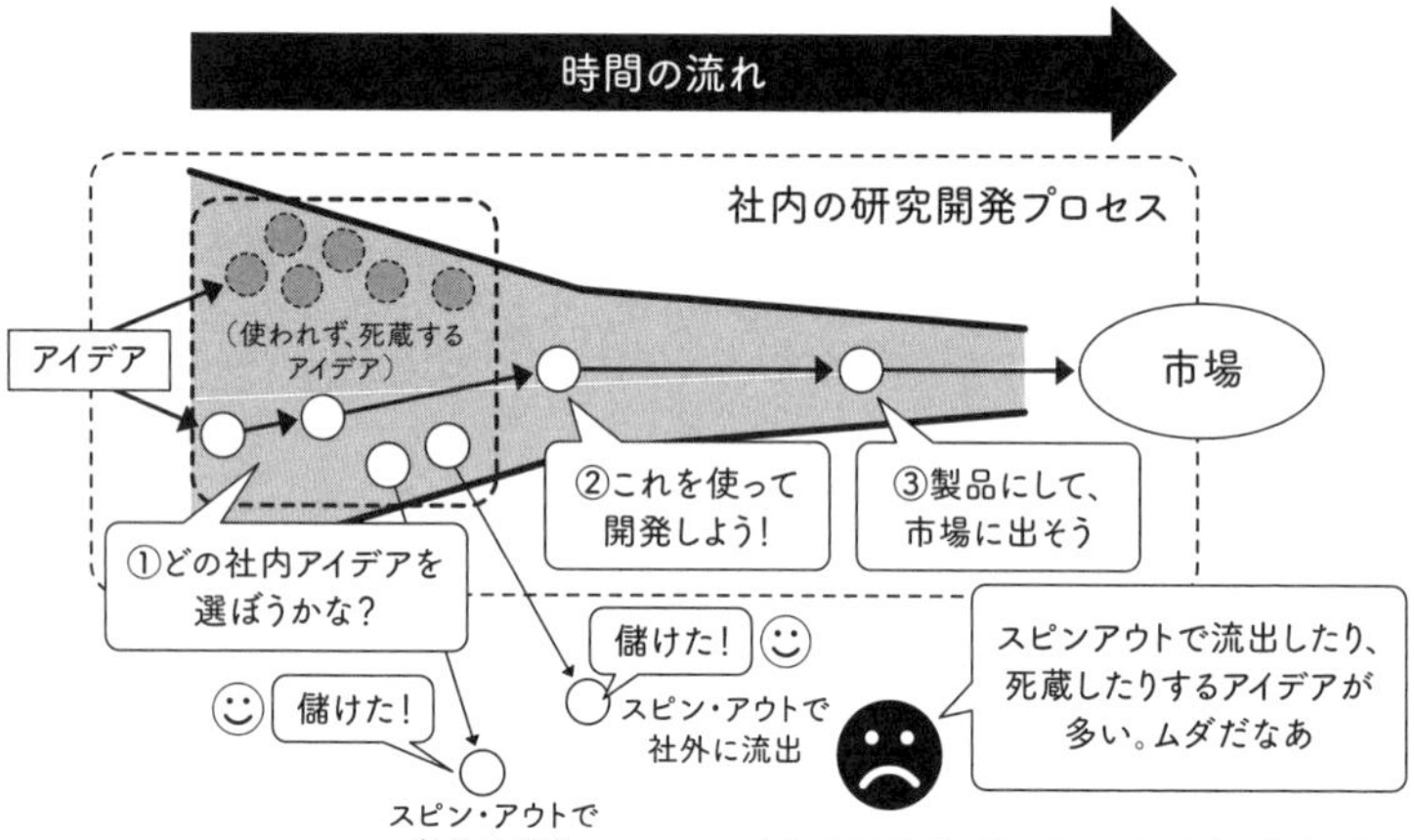

時間の流れ
社内の研究開発プロセス
アイデア
（使われず、死蔵するアイデア）
市場
②これを使って開発しよう！
③製品にして、市場に出そう
①どの社内アイデアを選ぼうかな？
儲けた！
儲けた！
スピン・アウトで社外に流出
スピン・アウトで社外に流出
スピンアウトで流出したり、死蔵したりするアイデアが多い。ムダだなあ

出典：『OPEN INNOVATION』を参考に著者が作成

②オープン・イノベーションでアイデアを徹底活用

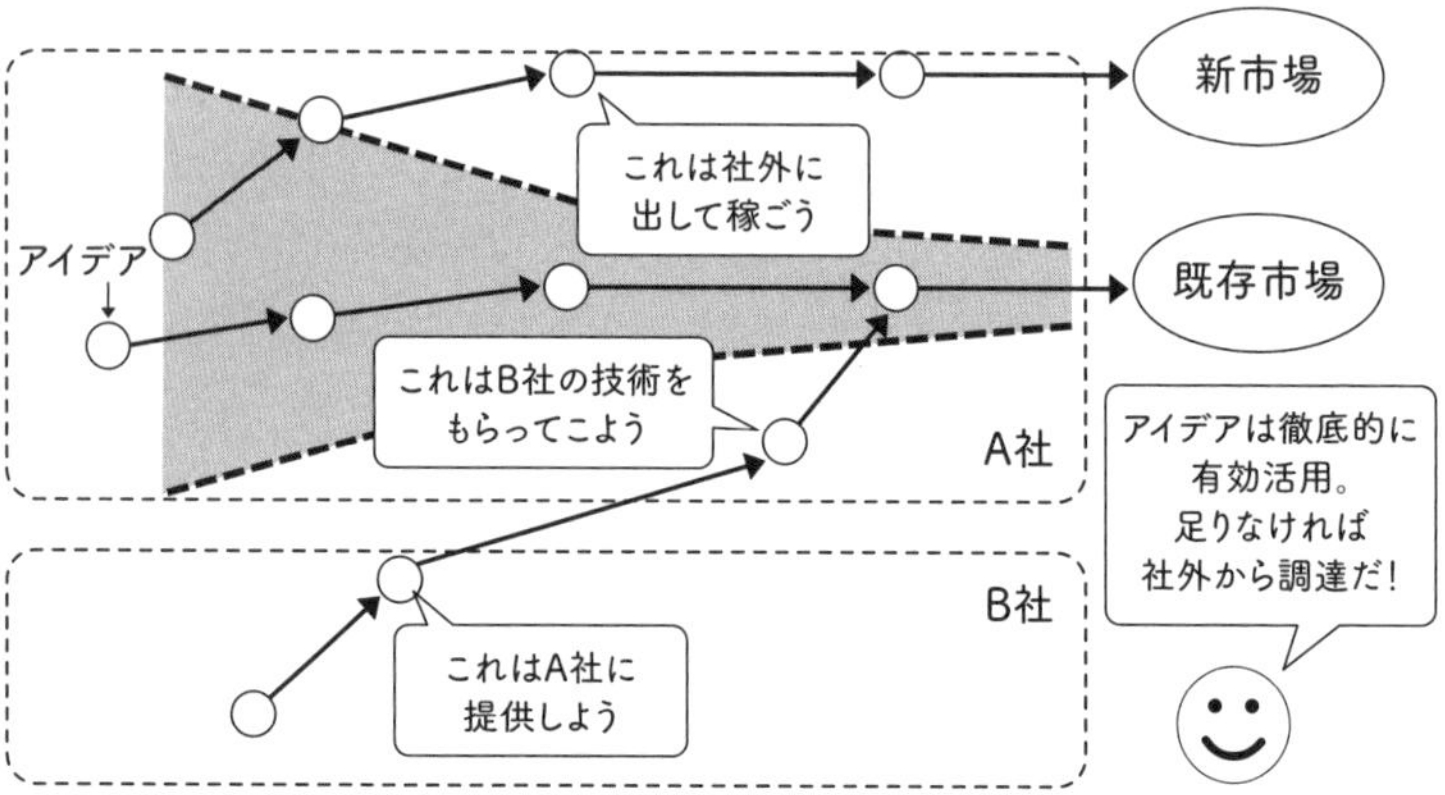

新市場
これは社外に出して稼ごう
アイデア
既存市場
これはB社の技術をもらってこよう
A社
アイデアは徹底的に有効活用。足りなければ社外から調達だ！
B社
これはA社に提供しよう

出典：『OPEN INNOVATION』を参考に著者が作成

込む。研究開発も変わる。あらゆる手段で社外知識を目利きし、社外にない知識を社内開発する。いまや知識の普及は速く、簡単に真似される。企業が知識を囲い込むのは不可能。ならば、**オープン・イノベーションで知識の陳腐化スピードを速めていくべき**なのだ。ネットワーク機器大手のシスコシステムズは、自分で従来の研究開発をせずにこうして急成長した。

オープン・イノベーションで重要なのが、次ページ図③のようにシステムが**相互依存型**か**モジュラー型**かを見極めることだ。製品（システム）を構成する部品A、B、Cが相互に影響するのが**相互依存型システム**。逆に影響を与えないのが**モジュラー型システム**だ。

オープン・イノベーションで劇的に進化したパソコンはモジュラー型だ。バラバラなパソコン部品を買ってきて組み合わせれば動く。だから店でベストな部品を自由に選べる。オープン・イノベーションでは、このモジュラー型システムの構造を正しく理解することも大切だ。

オープン・イノベーションで成長を図るには、2つの方法がある。

方法❶ 既存事業の成長

次ページ図④の下のように、自社で足りない技術を獲得する方法だ。かつてIBMは「すべて自社開発」と考えていた。しかし経営危機に陥り「顧客が望むモノを提供する」と考え方を変え、社外にあるすぐれた技術を次々と取り込み、顧客に解決策を提供するようになり復活した。

方法❷ 新規事業の成長

社内不採用のアイデアが社外に流出し、他社が商品化するのは実にもったいない。そこで右

③オープン・イノベーションのシステム
→「相互依存型」か「モジュラー型」か見極める

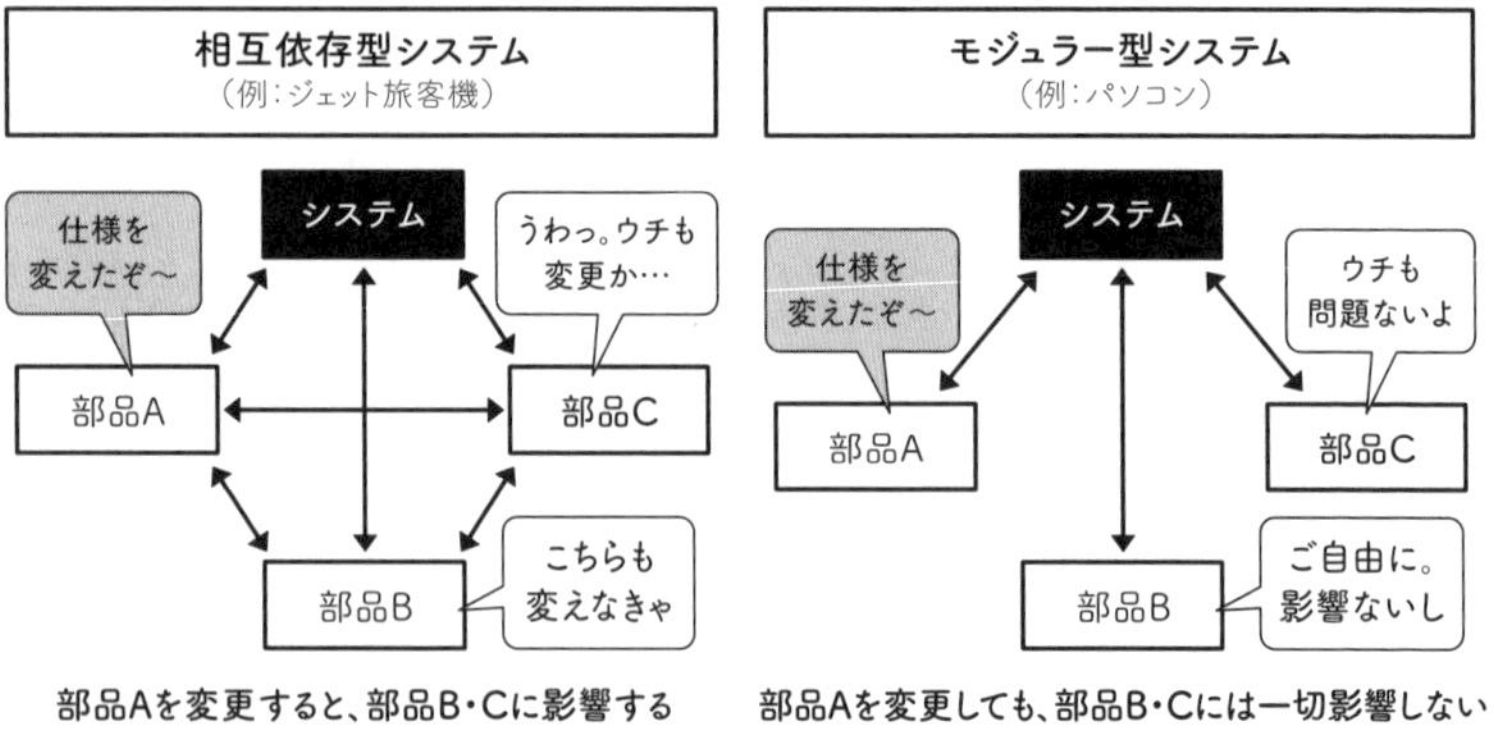

部品Aを変更すると、部品B・Cに影響する

部品Aを変更しても、部品B・Cには一切影響しない

出典：『OPEN INNOVATION』を参考に著者が補足追記

④オープン・イノベーションで成長を図る2つの方法

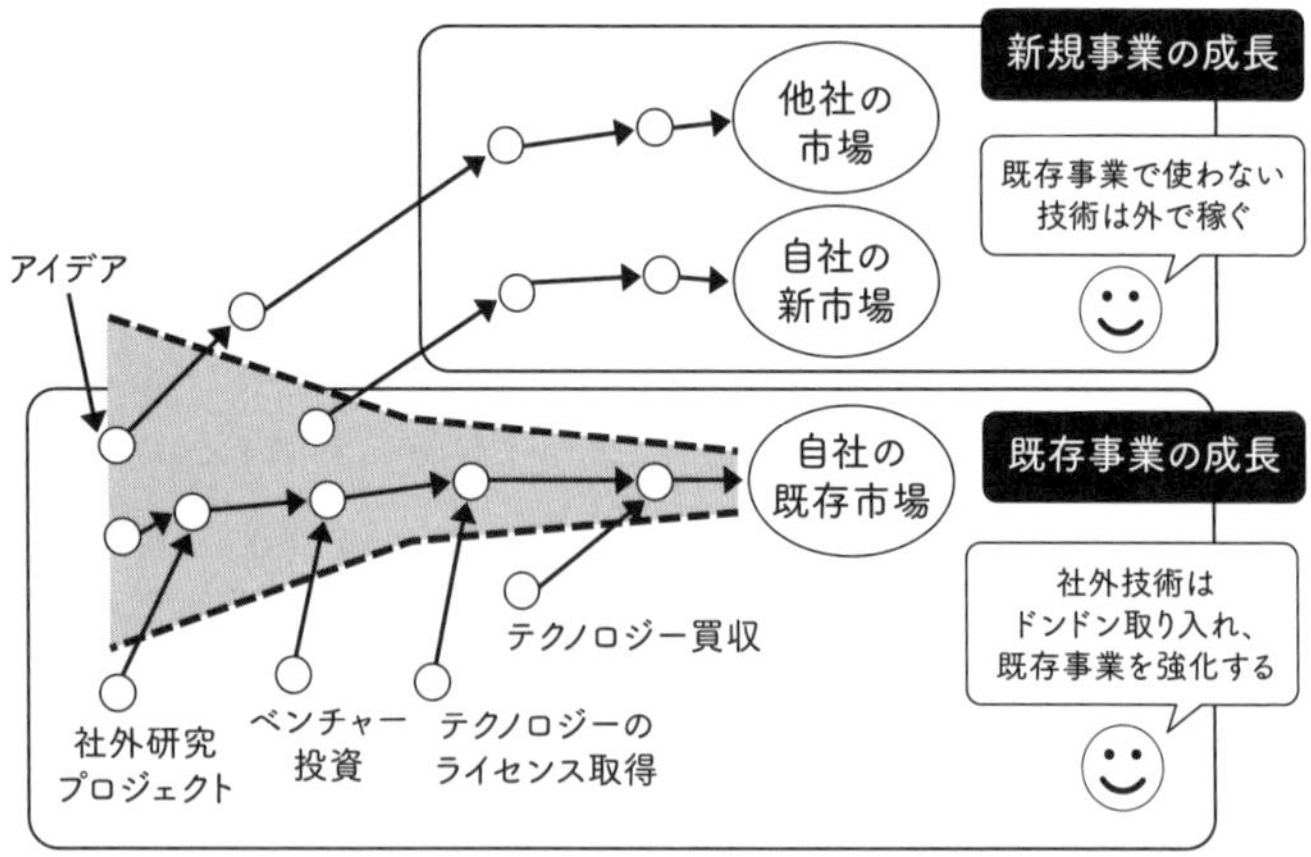

出典：『OPEN INNOVATION』を参考に著者が作成

図④の上のように、積極的に他社に使ってもらい新事業につなげる。

かつてハードディスクを製造販売していたＩＢＭは、競合にもコア技術（ＭＲヘッド）を提供した。クローズド・イノベーションの考え方ではあり得ないことだが、いまや技術陳腐化は速く技術の長期的独占はムリ。むしろ技術を一気に拡げ迅速に投資回収すべきだ。

ちなみに現在のＰＡＲＣはゼロックスの独立子会社だ。顧客企業から資金援助を受けて共同研究を行うように変わった。オープン・イノベーション時代の組織に変わったのだ。

本書の冒頭で、ＮＥＣ会長が推薦文を寄せている。早くからオープン・イノベーションの重要性を見抜いていた日本の経営幹部は、少なくない。しかし本書出版から15年経っても自社技術を生かせず、かつてのＰＡＲＣのように悩む日本企業は少なくない。また企業同士の単なる業務提携をオープン・イノベーションとアピールするなど、いまだにオープン・イノベーションを誤解する経営者が多いのも現実だ。さらに稟議を重視する大企業の意思決定が遅く、スタートアップ企業と信頼関係を築けないケースも多い。

ぜひ本書で、改めてオープン・イノベーションの基本的な考え方を学んで欲しい。

POINT

いまや技術は囲い込めない。むしろ積極的にオープンにして稼げ

Book 10

『アイデアのつくり方』

（CCCメディアハウス）

——誰でも画期的なアイデアを生み出せる方法

ジェームス・W・ヤング

アメリカの実業家。アメリカ最大の広告代理店・トンプソン社の常任最高顧問、アメリカ広告代理業協会の会長などを歴任。広告審議会の設立者で元チェアマン。ヤングは広告代理店の仕事を続ける中で新しいアイデアを継続的に生産し続ける必要があった。その生産方法を公式化して発表したのが本書である。原著の初版は1940年で、日本語訳は88年に出版された。半世紀にわたってロングセラーとなっている知的発想法の名著である。

マーケティング戦略で必要なのは、すぐれたアイデアと実行力だ。

このうちすぐれたアイデアは、天才のヒラメキでしか生まれないと思われがちだ。しかし、本書のテクニックを身につければ、普通の人でもすばらしいアイデアを生み出せる。

本書の初版は１９４０年。著者は米国の大手広告代理店の副社長を務めた後、シカゴ大学大学院で経営史と広告の教授として本書の内容を講義した。本書は当時から米国の広告クリエイターの間で「バイブル」と呼ばれ、いまも読まれている超ロングセラーだ。解説を除くとわずか60ページ。この中にアイデアを生み出す秘訣が凝縮されている。

アイデアとは、既存知と既存知の新しい組み合わせ

すべての人は２つのタイプに分けられる。新しい組み合わせを考えるのに夢中な「思索する人」と、想像力に乏しく保守的で、思索する人に操られる「カモられる人」だ。

アイデアとは「既存の要素の組み合わせ」である

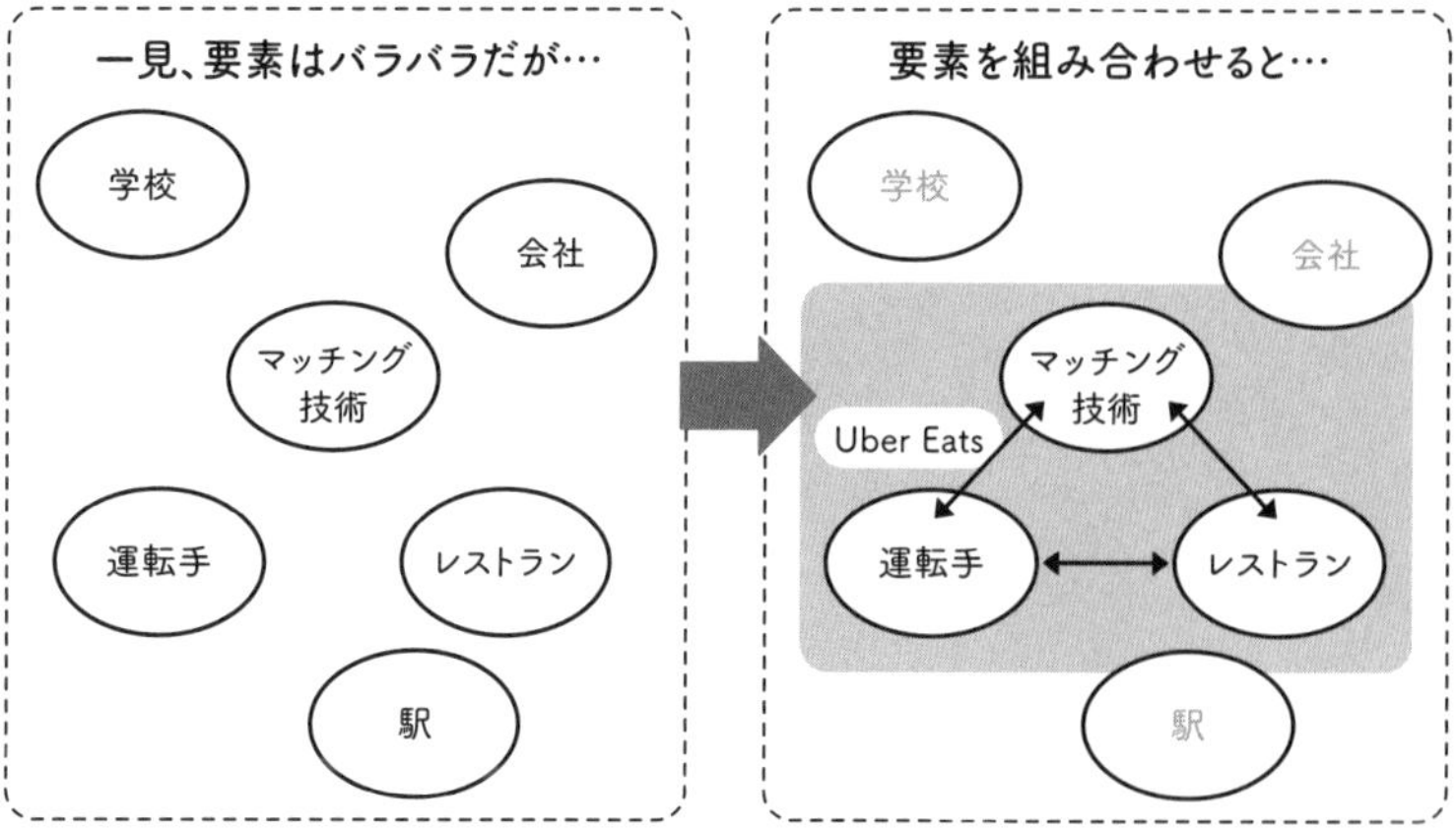

出典：『アイデアのつくり方』を参考に著者が作成

「思索する人」は次々とアイデアを生み出すが、これは決して稀有な才能ではない。多くの人がこの力をもち、テクニックを習得すればさらに創造力を高められる。

アイデアは、ゼロから考え出す必要はない。アイデアを創り出す原理と方法を知り、訓練することだ。その原理は2つある。

1つめの原理は「**アイデアとは既存の要素の新しい組み合わせ以外の何者でもない**」。

前著『MBA必読書50冊を1冊にまとめてみた』のBook17『企業家とは何か』でシュンペーターの「イノベーションとは既存知と既存知の新しい組み合わせ」という言葉を紹介した通り、既存知の組み合わせでアイデアが生まれ、イノベーションがもたらされる。

2つめの原理は「**新しい組み合わせに導く才能は、事物の関係性を見つけ出す才能による**」。

一見無関係のモノ同士のつながりが見えれば、すばらしいアイデアが生まれる。ウーバーは「自社の売り手と買い手のマッチング技術と、運転手、レストランの3つをつなげると、どうなるだろう？」というアイデアで、ウーバーイーツを生み出した。このように事物の関連性を見つけて新しい組み合わせを生むには、5段階のプロセスが必要だ。

第1段階 情報収集

「最初に、情報収集？ そんなの当たり前だよ」と思う人が多いかもしれない。

しかし、資料を集めずにただ椅子に座ったまま、ボンヤリ考える人は意外と多い。実際に情報収集から始めている人は3割程度というのが、私の現場での実感だ。

必要な資料は2つある。そのテーマに特化した**特殊資料**と、教養に属する**一般資料**だ。

特殊資料とは、たとえば製品や顧客に関する情報だ。特殊資料の情報収集は、他の誰よりも詳しく知り尽くすまで徹底して行いたい。

本書では、著者が石鹸の広告を担当したときの経験が紹介されている。その石鹸は、ごく普通の石鹸に思えた。しかし皮膚や髪との関係を研究した結果、分厚い1冊の本ができた。ここから5年分の広告コピーのアイデアが生まれ、売上は10倍になったという。

一般資料も大切だ。真にすぐれた広告マンは、エジプトの埋葬習慣からモダンアートまであらゆることに興味をもち、かつ、どんな知識にも貪欲だ。**すぐれたアイデアは、そのテーマに特化した特殊知識と、世の中のさまざまな一般知識の新しい組み合わせから生まれてくる。**

第2段階　収集資料の咀嚼《そしゃく》

次に集めた資料を咀嚼する。資料を手に取り、いろいろな角度から見てみる。各々の資料を並べて、何が浮かんで見えるか考える。ここで探しているのは**新しい組み合わせ**の可能性だ。作業中に断片的なアイデアが思い浮かぶこともある。どんな突飛なことであっても、忘れないうちにメモすべし。これは、これから生まれるアイデアの予兆なのだ。

考え続けるうちに疲労が溜まり、嫌気がさしてくることがあるが、続けることだ。そのうち「アイデアなんて浮かびっこない」と絶望的な状態に至る。心の中がゴチャゴチャになり、どこからもハッキリとした明察が生まれてこない。こんな状態になったら、第2段階は完了。この第2段階はパズルを組み合わせる努力をしているのだ。

第3段階　何もしない

第3段階は、何もしない。問題を無意識の心に移し、無意識が勝手に働くのに任せる。そして、問題を完全に放棄し、自分の想像力や感情を刺激するものに心を移すことだ。

シャーロック・ホームズは事件の最中に捜査を中止し、ワトソンを音楽会に引っぱりだすことが多い。作者のコナン・ドイルは、アイデアの創造過程を熟知していたのだ。

私もアイデアに行き詰まると、仕事を中断して以前から観たかった映画を観ることがある。しばらく経ってから思わぬアイデアを思いつくことが多い。

第2段階は第1段階で収集した噛《か》み応えがある食料（情報）の咀嚼だが、この第3段階は消化である。胃液の分泌を促せば、さらによく消化できる。

第4段階　アイデアが訪れる

第1～3段階をやり遂げると、確実に第4段階を経験する。

アイデアが訪れるのは、歯磨きとか、目覚めの直後といったタイミングだ。アイデアを探し求める心の緊張を解き、休息とくつろぎの時間を過ごした後に、アイデアが訪れる。

19世紀、ベンゼンの構造は謎だった。化学者のケクレはその構造を解明した。思考を重ねてクタクタになった末、暖炉の前でウトウトしていると、蛇が自分の尾を噛んでとぐろを巻く夢を見て、有名なベンゼン環の構造を思いついた、と言われている。

第5段階　アイデアを形にする

しかし、こうして生まれたすぐれたアイデアの種の多くは、日の目を見ずに失われる。アイデアの種をすばらしいアイデアにするには、忍耐強く育て上げる必要がある。

そのためには**自分一人で抱え込まず、理解ある人々の批判を仰ぐ**こと。よいアイデアは人々を刺激し、自ら成長していく。彼らがアイデアを育てるのに手を貸してくれる。

マーケティング戦略のアイデアも同じだ。

アイデアを思いついたら、仲間と共有することで、戦略のアイデアが育っていく。

POINT

情報を収集し、考え抜き、いったん忘れ、ヒラメキを待ち、共有せよ

世の中には瞬時にすばらしいアイデアを思いつく人がいる。それは、この訓練を地道に積んだ結果だ。頭の中に豊富な情報を貯蔵し、すばやく事物の関連性を発見する訓練を積み重ねることで、非常に速くアイデアを創り出しているのだ。

著者は、この貴重な方法を惜しげもなく公表した理由を2つ述べている。

まず、この方法は実に簡単なので信用する人はごくわずかだろう、ということ。

そして、実践は実に困難な知的作業が必要になるので、使いこなす人が少ないことだ。

アマゾン書評には「必読の書」との絶賛が多い一方、「内容が薄い」「たいしたことない」という評価も散見される。著者が言う通りなのが興味深い。これこそが、著者が本書で書いた「思索する人」と「カモられる人」の分かれ目なのだろう。ただしアイデアは、放っておいても何も生まない。実行することも大切だ。

私は企画の仕事を目指していた20代後半で本書に出会い、大きな衝撃を受けた。以来30年以上、本書の方法論を座右の銘として実践してきた。30分もあれば読み切れる本書は、人生を変えるインパクトがある。太鼓判を押してお勧めしたい。

Book 11

『〔新装版〕商いの道』

——セブン&アイが成長した理由は、「当たり前」の繰り返しにあった

（PHP研究所）

伊藤雅俊

日本の実業家。1924年、東京生まれ。44年、横浜市立商業専門学校（現在の横浜市立大学）卒業。56年に羊華堂の社長となり、本格的なチェーンストアを志し、58年、株式会社ヨーカ堂を設立する。イトーヨーカドー、セブン－イレブン、デニーズなど60数社のイトーヨーカドーグループの創業者として活躍。現在、イトーヨーカドーグループ名誉会長。元日本チェーンストア協会会長。著書に『伊藤雅俊 遺す言葉』など。

いまや売上6兆円を超えるセブン&アイ・ホールディングスの母体であるイトーヨーカ堂を設立した伊藤雅俊氏が、商いの知恵を書き綴ったのが本書だ。

終戦直後、21歳の伊藤氏は母と兄が営む羊華堂という洋品店に入った。羊華堂は同年の東京大空襲で店が灰燼に帰していた。伊藤氏の母にとって店がなくなるのは日露戦争、関東大震災に続き3度目の体験。しかし、母は真っ先に立ち上がり、北千住の中華ソバ屋の軒先から再出発していたのだ。

母は「**お客さんは来ないもの**」「**取引したくてもお取引先は簡単に応じてくれないもの**」「**銀行は貸していただけないもの**」、そのような「ないない尽くし」から商いは出発するのだ、と常に言っていた。店を3度もなくす中で、母は心の底から実感していたのだ。

母の口癖は「**商売とは、お客さまを大事にすること、そして信用を大事にすること、それに尽きる**」。苦労を重ね、根っからの商売人だった母の考え方は、伊藤氏に受け継がれている。

かいつまんで紹介していこう。

時代は、必ずどこかで大きく変わる

伊藤氏は時代の怖さを肌で知っていた。１９３６年の日本は大衆消費社会でよい時代だったが、翌年の盧溝橋事件を契機に、わずか数年後に第二次世界大戦に突入し、日本中は空襲で焼け野原になった。伊藤氏が学んだのは「誰もそんなことを考えていないときの怖さ」だ。すべてが当たり前に続くということはないのだ。

２０１１年の東日本大震災、２０２０年の新型コロナでも時代は突然大きく変わった。

仕入れが勝負

よい商品を安く売るには仕入れが勝負だ。よい商品と思って仕入れても、売れ残ることは多い。別商品を置けば売れたかもしれないのに、その機会も損失してしまう。販売は難しいのだから、その元の仕入れはさらに難しい。安易な取り組みは許されない。

この指摘は製造業にとっても重要だ。メーカーにとって商品開発は、大きなヒト・モノ・カネを投資する自社による「仕入れ」だ。安易な製品開発は危険だ。

信用が第一

商人にとって利益よりも大切なものが「信用」だ。商人は自分で何もつくれない。他人がつくったものを預かり、お客に手渡しする仲介業だ。お客、問屋、メーカーの信用を得なければいけない。誠実さを忘れ、「少しくらい」「今回だけ」と言い訳する癖がつくと、積み重なっていずれ信用を失う。信用を常にひたすら積み重ねるべきだ。

現金ほど大切なものはない

激動の大正・昭和の時代を生き抜いた102歳の老銀行家は、「現金ほど大事なものはない」と言い切る。誠実な商いのためには、現金で仕入れ、現金で売り、現金で決済する現金主義が必要だ。現金は生物にとっての酸素や水と同じで、確保しないと企業は死んでしまう。

「キャッシュ・イズ・キング」は、コロナ禍の初期に経営者がよく使った言葉である。

市場調査は、外れた後が勝負

多くの小売会社は出店する前に市場調査をするが、たいてい外れる。肝心なのはその後だ。繁華街でラーメン店を開店してお客が来ない店主は、必死に原因を考えるはずだ。値段が高いのか、麺が悪いのか、スープの味か……。調べれば必ず問題がわかり対策を打てる。しかし大企業にいると、往々にして問題点が見えなくなる。ラーメン店のように「なぜだ？」と必死に考えれば原因は見つかる。たとえば、お客がラーメンを食べ残したとき、「なぜ食べ残したのか？」とすぐに考える癖をつければ、有効な対策が打てる。

ひらがなで考える

漢字や難しい言葉でものを考えるようになったら、現場から遠くなっている証拠だ。ひらがなで語る人は、知恵の人だ。商人に必要なのは書物で得た知識よりも実践で身につけた知恵である。本だけで勉強し、頭で経営の理屈がわかっても、経営者にはなれない。お客さまや社員と日々接し、成功と失敗で得た知識があってこそ、立派な経営者になれる。

単品管理でお客さまを見る

お客さまのためには品揃えが必要だと考えるイトーヨーカ堂は、単品管理を徹底する。一つひとつの商品の動きを見て、担当者が自分の担当する地域の要望を見つけ出すのだ。

単品管理システムならば、社員はどれが売れていてどれが売れていないかデータで判断できる。社員に当事者意識をもってもらうには最適な方法だ。社員が自ら考え判断し、行動の結果責任を負うことで、地域商品のエキスパートになれる。

現場の声から何を得るか?

組織が大きくなると、机上で計画を立てる者が力をもち始める。これは第二次世界大戦で惨敗した日本軍と同じで危険な兆候だ。数字の裏にある事実を理解することが必要だ。

ある店でLサイズのワイシャツが売れていた。需要が多いからではない。現場責任者に聞くと、Lサイズは買っておかないとすぐなくなるので、お客は正価でも買うという。

この事実を知らない本部が「Lサイズが売れる」という数字だけを見て仕入れを増やすと、売れない在庫を抱えてしまう。現場の知恵は本部よりも正しいことがある。

一方で現場は「**見えているお客**」の声しか拾えないので、常に正しいとは限らない。

お客には2種類ある。店に来ていない「**見えていないお客**」の声を聞く創意と工夫を忘れず、その人たちが店に来て買ってくれる品物を提供しなければいけない。

「成長」よりも「生存」

イトーヨーカ堂は成長してきたが、伊藤氏は、伝統を頑なに守り時流に流されない老舗的な商いもすばらしいと考えてきた。そんな利点と美点も自分の会社に取り入れられないかと考え、伊藤氏が辿り着いた結論は「**成長を考えるな、生存を考えよ**」。

成長だけ考えると人は貪欲になり、いつの間にか膨張・肥大化し、他を蹴落とそうとし、不正を働く。長い目で見れば、むしろいかに生き抜くかを考えるべきだ。

生存を考える商いならば基本に忠実になり、お客さまに喜ばれ、大きな信頼が得られる。無理せずに周囲の状況を見極め、一歩ずつ歩む生き残り商売のほうが安全だ。伊藤氏の結論は、「成長よりも持続性」を重視する日本の老舗ファミリー企業の考え方そのものだ。

伊藤氏自身は、同業の競合に対する闘争心はあまりないという。関心があるのは、**自社が去**

年と比べてどれだけ伸びたか。伸びていなければ衰退している。お客さまに喜んでもらえる仕事ができ、結果、社員も幸せに生活ができれば、何よりもすばらしいことだ。

業界の過当競争は成長や進歩をもたらすどころか、逆に業界に混乱をきたすのだ。

米国経営者との出会い

本書にはBook35『私のウォルマート商法』の著者でウォルマート創業者のサム・ウォルトンと話した思い出話が紹介されている。人嫌いと言われるサムだったが、商売の話になると妙にウマが合い、15分の予定が2時間しゃべってしまったそうだ。日米まったく違う環境で生きてきた2人は、ともに商道を歩む戦友のような気配を感じたという。実際にBook35と本書を読み比べると、日米の違いを超えてディスカウントストアの共通点が多いのに驚かされる。

本書には、時代を超えて学ぶべき商売の「ひらがなの知恵」が散りばめられている。読みやすいが、奥は深い。日本企業のよさを学ぶために、ぜひお勧めしたい。

POINT

商売は、お客さまと信用を大事にすることに尽きる

Book
12

『［新装版］山本七平の日本資本主義の精神』（ビジネス社）

——日本人は、「日本的経営」の本質を理解していない

山本七平

1921年東京に生まれる。42年、青山学院高等商業学部を卒業。44年太平洋戦争でマニラに上陸。45年フィリピンのカランバン捕虜収容所に将校として収容される。翌年最後の帰還船で九州・佐世保に到着。戦争中の栄養失調と疾病によって生涯にわたり健康を損なう。56年、山本書店を創立。主に聖書関係の出版物の刊行を続けるかたわら、評論家としても活動。著書に『「空気」の研究』『現人神の創作者たち』など多数。91年永眠。

日本人がマーケティング戦略を考える際にぜひ考えたいのが、**日本的経営**の本質だ。

成功した経営者は、日本的経営の本質を理解した上で、実践している。

しかし、私たちには日本的経営は空気のように当たり前の存在なので、なかなか自覚できない。本書はその日本的経営を理解する上でベストな一冊だ。日本人論の第一人者・山本七平氏が、日本式経営に世界から注目が集まった1979年に書いたロングセラーだ。

日本の明治維新や戦後の高度経済成長は、世界から偉業として高く評価されている。

現代の私たちは「ご先祖様は戦略的に考え抜いたのだろうなぁ」と敬服してしまうが、どうも現実は違うようだ。本書の出版は高度成長期の真っ最中だが、当時の日本人は「何だかわからないが、成功してしまった」というのが現実だった。

これは大きな問題だ。長所は短所に転じる。「何だかわからないが、ひどい状況になった」のが、本書出版後のバブル崩壊に始まる「失われた30年」だ。

多くの日本人は、「日本的経営とは何か」を理解していない。「彼を知り己を知れば百戦殆《あや》うからず」という。自分たちの成功や呪縛の原因を理解し、どうするか考えることが必要なのだ。

海外で通用しない「日本のビジネス常識」

外資系企業で30年働いてきた私は、身に染みて感じてきた。

「日本のビジネス常識は、海外では常識でないことばかりだ」

日本人はまるで修行のように働く。うまく回れば生産性はグングン向上する。しかし、成果は二の次で、仕事がなくても残業する人も多い。こうなると生産性はガクンと下がる。これが海外の人には、実に不可解だ。「日本人って、なんで一生懸命働くの？　休めばいいのに……」と不思議そうに聞かれて、答えに窮することも多い。

また、Ｂｏｏｋ11『商いの道』にあるように、日本人は「商売とはお客様との信用を大事にすること」と考えるが、ひと昔前はこれが海外で通じなかった。米国では顧客は面倒くさい存在で、店で邪険に扱われることも多かった。中国人は「商売で騙されるほうが悪い」と考える人が多い。私はイタリア滞在中、レストランでお釣りを誤魔化されないか確認するのが習慣だった。１９９０年代に顧客ロイヤルティ理論が体系化されたおかげで、やっと「顧客を大切にすれば利益につながる」という考え方が世界で拡がった。

加えて、日本の経営者は質素だ。カレーハウスＣｏＣｏ壱番屋の創業者・宗次徳二《むねつぐ》氏は莫大な資産を築いたが、シャツは980円の既製品。東芝を再建した土光《どこう》敏夫氏はメザシが主菜の一汁一菜の夕食で「メザシの土光さん」と呼ばれ、人気が高かった。海外では大企業経営者は年収数十億円が常識。比べると日本人経営者の年収はかなり見劣りする。

これらは日本的経営に根ざしたもので、お互いにつながっている。その出発点は、江戸時代にある。日本人の勤労思想に大きな影響を与えたのが、**鈴木正三《しょうさん》**と**石田梅岩《ばいがん》**だ。

「あらゆる仕事は修行である」と説いた鈴木正三

鈴木正三は江戸時代初期の思想家だ。現代で鈴木正三の名を知る人は少ないが、正三こそが、日本人が修行のように仕事をするようになった源流だ。

正三は武士を経て禅宗の僧侶となり、その後、宗教的活動を始めた。日本の思想家は思想が体系化していないことが多いが、正三は自分の思想を次のように体系化していた。

「天然自然《じねん》の秩序の中に、人間の内心の秩序があります。この秩序に従えば、本来人間は苦しまないはず。しかし、内心の秩序が三毒（貪欲、怒りや憎しみ、愚痴）に冒されると人は苦しみます。そこで修行に励めば、三毒に冒されなくなりますよ」

しかし、当時は長い戦国時代が終わった「戦後」。僧侶と違い、農民や商人は生き残るために日々の仕事で精一杯。修行の余裕なんてゼロ。皆が「三毒に冒される」と悩んだ。

ここで正三が言ったことがスゴイ。発想を大転換したのである。

「仕事に励めばいいんです。心がけ次第で、あなたのその仕事が修行になりますよ」

農民が「畑仕事が忙しすぎて、修行は無理」と言うと、「何を言っているんですか。その畑仕事こそが修行ですよ。寒い日も暑い日も畑仕事に励んで、自分が食べる以上の分を世の中に返しているあなたがた農民は、ろくに修行もしていない僧侶なんかよりもずっと立派です。仏に感謝して日々の畑仕事をすれば、悟りが開けますよ」

「お金を稼ぐのに精一杯で、ヒマなんてありません」と悩む職人には、「どんな仕事も修行です。だってあなたが工具をつくらないと、困る人がいるでしょう?」

「自分は日々の儲けしか考えていません……」という商人には、「儲けの考え方を変えて、正直の道を究めましょう。『世のため人のため』と考えて商売に励み、執着心を捨てて、欲を離れて商売すれば、利益は後からついてくるものです」。

つまり、正三の教えは、**「すべての仕事は、宗教的な修行です。一心不乱に行えば、悟りは開けます。まず正直になりましょう。そうすればいい社会秩序が生まれます」**

修行のように仕事をする日本人は海外から見ると不可解だが、その源流は正三なのだ。

「顧客への誠実」を説いた石田梅岩

正三の思想は100年を経て、江戸時代後期の思想家・石田梅岩に受け継がれた。

当時は享保の停滞期。閉塞感があった。商人出身の梅岩は、律儀で正直。常に理詰めで考え、読書家だった。「人の人たる道」を考え抜き、庶民の視点で思想を拡げた。

当時の商人は金儲け第一主義。力も強く、世の反発が多かった。商人出身の梅岩は商人の本質を熟知していたので「商人を正しく位置づけなければ」と考えていた。

そこで「武士が主君への忠義がないのに禄《ろく》をもらえば武士といえませんよね。商人も、顧客への誠実さがないのにモノを売るのは、商人といえません。**顧客への誠実さが第一です**」と言った上で、「経費を3割節約し、利益を1割減にする方法を取りましょう。常に顧客への奉仕を心がけ、欲を出してはダメです」と説いた。

Book11『商いの道』で伊藤雅俊氏の母が語った言葉の源流は、梅岩にあったのだ。

こうして日本の庶民には、仕事を「世のため人のため」と考え、利益を否定せずに顧客第一と倹約を心掛け、「どんな事業も仏行」と仕事に励む考え方が拡がっていった。

米沢藩の〝経営者〟だった上杉鷹山

正三・梅岩の考えを経営の立場で実践したのが、「名君」と呼ばれた藩の大名たちだ。

上杉鷹山《ようざん》は17歳という若さで破産寸前の米沢藩の藩主となり、経営を立て直した。

鷹山は必ず皆と相談し、全員の総意の形で経営変革を進めた。大検約の方針を定め、自分の生活費も7分の1に減らし、奥女中も50数名から9名に削減、さらに追加税徴収、武士たちには農業などの生産業務を担当させ、経営を立て直した。「コスト削減と生産性向上」という経営のセオリー通りだが、昔も今も経営で難しいのは、実行だ。

たとえば、武士に農業をさせようとすると、当然、心理的な抵抗がある。

鷹山は自ら家老とともに泥田に入り鍬《くわ》を入れ、愛馬に肥料の人糞を乗せて運ばせた。見かねた家族が「お立場をお考えください」と言うと、鷹山は「命を惜しまない決意の表れだ。武士としてこれほど立派なことはない」と言ったという。まさに率先垂範である。

このように江戸時代の名君は「トップは無私無欲であるべし。民衆のためのトップであり、トップのために民衆がいるのではない」という公私の区別を理解し実践していた。

だから日本人は、ＣｏＣｏ壱番屋の宗次氏や「メザシの土光さん」のような質素な経営者を信用するのだ。

ちなみに、カースト制度があるインドだとこうならない。インドに駐在したある支店長夫人は、使用人の雑巾のかけ方がひどいので、日本流に模範を示した。次の瞬間、全使用人が「この人は日本で最下層カーストに違いない」と見るようになり、一切従わなくなった。

インドでは鷹山のような行為は正気の沙汰でない。全領民から軽蔑されるだけなのだ。

日本資本主義の美点と欠点

正三の「仕事は修行」という考え方がもとになり、梅岩が「顧客への誠実さが第一」という思想を庶民に拡げ、鷹山のような名君が「トップは無私無欲であるべし」という倫理観を確立した。

こうして日本人は「私欲をもたずに、経済的合理性を追求することは善」という考え方をもった状態で、明治維新を迎えて殖産興業を果たし、戦後の最悪な状態を乗り切った。

しかし状況が変わると、美点は欠点に変わる。

明治維新や戦後の高度経済成長期は「欧米に追いつき、追い越せ」という時代だった。仕事でやるべきことは明確。日本人は「与えられた仕事を一生懸命やることが修行」と考え、一心不乱に仕事をして大きな力を発揮した。

しかし、欧米に追いつき目標を達成すると状況が変わる。何をするか自分たちで考えなければならない。「与えられた仕事を一生懸命にやるだけだ」と考えてきた人たちは、「何をやるべきか」が考えられない。仕事がないと、不安に陥る。だから仕事もないのに、会社に夜遅くまで居座って「忙しいなぁ」と言いつつ、残業するおじさんが大量発生する。

仕事の考え方を変える必要がある。正三が言うように自分の内心に問いかけて「**社会に貢献する仕事をしよう。そしてその仕事は自らで創り出すものだ**」と考えるべきだ。

正三や梅岩の「一心に、その場で勤勉に仕事に励むこと」という考え方が、日本のイノベーションを阻害しているのではないか、と指摘する人もいる。

しかし、梅岩の思想の本質は、「顧客への誠実さ」だ。たとえばセブン-イレブンは「変化対応業」として、顧客の変化に合わせてコンビニATM、セブンカフェ、セブンプレミアムなどのさまざまなイノベーションを生み出している。

正三・梅岩・鷹山の考え方は、時代とともに進化させることは可能なのだ。

このようにビジネスで戦略を考える際に、日本的経営の本質を理解することは重要だ。

鷹山や伊藤雅俊氏のようにトップの立場で戦略を考え、実行して成功した人たちは、日本人の精神構造を理解していた。

日本人がこの考え方をもち続ければ、新型コロナのような危機でも乗り越えることは可能だ。山本氏は本書で「**懸念があるとすれば、この伝統を失うことだ**」と述べている。

麗澤大学の堀出一郎教授は本書出版の20年後に、著書『鈴木正三』（麗澤大学出版会）でこう述べている。

「バブル崩壊で事情が一変した。合理化の名目で、会社のために一生懸命働いてきた従業員を切り捨てる会社が増えてきた。日本型勤労思想に支えられ育まれてきた忠実な従業員を失うことは、企業の最大・最重要となる勤労思想を消し去ることになりかねない。日本型経営を支えるのは日本型経営風土であることを、心の奥底に深く刻み込むべきだ」

「私欲をもたずに、経済的合理性を追求することは善」という日本型経営は、社会の転換期で常に強みを発揮してきた。２０２０年のコロナ禍で、社会は大きな転換期を迎えている。日本人の私たちが戦略を考える上で、山本氏の言葉には大きな価値があるはずだ。

POINT

私欲をもたず、経済的合理性を追求し続ける戦略を考えよ

Book
13
『コトラーのマーケティング3・0』（朝日新聞出版）

――「ストローが刺さった海ガメ」は、なぜ世界を変えたのか？

フィリップ・コトラー／ヘルマワン・カルタジャヤ他

コトラーは、アメリカの経営学者（マーケティング論）。ノースウェスタン大学ケロッグ経営大学院特別教授。世界で最も影響力のあるビジネス思想家トップ10（『フォーブス』誌）。シカゴ大学で経済修士号を、マサチューセッツ工科大学で経済博士号を取得した。カルタジャヤは、マークプラス社の創業者で同社CEO（最高経営責任者）。イギリスの公認マーケティング協会から、「マーケティングの未来を形づくった50人のリーダー」の1人に選出。

２０１５年、大きな海ガメの鼻にストローが刺さった動画が世界に衝撃を与えた。研究者が海ガメの鼻に何か詰まっているのを発見、ペンチで引き出そうとする。海ガメは鼻血を出して涙目で耐える。10分後、抜き取られたのは茶色に変色した長さ10センチのストロー。プラスティック海洋汚染の象徴になり、世界中で紙ストローへの切り換えを促進する運動につながった。

従来はターゲット顧客が求めることを理解し、解決策を提供する方法がマーケティングの王道だった。しかし、本書は「**マーケティングは進化すべし**」と提言している。

世の中が激変しているからだ。気候変動で災害は急増、環境汚染は深刻。経済成長は鈍化する一方、デジタル化が進んでいる。

本書はコトラーと、インドネシアのマーケターであるカルタジャヤとの共著で２０１０年に

マーケティング1.0 → 2.0 → 3.0への変遷

	マーケティング1.0	マーケティング2.0	マーケティング3.0
	製品中心の マーケティング	消費者志向の マーケティング	価値主導の マーケティング
目的	製品販売	顧客満足と維持	よりよき世界に
市場	ニーズをもつ購買者	洗練された賢い消費者	成熟した生活者
コンセプト	モノを売る（4P）	差別化する（STP）	価値を創る
指針	商品を丁寧に説明	ポジショニング	ミッションとビジョン
価値提案	機能的価値	機能的＋感情的価値	機能的＋感情的＋ 精神的価値
消費者との 交流	1対多数の取引	1対1の関係	多数対多数 コラボレーション

出典：『コトラーのマーケティング3.0』を参考に著者が作成

出版。「**マーケティング3・0**」はカルタジャヤが率いるコンサルティング会社が生み出した概念だ。

ではマーケティング3・0とは何か？

マーケティング1・0は製品中心の考え方。1960年代は製造業が中心で、モノをつくれば売れた。そこで製品を売るために**マーケティング・ミックス（4P）**の考え方が生まれた。

マーケティング2・0は消費者中心の考え方。石油ショックなどで需要が低迷、つくっても売れなくなった。そこで4Pの前に市場の**セグメンテーション、顧客ターゲッティング、ポジショニング（STP）**を考えるようになった。

マーケティング3・0は、私たちが直面する社会・経済・環境の劇的変化による課題を解決するものだ。冒頭の海ガメはその象徴だ。

マーケティング3・0が生まれたのは、マーケティング2・0ではもはや限界だからだ。その理由は3つある。

「マーケティング3・0」が生まれた3つの理由

1つめは、**消費者が企業よりも賢くなった**からだ。

私は商品を買う際、ネット上の購入体験談を参考にする。ひと昔前は、私たちは限られた情報で商品を買っていたが、いまはあらゆる情報をチェックできる。もはや企業よりも消費者のほうが豊富に知識をもっているし、消費者の発信する情報が商品の売上を左右する。

マーケティング3・0では、企業と消費者との関係が変わり、消費者は商品開発などに積極的に関わる。P&Gは世の中から広く新商品のアイデアを提供してもらう「**コネクト・アンド・デベロップ戦略**」を展開。**Book9**『OPEN INNOVATION』で紹介したオープン・イノベーションを実践している。

2つめは、**急速なグローバル化により、深刻な問題が起こっている**からだ。

たとえば、コーヒーは貧しい発展途上国で生産されて、豊かな先進国で消費される。しかし、コーヒー農園の労働者は劣悪な労働環境で搾取されていることが多く、農薬で自然環境も破壊されている。こんな環境で美味しいコーヒーはつくれない。そこで労働者や環境に配慮し、持続可能な形で生産されるコーヒーが、サステイナブルコーヒーだ。マーケティング3・0ではグローバル化の課題にも取り組むのだ。

3つめは、**ニーズを満たすだけではもはや消費者は買わない**からだ。

消費者が紙ストローへ切り換えるのは、利便性ではなく「自然を守る」という意味を求めているからだ。消費者ニーズを満たすだけでなく、自社がどんな企業として社会貢献するのかを考え、企業のミッションやビジョンに埋め込み、社外にコミットすることが必要だ。

企業が人々の幸福へ貢献していることを消費者がわかれば、利益はおのずとついてくる。「とりあえず聞こえがいいミッションにしておこう」という企業は少なくない。しかし、消費者は企業のリアルな行動で、実態が伴わないミッションを鋭く見抜いてしまう。

ミッションと言動を常に一致させる

私はアウトドア商品を製造販売するパタゴニアの試食会に参加したことがある。

パタゴニアは「私たちは、故郷である地球を救うためにビジネスを営む」というミッションの下、オーガニック食品も製造・販売している。試食会ではストローや使い捨てフォークはなく、手づかみで食べるように工夫して調理されていた。ミッションと日々の行動が見事に首尾一貫していることを実感した。

パタゴニアは本気でミッションを守る。かつてテロリストの環境保護団体・シーシェパードへの資金援助が明るみになったときのこと。非難が集中する中、パタゴニアは資金提供の事実を認める公式コメントを発表。この行動には賛否があるが、パタゴニアは厳しい状況でも、常にミッションに首尾一貫して行動する。

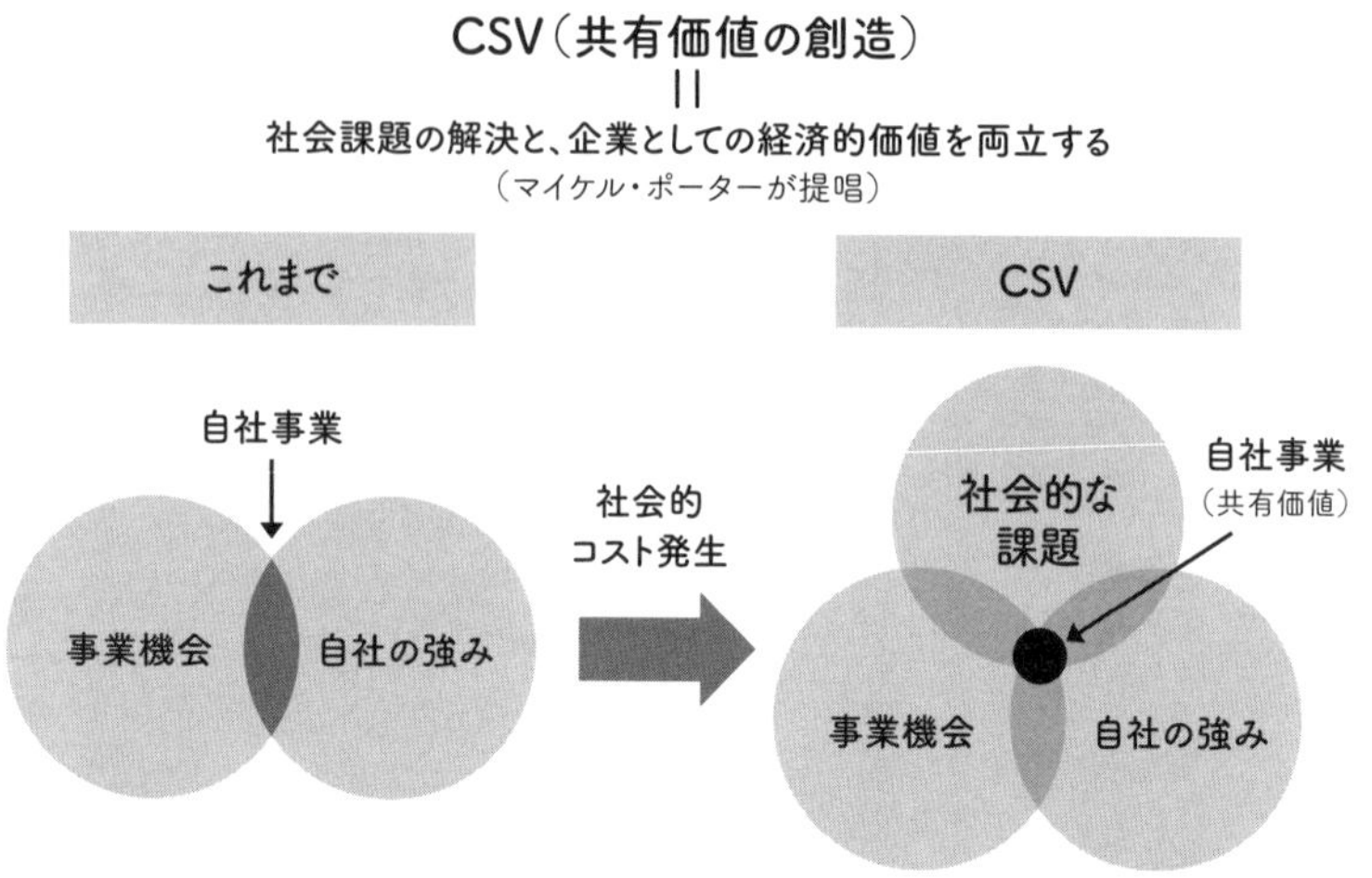

CSV: Creating Shared Value

このようにマーケティング3・0では、企業は行動をブランドのミッションに一致させることが求められる。それは時には痛みも伴うのだ。

「SDGs」はもはや無視できない

社会的責任を果たすことで消費者によりすぐれた解決策を提供でき、それがビジネスになる。

本書とは別に、経営学者マイケル・ポーターは**CSV（共有価値の創造）**を提唱する。ビジネスとして社会問題や環境問題などにかかわる社会的課題に取り組み、社会価値と企業価値を両立させる取り組みだ。

企業は**事業機会**と**自社の強み**が重なる部分で事業をしてきたが、公害や途上国の労働者搾取など社会的コスト発生が増えた。そこで、**社会的な課題**を加えた3つが重なる部分で事業をし、社会課題の解決を企業の競争優位性につなげようと考えるのがCSVだ。

マーケティング３・０やＣＳＶの考え方は、２０１５年に国連サミットが採択したＳＤＧｓ（**持続可能な達成目標**）につながった。ＳＤＧｓでは「貧困をなくす」「飢餓ゼロ」などの17の目標を設定、２０３０年達成を目指している。紙ストローへの切り替えは14番目の目標「海の豊かさを守ろう」のためだ。

コロナ禍でＳＤＧｓはさらに加速している。背景にあるのは「企業は、従業員や社会など幅広いステークホルダーに尽くしてこそ、持続的に成長できる」という考えだ。

しかし日本には醒《さ》めた反応もある。

たとえば「きれいごとを言うけれど、要は金儲けでしょ」という声。実際には、世界の動きの底流には「社会課題解決の収益化」というしたたかな問題意識がある。

また、「日本にも『世のため人のため』という思想がある。新しい考え方じゃない」。

実際には「世のため人のため」という曖昧さでなく、コミットメントが求められる。たとえばマイクロソフトは「カーボン・ネガティブ」を宣言して、２０５０年までに創業以来の同社が排出したCO_2を回収するとコミットした。

私がある日本のグローバル企業トップと話したとき、こう語っていたのを憶えている。

「いまやＳＤＧｓをやらないと、そもそも海外でビジネスができない時代なんですよ」

Ｂｏｏｋ12『山本七平の日本資本主義の精神』で紹介した通り、日本人の考え方の根幹には「**私欲をもたずに、経済的合理性を追求することは善**」という考え方がある。このおかげで日本は明治維新や戦後の混乱期を乗り切った。

いま、世の中はこの日本企業がもつ潜在能力を活かせる環境へ急速に変わりつつあるが、日本企業はその潜在能力をまだまだ活かせていない。そう考えれば、将来の大きな可能性が見えてくるはずだ。

POINT

社会課題解決は、もはやボランティアではない。経営課題である

第2章

「ブランド」と「価格」

よいものを安く提供するのが得意な日本企業にとって
苦手なのが、ブランドを生み出し、「高く売る」ことだ。
欧米企業の商品は、品質はさほど変わらないのに
何倍も高く売れる。だから高収益企業も多い。
彼らはブランド戦略と価格戦略を熟知している。
第2章では、ブランド戦略と価格戦略の定番書6冊を紹介する。

Book
14

『ブランディング22の法則』（東急エージェンシー出版部）

——私たちのブランドの常識は間違いだらけ

アル・ライズ／ローラ・ライズ

世界屈指のマーケティング・コンサルタントであるアル・ライズが娘ローラ・ライズとともに経営するコンサルティング会社ライズ＆ライズは、「フォーチュン500」にランクインしている一流企業（IBM、メルク、AT&T、ゼロックスなど）を数多く顧客に抱える。執筆活動も精力的に行い、全米ベストセラー入りした著作も多数。ローラ・ライズとの共著には『ブランドは広告でつくれない』など。ジャック・トラウトとの共著には、『ポジショニング戦略』などがある。

ブランドは不思議だ。水道水は十分美味しいのに、エビアンはコークと同じ値段。ブランドによって単なる水がエビアンに変わり、高い価格で売れる。本書はこの謎に挑戦している。

著者はBook3『ポジショニング戦略』のアル・ライズと、彼の娘ローラ・ライズ。彼らはマーケティング戦略会社ライズ＆ライズの共同経営者であり、コンサルタントだ。

著者らは私たちが考えるブランドの常識を一刀両断している。私たちは、ライバルよりもいい商品をつくって自社ブランドでアピールしたり、日本製の高品質をアピールしてブランドを築こうとする。著者らは、これらが「大間違い」だと言う。

ブランドの語源は、牧場で自分の牛を区別するために付けた焼き印だ。ビジネスでも大事なことは、消費者の脳内で自社商品と他社商品を区別することだ。消費者の脳内にブランドを築けば、消費者の購買行動へ大きな影響力を発揮できる。

早速、内容を見ていこう。

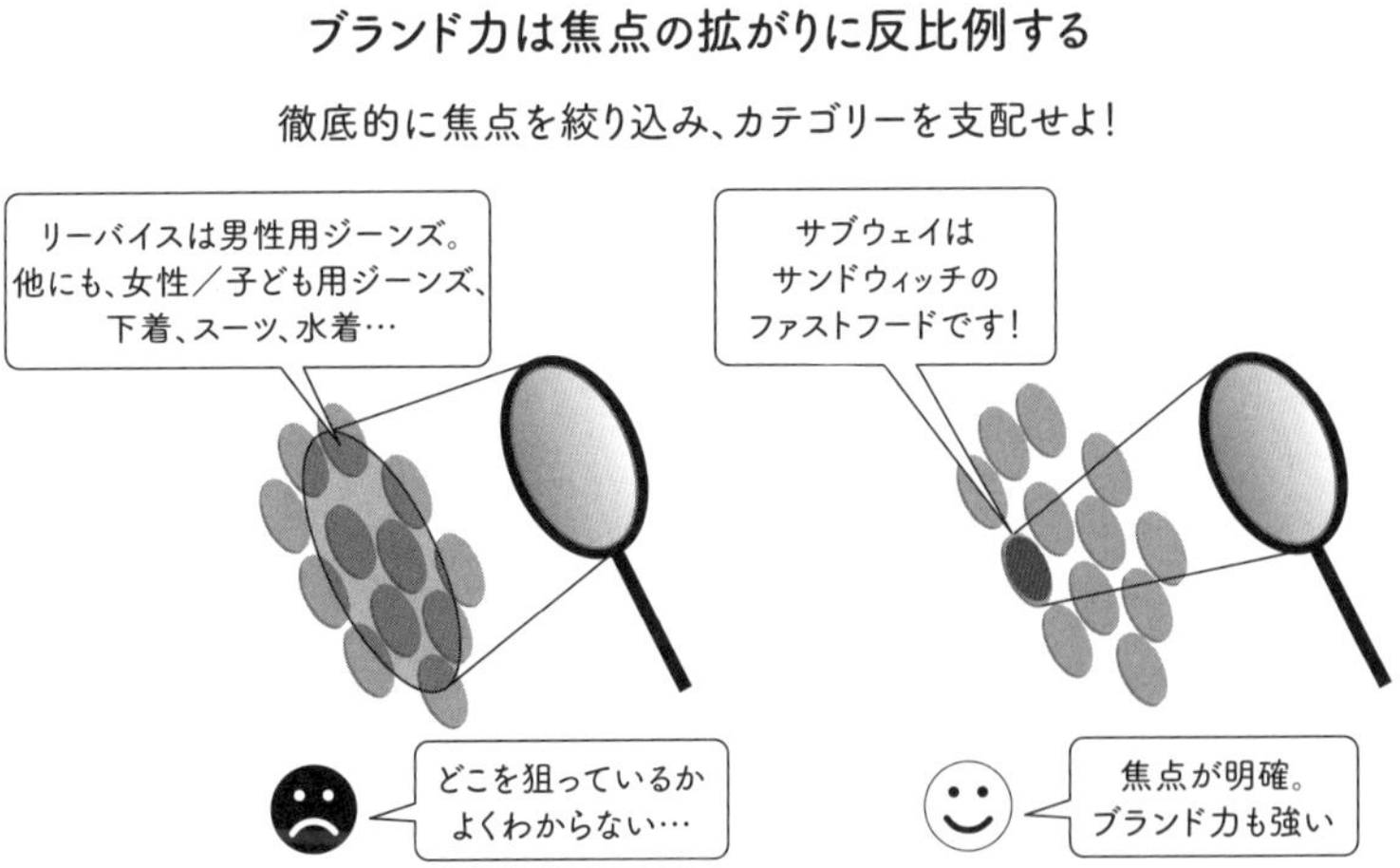
ブランド力は焦点の拡がりに反比例する
徹底的に焦点を絞り込み、カテゴリーを支配せよ！
リーバイスは男性用ジーンズ。
他にも、女性／子ども用ジーンズ、
下着、スーツ、水着…
サブウェイは
サンドウィッチの
ファストフードです！
どこを狙っているか
よくわからない…
焦点が明確。
ブランド力も強い

出典：『ブランディング22の法則』を参考に著者が作成

ブランドは拡げずに、絞り込め

リーバイスは男性用ジーンズの代名詞だった。その後リーバイスはブランドを女性用、子ども用、アクセサリー、下着、スーツ、水着などに拡げた。製品ライン拡大で一時的に売上は伸びた。しかし、ブランドイメージが拡散し、売上は徐々に減り、利益は激減した。

ブランド力は、焦点の拡がりに反比例する。多くの企業は成功したブランドを拡張しようとするが、逆にブランド力は弱まる。消費者は**短い一言で区別できるブランド**を期待している。

サブマリン・サンドウィッチをご存じだろうか？　外皮が固いパンを縦に切り、ハムやサラミを挟んだサンドウィッチのスタイルだ。フレッド・デルーカは、サブマリン・サンドウィッチだけを売る店をつくり、店名をこう名づけた。「**サブウェイ**」。

米国でサブウェイは「サブマリン・サンドウィッ

チだけを売る店」として消費者の脳内に焼きついた。その上、サブマリン・サンドウィッチだけをつくっていれば、誰よりも上手に低コスト・高品質でつくれるようになる。

同じ便益を与える商品やサービスの集合を、**カテゴリー**という。ブランドはカテゴリーを支配すべきなのだ。サブウェイは「サブマリン・サンドウィッチのファストフード」というカテゴリーを支配している。では、カテゴリーを支配するとどうなるか？

「カテゴリー」を創り出し、所有せよ

コカ・コーラは「コーラ」、グーグルは「検索」、クロネコヤマトの宅急便は「宅配便」のカテゴリーを支配して、カテゴリーの代名詞のように使われている。

人々がブランド名をカテゴリーの代名詞のように使うとき、そのブランドがカテゴリー所有者になっている。こうなると競合がいくら頑張っても、そのブランドから言葉を奪うのは不可能だ。ちなみに、私たちは宅配便のことを「宅急便」と呼ぶ。宅急便はヤマト運輸の登録商標なので、他社は宅急便という名前は使えない。だからヤマト運輸は強い。

焦点を絞り込むほど、強力なブランドになる。認知できる市場がなくなるまで絞れば、まったく新しいカテゴリーを創り出すチャンスが生まれる。Book17『スターバックスはなぜ値下げもテレビCMもしないのに強いブランドでいられるのか？』で紹介するように、スタバは「スペシャリティコーヒー」という新しいカテゴリーを創った。

ぶっちゃけた話、**消費者は新しいブランドなんてどうでもいい**のである。

消費者が気にするのは、新しいカテゴリーだ。そこで、まずは小さな市場に集中する。ブランド名でそのカテゴリーを代表させ、そのカテゴリーで一番手になる。そしてブランドでなく新しいカテゴリーの利点を売り込み、カテゴリーを大きく育てていくのだ。

企業は「市場規模がどの程度で、何％シェアを取るか？」と考えがちだが、大間違いだ。「カテゴリーを絞り込み、１つの言葉（クロネコヤマトの宅急便♪）を所有すれば、どれだけ市場を創造できるか？」と考えるべきなのだ。

では、新カテゴリーを育てている最中に、競合が現れたらどうするか？

多くの企業はカテゴリーを育てるのを中止し、自社ブランドをアピールして競合と戦い、追い出そうとする。これも大間違いだ。競合の参入は、歓迎すべきなのだ。

コカ・コーラが生み出したコーラ市場に、ペプシが参入して激しく競争した結果、一人当たりのコーラ消費量は増えた。コカ・コーラはペプシのおかげで成長したのだ。

消費者は選択肢が１つしかないと、そのカテゴリーの存在そのものを疑い始める。

しかし、そのカテゴリーに選択肢があれば、信用する。つまり需要が喚起される。健全な競争は、むしろ進んで受け入れるべきなのである。

品質だけではブランドは築けない

レンズの世界では、ドイツ製のツァイスが最高級ブランドだ。日本製の何倍も高い。しかし、性能比較すると、むしろ日本製レンズのほうが高品質だったりする。

レクサスも、「ベンツやＢＭＷよりも高品質」と市場調査で評価されている。しかし、日本人にとって誠に残念なことに、消費者がときめくのはベンツやＢＭＷだ。

ブランドには、品質だけでは決して渡ることができない細くて長い川があるのだ。

たしかに品質は重要だが、品質だけを頼りにブランドを築くのは、砂の上に城を建てるのと同じである。買い手の脳内に品質を築き上げない限り、強力なブランドを築けない。

そのためには「スペシャリスト」と認知されることだ。スペシャリストならば、他の人よりも多くのことを知っていて「高品質だ」と見なされる。ツァイスは高級レンズ専業、ベンツはラグジュアリーカー専業、ＢＭＷはスポーツカー専業だ。

もう一つは「価格」だ。価格には品質表示機能がある。人は「高価格は高品質」と考える。日本企業は「高品質なのに、価格はお得です」とアピールしたがる。しかし「ほどほどの品質でお得」と思われるのがオチである。ロレックスは高いがゆえに、顧客は「自分はロレックスを買う経済力がある」とアピールするために高いお金を払う。

ツァイス製品の一部は日本のレンズメーカーがつくっている。ツァイスのロゴがつくと、数万円が数十万円になる。私たち日本人は、この意味をじっくりと考えるべきだろう。

時間をかけて築いたブランドは絶対に変えるな

強いブランドは数年程度では築けない。何十年もかけて首尾一貫性を追求し続けた結果、生まれる。しかし、一番頻繁に破られてしまうのが、このルールだ。

BMWは1974年から米国で「究極のドライビングマシン」というスローガンを愚直に続けてきた。しかしBMWですら、2010年にスローガンを「喜び」に変更してしまった（その2年後、2012年には再び「究極のドライビングマシン」に戻した）。

市場が変わっても、ブランドは変えるべきではない。絶対に、である。

ブランド構築は根気がいる仕事だ。長期間かけて首尾一貫したマーケティング活動を続ければ続けるほど、そのブランドは消費者の脳内で特定の場所を占有し続ける。これは実に莫大な財産なのだ。ブランドを変えるのは、せっかく消費者の脳内に占有したその場所を、むざむざ手放す行為なのだ。ブランドの最大の敵は、人の飽きっぽさなのである。

「ブランド」を一言で言えば、消費者の脳内に自社が所有する概念のことだ。考えてみれば実に単純なことだ。しかし同時に、実に厄介なものなのだ。

一方で、Book6『ブランディングの科学 新市場開拓篇』で紹介したように、ブランドはさまざまな販売の状況（CEP）で思い出されるようにすべきだという考え方も生まれている。本書の考え方はさらに進化していることも理解しておきたい。

POINT

ブランドは、新カテゴリーを創り上げ、所有し続けよ

Book

15

『エッセンシャル戦略的ブランド・マネジメント 第4版』（東急エージェンシー）

——強いブランドを築ければ、誰にも真似できない

ケビン・レーン・ケラー

アメリカのダートマス大学のタック経営大学院でE.B.オズボーン・マーケティング教授を務める。コーネル大学を卒業し、デューク大学で博士学位を取得。ダートマス大学ではMBAの選択科目としてマーケティング・マネジメントと戦略的ブランド・マネジメントを教え、経営幹部を対象とした講義を行っている。ブランディング、戦略的ブランド・マネジメントの研究では国際的リーダーの一人として認知されている。

冒頭、米国の老舗食品企業で30年以上CEOを務めた人物の言葉が紹介されている。

「この会社を分割するとしたら、土地と工場と機材は手放してもよい。私はブランドと商標をもらおう。そうしたら私のほうがずっとうまくやっていけるだろう」

消費者の心の中に深く刻み込まれたブランドは、ライバルは真似できないからだ。

ブランドは企業で最も価値をもつ資産だ。

本書は、ブランドを体系的に解説した世界的なブランドの教科書である。著者のケラーは世界的なブランド研究の第一人者だ。邦訳版では早稲田大学・恩藏直人教授が日本人向けに全848ページの原著を480ページにまとめたおかげで、読みやすくなっている。

あなたが店で商品を買うとき、定番ブランドから選ぶことが多いはずだ。私たちがモノを買うとき「これを買って後悔しないかな」と無意識にリスクを感じている。しかし、過去に買っ

て満足したブランドなら安心して買える。ブランドのおかげで、消費者は製品を買う際に迷いが消えるのだ。

企業が長年の活動や製品体験で顧客に植えつけてきたブランドの印象は、他社は簡単に真似できない。さらにブランド名は登録商標で、デザインは著作権と意匠権で、法的に保護されている。ブランドは消費者行動に影響を与え、将来の持続的な収益も確保する、企業にとって貴重な法的財産なのだ。

ブランドは、突き詰めれば消費者の脳内に存在する。だからブランディングのカギは、**同じカテゴリーの中で、消費者が他ブランドとの違いがわかるようにすることだ。**

もともとブランドは消費者向けから始まったが、いまやさまざまな分野に拡がっている。

IBM、GE、インテルといったB2B企業では、B2Bブランディングで企業のプラスのイメージや評判をつくり上げ、法人顧客に販売できる機会を増やし、信頼を高めることで高収益ビジネスを実現している。

ここ数年の最強ブランドは、グーグルやユーチューブなどインターネット発のものだ。これらオンラインブランドが成功しているのは、消費者ニーズに独特の方法で応えることで、絶妙なポジショニングを獲得しているからだ。

資産価値が高いブランドをつくる

強いブランドをつくるには、マーケティング活動を通じて顧客によい印象を与え、顧客の脳内でブランドと結びつくようにすることが必要だ。

ここで役立つのが、**ブランド・エクイティー**という考え方だ。過去のさまざまなマーケティング活動の結果、ブランドが得たブランドの資産価値のことだ。

日立とGEは英国で工場を共同所有してテレビを生産し、自社ロゴをつけて売っていたことがある。中身は同じテレビだが、日立のテレビは75ドル高い価格で、しかも2倍売れた。日立のテレビはGEのテレビよりも高いブランド・エクイティーをもっていたのだ。

ブランド・エクイティーを生み出すには、顧客の脳内にブランドに対するよい感情をつくることだ。

そのためには、まず消費者に**ブランド認知**をさせることだ。消費者がブランドを認知すれば、商品を購入する際の購入候補（**エボークト・セット**）に入る（エボークト・セットは**Book7**『確率思考の戦略論』で詳しく紹介したので、参照して欲しい）。

現実に消費者が商品を買うときは、深く考えずに「なんとなく買う」ことが多い。だからまず消費者の認知を獲得し、エボークト・セットに入れるかどうかが成功の分かれ目になる。

そのためには好ましい**ブランド連想**をつくる。たとえば「アップル」というと、私たちは「使いやすくてクールなデジタルツール」を連想する。消費者の脳内に「この商品は、〇〇だ」というように、好ましく独自なブランド連想をつくるのだ。

最強のブランド連想は直接的な経験で創られる。スターバックスは広告をほとんど打たないが、店舗での実体験を通して創り出したさまざまなブランド連想で、豊かなブランド・イメージを築いている。

差別化と類似化による「ブランド・ポジショニング」

ブランド・エクイティーをつくるカギが、**ブランド・ポジショニング**だ。

ターゲット顧客の脳内に、そのブランドが他社と違うことをキッチリと埋め込むのだ。

ここで重要なのが**差別化ポイントと類似化ポイント**だ。

差別化ポイントとは、ライバルと異なる点だ。Book3『ポジショニング戦略』で紹介したように「顧客の脳内にポッカリとあいた穴」を探す。

しかし同時に、類似化ポイントも重要だ。他ブランドと共有されている点だ。**類似化により、ライバルの差別化ポイントを弱めることができる。**

くら寿司の田中邦彦社長は「本物の美味しさは昔の日本にある無添加の美味しさだ」と考え、「食の戦前回帰」を目指している。全食材で、化学調味料、人工甘味料、合成着色料、人工保存料を使用していない。そして日本の食文化の代表・寿司を通し、「安心・美味しい・安い」を実現し、テクノロジーにより店舗の省力化・無人化を進めた。さらに海外展開を狙い、「くら寿司をマクドナルドのような世界的な外食チェーンにしたい」と語る。

世界展開をする上で、くら寿司の差別化ポイントは「**無添加で、安心・美味しい・安い寿司チェーン**」、類似化ポイントは「**マクドナルドのような世界的な外食チェーン**」なのだ。差別化も大事だが、ライバルに対する「類似化」も重要なのである。

顧客との強い絆を生み出す方法

強いブランドをつくる道筋を教えてくれるのが、**ブランド・レゾナンス・モデル**だ。ポイントは、理性と感情の両面を考え、ブランドと消費者の共感の絆をつくることだ。

高級時計のロレックスで考えてみよう。

❶ブランド・セイリエンス（ブランドの特徴）……そのブランドがどれだけ頻繁かつ簡単に思い出せるか。誰でも「世界の高級時計といえばロレックス」と思い浮かべることができる。

❷ブランド・パフォーマンス（性能や機能）……製品の性能や機能がどれだけ消費者ニーズを満たし、ブランドを差別化するか。精巧な技術でつくられたロレックスは、王冠型の公式ロゴが輝き、閏年《うるう》まで計算して日付を自動調整する機械式のパーペチュアルという技術もある。

❸ブランド・ジャッジメント（客観的な判定）……パフォーマンスに基づいたブランドへの評価。ロレックスは最高の品質とデザインで「世界最高の時計」と思われている。

❹ブランド・イメージ（印象）……ブランドが顧客にどのように思われているか。ロレックスは、映画監督ジェームズ・キャメロンやタイガー・ウッズなど、各分野の一流の人たちをアンバサダーに起用して「一流の人たちが使う時計」と印象づけている（タグホイヤーなどのライバルも同じ方法を採っている）。

❺ブランド・フィーリング（情緒的反応）……イメージに基づいたブランドに対する感情的な

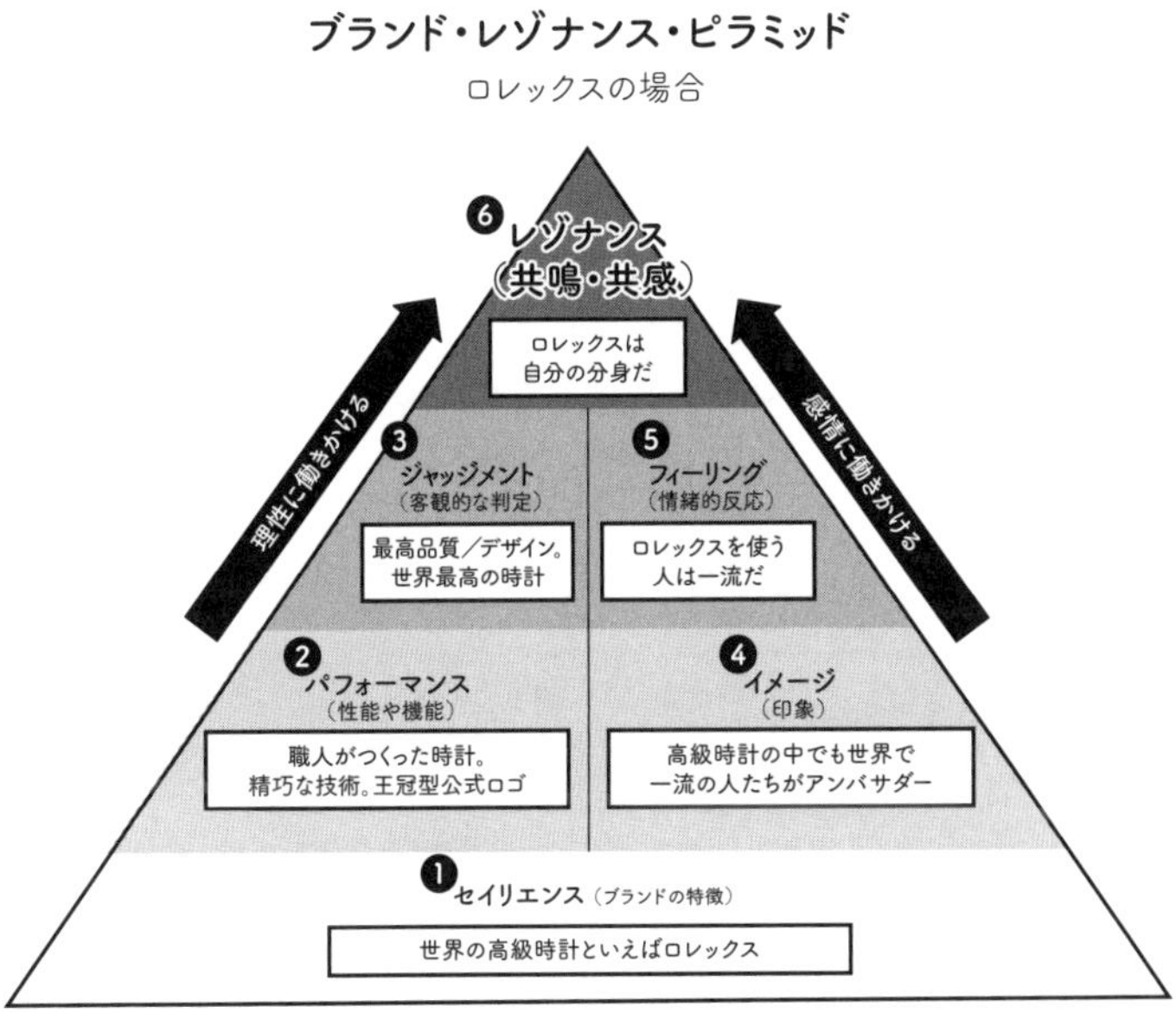

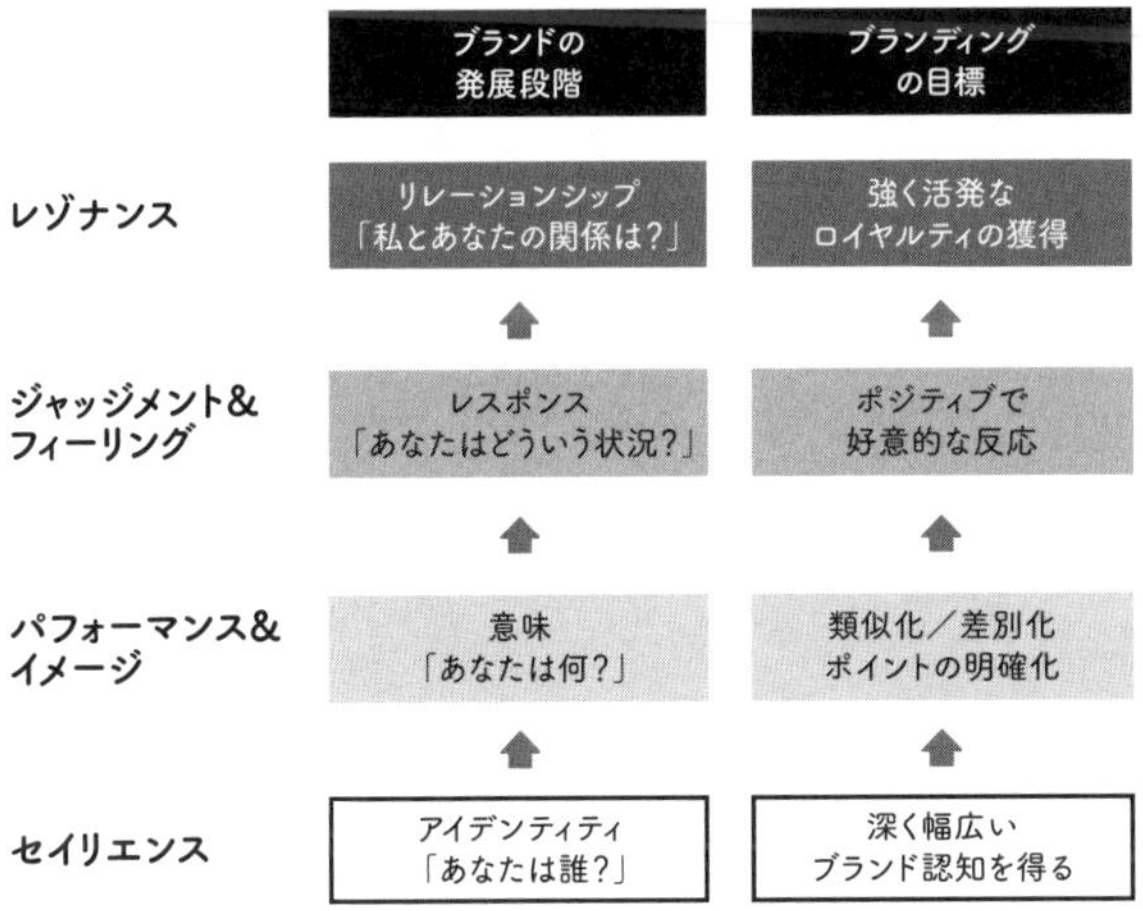

出典：『エッセンシャル　戦略的ブランド・マネジメント 第4版』を参考に著者が作成

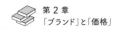

ブランディングの原則

ブランドの原則	意味するところ
ブランドは顧客のもの	ブランドの価値は、顧客がどう考えるかで決まる
ブランドに近道なし	強いブランドをつくるには、消費者の脳内で「認知」されるための時間と労力を、じっくりとかける必要がある
ブランドの二面性	強いブランドは顧客の理性と感情の両方に働きかけ、相乗効果を生み出している
ブランドの深さ	強いブランドは消費者の心に深く突き刺さることで、絆を生み出す
目指すは、顧客の共鳴と共感	競合より強い顧客との絆を創り上げること。ゴールは顧客のロイヤルティ獲得だ

出典:『エッセンシャル　戦略的ブランド・マネジメント 第4版』

反応。ロレックスは「ロレックスをつける人は一流」という感情を植えつけている。

❻ブランド・レゾナンス（共鳴・共感）……これがゴール。顧客のブランドに対する共鳴と共感の絆だ。ロレックスを身につける人は、「ロレックスは自分の分身」と考えて使い続け、高い顧客ロイヤルティをもつようになる。

このようにブランド・レゾナンス・モデルがわかれば、上図のようなブランディングの原則もわかる。

大切なのは「ブランドの一貫性」

強いブランドを維持するには、何よりも一貫性が大切だ。過去50~100年間リーダーであり続けたディズニー、マクドナルド、メルセデス・ベンツなどのブランド戦略は驚くほど一貫している。

しかし、一貫性を維持するのは、マーケティング・プログラムの変更を避けるべきということではない。むしろ時代にあわせてマーケティング・プログラムをマメに見直して、ブランドの方向性を保つことが必要なのである。

本書では他にも、強いブランド・エクイティー構築のためにマーケティング・プログラムの設計や管理の方法、名前・ロゴ・キャラクター・URLなどの各ブランド要素のつくり方など、幅広く、かつ深く、具体的に紹介している。

ブランドに関わる人は、ぜひ一読して欲しい。

POINT

顧客との強い絆を創り、強いブランド・エクイティーを生み出せ

Book
16

『ブランド論』
——商品や人材と同じように、ブランドには資産価値がある

（ダイヤモンド社）

デービッド・アーカー

カリフォルニア大学バークレー校ハース経営大学院名誉教授（マーケティング戦略論）。ブランドのコンサルティング会社プロフェット社副会長。ブランド論の第一人者として知られ、マーケティング・サイエンスの発展に寄与したことに対して「ポールD.コンバース賞」を、またマーケティング戦略への業績に対して「ヴィジェイ・マハジャン賞」を受賞。論文の数は100本以上で、著書に『ブランド・エクイティ戦略』など多数。

世界的なブランド戦略の大家・アーカーには、ブランドに関する数多くの著書がある。本書は彼の著書や論文からエッセンスを選りすぐり、20の基本原則にまとめた一冊だ。

「資産としてのブランド」という考え方

ある営業部長が飲み会で、気炎をあげていた。

「現場で頑張って稼いでいるのは、俺たちセールスだ。それなのにウチの会社は、広告とかでブランドに金を使いすぎだ。セールスに金をよこせば、売上をもっと増やしてやるよ」

しかし現実には、顧客はこの会社のブランドに絶大な信頼を寄せている。営業部長は、自分が稼げるのは会社のブランドのおかげだということを、あまり理解していないようだ。

１９８０年代後半まで、企業はこう考えていた。

「ブランドって要は看板でしょ。広告代理店にお金を払って任せればいいいんじゃないの」

こんな中、アーカーは次のように言って、マーケティング界に大きな衝撃を与えた。

「ブランドは商品や人材と同じで、資産価値がある。ちゃんと戦略を考えるべきです」

ブランドは一見「単なる看板」だが、顧客がその看板に絶大な信頼を寄せるのは看板の背後に大きな資産があるからだ。こうしてブランディングは、経営幹部の仕事に変わった。

アーカーはこの**ブランドの資産価値**のことを、**ブランド・エクイティー**と名づけた。

ブランド構築では、ブランド・エクイティーを築き、高め続けることを目指すべきだ。

アーカーは、そのために必要なのは次の3つだという。

❶ブランド認知（Brand Awareness）
無印良品の文具を「悪目立ちしないオシャレな文具」と認知した人は、文具を買うときには無印良品も選択肢として考えるようになる。このように顧客がブランドを認知すると、購入の際に思い出してもらえる可能性が高まるし、ブランドに対する好感度や態度も高まる。

❷ブランド連想（Brand Associations）
多くの消費者は「無印良品」と聞くと「無駄を排したシンプルなデザイン」と連想する。このように、そのブランド名を聞いた消費者が脳内に連想するものが、ブランド連想だ。ブランド連想は、顧客との関係、購入の意思決定、顧客ロイヤルティのベースになる。

❸ブランド・ロイヤルティ（Brand Loyalty）
無印良品の熱狂的ファンは、衣服も食器も冷蔵庫も無印良品で揃え、自宅を無印良品で埋め

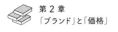

尽くす。このように常にそのブランドを選ぶようになった顧客は、滅多に行動を変えない。競合他社にとってそのロイヤルティを断ち切るのは至難の業。このブランド・ロイヤルティこそがブランド価値の中核になる。

無印良品は「シンプルにして簡潔、必要にして十分」であることを目指している。

このようにそのブランドに「こうなって欲しい」と強く願うイメージを言葉で表現したものが、**ブランド・ビジョン**だ。明確なブランド・ビジョンは事業戦略を的確に表現し、競合と差別化する。顧客から共感を得て社員も活気づき、さまざまな新しいアイデアが生まれるようになる。逆にブランド・ビジョンがなかったり不十分だったりすると、そのブランドは迷走し始め、戦略や施策も一貫性を失ってしまう。

ブランド・パーソナリティと組織連想

人はブランドに人間的な個性を感じると、認識と行動が影響を受けるようになる。これが**ブランド・パーソナリティ**だ。パーソナリティ（個性）をもつブランドは、他ブランドとの違いが明確になる。消費者の認知は滅多なことで変わらないので、断然優位になる。

無印良品を人の個性にたとえると、「寡黙、誠実で実質本位な職人」になる。ポルシェやメルセデスも、ブランド自体が強力なパーソナリティをもっている。

組織の価値観も、ブランドを差別化する。ライバルは、商品ならばある程度真似できるが、組織の価値観や組織文化はなかなか真似できない。

たとえば無印良品は、「無印良品なら、ある程度は安いけどムダを省いて品質はいいのだろう」という顧客からの組織への信頼で差別化している。このように顧客の脳内で「無印良品なら、ある程度安くても品質は高い」と連想するのが、**組織連想**だ。

さらに数字で表現できない組織文化の強みがあれば、市場で長持ちする競争優位性を得られる。そのための一つの方法は、**組織としての大いなる目標**を掲げることだ。

体重計のタニタでは「人々がよりよい食事で健康増進するのを助けること」が大いなる目標だ。そしてタニタの社員食堂、タニタの料理本、レストランなどを成功させている。

このように組織の価値観で差別化するには、時間をかけて組織の価値観にコミットし続けることで、顧客の脳内に組織連想を育んでいくことが必要だ。

「無印良品」が商品機能で差別化しない理由

ブランドの便益は４つある。無印良品の便益を見ていこう。

❶**機能的便益**……その商品で何ができるか。無印良品の商品数は５０００点に及ぶ。無印良品は商品もターゲット顧客も絞らない。食品も売るし、ホテルも運営する。かつては車も売っていた。無印良品が機能的便益にこだわらないのは、次の３つの便益を重視するからだ。

❷**情緒的便益**……「これを使うとき、私は○○を感じる」という便益。無印良品は「これがいい」ではなく「これでいい」（必要で十分）という理性的な満足感を顧客に提供している。

強いブランド・ロイヤルティを生み出すには…
無印良品の場合

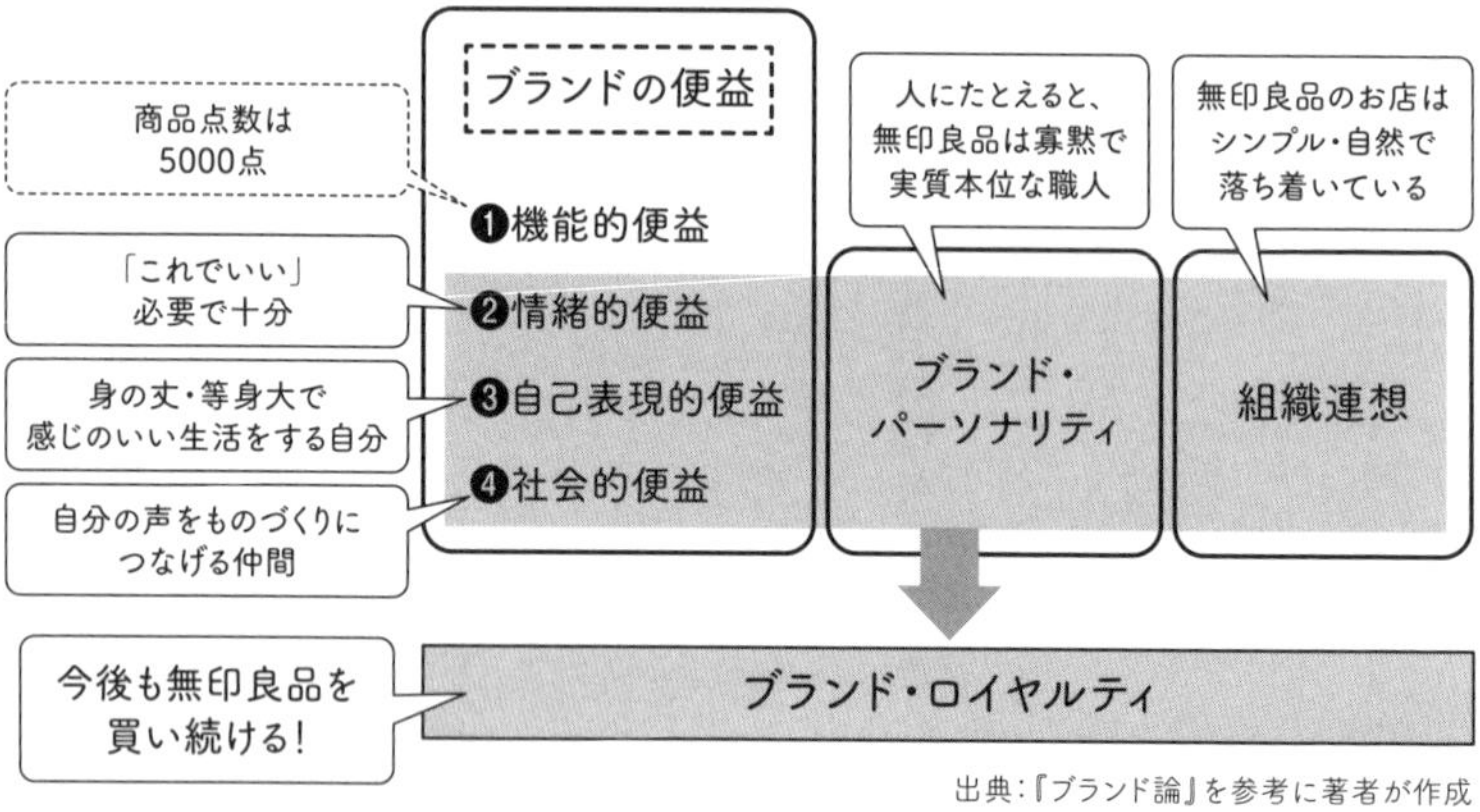
ブランドの便益
商品点数は
5000点
❶機能的便益
「これでいい」
必要で十分
❷情緒的便益
身の丈・等身大で
感じのいい生活をする自分
❸自己表現的便益
自分の声をものづくりに
つなげる仲間
❹社会的便益
人にたとえると、
無印良品は寡黙で
実質本位な職人
ブランド・
パーソナリティ
無印良品のお店は
シンプル・自然で
落ち着いている
組織連想
今後も無印良品を
買い続ける!
ブランド・ロイヤルティ

出典:『ブランド論』を参考に著者が作成

❸自己表現的便益……「これを使うとき、私は〇〇になる」という便益。無駄と飾りがない無印良品を買うことで、「身の丈に合った等身大で感じのいい生活をする自分」になれる。

❹社会的便益……「これを使うとき、私は〇〇の人たちの仲間になる」という便益。無印良品は顧客の声でさまざまな商品を開発している。たとえば「貼ったまま読める透明付箋紙」は消費者の提案で発売した商品だ。半透明な付箋で本に貼っても下の部分が読めるようにした。無印良品にとって消費者は商品開発の仲間なのだ。

消費者は機能的便益で判断して買っているように見えるが、現実には後者の3つの便益で、無意識かつ直感的に買っていることが多い。強いブランド・ロイヤリティを生み出すのは、**これら3つの便益とブランド・パーソナリティと組織連想**なのだ。

強力なブランドを構築するには、顧客よりもまず社内だ。社員がブランド・ビジョンを理解すること。つまり社内向けブランディングが大切なのだ。メリットは多い。

まず、社員に方向性と意欲を与える。社員に刺激を与えれば、ブランド・ビジョン実現のアイデアを生むようになる。ブランドを誇りに感じ、仕事の意義と達成感を感じた社員は、他に語りたくなり、組織文化が生まれる。

ところで、アーカーは間違いを改めることを躊躇《ちゅうちょ》しない人だ。このため言葉の定義を頻繁に変える。たとえば、本書のブランド・ビジョンは、過去の本では「ブランド・アイデンティティ」と呼んでいた。本書はアーカーの著書としては比較的新しい２０１４年の出版であり、アーカーの最新の考えが反映されているので、本書を選んだ。

本書からはブランド戦略で必要なエッセンスを効率よく学ぶことができる。Book15『戦略的ブランド・マネジメント』と併読すれば、ブランドの理解は深まるはずだ。

POINT

機能だけでなく、情緒的・自己表現的・社会的便益で差別化せよ

Book
17

『スターバックスはなぜ値下げもテレビCMもしないのに強いブランドでいられるのか？』

（ディスカヴァー・トゥエンティワン）

――ブランドは「つくろう」とすると失敗する

ジョン・ムーア

経営コンサルタント、マーケター、実業家。スターバックスで8年間、マーケティングプログラムの作成と実行に携わる。その後、大手スーパーマーケットのホールフーズマーケットのマーケティングを経て、コンサルタント会社を主宰。小さい会社の心意気と活動をもって、より大きな成長を遂げてもらうべく企業のサポートを行っている。企業や大学などでの講演多数。人気マーケティングブログ「Brand Autopsy」も運営している。

スターバックス（以下スタバ）が創業した頃、米国のコーヒーはマズかった。当時の米国コーヒー業界は、際限のない価格競争に陥っていた。スタバはこの業界で急成長して、強いブランドを創り上げた。スタバはブランディングと価格戦略の学びの宝庫である。

本書は、スタバ社内の口伝の知恵を紹介した本だ。著者はスタバで8年間マーケティング・プログラムの作成と実行に携わり、現在は企業へコンサルティングを行っている。

スタバは「どこにでもある一杯のコーヒー」を「他にないもの」にした。コーヒー豆の品質や深煎り焙煎を追求し、スペシャリティコーヒーでコーヒーを楽しむ体験をつくった。

「どこにでもあるコモディティ化したもの」が「他にはないもの」になれば、顧客の心の中に**ブランド・ロイヤルティ**が生まれ、顧客は離れなくなる。Book14『ブランディング22の法則』で紹介したように、顧客が興味をもつのは新しいブランドではなく、新しい**カテゴリー**

だ。1980〜1990年代の「スペシャリティコーヒー」は、まさに新しいカテゴリーだった。スペシャリティコーヒーは広く認知され、スタバというブランドが普及した。

スタバは新しいカテゴリーを理解してもらうため、それまでのコーヒーとスペシャルティコーヒーの違いを説明した。決定的な違いはコーヒー豆。スペシャリティコーヒーは高品質でコストも高いアラビカ種のみを使用していた。一口飲めば違いはすぐわかる。

新規事業で訴求すべきは、企業の新ブランドの前に、新カテゴリーなのだ。

ブランド・マネジメントは「評判管理」である

まわりの人をイメージしてみよう。評判がいい人は誠実で信頼でき、尊敬されることすらある。逆に評判が悪い人は、イマイチ信用できない。ブランドも同じだ。

強いブランドは、評判がいい人と同じく誠実なイメージ。弱いブランドはイマイチ信用できない。このいい評判は、約束したことを常に実行し続けることでしかつくられない。

スタバは**ブランド・マネジメント＝評判管理**と考えている。スタバは意図的なブランドづくりをしなかった。美味しいコーヒーへの理解を得るために情熱をもってひたすら取り組み続けることで、強いブランドを生み出したのだ。

財務のバランスシート（貸借対照表）で資産と負債があるように、スタバはブランドのバランスシートにも**ブランド資産**と**ブランド負債**があると考える。スタバはある活動を行うべきか否かを判断する際、その活動がブランド資産かブランド負債かをチェックする。

ブランド・マネジメント＝評判管理

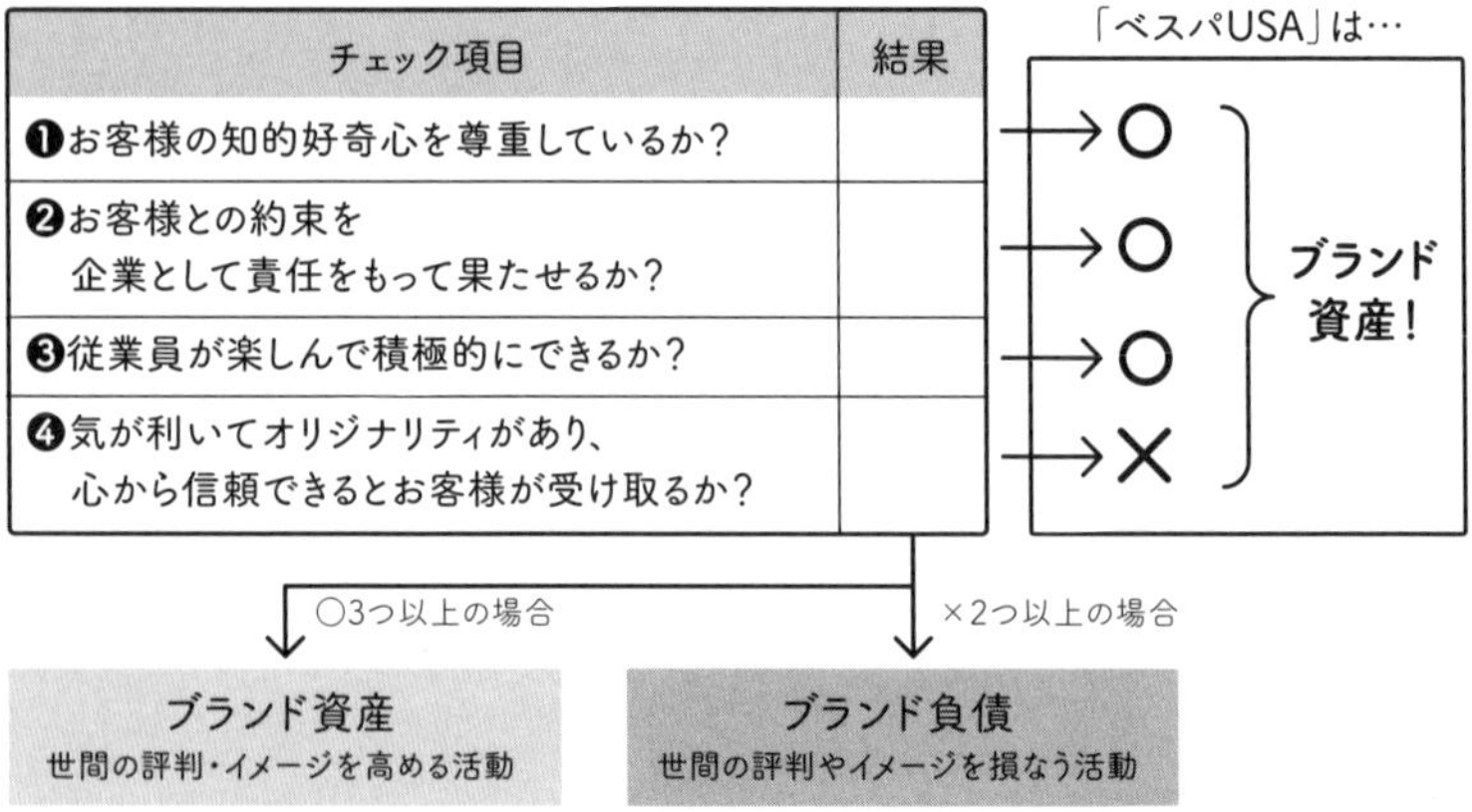
チェック項目
結果
❶お客様の知的好奇心を尊重しているか？
❷お客様との約束を企業として責任をもって果たせるか？
❸従業員が楽しんで積極的にできるか？
❹気が利いてオリジナリティがあり、心から信頼できるとお客様が受け取るか？
「ベスパUSA」は…
○
○
○
×
ブランド資産！
○3つ以上の場合
×2つ以上の場合
ブランド資産
世間の評判・イメージを高める活動
ブランド負債
世間の評判やイメージを損なう活動

出典：『スターバックスはなぜ値下げもテレビCMもしないのに強いブランドでいられるのか？』を参考に著者が作成

上図の4つのチェック項目で、「〇」が3つ以上ならブランド資産でスタバに相応しい活動、「×」が2つ以上ならブランド負債で相応しくない活動だ。イタリアのバイクメーカー「ベスパUSA」と懸賞キャンペーンを企画したときは……

❶↓お客様はイタリアのイメージを想起し、イタリアのカフェ文化とも関連がある↓〇

❷↓第三者のベスパが商品を渡す。スタバも法的義務を遵守する責任を負う↓〇

❸↓スタバのバリスタにキャンペーンを話すと手応えのある反応だった↓〇

❹↓お客様の反応は、正直わからない↓×

〇3つ、×1つなので実施した。結果は大成功。豪華賞品にお客様は驚き、販売量も増えた。

なぜスタバは広告を出さないのか？

スタバは広告をほとんど出さない。店舗の**スター**

バックス体験そのものがマーケティング活動だと考えている。白いカップで出されるコーヒー、従業員と顧客の交流、店の雰囲気、コーヒーの香り、スタバのひととき。これら一つひとつがマーケティング活動だ。

新コーヒーの無料テイスティングは販売促進でなく、顧客に商品を伝えることが目的だ。実はフラペチーノのテレビCMをしたことがあるが、効果が出ずにすぐに中止。テイスティングを続け、お客様との交流を深め、売上を増やした。

スタバ創業当初はお金がなく、広告を出さなかった。しかし、スタバは大きくなるにつれて**「クチコミが最大の広告」**と気がついた。広告の否定ではない。ブランド育成には、より有効な手段があると考えているのだ。広告に回すお金があれば、メニューに個性的なドリンクを増やし、店内環境を充実させ、サービスのスピード向上のため従業員を増やす。

お客様の体験を生み出すことが、一番のマーケティングだと考えているのだ。

広告をしないので、客からも「誠実で信頼感が高い」とさえ言われるようになった。

なぜスタバは値下げしないのか？

ウォルマートは**EDLP戦略（毎日低価格戦略）**で集客するが、お客様はスタバにも来る。スタバは値下げしない。EDLP戦略だとコスト削減しか選択肢がない。しかし、スタバは利幅が90％以上ある。だから、顧客体験に注力できる。

顧客体験を重視する企業にとってお客様とのつながりを創り出すチャンスは一度だけだ。

一杯のコーヒーがその「一度」。お客様には完璧なエスプレッソを味わってもらわなくてはならない。一度の手違いでお客様は二度と来なくなる。スタバは**サービスビジネス**なのだ。

かつてスタバは「お客様感謝デー」で20％オフを行った際、記録的売上を達成したが、トラブルも多かった。まずお客様が「スタバは値下げすることがある」と認識した。値下げ前の数週間は売上が激減。当日は商品供給が追いつかず大混乱。店に翌日の商品を置けず、機会損失も多く発生。なによりも、完璧な一杯のコーヒーでお客様に満足を届けられなくなった。

低価格は、名案を考え出せないマーケティング担当者の常套手段。使ってはダメだ。

真実を語るのがマーケティングである

スタバにはマーケティング・プログラム実施の際に、6つの暗黙のルールがある。

ルール❶　誠実で信頼できる……お客様に誠実であり続ければ、施策も誠実なものになる

ルール❷　気分を喚起する……言葉は場所、心地よさ、訴える内容をイメージさせることだ

ルール❸　他社について一切触れない……競合を引き合いに出すと、他社に関心を集めるだけだ

ルール❹　従業員のコミットメントを高める……店舗従業員がお客様にメッセージを伝えている

ルール❺　約束したことは必ず守る……約束を守ることが、誠実なマーケティングになる

ルール❻　消費者のインテリジェンスを尊重する……スタバは「グランデ→L、トール→M」と表示しない。客は最初戸惑っても、一度注文すればスタバの一員になった気持ちにな

る。「あえて不親切にする」のは、Ｂｏｏｋ27『「闘争」としてのサービス』と相通じる点だ

スタバは最大のコーヒー企業になることに重きを置いたことはない、という。「**最高になれば、最大になる**」と信じ、最高のコーヒー企業を目標にしてきた。最高でなく最大になろうとするから、企業のミッションを見失ってしまうのだ。

しかし、本書出版の2年後、皮肉なことにスタバは前著『ＭＢＡ必読書50冊を1冊にまとめてみた』のＢｏｏｋ40『スターバックス再生物語』で紹介したように成長の病にかかり低迷した。たとえ熟知していても患ってしまう。「成長の病」は恐ろしい。

Ｂｏｏｋ5『ブランディングの科学』は市場をマクロ視点で見た確率戦、スタバはお客様との絆を重視した接近戦だ。一見相矛盾するが、独自性の徹底追求やメンタル・アベイラビリティ重視など根底には相通じる部分も多い。一見相矛盾する部分と相通じる部分への理解が、強力な打ち手を生み出すのだ。成功のカギはこの部分に隠されているのかもしれない。

POINT

誠実にお客様に接し続けた結果が、強いブランドになる

Book
18

『価格戦略論』（ダイヤモンド社）

——顧客任せにせず、「パワー・プライサー」を目指せ！

ヘルマン・サイモン／ロバート・J・ドーラン

サイモンは、1985年ドイツのボンを拠点に戦略・マーケティングを専門とするコンサルティング会社サイモン・クチャー＆パートナーズを設立。プライシングのリーディング・カンパニーとしてヨーロッパを中心に活動する。経営戦略、マーケティング、価格設定の第一人者で、世界中のクライアントによきアドバイスを与え続けている。ドーランは、ハーバード・ビジネス・スクール教授（エドワード・W・カーター寄付講座）。

あなたは値づけをどのように考えているだろう？

「価格？　うーん、お客さん次第ですからねぇ」という人が多いのではないだろうか。

実際には製品価格を１％値上げするだけで、企業の利益は平均12％も改善する。

受け身の姿勢はやめ、主体的に値づけをすれば、売上も利益も大きく増える。

マーケティング・ミックス（４Ｐ）のうち、**価格戦略は利益を生み出す唯一の要素だ**。

本書の著者は前著『ＭＢＡ必読書50冊を１冊にまとめてみた』のBook28『価格の掟』を書いた価格戦略の第一人者サイモンと、ハーバード・ビジネス・スクールのドーラン教授。

『価格の掟』は価格戦略の本質を平易に解説した本だったが、本書は数少ない価格戦略の体系的な理論書であり、世界的なベストセラーである。１９９６年の出版のために事例はやや古さを否めないが、価格戦略の基本が体系的にまとめられている貴重な本なので紹介したい。

本書は**パワー・プライサー**という概念を提唱している。市場に価格決定を委ねず、顧客の要望に応える価値を創り出し、主体的に正しい値づけをするのだ。

スウォッチのコンセプトは「低価格のスイス製腕時計」。価格は常に40ドル。単純で正直な価格で、値上げも値下げもしない。価格で顧客に「スウォッチを買うあなたは間違っていませんよ」というメッセージを伝えている。

バグスキラーという殺虫剤は、害虫駆除保証をつけて他社の10倍の価格を実現した。

パワー・プライサーになるためにすぐ使える方法を、本書から1つ紹介しよう。

売上と利益を最大化する価格戦略とは？

旅客機は、席で料金が変わる。ビジネスクラスはエコノミークラスの2倍の料金、ファーストクラスはビジネスクラスの2倍の料金、といわれている。顧客にあわせてきめ細かく値づけする**プライス・カスタマイゼーション**で売上と利益を最大化するためだ。顧客は一人ひとり違う。購買判断も払える金額も変わる。その仕組みを見てみよう（ここから2ページ半、会計の話が続く。難しければ読み飛ばしても構わない）。

400席の旅客機、乗客一人当たりの**変動費**が1万円の場合で考えてみよう。

価格が変わると販売量（買う人数）がどう変わるかを示したのが、次ページ図の**価格―販売量反応曲線**だ。この例では価格1万円で400席は完売するが、これでは**粗利**（売上から変動費を差し引いた利益）の合計は0円で儲からない。

航空会社の価格と販売量が、どのように変わるか

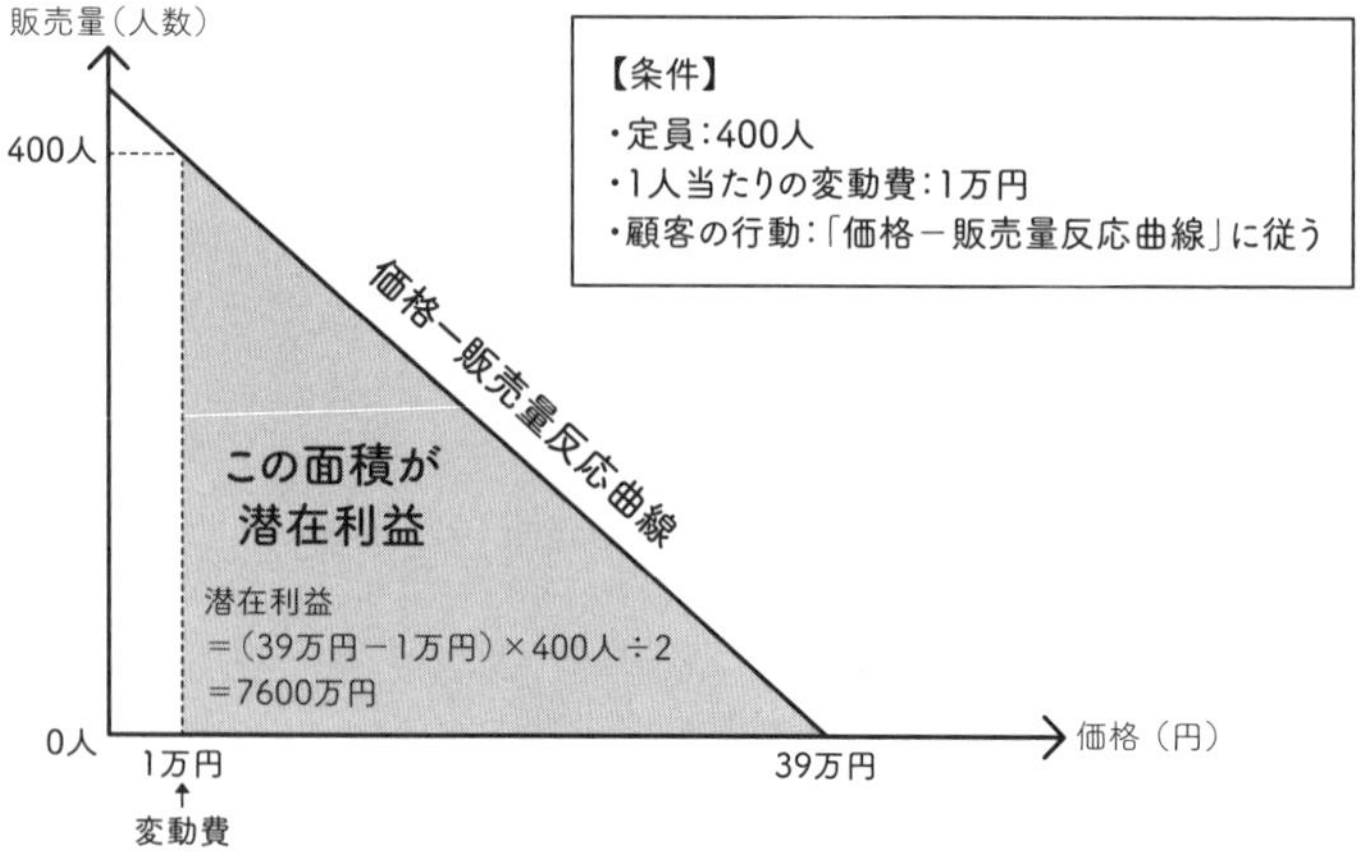

出典：『価格戦略論』を参考に著者が作成

「単一価格」だと潜在利益の半分しか得られない

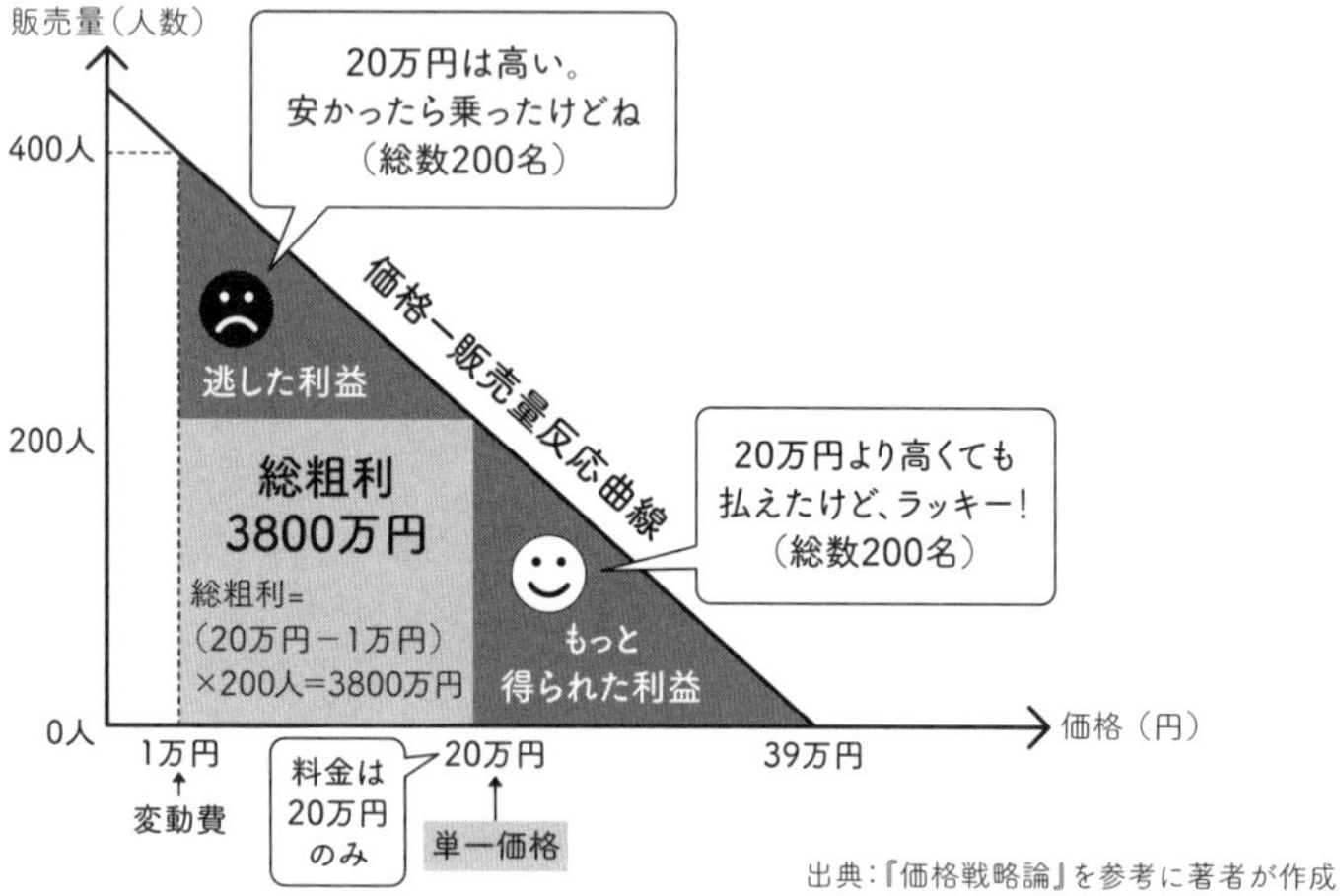

出典：『価格戦略論』を参考に著者が作成

価格を上げると、買う人数が曲線に沿って徐々に減り、39万円で０人。この三角形の面積は、潜在的に得られる最大の利益を示している。これを**潜在利益**という。この例では潜在利益は７６００万円。しかし、これは価格を価格―販売量反応曲線の通りに顧客全員にきめ細かく設定して、はじめて得られる利益だ。現実には、そこまで価格はきめ細かくできない。

前ページ下の図は、価格を1万円と39万円の中間をとって20万円の単一価格にした場合だ。

顧客が価格―販売量反応曲線の通りに買うと、20万円で買う人数は２００人で、全座席数４００席の半分。総粗利は３８００万円で、潜在利益（７６００万円）の半分だ。「20万円は高い」といって乗らない２００人分の「**逃した利益**」と、「20万円より高くても払ったのに」という２００人分の乗客から獲得し損なった「**もっと得られた利益**」が生じるからだ。

そこで、次ページ図のように、ファーストクラスを27万円、エコノミーを14万円と価格を２種類にすると、両者合計の総粗利は５０５７万円。単一価格よりも33％増になる。

もしビジネスクラスを加えて3段階にすれば、もっと多くの潜在利益を刈り取れる。つまり、**複数価格にすれば利益が増える**。

このように顧客ニーズに対応してきめ細かく複数の価格を設定することで、逃していた潜在利益を獲得することができるのだ。このプライス・カスタマイゼーションの方法は４つある。

方法❶ 製品ラインアップ……この航空会社のケース。顧客に異なる価格帯の製品を選ばせる

方法❷ 顧客別に管理……会員ステージ別に割り引く

「価格を2段階」にすると利益は増える

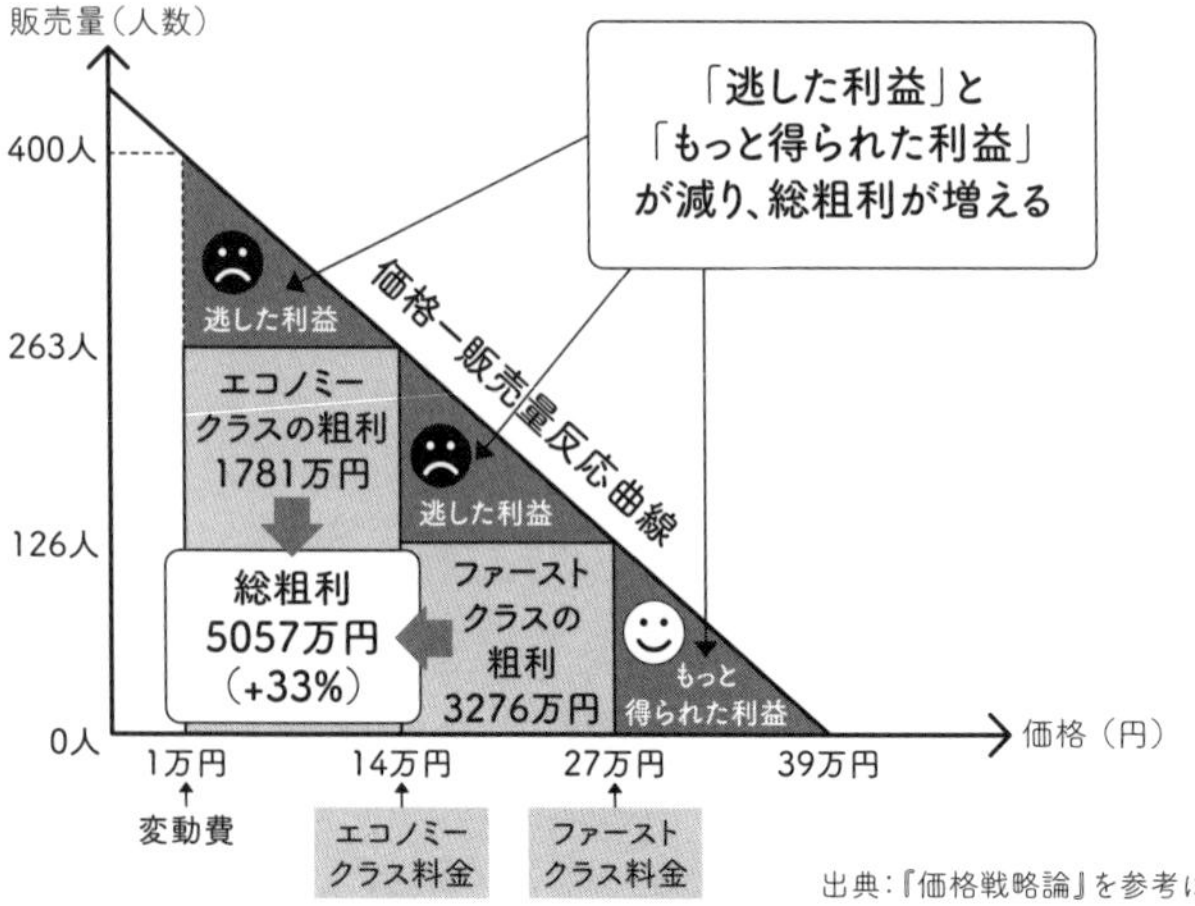

出典：『価格戦略論』を参考に著者が作成

方法❸ **購入者の特性**……たとえば子ども半額

方法❹ **取引特性**……週末と平日の宿泊料金を変えたり、大量購入の場合に割り引いたりする

このようにプライス・カスタマイゼーションで、企業の収益性が大きく向上する。

ちなみに最近流行りの**ダイナミック・プライシング**は、ITを活用して実価格をリアル世界の価格―販売量反応曲線に近づけようとする価格設定方法だ。

日本企業は「高付加価値戦略」に踏み込め

本書には特別収録編として、日本企業へのガイドもある。著者らは経営者向けセミナーで「製造コスト50ドル。顧客が1000ドル節約できる製品の価格をいくらにするか」という課題を与えた。欧州の経営者は600ドル、米国の経営者は500ドルと答えた。しかし日本の経営者の答えは100ドル。

日本の経営者は、その理由をこう言ったという。

「我々は高い顧客付加価値の実現は我慢し、その代わりに市場の占有を目指している」

著者らは「**日本企業は大量生産でコスト優位を狙っているが、日本企業のコスト優位は過去のもの。日本が唯一成功する戦略は、高付加価値戦略だ**」と述べている。

Book12『山本七平の日本資本主義の精神』にあるように「3割節約し利益を1割減にせよ。奉仕を心がけ、欲を出すな」と説いた梅岩の思想が日本の商売の源流だ。多くの日本企業には高付加価値戦略は未体験ゾーン。しかし製品性能に頼り、高級ブランドが創れていない。

一方で本書では、高付加価値戦略を実現した「隠れたチャンピオン」も紹介している。

- **刃物類**……日本の刃物類は世界中のシェフから好まれている
- **シマノ**……高級自転車の独占的な部品供給メーカーだ
- **マキタ**……電動工具市場で強い価格形成力をもっており、ボッシュなどの競合よりも高い
- **コミック**……欧州では広く行き渡っており、日本よりも高価格で販売されている

今後の日本企業は、高付加価値戦略も考える必要がある。そのためにもこの第2章のブランド戦略と価格戦略の理解と実践が重要なのだ。

POINT

「パワー・プライサー」となって、高付加価値戦略を実現せよ

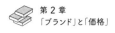

Book
19

『ザ・プロフィット 利益はどのようにして生まれるのか』（ダイヤモンド社）

――利益を生み出す23の定型モデル

エイドリアン・スライウォツキー

ハーバード大学を卒業後、同校のロースクールとビジネススクールで修士号取得。マーサー・マネジメント・コンサルティングのバイス・プレジデントおよびボードメンバー。処女作『Value Migration』で高い評価を獲得し、『プロフィット・ゾーン経営戦略』は全米ベストセラーに。1999年には『インダストリー・ウィーク』誌において、ドラッカー、ポーター、ゲイツ、ウェルチ、グローブとともに「経営に関する世界の6賢人」に選出。

人は空気や水がないと生き続けられない。同様にビジネスも利益を生まないと継続できない。そして利益を生むには仕掛けが必要だ。

本書は、利益を生み出すパターンを紹介した一冊だ。成功している企業は利益を生み出す**利益モデル**を創り上げている。利益モデルを理解すれば、ビジネスの打ち手を増やせる。

本書では若者スティーブとメンターのチャドによる8カ月間のレッスンを描いたストーリーで、23の利益モデルを紹介している。ここでは本書から6つを紹介しよう。

モデル❶ スイッチボード利益モデル

マイケル・オーヴィッツはハリウッドで大成功した実業家だ。最初は、映画製作会社に映画俳優を売り込むことから始めた。そして次第に脚本・監督・プロデューサーなどに手を拡げて、映画製作に必要な人材をすべて一通り揃えたパッケージとして提供するようになった。彼

本書に登場する「利益モデル」

❶スイッチボード利益モデル

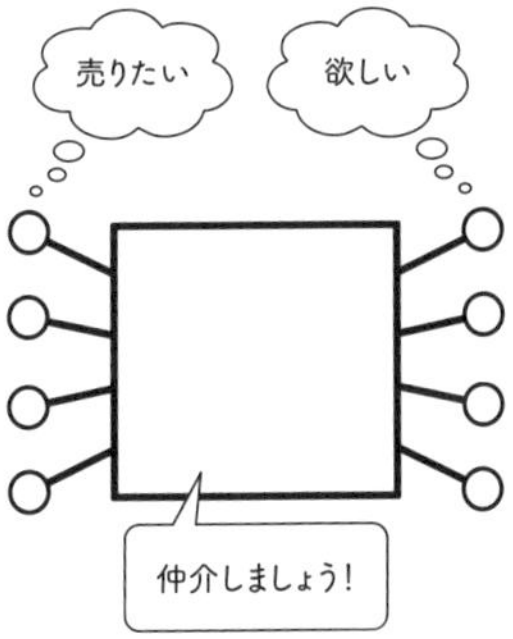

❷時間利益モデル

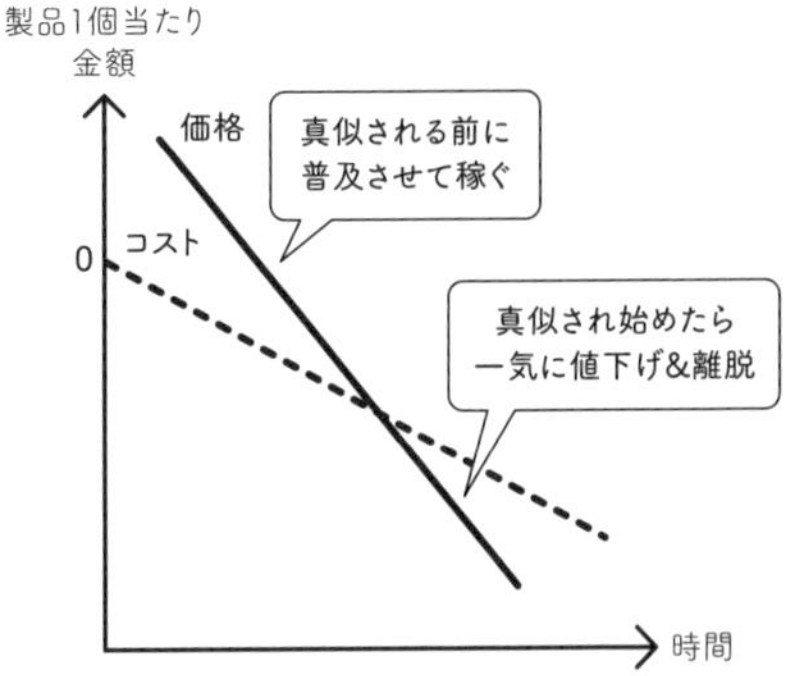

出典：『ザ・プロフィット』の図に著者が一部追記

を通さないと大物スターや大物監督は映画で使えなくなり、ハリウッドで絶大な影響力をもつようになった。このようにして、あたかも電話交換機（スイッチボード）が電話をかける人と受ける人をつなげるように、ニーズがある人と仕事を求める人をつなげるのがこのモデルだ。

かつてＩＢＭは自社製品だけ売っていた。しかし１９９０年代の経営変革後は、他社製品も調達し顧客向けソリューションを提供するようになった。これもこのモデルである。

大切なのは顧客のビジネスを徹底的に理解することだ。この、顧客を理解する段階に投資する方策によって、製品が継続的に売れる。

モデル❷ 時間利益モデル

「新製品が１年で他社に真似される。特許でも防げない」と悩むテクノロジー企業は多い。インテルもこの悩みを抱えていたが、これを逆手に取って高収益企業になった。

まず業界内で技術の主導権を取り、新製品をいち早く開発し、速やかに普及させる。しかしテクノロジー業界ではコストは急速に下がる。そこで他社が技術で追いつき真似をし始めた段階で一気に値下げしてライバルをふり切る。ライバルが追いつく前に、投資を回収する作戦だ。さらに次世代製品をいち早く市場に出して、同じことを繰り返す。

このモデルはシンプルな戦略だ。しかし、ともすると退屈で単調な仕事が続く。だから地道に細かい作業を繰り返す粘り強さが求められる。インテルも愚直に生産性を上げてコスト競争力を磨き続けてきた。

モデル❸ 利益増殖モデル

ホンダは強みのエンジン技術を磨き上げ、自動車・バイク・飛行機などをつくっている。ディズニーはミッキーマウスなどを活かし、映画・テーマパーク・出版・グッズなどを展開している。このように自社の強みとなる技術・資産・知的所有権をさまざまな形で再利用することで、開発コストを下げて利益を上げることができる。

モデル❹ インストール利益モデル

プリンター・メーカーはプリンター本体ではなくインクで儲けているのは有名な話だ。

本体は買い手に売買の選択権がある。しかし、本体を買うと主導権は売り手に移り、買い手

本書に登場する「利益モデル」

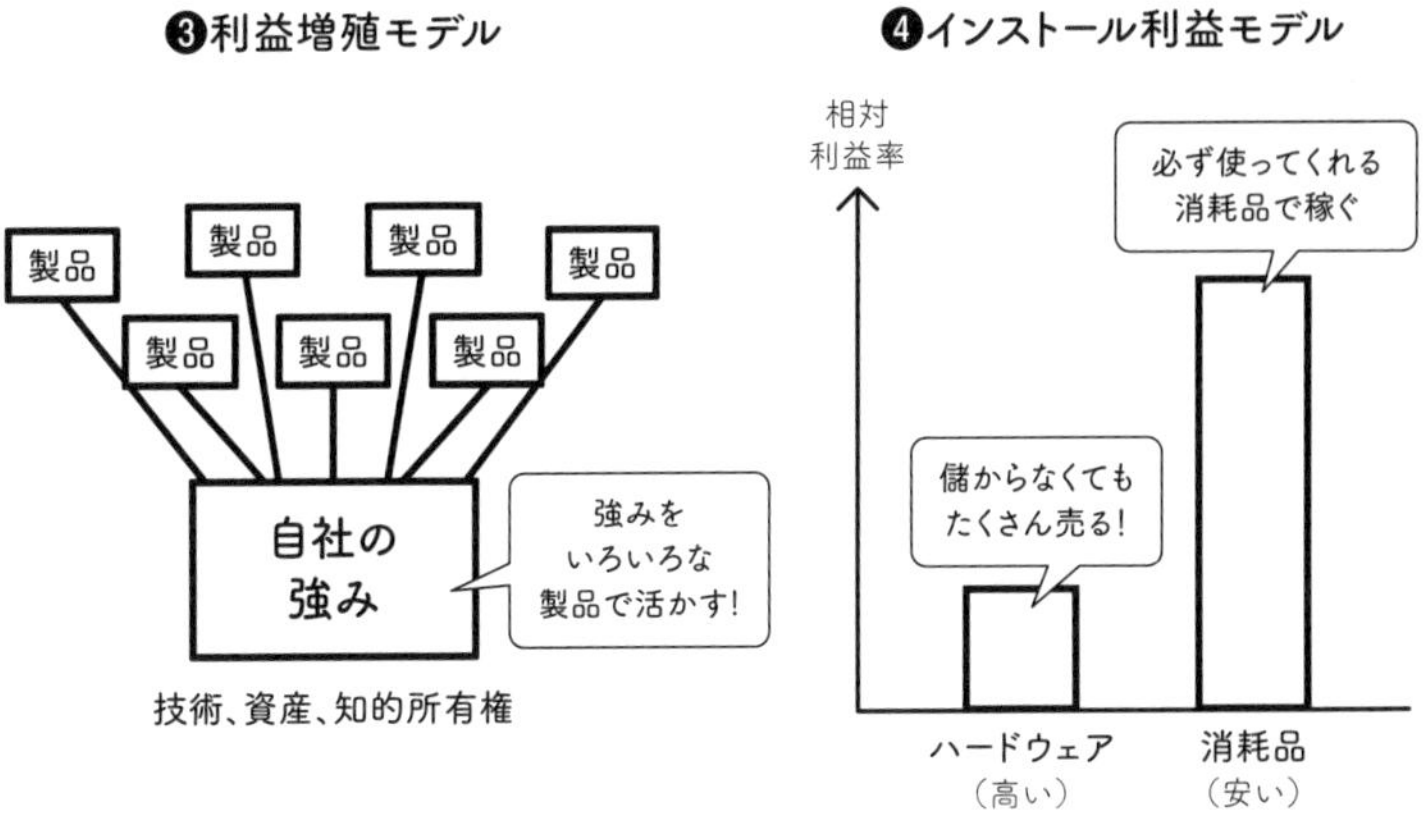

出典：『ザ・プロフィット』の図に著者が一部追記

はインクなどの消耗品を買わざるを得なくなる。消耗品は安いので買い手は気にせずに使い続ける。そこで高価なハードの利益率を下げ、継続的に購入する消耗品の利益率を高く設定する。

このモデルでは、**顧客の使用頻度や使用量を高める**のがポイントだ。

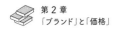

モデル❺ 取引規模利益モデル

多くの企業は、売り込み中は熱心だが、売れた後は顧客を放置しがちだ。これは実にもったいないことだ。売れた後こそ、顧客との長い付き合いの始まりだ。地道に信頼を獲得し続ければ、息の長い商売につなげることができる。

不動産業者も契約後、顧客を放置することが多い。しかし、ある不動産業者はいったん関わった顧客との関係を絶やさず継続的に価値がある情報を提供し続け、顧客の要望に応え続けた。徐々に顧客の信頼を獲得し、新しい案件を任されるようになり、

本書に登場する「利益モデル」

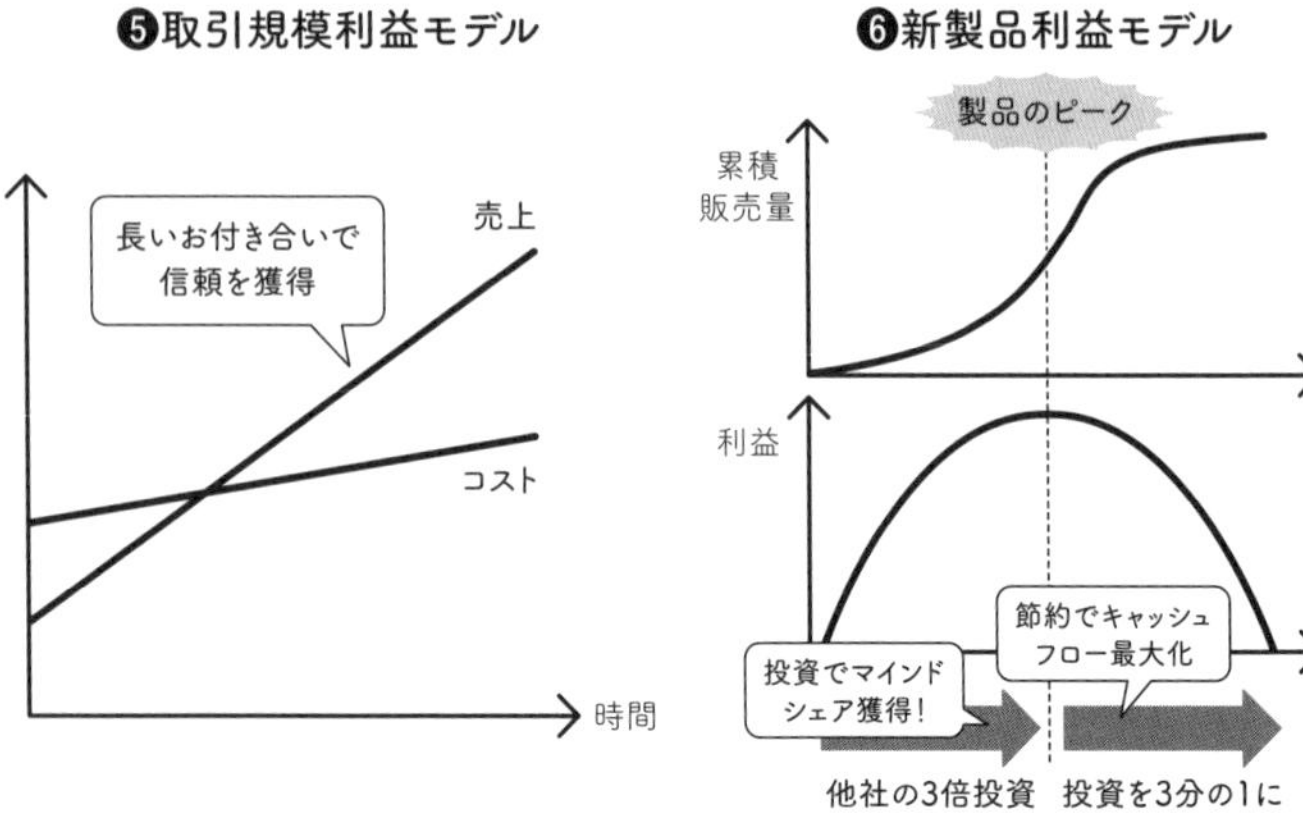

出典：『ザ・プロフィット』の図に著者が一部追記

徐々に大規模の契約を勝ち取るようになった。時間をかけて顧客と関係を深めることで、大きな取引を獲得できるのだ。Book43『カスタマーサクセス』は、この利益モデルを社内の仕組みで実現するための考え方だ。

モデル❻ 新製品利益モデル

新製品が世に出ると、販売・利益は徐々に増えていく。販売量がピークのときは利益も最大だ。そして販売量が減ると利益は下がって、最後はゼロになる。利益は放物線を描く。この製品のライフサイクルがわかれば、何をすべきかがわかる。

放物線の左側（前半段階）では他社の3倍の投資を行い、顧客マインドシェアの獲得に注力。そして右側（後半段階）ではギアを切り替え、投資を3分の1に抑え、キャッシュフロー最大化に注力する。

このためには**新製品がピークに近づいている兆候を見逃さないことだ**。顧客の変化を他社に先んじて察知し、ピークの１年前から投資比率を転換し始めるのだ。

利益の源泉は「情報」

より正確で、より新しい情報をもっていれば、ライバルに先んじて顧客により高い価値を提供できるようになる。そのためには常に顧客・市場・競合を観察し続け、さらに新しい考え方を学び続けることだ。

ビジネスでは繰り返し登場する20〜30のパターンがある。これらを学べばたいていのことには驚かなくなる。ビジネスで先を見通す力は、ある程度は学んで習得できるのだ。

本書は23章の構成だ。著者は「自分の状況にあわせて週１章のペースで考えながら読んで欲しい」と述べている。実践すれば、確実に力がつくはずだ。

POINT

利益を生み出す定型パターンを学べば、打ち手が増える

第3章

「サービス・マーケティング」

いまやサービス業はGDPの7割を超える。

マーケティングではこの20年間、サービス・マーケティングがホットだ。「ものづくりから、ことづくり」といわれる背景には、このサービスビジネスの台頭がある。

しかし、サービス・マーケティングでは、ものづくり前提のマーケティングの常識が通用しない。

最大の違いはサービスが無形なことだ。

そこで、サービス・マーケティングを理解するための名著8冊を紹介する。

Book

20

『真実の瞬間 SASのサービス戦略はなぜ成功したか』（ダイヤモンド社）

――価値を創り出すのは「最前線の従業員」だ

ヤン・カールソン

36歳だった1978年、世界最年少の航空会社社長としてスウェーデンの国内航空会社を短期間で経営再建。その実績を買われ、39歳という若さでスカンジナビア航空の社長に就任すると、赤字にあえぐ同社の業績をV字回復させ、超一流のサービス企業へと導いた。スカンジナビア航空退社後は、投資会社やインターネット小売企業を創業。スウェーデン英国商工会議所の会長も務めた。

いまやビジネスパーソンにとって、**サービス・マーケティング**は必須科目だ。多くの企業が急速にサービス化にシフトしているからだ。たとえば、航空機のジェットエンジンでは稼働・整備状況をリアルタイムに管理する予防保全サービスを行っているし、ソニーも有料オンラインゲームが大きな収益源だ。

このサービス・マーケティングの世界で必読書と呼ばれるのが、1985年に出版され超ロングセラーとなった本書だ。本書のタイトル「真実の瞬間」という言葉に、サービスのエッセンスが凝縮されている。

著者は2年連続赤字のスカンジナビア航空（SAS）を顧客本位の会社に変革し、立て直した経営者だ。1980年代の航空業界が舞台だが、現代でも通用する学びが多い。

ある米国人ビジネスマンは、空港に向かう途中でホテルに航空券を忘れたことに気がついた。しかし、空港でSASの航空券係に相談すると「ご心配いりません。搭乗カードと仮発行の航空券をお渡しします。ホテルの部屋番号をお教えください」

彼が待合室で待っていると、なんと搭乗前に航空券が手元に届いた。係員がホテルに電話して航空券を見つけ、リムジンを回してもってきてもらったのだ。彼は無事会議に間に合い、SASの顧客本位のサービスにも感銘を受けた。

このように顧客が心を射止められる瞬間を**真実の瞬間**と呼ぶ。

SASでは1年間で1000万人の乗客が、5人の従業員に平均15秒間接する。この年間5000万回ある15秒間のやり取りが、SASにとって真実の瞬間となりうる。

カールソンは「真の財産は満足した顧客だ」と考え、真実の瞬間を重視し、SASを変革した。本書の冒頭で紹介されているこの事例は、変革の成果の一つだ。

しかし、カールソン就任前のSASでは、こんな対応は夢のまた夢。対応は事務的で、問題が起きるたびに現場従業員が上司に許可を得ており、貴重な15秒はムダになって赤字を垂れ流していた。現場に意思決定が任されていなかったのだ。

そこでカールソンは最前線の従業員に意思決定を任せて、SASを復活させた。

現場への権限委譲で経営変革を実現

カールソンは「**増収を図り、ゼロ成長の航空業界でも収益力がある企業にする。そのためにサービス本位の企業になる**」と目標を設定した。

そして「**頻繁に旅行するビジネス客にとって、世界最高の航空会社になる**」という戦略を決めた。ビジネス客は出張が入ればすぐ飛行機を使う安定した客層だ。ビジネス客の要望に応えれば、値引きせずに済む。

カールソンは「**ビジネス客の要望に応えるために必要か？**」という基準で、資産・経費・業務をすべて見直した。ノーなら段階的廃止、イエスなら支出増で充実を図る。そして、現場の従業員に彼のビジョンを伝えた上で、責任と権限を徹底的に委譲した。

さらにエコノミークラスのサービスを充実させた「ユーロクラス」というビジネス・クラスを新設。加えて当時のＳＡＳは頻繁に遅延していたので、新たに定時運航の責任者を任命し、全社で「１００％定時運航」を徹底した。時間に厳しいビジネス客にとっては予定どおりの発着が何よりも大事だったからだ。

ＳＡＳは欧州で最も正確に時間を守る航空会社になり、１年で黒字に転じた。『フォーチュン』誌も、ＳＡＳをビジネス客にとって世界最高の航空会社に格づけした。

中間管理職には新しいミッションを与える

カールソンは「真実の瞬間」に顧客へ好印象を残すため、現場に正しいことを行うよう奨励し、迅速な顧客対応ができるようにピラミッド型の組織構造を崩した。

短期間で成果が出たが、カールソンは急ぐあまり、中間管理職を無視してしまった。中間管理職は、上層部からはそれまでと違う命令が来るし、下からは「意思決定権が欲しい」と言われる。中間管理職は板挟みになり、次第に抵抗勢力になってしまった。

サービスビジネスで顧客重視の変革を阻む障害は実にさまざまな場所に潜んでいるのだ。

カールソンは中間管理職の役割を**「現場の管理」から「現場のサポート」に変えた**。中間管理職を規則で縛らずに、現場業務サポートのために指導・情報伝達・教育を重視し、現場が必要なリソースを確保する権限と目標達成の全責任を与えたのだ。

人は責任を負う自由を与えれば、内に秘めている能力を発揮する。情報をもたない者は責任を負うことができないが、情報を与えられれば責任を負わざるを得ない。現場の従業員を信頼し、現場の判断に任せることで、SASは復活したのだ。


しかし、V字回復したSASは、残念ながらカールソン退任後に業績が大きく下がった。サービス重視の組織文化がSASの組織に十分に根づかなかったためだ。詳しくはBook26『サービス・イノベーションの理論と方法』で紹介する。

いまやメーカーを含む全業態で、サービス化が進んでいる。SASの偉大な業績だけでなく、その後の課題点も含めて、本書から学べることは大きい。

POINT

サービス業は現場に意思決定と責任を委譲し、情報をすべて公開せよ

Book

21

『ラブロック&ウィルツのサービス・マーケティング』

（ピアソン・エデュケーション）

――サービスでは、マーケティングの「4P」は通用しない

クリストファー・ラブロック／ヨッヘン・ウィルツ

ラブロックは、サービス・マーケティング研究の第一人者。アメリカのマサチューセッツを拠点に、サービス戦略の策定や顧客のサービス経験のマネジメントをテーマとして世界各国でコンサルティング活動を行う。ウィルツはドイツ出身。ロンドン・ビジネス・スクールにおいてサービス・マーケティング研究で博士号を取得。シンガポール国立大学でサービス・マーケティング講座を担当。専門領域は、顧客満足、サービス保証、収益管理など。

本書は1984年の初版以来、読み継がれてきたサービス・マーケティングの教科書だ。大著だが事例が豊富で読みやすい。著者のラブロック教授は経営コンサルタントとしての実績も豊富な、サービスビジネスの先駆的な第一人者だ。

サービス・マーケティングはまだ若い学問で、広く知られていない。サービス・マーケティングを学べば貴重な知識が得られ、キャリア上も差別化の手段になり得る。

ただサービスは形をもたないので、製造業のマーケティングが通用しない。製造業はマーケティング・ミックスを4Pで考えるが、サービスでは4つ追加して8Pで考える。本書ではサービス・マーケティングでは基本となる8Pを、丁寧に説明している。

❶サービス・プロダクト（Product elements）

レストランの主なサービスは食事やワインの提供だが、受付やウエーターなどのサービスも

マーケティング・ミックス

4P（製造業）		8P（サービス）
製品（Product）	→	❶サービス・プロダクト（Product elements）
流通（Place）	→	❷場所と時間（Place & time）
価格（Price）	→	❸価格とその他のコスト（Price & other user outlays）
プロモーション（Promotion）	→	❹プロモーションと教育（Promotion & education）
		❺サービス・プロセス（Process）
		❻物理的環境（Physical service environment）
		❼人（People）
		❽生産性とサービス品質（Productivity & quality）

出典：『ラブロック＆ウィルツのサービス・マーケティング』を参考に著者が作成

ある。このようにサービス・プロダクト（製品）は、中核の**コア・サービス**（食事やワイン提供）と**補完的サービス**（予約やウエーター）の組み合わせで提供されている。

競争が激化すると、コア・サービスは次第に似てくる。そこでウエーターの接客などの補完的サービスを高めることで差別化を図る。

❷場所と時間（Place & time）

レストランに店舗が必要なように、多くのコア・サービスでは、物的な設備が必要だ。顧客の利便性を考え、コア・サービスをどこで提供するかを考えることが大切だ。一方で補完的サービスの中でも予約のように情報を扱うものはネットにより低コストで提供できる。

いまやサービス時間は24時間・年中無休が常識だ。ITを活用し、積極的に顧客に情報を提供すべきだ。

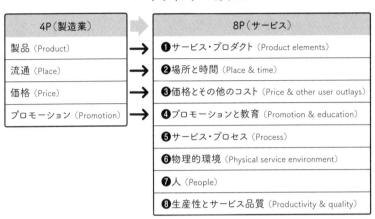

❸価格とその他のコスト（Price & other user outlays）

私たちは料金だけを考えがちだが、レストランに来る客は、料金以外にも交通費、店までの移動時間、予約の手間といった料金以外の負担も感じている。そこでスマホアプリなどにより顧客の予約の手間を削減することで、顧客が感じるコストを下げられる。

ライバルの存在も忘れてはならないが、ライバルとの価格だけを比較して右往左往し値下げすると、コストすら回収できなくなる。料金面以外の顧客のコストも比較すべきだ。

価格を決める際にはサービスコストがわからないと、利益が出るかがわからない。モノは製造費や物流費が明確なので、原価でコスト計算ができる。しかし、サービスは無形で在庫もないので原価が不明確だ。そこでサービスでは「組織のさまざまな活動がサービスを支えている」と考え、そのサービスを提供するために必要な全社の間接費を集計した**活動基準型原価計算**（ABC法：activity-based costing）という方法でコスト計算する。

❹プロモーションと教育（Promotion & education）

知人が会社で宴会幹事を担当したときのこと。「ぐるなび」で調べ始めたが、どこの店も似たり寄ったり。迷った末、知り合いからある店を勧められた。食事に行くといい感じの店だったので、この店に決めた。

このようにサービスは無形なので違いがわかりにくい。どの店もメニューは似ているし、実際に体験しないと評価もできない。そこで顧客に実際に体験させたり、クチコミで顧客に紹介してもらうのが効果的だ。

❺サービス・プロセス（Process）

顧客体験は、サービス・プロセスで大きく左右される。

顧客視点でプロセスを図解し、問題点を改善する手段が**サービス・ブルー・プリント**だ。Book24『マッピングエクスペリエンス』で紹介する**連携ダイヤグラム**の一つである。

次ページの図はレストランのサービス・ブルー・プリントだ。予約から店を出るまでの流れがわかれば、ミスにつながる恐れがあるポイントがわかり、対策を講じることができる。

プロセス全体に大きな問題があれば、サービス・プロセスの再設計が必要だ。顧客に付加価値がない作業（たとえば顧客の申込書記入）は削減し、一部は顧客のセルフサービスに置き換え、客先に直接出向いてサービス提供側の施設を不要にしたりする。

❻物理的環境（Physical service environment）

スタバは居心地のよい空間を提供し「ゆったり過ごしたい」という顧客を集めている。顧客がサービスを評価する上で、サービス環境は重要な目安だ。環境がすぐれていれば顧客満足度も上がる。

従業員もサービス環境で長時間過ごすので、従業員の生産性を高める工夫も必要だ。

サービス・ブルー・プリントを描き、サービスを改善する

レストランの場合

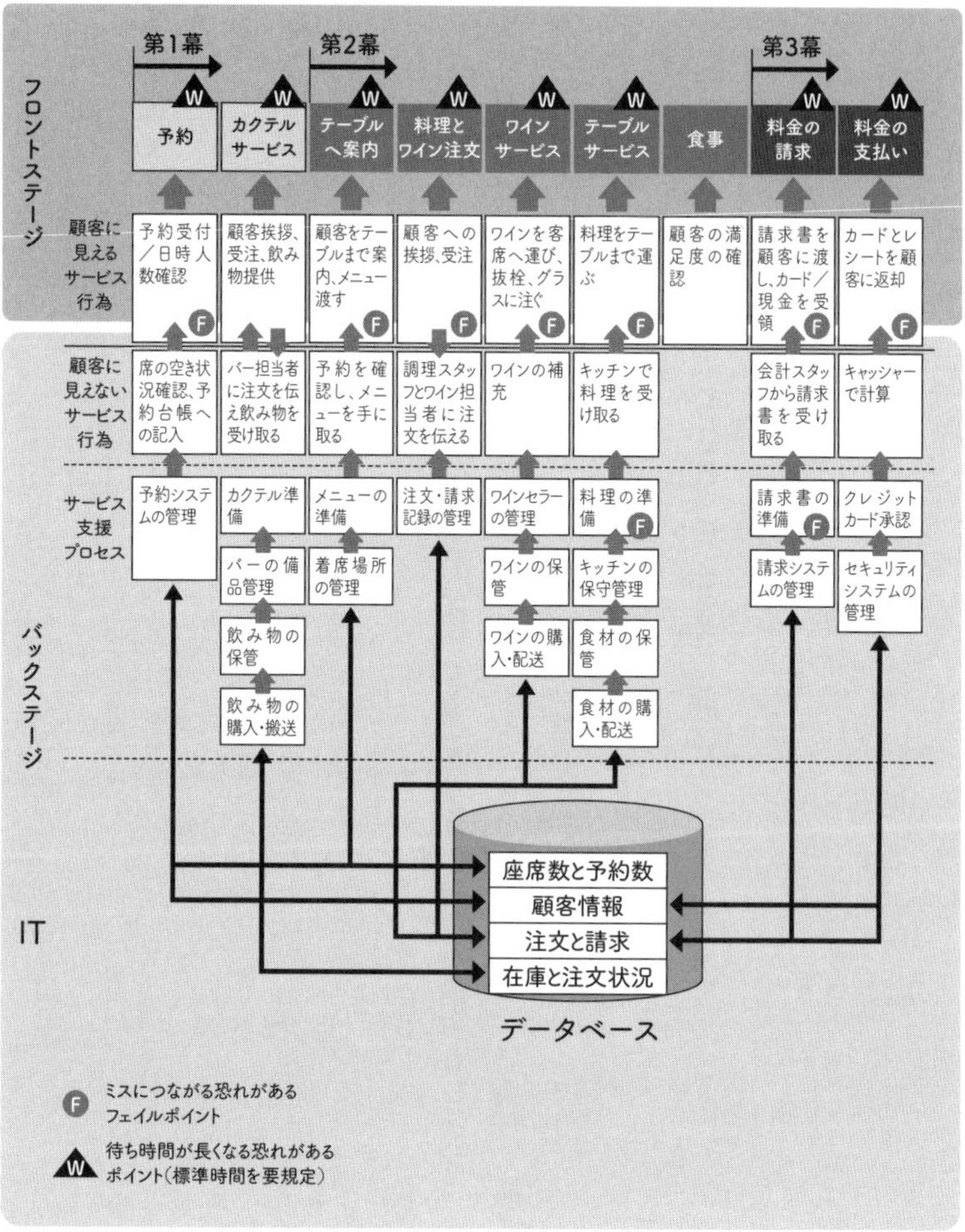

出典：『ラブロック＆ウィルツのサービス・マーケティング』
（著者が一部改変）

音、匂い、色彩も重要だ。ロンドンの地下鉄は破壊行為防止のためクラシック音楽を流している。粗暴な客には、クラシックは耳障りらしい。

しかし、単に環境の見た目が美しければいいわけではない。雰囲気がいいレストランでも、お手洗いに行って迷ってしまうのは考え物だ。顧客が快適で使いやすいことが大事だ。

❼人（People）

あなたが体験した最高のサービスと最悪なサービスを思い出して、違いを比べて欲しい。担当者の接客の違いによるものが多いはずだ。サービスの成功は接客スタッフ次第である。ミシュランガイドのレストラン評価も、味だけでなく接客レベルも厳しく採点する。サービス担当者は、重要な役割を担っている。顧客ニーズを探り、顧客にサービスを提供して関係を構築し、顧客ロイヤルティをつくる。

しかし、従業員に投資も権限委譲もせずに一方的にコスト削減をすると、顧客サービス悪化で客が離れ、収益悪化でさらにコスト削減を迫られる**失敗サイクル**に陥ってしまう。これはスタッフが悪いのではない。マネジメントが悪いのだ。

サービスの長期収益を考える組織は、**成長サイクル**を目指す。

高い報酬で優秀な人材を採用・研修・権限委譲し、高収益を実現して人材に投資する。ライバルは他の経営資源はある程度まで模倣できても、優秀な人材は模倣できない。

優秀なサービス企業では利益目標やシェア拡大よりも、サービス担当者の処遇や顧客志向の

サービスビジネス成功のカギは「従業員」

スターバックスのサービス・プロフィット・チェーン

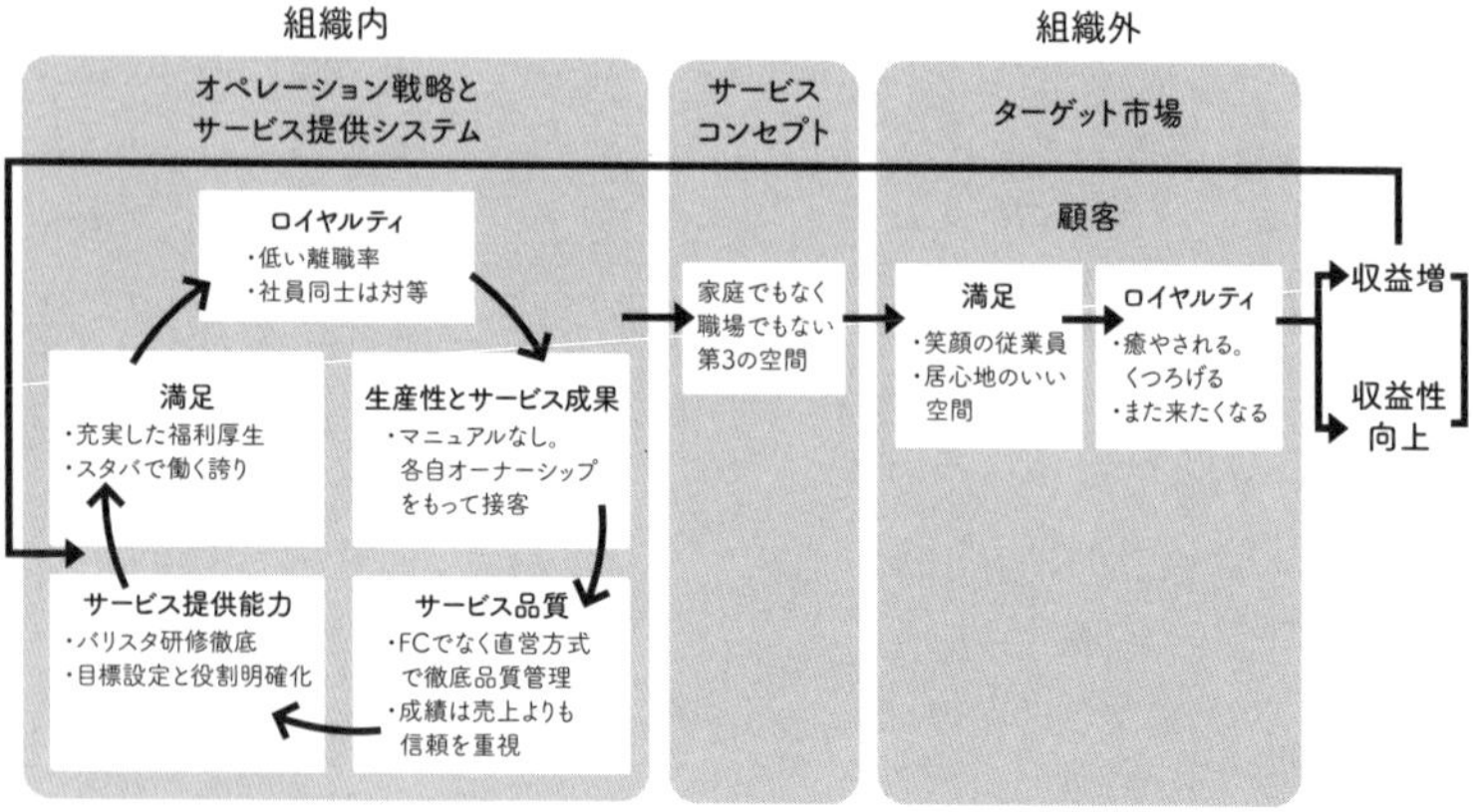

出典：『ラブロック＆ウィルツのサービス・マーケティング』とスターバックスの各種情報を参考に著者が作成

姿勢が最優先だ。従業員の高い満足度により、顧客の高い満足度を生み出す**サービス・プロフィット・チェーン**を実現することで、ビジネスを成功に導く経営プロセスを創り上げている。上図はスターバックスの例である。

❽生産性とサービス品質（Productivity & quality）

サービス品質と生産性は両立が難しい。サービスの不満は売上低下を招き、値引きで収益が悪化し、生産性も落ちる悪循環に陥る。

サービス品質と生産性という2つの課題に同時に取り組み、相乗効果を生むべきだ。

まずは今のサービスを顧客視点で評価すること。評価できないものは管理もできない。問題もわからない。対応策の立案も、対応策の検証もしようがない。

これら8Pは、個別に考えるものではない。たとえばサービスプロセス全体を見直して人材に投資すれば、生産性とサービス品質が上がり、サービス・プロダクトの競争力が上がる。**8Pそれぞれが互いに相乗効果を生み出すように考えていく**ことが必要だ。

サービス・マーケティング定番の教科書としては他にも、Book26『サービス・イノベーションの理論と方法』の著者・近藤隆雄教授による『サービス・マーケティング〔第2版〕』がある。日本企業の事例が豊富でわかりやすい。本書とあわせて読めば、サービス・マーケティングの理解は大きく進むはずだ。

POINT

「8P」の相乗効果で、顧客を満足させるサービスを提供せよ

Book

22

『顧客体験の教科書』（東洋経済新報社）

——顧客の当たり前の期待を、〝当たり前〟に満足させよ

ジョン・グッドマン

経営コンサルタント。1972年ハーバード・ビジネス・スクール卒業後にマーケティング調査・コンサルティングのTARP社を設立し、ホワイトハウスより「米国企業の苦情処理の実態調査」を受託。その調査報告書が、米国の大手企業を中心にフリーダイヤルの導入と合わせて苦情対応の顧客相談窓口の設置を促した。消費者行動分析をベースに40年間、800社以上のコンサルティングと1000を超える調査プロジェクトに従事。

私はネットで商品を買うときは、この十数年ずっとアマゾンだ。理由は安さや品揃えだけではない。トラブったときに対応がスムーズだからだ。商品に問題があるときの返品はとても簡単。注文履歴から商品を選び、返品をクリックして理由を明記するだけ。表示画面を印刷して返送用ダンボールに貼ればいい。当たり前のことを、手間をかけずにできる。最近、他のネット通販も追いついてきたが、乗り換えるのが手間なので使い続けている。

本書のテーマは**顧客体験**だ。最近は**カスタマー・エクスペリエンス**、英語の頭文字を取って**CX**とも言われるが同じ意味だ。商品やサービスに関心を示した顧客が、購入・体験し、使い終わるまでの全体験のことだ。アマゾンもすぐれたCXを提供している。

著者のグッドマンは1970年代に、「トラブルを体験し苦情を言わない顧客よりも、苦情を言って解決した顧客のほうが再購入率は高い」という**グッドマンの法則**を提唱して、企業が

顧客サービスを強化する大きな流れをつくった。グッドマンは2014年出版の本書でこれをさらに進化させて、企業がすばらしいCXを提供する方法を提唱している。

顧客は「感動」を期待していない

あまたあるカフェの中からスタバに常連客が集まり、同じ商品を売るネットショップが乱立する中でアマゾンが一人勝ちするのも、すぐれたCXがあるからだ。

いまや製品機能だけで差別化するのは難しい。そこで確実にライバルと差別化できる方法が、**苦情やトラブルのときのCX**だ。顧客が企業に助けを求めるのは困ったとき。このときこそ差別化する絶好のチャンスなのだ。

しかし、CXは誤解が多い。「顧客はトラブルに遭うと必ず苦情を言う」と考えがちだが、多くの顧客は静かに去る。「最高のサービスはお金がかかる」とも考えがちだが、顧客は感動を期待していない。約束した通りにして欲しいだけ。大金をかける必要はない。

米国のデパート・ノードストロームは「売っていないタイヤの返品に応じた」「空港が閉鎖され、担当者がヘリで商品を顧客に届けた」という話が伝説になっている。これらは決して最高のCXではない。高コストで効率も悪く、持続不可能だ。

顧客は約束が当たり前に提供され、もしダメなら説明があり、必要に応じて謝罪があることを求めている。感動を与える必要はないし、大きなコストも必要ない。

すばらしいCXは、確実に収益につながる。

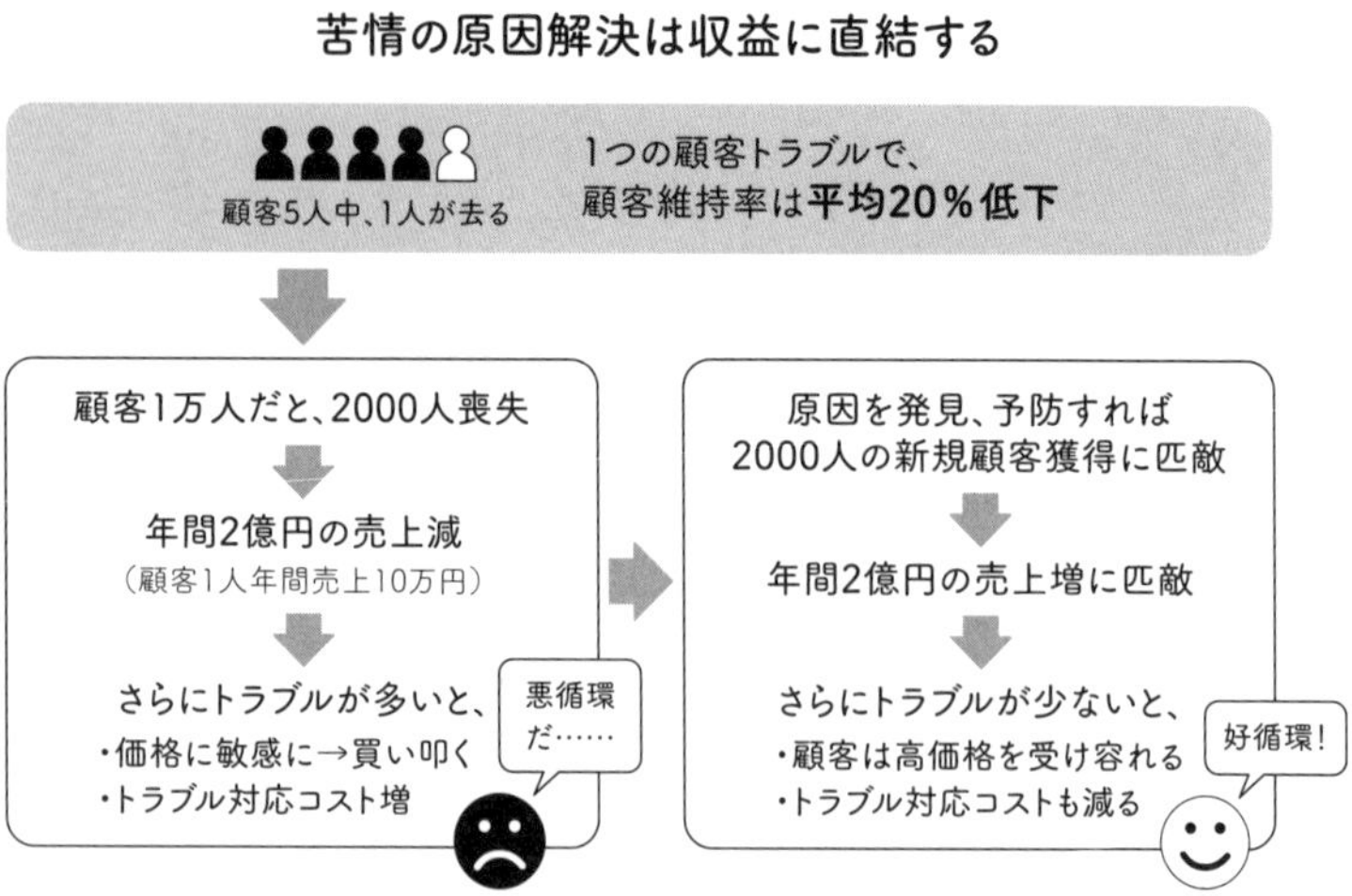
苦情の原因解決は収益に直結する
顧客5人中、1人が去る
1つの顧客トラブルで、
顧客維持率は平均20％低下
顧客1万人だと、2000人喪失
年間2億円の売上減
（顧客1人年間売上10万円）
さらにトラブルが多いと、
・価格に敏感に→買い叩く
・トラブル対応コスト増
悪循環だ……
原因を発見、予防すれば
2000人の新規顧客獲得に匹敵
年間2億円の売上増に匹敵
さらにトラブルが少ないと、
・顧客は高価格を受け容れる
・トラブル対応コストも減る
好循環！

出典：『顧客体験の教科書』を参考に著者が作成

グッドマンによると、1つの顧客トラブルで顧客維持率は平均20％下がる。1万人がトラブルに遭うと2000人が去る。そこでトラブルを予防すれば彼らの顧客離反を防げる。2000人の新規顧客獲得と同じ効果だ。顧客1人の年間売上が10万円なら売上増は年間2億円。

さらにトラブルが少ないと、顧客は高価格を受け容れ、社内のトラブル対応コストも減る。逆にトラブルが増えると、顧客は価格にシビアになりトラブル対応コストが増える。

そこでグッドマンは、次の4つに継続的に取り組むべきだと提唱している。

❶顧客の事前期待を裏切らない

顧客との最初の接点から最後まで顧客を不快にさせることなく、すぐれたCXを提供することが必要だ。そのためには顧客がどのように自社製品を知り、購入・入手して使い始めるのか、流れを把握す

企業は顧客トラブルのほとんどを知らない

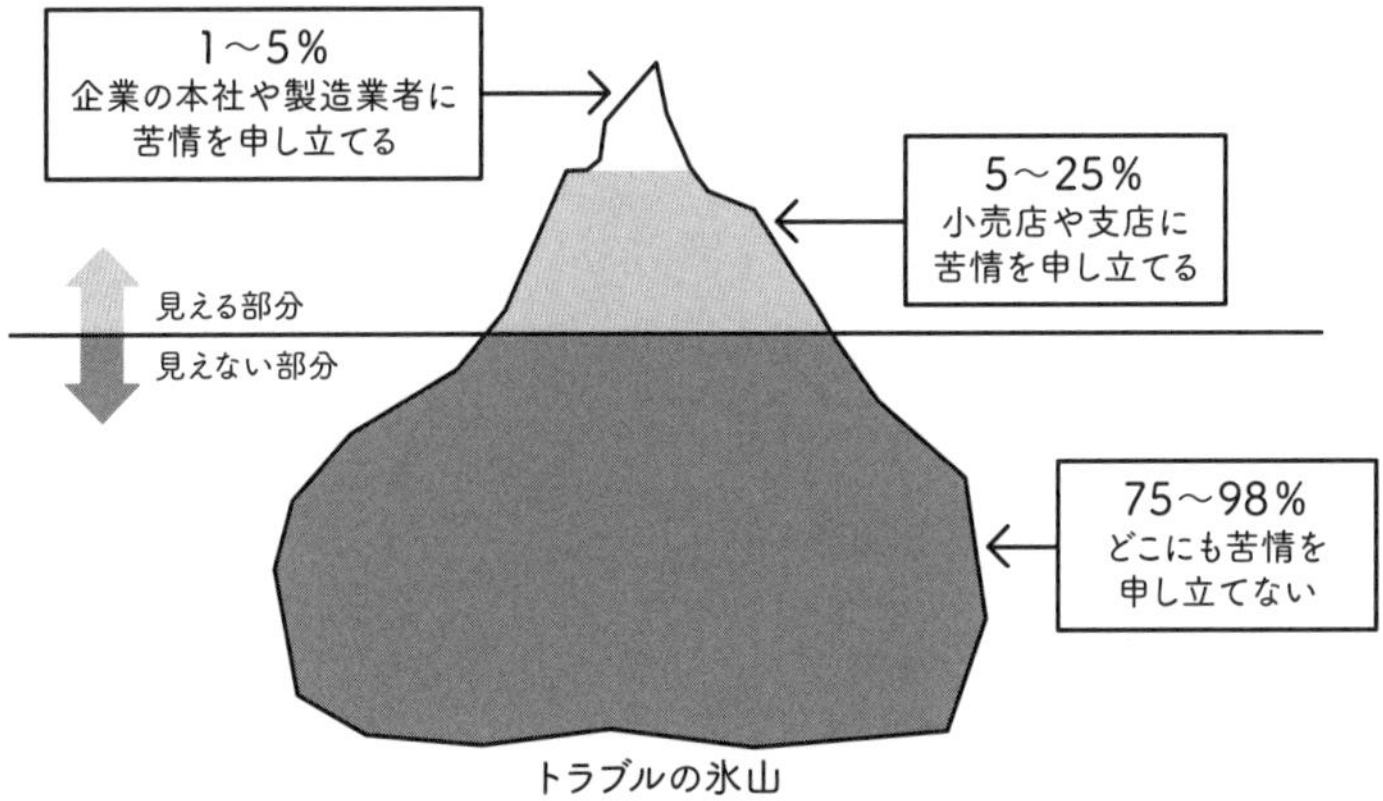

出典:『顧客体験の教科書』を参考に著者が補足追記

ることだ。Book24『マッピングエクスペリエンス』で紹介する**カスタマー・ジャーニー・マップ**はその一つの方法だ。

大切なのは「**誠実であること**」。現代の顧客は企業のメッセージを疑っている。だから製品を買う前にウェブで細かく他の顧客の評判をチェックする。企業の隠しごとはすぐに見抜く。だから自社ウェブサイトの情報やマーケティングメッセージは「誠実さ」が大切だ。

❷顧客がすぐ苦情を言えるようにする

顧客は「苦情を言っても意味はない」「手間も時間も面倒」と思っている。上図のように企業はトラブルの氷山のごく一部しか知らない。

顧客の苦情がないことは、決してよいことではない。顧客に「私たちはトラブルについて真剣に知りたい」と伝え続け、苦情を伝えやすい環境をつくり、謙虚に学ぶべきだ。

あるホテルチェーンは「ルームサービスが時間通りお届けできなければ代金は不要」と告知している。宿泊客が「遅れたものは仕方ない」と考えて苦情を伝えないと、トラブルは放置されて再発する。そこで、ルームサービスに時間保証をつけたのだ。

高級家電・ダイソンの掃除機の取っ手にはＵＲＬとフリーダイヤルが明記され、土日も問い合わせＯＫだ。トラブル発生の瞬間に迅速に問題解決し、顧客離反を食い止めるためだ。

❸顧客をさりげなく「教育」する

間違って使用した顧客が苦情を言うとコストが増える。私も取扱説明書を読まず故障と勘違いし、電話で問い合わせしたことがある。丁寧にご対応いただいた。本当に申し訳ない……。

これは顧客をさりげなく「教育」することで防止できる。

米国の自動車メーカー・テスラの担当者は新車納車前に顧客にウェルカムコールをかけ、ウェブサイトの使い方や新車機能説明の動画（合計28分間）の利用を促している。

たとえば、テスラの車のキーは、カードである。運転席の窓の横にカードをタッチすればドアロックが解除され、運転席と助手席の間のコンソールにカードをタッチすればエンジンが始動する。動画を見れば20秒で即理解でき、快適に使える。しかし、動画を見ないと「ドアロックが解除できない」というクレームになる。テスラの担当者はこれらをさりげなく紹介しながら信頼関係を構築し、顧客と感情の絆をつくっているのだ。

耳鼻科というと、待合室はいつも大勢の人で混雑している。私の近所で最近開業した耳鼻科

統合された顧客の声（VOC）

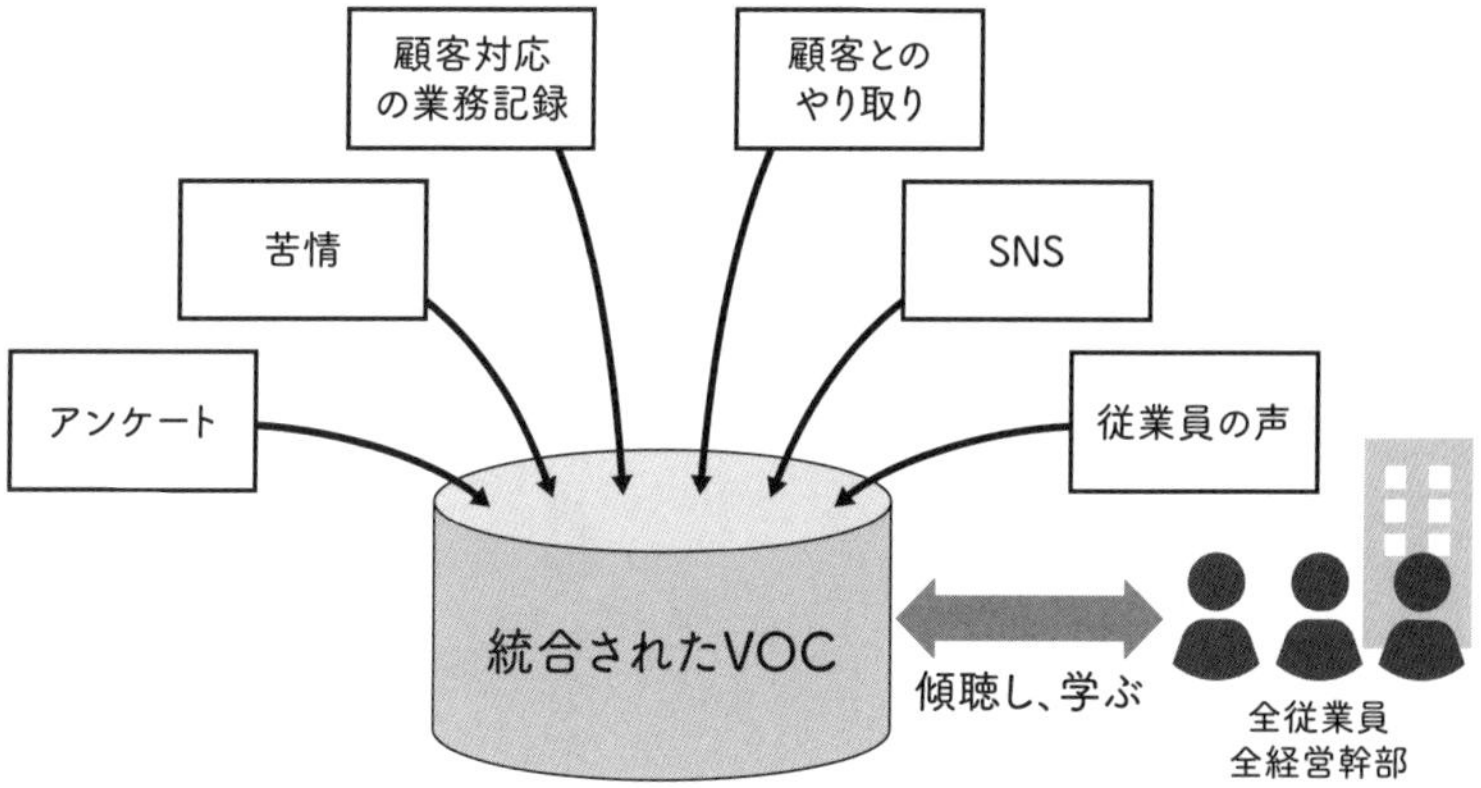

出典：『顧客体験の教科書』を参考に著者が作成

では、スマホで受付ができ、何人待ちかもすぐわかる。とても便利なので、私はこの耳鼻科で診てもらうことにしている。いまは世の中にあるクラウドサービスを使えば、こんなちょっとした情報を共有するのはとても簡単だ。これだけでも、顧客に選ばれるようになる。

❹顧客の声を統合する

CXの把握には**顧客の声**（Voice of customer：VOC）の統合が必要だ。顧客の全情報を横断的に見れば、顧客の不満の全体像が浮かび上がり、効果的な対策が立てられる。

ある加工食品会社は、防腐剤使用をやめた途端に「スパゲティソースにカビが生えた」という苦情を受けるようになった。顧客の声を分析すると、開封済の瓶を2週間以上冷蔵庫に放置すると苦情件数が増えることがわかった。「開封後は冷蔵庫に保存し、7日以内にお召し上がりください」とラベルに書くと、苦情は激減した。顧客に関する全情報を全社で共有した上で、製造部門・顧客サポート部門・マーケティング部門が一体となって対応した結果である。

必要なのは顧客に関わる全情報だ。たとえば、宅配業者は「事故で配送が遅れる」という情報を全関係者で共有すれば、到着を待つ顧客のイライラを防止できる。

常に顧客の声を傾聴し、学習し続け、顧客が不快に思う出来事はすべて把握して撲滅することが必要なのだ。

CXを生み出す組織文化を築く

最高のCX提供には組織文化がカギだ。

組織文化は「見えない台本」だ。**従業員は日々の判断や行動を、無意識に組織文化に沿って行っている。**

まず第一歩はBook20『真実の瞬間』にあるように、従業員に権限委譲し、彼らが顧客と共感の絆を築けるようにして、必要なときは手を差し伸べる仕組みをつくることだ。

これにはトレーニングが必要だ。トレーニングでは「お客様を大切にしよう」という精神論だけではダメ。現場で実際に遭遇する困難な顧客とのやり取りを5～10件取り上げ、いかに対応すべきかを具体的に示す。

さらに、自社が目指すCXを実現する従業員を採用することもカギだ。

そして、これらをルーチン業務のように日々愚直に継続し、組織文化に根づかせていく。

POINT

顧客トラブルを把握・撲滅し、顧客体験を生む仕組みをつくれ

「顧客を重視する」といわれる日本は、ともすると精神論に陥っている。結果、すぐれたCXを仕組みで提供するスタバやアマゾンなどの後塵を拝しているのが現状だ。

著者は邦訳版の冒頭でこう述べている。

「自国文化の伝統にホスピタリティをしっかり受け継ぐ日本は、戦後の製造業の飛躍的な発展のように、サービスの世界でもグローバル経済をリードする一員になる、と願う」

歴史上、日本は海外から新しい考え方を巧みに日本流に変えて導入してきた。本書で提唱する仕組みも日本流にして取り入れれば、日本からも世界的なサービス産業が生まれてくるはずだ。

Book
23

『おもてなし幻想』（実業之日本社）

——顧客は、期待以上のサービスはまったく求めていない

マシュー・ディクソン他

世界有数のアドバイザリー会社CEBにおいてエグゼクティブ・ディレクターを務める。『ハーバード・ビジネス・レビュー』誌に数多く寄稿し、著書『チャレンジャー・セールス・モデル』はベストセラーに。CEBは、数千社におよぶクライアント企業の成功事例、先進的な調査手法、人材分析を組み合わせて、経営陣に事業変革のための知見やソリューションを提供している。本書はニック・トーマン、リック・デリシとの共著。

「顧客に期待以上のサービスを提供するのはムダ」という衝撃的な本だ。

多くの企業が「期待以上のサービスを提供すれば顧客は買い続ける」と信じているが、「幻想」と一刀両断。現代の顧客は「手間がかからないサービス」を望んでいるという。

著者の中核メンバーのマシュー・ディクソンは、膨大な現場調査に基づきBook40『チャレンジャー・セールス・モデル』とBook41『隠れたキーマンを探せ！』で法人セールスの新たな勝ちパターンを示してきた。

本書でも世界中で膨大な調査を行い、顧客と長期的な関係を築くための新たな勝ちパターンを示している。

いまや企業が顧客に選ばれるかどうかはサービス次第。本書はコールセンターや顧客サポートの事例が多いので、マーケティングの視点に絞って本書のエッセンスを伝えたい。

期待を上回るサービスを提供しても、見返りは少ない

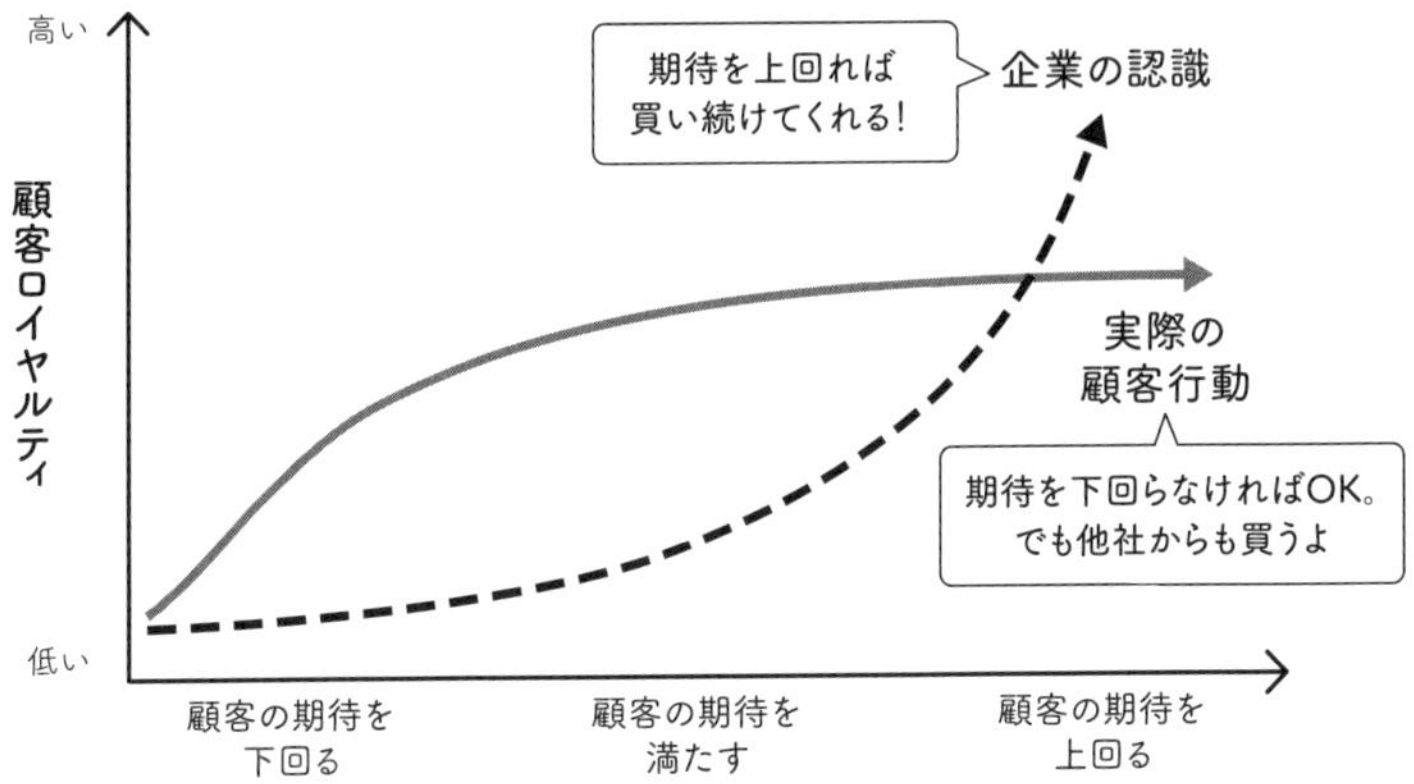

顧客9万7176名を対象
出典:CEB、2013

出典:『おもてなし幻想』(著者が一部改変)

顧客ロイヤルティの意外な「真実」

　前著『MBA必読書50冊を1冊にまとめてみた』のBook11『顧客ロイヤルティのマネジメント』の著者・ライクヘルドは、**顧客ロイヤルティ**という概念を提唱した。

　高い顧客ロイヤルティ（忠誠心）をもつ顧客は商品を何度も再購入し、購入額を増やし、他人に勧める。そこで多くの企業が上図の点線のように「顧客の期待を上回ろう」と努力する。

　しかし、著者らが顧客9万7000人に調査すると実態は逆。期待が満たされただけの顧客と、期待を上回った顧客とでは、図の実線のように顧客ロイヤルティは変わらなかったのだ。

　顧客は期待以上のサービスは望んでいない。約束されたものが手に入れば十分。**「感動」させても、ロイヤルティは増えない。**

　顧客の立場になるとわかる。私たちは店に「忠誠心」なんてもっていない。店を選ぶ理由は品揃えや価格。お気に入りの店があっても、便利な場所にいい店ができればすぐ店を変える。

しかし企業の立場になると、「顧客には忠誠心がある」と勘違いしてしまうのだ。

「手間をかけない」ことが大事

楽しみにしていたデジカメが我が家に届いた。早速撮影を始めたが、不具合があった。メーカーに問い合わせたが、電話は話し中。なんとかＬＩＮＥでつながったが、スタッフは海外の人のようで、日本語があまり通じない。初期不良とわかるまで半日かかり、最後に「当社で修理できません。販売店に返品ください」とのこと。

（もうこの会社の製品を買うのはやめよう……）とても残念だったが、私はそう思った。

問い合わせをする顧客は、問題を抱えている。顧客は問い合わせ前のノーマルな状態に戻して欲しいだけなのだ。しかし、大半の企業は、これがちゃんとできていない。

調査では顧客が顧客サポートとやり取りすると、**ロイヤルティが4倍悪化する**という。特に何回も問い合わせしなければならない顧客は、ロイヤルティがとても悪化する。

ここで重要なのが**顧客努力**という概念だ。顧客が問い合わせに費やした労力のことだ。「ロイヤルティが下がった」という顧客の比率は、問い合わせで顧客努力を強いられた場合はほぼ全員で96％。しかし、顧客努力を強いられなかった場合は、わずか９％。

顧客努力を減らすことは、とても大事なのだ。

25年前、私は米国で2週間撮影旅行した途中、レンタカーで接触事故を起こした。保険に入っていたのでレンタカー会社に電話すると、「近くのオフィスで事故報告してください」。オフィスに行くと事故車はノーチェック。すぐ新車のキーを渡してくれた。「確認しないのか?」と驚くと、「僕の仕事は受付。確認はメカニックの仕事さ」。しかも新車はグレードアップした上、値段は同じ。追加料金なし。これこそ「手間をかけないサービス」の手本だ。以後、私が米国でレンタカーを借りるときは必ずこの会社だ。

「顧客努力」を測定する

私たちはウェブで何か買う場合、操作が難しいとやめることがある。逆に顧客努力を減らせば、顧客ロイヤルティはグンと向上する。これは売上と直結する。

努力が少ない経験(低努力)をした顧客は再購入する人が94%。しかし、多大な努力を要する経験(高努力)をした顧客はわずか4%。同様に購入を増やした割合は、低努力の顧客は88%で、高努力の顧客は4%。顧客努力の軽減は、確実に売上につながるのだ。

顧客努力は**顧客努力指標**(CES)で測定できる。問い合わせなどの後に、顧客に「それは楽な経験でしたか、大変な労力に感じましたか?」と質問して回答してもらうのだ。

顧客にサービスを提供する都度、CESを把握すれば、顧客努力が多いのがどの部分かがわかる。問題に対応すれば顧客努力を軽くでき、顧客ロイヤルティを向上できる。

顧客の手間は徹底して省く

現代のすぐれた企業は、顧客の努力が少なく取引しやすい企業だ。

アップルは顧客の努力軽減に徹底的に注力している。

私がアップルで商品を買うときは必ず有料のＡｐｐｌｅＣａｒｅ＋に加入している。障害時にはウェブで申請すれば数秒後に熟練サポート担当者と電話で話せるし、過失や事故の損傷の修理サービスも簡単に受けられる。私がアップル商品を使う理由の一つだ。

手間がかからないサービスを提供すれば、顧客に選ばれるようになる。

Ｂｏｏｋ22『顧客体験の教科書』でグッドマンも「**顧客が求めるのは、期待したことが提供され、ダメなら説明があることだ。毎回感動を与える必要はない**」と述べている。

本書は原題が「努力いらずの経験（The Effortless Experience）」だが、邦題は「おもてなし幻想」だ。現在の日本のおもてなしは手間がかかるし、押しつけ気味な感じが否めない。

前著『ＭＢＡ必読書50冊を1冊にまとめてみた』のＢｏｏｋ47『選択の科学』の著者アイエンガーが京都に滞在したときのこと。レストランで砂糖入りの緑茶を注文すると、ウエーターが丁重に「緑茶に砂糖は入れないのです」と説明した。彼女は「知っています。でも私はお茶を甘くして飲むのが好きなのです」と返すと、困ったウエーターは店の奥で店長と長時間相談した末、「申し訳ありません。砂糖を切らしています」。

彼女が仕方なくコーヒーを注文すると、コーヒー皿には砂糖袋が2つ添えられていた。日本の「おもてなし」はしきたり優先で融通が利かない。顧客不在なのである。

京都老舗旅館「柊家」の仲居・田口八重さんは著書『おこしやす』（栄光出版社）でこう書いている。

「お客さまそれぞれに合ったおもてなしをしなければいけません。お仕着せのサービスでは喜んでくださらないということです。お目にかかった瞬間に、お客様の気持ちを察して、こうしてほしいと望む対応をしていくのです」

これぞ本来のおもてなしである。

顧客は常に進化している。日本のおもてなしも、過去や伝統にこだわらず、時代にあわせて進化すべきなのだ。現代の顧客が求めていることを理解し、本来の「おもてなし」を取り戻すためにも、本書は大きなヒントを与えてくれるはずだ。

POINT

顧客の手間を徹底的に撲滅し、本来のおもてなしを取り戻せ

Book
24

『マッピングエクスペリエンス』（オライリージャパン）

――「顧客の現実」を、御社は知らない

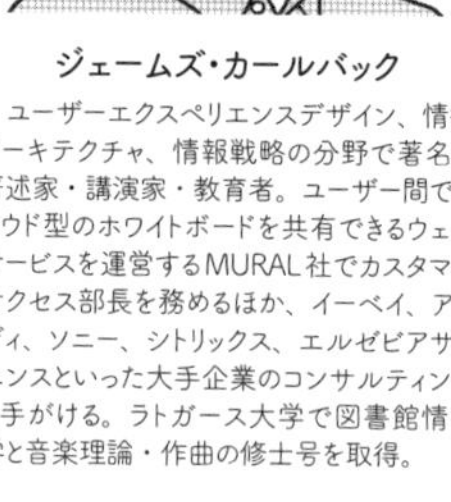

ジェームズ・カールバック

ユーザーエクスペリエンスデザイン、情報アーキテクチャ、情報戦略の分野で著名な著述家・講演家・教育者。ユーザー間でクラウド型のホワイトボードを共有できるウェブサービスを運営するMURAL社でカスタマーサクセス部長を務めるほか、イーベイ、アウディ、ソニー、シトリックス、エルゼビアサイエンスといった大手企業のコンサルティングも手がける。ラトガース大学で図書館情報学と音楽理論・作曲の修士号を取得。

さくらさんは引っ越しが決まり、転居先で使うネットサービスをスマホで探し始めた。

しかし、専門用語がチンプンカンプン。料金が高いか安いかくらいしかわからない。親友の南ちゃんに教えてもらって候補を絞り込んだものの、申し込みが億劫で放置していた。

引っ越しが翌週に迫り、「そろそろヤバい」と思い出し、サービスの申し込みを始めた。

しかし今度は、ここで即座にギブアップ。記入箇所が多すぎるのだ。

「ゲゲッ。ぜんぜんわかんねー。そうだ。電話で聞いちゃおう」

しかし、電話がつながらない。20分待って出た窓口のお姉さんが親切丁寧に教えてくれてなんとか申し込み完了。しかし、接続工事は未定。疲労困憊《こんぱい》のさくらさんはこう思った。

「ネット使うだけなのに、なんでこんなに大変なの？」

しかし、こんな状態でも、当のサービス会社はこう思っていることが多い。

「『コールセンターの対応は親切丁寧』と評価は高いので、問題ないと思います」

多くの会社は顧客がどんな体験をして不満を感じているか、まったく知らない。事実を知ると驚愕する。「なぜこんなことに！」「まったく知らなかった！」と。

理由は「電話問い合わせ」といったポイントだけでしか把握しておらず、顧客がサービスを使おうと考えてから使い終わるまで、どんな体験をしているかを把握していないからだ。

そこで必要になるのが、**顧客体験の見える化**だ。顧客体験を見える化できれば、組織がどのように連携すればよいかもわかる。本書は顧客体験に関するコンサルタントであるカールバックがその方法を示した一冊だ。では、どうすれば「見える化」できるのか？

顧客体験を見える化する「カスタマー・ジャーニー・マップ」

さくらさんの体験を、**カスタマー・ジャーニー・マップ**という方法で見える化してみよう。

まず**ペルソナ**を決める。ターゲット顧客にありがちな言動、ニーズ、感情のパターンを反映した、典型的で具体的なユーザー像のことだ。こんな感じだ。

［新町さくら］コーヒー会社（社員100名）の企画担当者。25歳。体育会系女子。モットーは「体力勝負」。信条は「猪突猛進」。考えずに直感で動く。同僚の町田南が大の親友で、何かあるとすぐ「南ちゃーん」と相談する。彼氏募集中。

そして、ペルソナの認知や感情に焦点を当てて、自社サービスをどう使い、どう感じるかを

カスタマー・ジャーニー・マップの例

引っ越しでネットサービスを選んでいる新町さくらさん

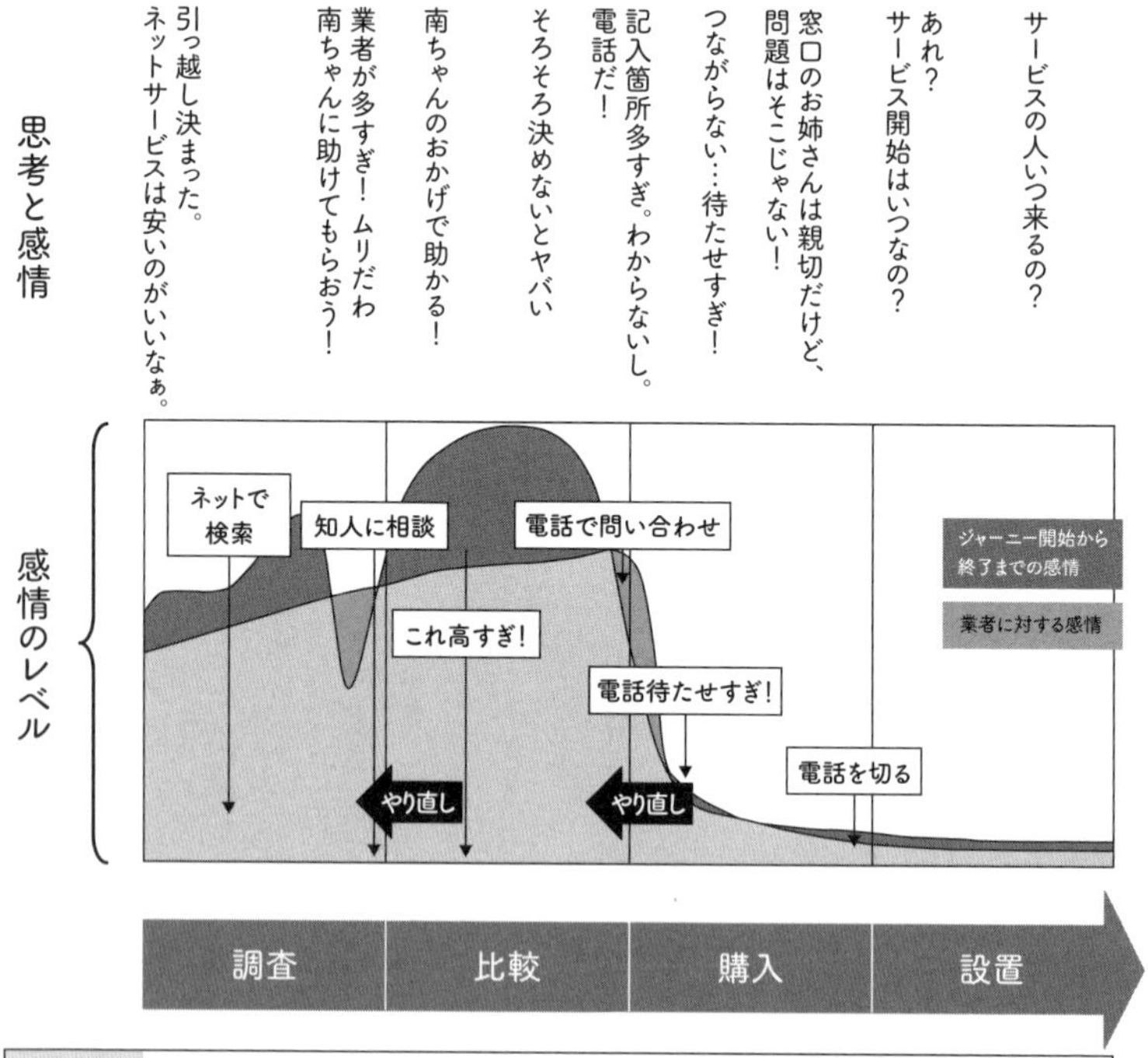

思考と感情
引っ越し決まった。
ネットサービスは安いのがいいなぁ。
業者が多すぎ！ ムリだわ
南ちゃんに助けてもらおう！
南ちゃんのおかげで助かる！
そろそろ決めないとヤバい
記入箇所多すぎ。わからないし。
電話だ！
窓口のお姉さんは親切だけど、
問題はそこじゃない！
つながらない…待たせすぎ！
あれ？
サービス開始はいつなの？
サービスの人いつ来るの？
感情のレベル
ネットで検索
知人に相談
電話で問い合わせ
これ高すぎ！
電話待たせすぎ！
電話を切る
やり直し
やり直し
ジャーニー開始から終了までの感情
業者に対する感情

	調査	比較	購入	設置
洞察	きっかけは転居。技術に詳しい友人に聞く。価格で決める傾向あり	見込客は最低料金を調べる。ブランドにはこだわらない	記入する個人情報が多く手続きが複雑になりがち。 電話もつながりにくい	社内で担当者が入れ替わる段階。調整がつかないとユーザーは怒る
改善案	ネット広告は技術に詳しい地元客対象。サイトは平易な言葉遣い。価格訴求。	ユーザーがサービスメニューを自由に選び、簡単に比較できるようにする	メニュー簡素化、必須情報を減らす。窓口担当者を増やし、サポート強化	時間厳守。技術員は礼儀正しく。書類はわかりやすく。アンケート調査も実施

出典：『マッピングエクスペリエンス』を参考に著者が作成

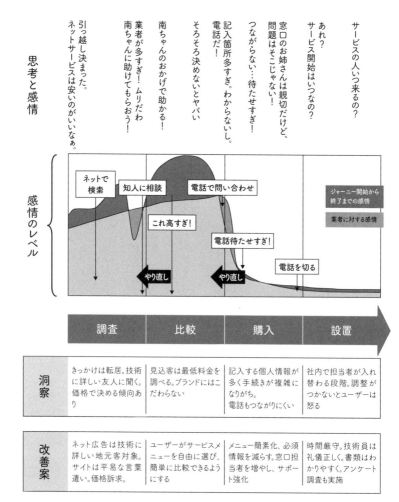

分析する。前ページの図は、新町さくらさんが「引っ越すからネットサービスに加入しなきゃ」と考えてから、実際にサービスが開始されるまでの流れを示している。

このようにカスタマー・ジャーニー・マップは、サービスを使う顧客（カスタマー）の旅（ジャーニー）を図（マップ）にする。こうして顧客体験がわかれば、どのように顧客体験を改善すればいいかもわかる。「ウチは問題ないと思います」という担当者も、「これはヤバい」と現実を知り、自社の問題と成長のチャンスがわかる。

顧客体験向上を図る「連携ダイヤグラム」

カスタマー・ジャーニー・マップは、顧客と企業組織のやり取りを見える化する**連携ダイヤグラム**の一種だ。連携ダイヤグラムには他にも大きく分けて、後で詳しく紹介するエクスペリエンス・マップやサービス・ブルー・プリントなどがある。

連携ダイヤグラムの目的は、顧客体験の向上だ。社内で顧客体験の全体像を共有し、組織が何をすべきか考え、組織の縦割りを解消して会社の変革につなげることだ。

ここで重要なのが**タッチポイント**。これは顧客と企業の間にあるあらゆる接点（タッチするポイント）のことだ。代表的なのは次のようなものだ。

- 小売店舗、セールス、コンサルタント、自社建物、サービス担当者
- メール、電話の応対、ウェブサイト、スマホアプリ、オンラインチャット
- ＴＶＣＭ、広告、パンフレット、社名入り封筒、請求書や送り状

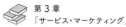

主な連携ダイヤグラムは3種類

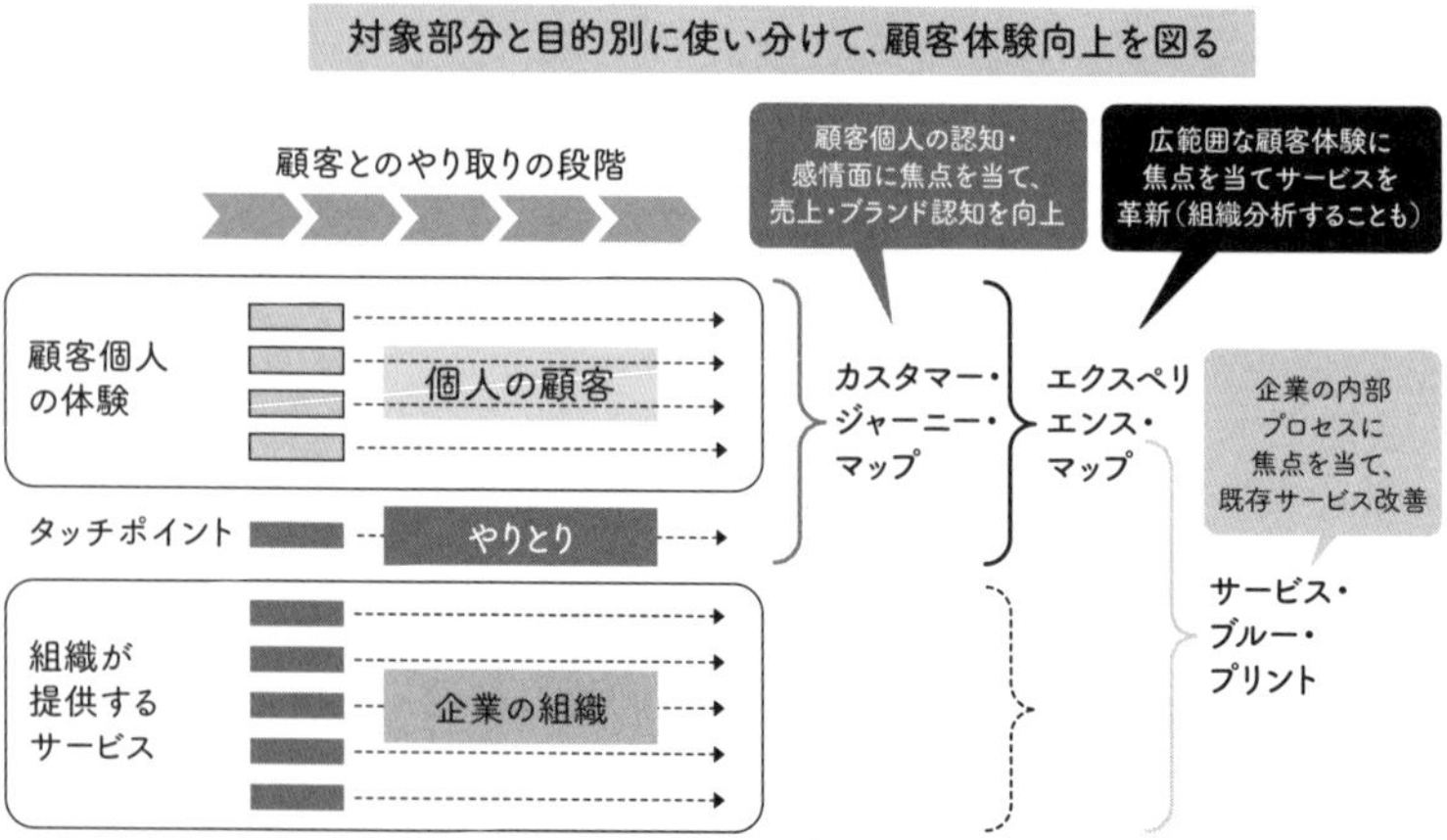

出典：『マッピングエクスペリエンス』を参考に著者が作成

冒頭のさくらさんのように、顧客はさまざまなタッチポイントでのやり取りを通して顧客体験をしていく。これらのタッチポイントのやり取りがスムーズだとよい顧客体験が得られる。逆にタッチポイントのやり取りがバラバラだと最悪な顧客体験になる。

連携ダイヤグラムで顧客体験を見える化すれば、「顧客が見えない」という状態に陥ってしまうリスクを回避できる。連携ダイヤグラムを見た多くの人は「いかに顧客を知らないか唖然とした」と驚き、顧客に強い共感を抱くようになる。

残る2つの連携ダイヤグラムも紹介しよう。

エクスペリエンス・マップ。180ページ上図は女性の懐妊から出産までの体験を示したものだ。懐妊からの時間経過とともに、胎児がどんな状態になり、体力／気力・不快感・体重がどのように変化し、妊娠している情報を共有する人たちの範囲や出産の準備がどう変わるかを示している。カスタマー・ジャーニー・マップのような「購入体験」でなく、人の体験そのものをより深く理解し、新たなサービスのチャンスを見つけることが目的だ。

サービス・ブルー・プリント。次ページ下図は靴磨きのサービスの内容を分析したものだ。顧客体験よりも、サービスを提供する企業内部のプロセスに焦点を当てる。サービスを顧客に見える部分と見えない部分に分け、サービス提供の仕組みを分析して、より高品質なサービスを提供するための改善策をあぶり出すことが目的だ。Book21『ラブロック&ウィルツのサービス・マーケティング』にもレストランの事例が紹介されている。

「連携ダイヤグラム」のつくり方と活用法

では、連携ダイヤグラムはどのようにつくればいいのか?

連携ダイヤグラムの目的は、組織がどうすべきかという議論のきっかけづくりだ。だから皆が議論して腹オチすることが大切だ。大きく分けて、2ステップで進める。

ステップ❶ **叩き台をつくる**……顧客の既存情報(アンケート、レビュー、お問い合わせ、SNSなど)や企業の従業員インタビューなどを通じて情報を集めて整理し、連携ダイヤグラムの叩き台をつくる。

ステップ❷ **ワークショップで議論する**……社内関係者に集まってもらってワークショップを行

エクスペリエンス・マップの例　妊娠の場合

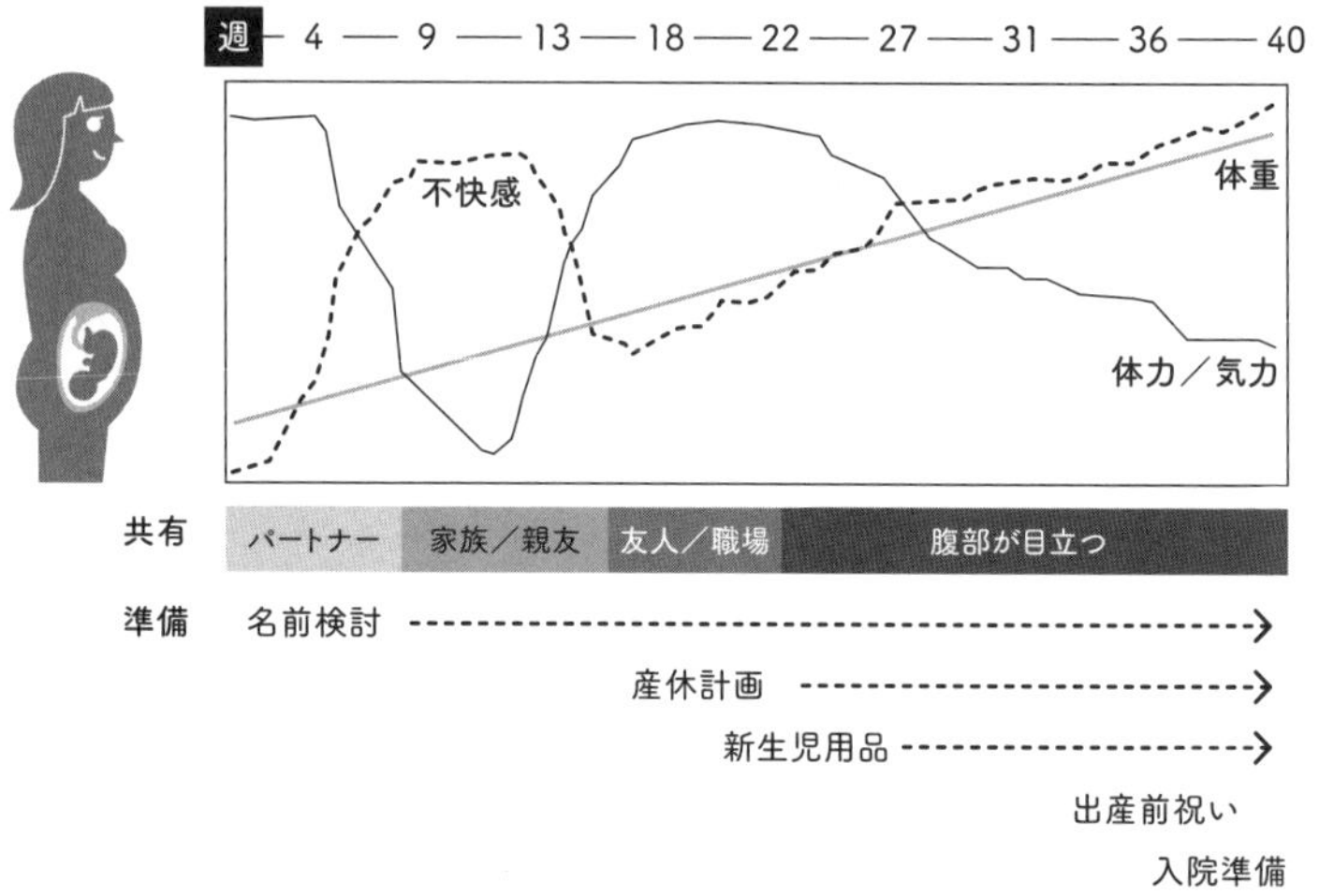

サービス・ブルー・プリントの例　靴磨きの場合

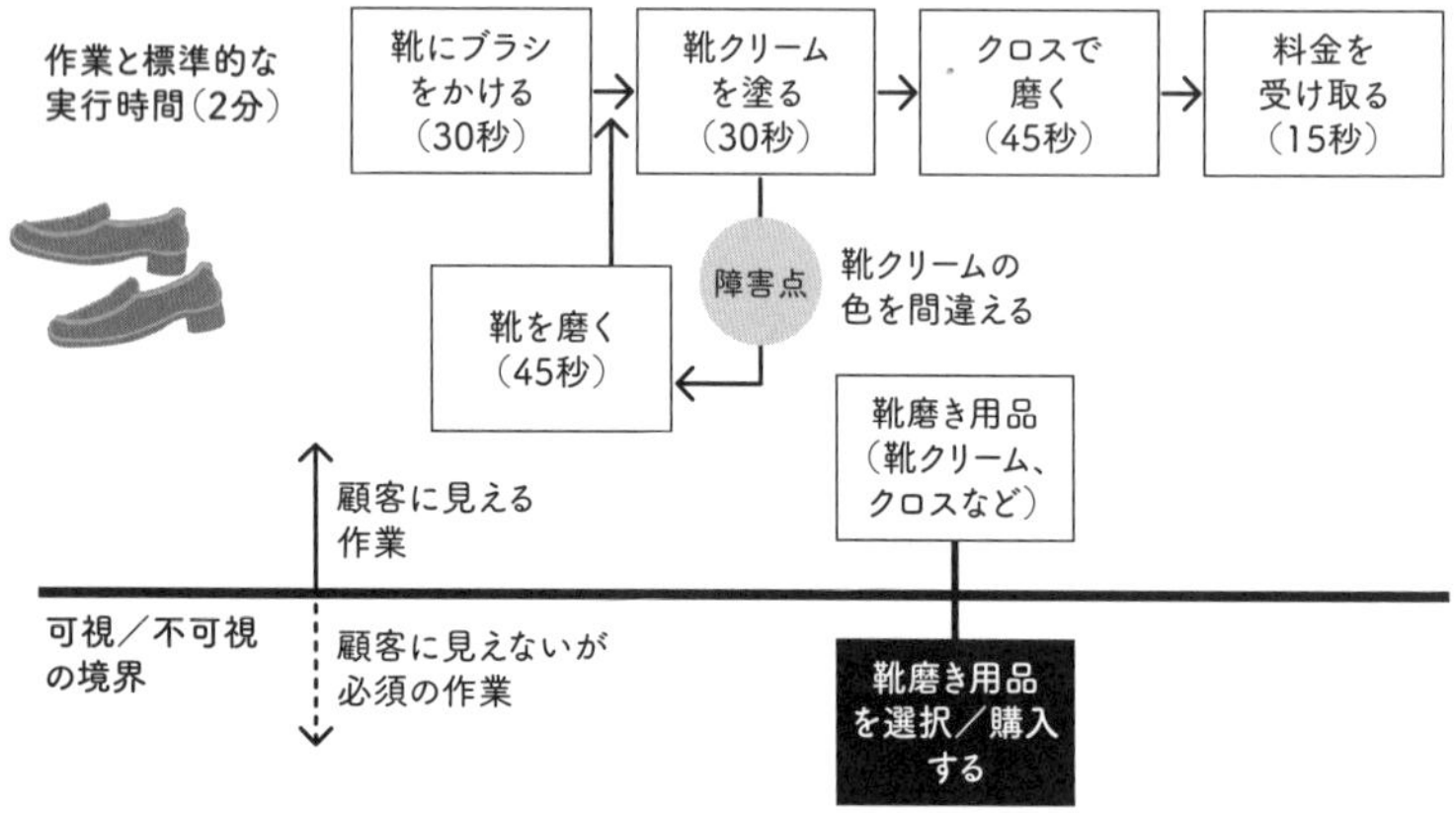

出典：『マッピングエクスペリエンス』を参考に著者が作成

い、全員で顧客体験にドップリと浸かって、組織がいかに連携すべきかを皆で考える。連携ダイヤグラムを見て顧客の現実を知ると、参加者の頭の中に新しいアイデアが次々とわいてくる。これらのアイデアを書いてもらえば、社内関係者を議論に巻き込める。大サイズに印刷した連携ダイヤグラムへ、参加者にドンドン書き込んでもらう。

ここまで手間をかけて連携ダイヤグラムをつくる理由は、**顧客の現実への共感**をもつことが必要だからだ。誰でも「必ず顧客に役立つはずだ」と考えてサービスを開発している。しかし、本当の顧客の姿を知らなければそれは単なる思い込みに過ぎないし、顧客は満足しない。顧客の本当の姿を理解して共感をもち、顧客が深く満足するサービスを創り上げるために、ここまで手間をかけるのである。

「我が社は顧客を大切にする」と言っているサービス企業は、実に多い。しかし、本当の顧客の姿が見えている企業は、意外と少ない。

本書は連携ダイヤグラムをつくる際の細かい注意点や進め方を実に丁寧に紹介している。顧客の姿を把握し、顧客体験を大きくレベルアップする上で役に立つはずだ。

POINT

顧客体験を「見える化」し、サービスを変革せよ

Book
25

『サービス・ドミナント・ロジックの発想と応用』（同文舘出版）

——モノ中心発想から脱却し、「あらゆるビジネス活動はサービスだ」と捉えよ

ロバート・F・ラッシュ／スティーブン・L・バーゴ

ラッシュは、アリゾナ大学のエレル・マネジメント・カレッジのマーケティング担当教授。『Journal of Marketing』誌のエディターや、アメリカ・マーケティング協会の理事も務める。バーゴは、ハワイ大学のシルダー・カレッジ・オブ・ビジネスのマーケティング担当教授。専門はマーケティング戦略論、マーケティング思想、サービス・マーケティング、消費者行動など。研究の世界に入る前に実業界での経歴があり、多くの会社や政府機関の顧問も務めている。

大人気ラーメン店がつくる一杯の絶品ラーメンには、高い価値があるように思える。しかし、大のラーメン好きでも、満腹な状態でもう一杯食べるのは無理。絶品ラーメンが価値をもつのは、❶食べるのがラーメン好きな人で、❷空腹なときに限られる。もし絶品ラーメン自体に価値があれば、顧客の状況に関わらず常に価値があるはずだ。現実にはモノに価値があるかどうかは、**顧客の状況次第**である。

「モノ自体に価値がある」という考え方では、この状況は説明できない。

こんな状況を説明するために生み出されたのが、本書で提唱されているサービスに支配された考え方、つまり**サービス・ドミナント・ロジック**（以下、ＳＤロジック）だ。

本書は、現代のサービス・マーケティングの考え方に根本的な影響を与えたＳＤロジックの全体像を解説するために２０１４年に出版された一冊だ。本書を読むと、最近多くの企業が言

い始めている**顧客との価値共創**の本質が、より深く理解できるようになる。

SDロジックの逆が**グッズ・ドミナント・ロジック**（以下、GDロジック）、つまりモノに支配された考え方だ。要は顧客を考えずに製品中心で考える。

Book1『T・レビット マーケティング論』の著者レビットは、米国の鉄道会社がなぜ衰退したのかを分析している。米国の鉄道会社は自社の事業を輸送事業でなく鉄道事業と考え、顧客がバスや飛行機を使っても気にしなかった。そして製品志向で考え続けた結果、米国の鉄道会社は衰退してしまった。米国の鉄道会社はGDロジックだったのだ。

最近、多くの企業が「顧客志向を目指せ」と言っている。これは裏返せば、私たちが慣れ親しんだGDロジックには「顧客視点で価値を生み出す」という発想がなかったことの証明でもある。私たちはモノ中心の考え方にドップリと浸かり、毒されているのだ。

モノ自体には価値はない

GDロジックでは「企業がつくるモノには価値がある」と考えるが、SDロジックでは「**すべてのビジネスはサービスの交換だ**。**モノ自体には価値はない**」と考える。「モノ自体に価値はない？　そんなバカな」と思ったら、GDロジックに毒されている証拠だ。

ラーメン店が昼のまかないを店員に出す場面を考えてみよう。ラーメン店の店員でも、毎日ラーメンだとさすがに飽きる。そこで店長は隣の鮨屋の店長と交渉し、週に数回、鮨とラーメンのまかないを交換することにした。

「グッズ・ドミナント・ロジック」から「サービス・ドミナント・ロジック」へ

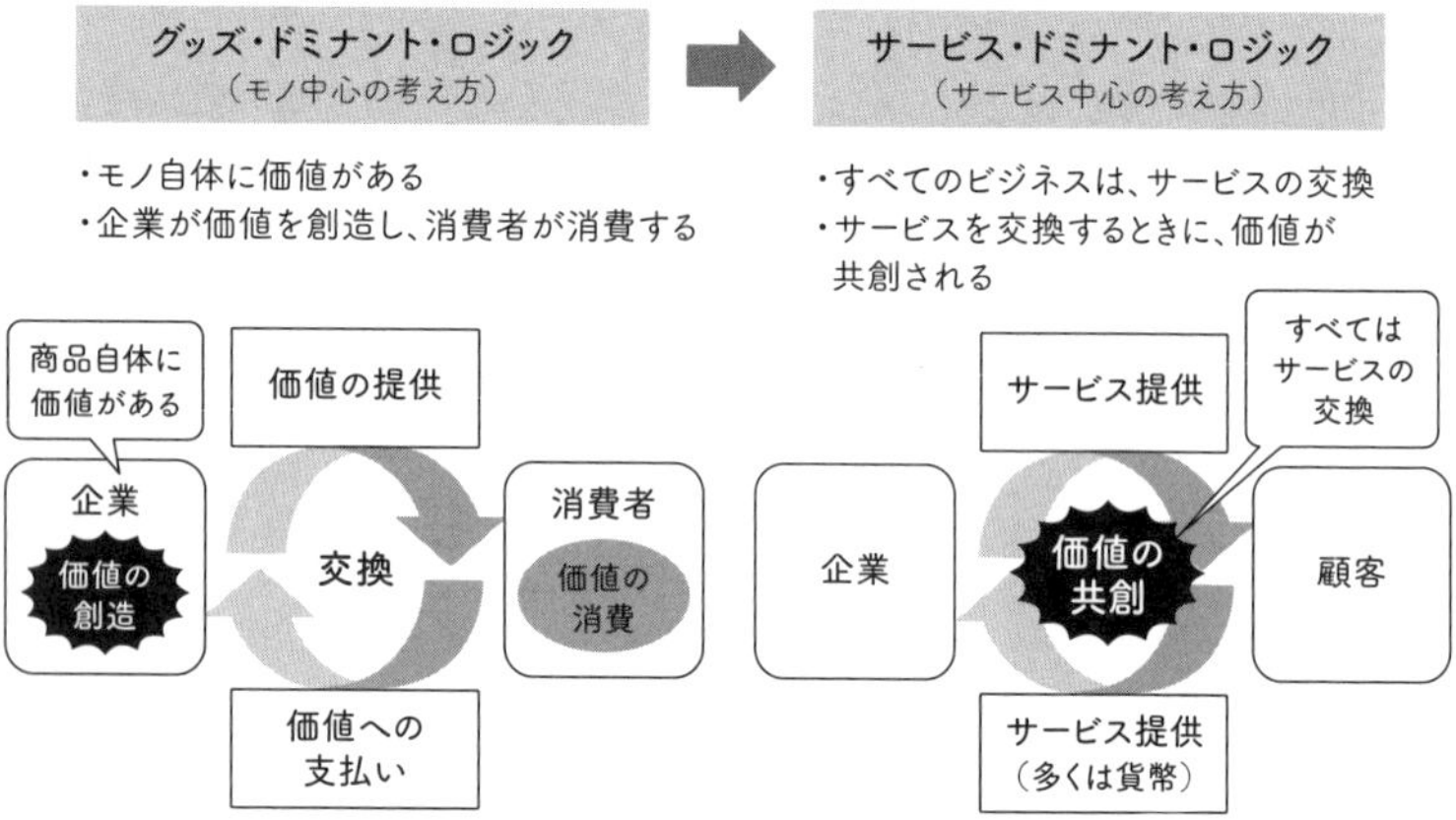

出典：『サービス・ドミナント・ロジックの発想と応用』を参考に著者が作成

GDロジックでは「ラーメンと鮨というモノ同士を交換している」と考える。

SDロジックでは「材料を仕入れラーメンをつくるスキルを使ったラーメン提供サービスと、ネタを仕入れ鮨を握るスキルを使った鮨提供サービスを交換している」と考える。

ラーメンも鮨も一見モノだ。しかし実際には、店長が自分のスキルを活かし、ネタや材料を仕入れ、料理をつくり、食べられる状態に変えている。こう考えると、ラーメンや鮨などの商品も、ラーメン店や鮨屋のスキルを活かしたサービスの一形態なのである。

このようにSDロジックは「サービスとは、他者や自分のために自分の知識やスキルを使うことである」と考え、**モノは間接的なサービスの一形態**と捉える。

ラーメン店が使う鍋やどんぶり、鮨屋が使う包丁などの道具も同じだ。GDロジックで考えるとこれらの道具はモノだが、SDロジックで考えるとこれらの道具は鍋・どんぶり・包丁をつくる人たちの知識やスキルを活かした、間接的なサービスの一形態なのだ。

しかし毎回、お互いに直接物々交換をするのは、とても効率が悪い。

そこで**貨幣（お金）**が登場する。たとえばラーメン店は、ラーメンを提供して来店客のお金と交換し、そのお金を仕入れた材料と交換する。つまり貨幣は、将来のサービスを受ける権利なのだ。貨幣という間接的なサービスのおかげで、ビジネスは効率的に回る。このようにSDロジックでは、**貨幣（お金）は間接的なサービスの一形態**と考える。

SDロジックで考えると、あらゆるビジネスはサービスになる。一見モノ同士の交換でも、その本質はスキルを活かしたサービスの交換だ。

価値は顧客と共創するもの

価値は企業が顧客にサービスを提供する瞬間に生み出される。大行列のラーメン店の店主が「ウチのラーメンは絶品」と思っても、本当に絶品か否かを決めるのは顧客だし、そのラーメンの価値は、サービス交換時に食べた顧客により生み出されている。

常に顧客が主体となって、企業と価値を共創しているのだ。

企業は「ウチのラーメンは絶品です」と顧客に伝えて、来店した顧客に約束した価値を体験できるように必死に努力するくらいしかできない。そして「本当に絶品だ！」と決めるのは、大事なことなのでしつこく言うが、顧客であって、店ではない。

さらに、そのときの顧客の状況次第で価値は変わる。大のラーメン好きでも、お腹いっぱいだったり、二日酔いや体調が悪いときは、ラーメンは美味しく食べられない。

一流の料理人は「自分がどんなに努力しても、最後に美味しいかを判断するのはお客である」ということを骨身に染みてわかっている。だから美味しくするためにあらゆる努力を惜しまないし、顧客の評価も謙虚に受け止める。

SDロジックは、**ビジネスを正しく捉える世界観**なのだ。SDロジックで常にビジネスを考える世界観を身につければ、大上段に「顧客志向で考えなければ！」と力まなくても、日々の活動が自然と顧客志向になる。

最近、顧客が主体となって価値を共創する事例が増えてきた。

料理レシピ投稿サイト・クックパッドには「つくれぽ（つくりましたレポート）」という機能がある。レシピを参考にして料理をつくったユーザーが、レシピ投稿者に対して写真と言葉を添えて感謝のメッセージを送る機能だ。レシピ投稿者には励ましになる。こうしてクックパッドでは、ユーザー同士が価値共創する仕組みをもっている。

ユーザーが書くアマゾンの書評は、本の購入を検討する人にとっても参考になる。

映画『ボヘミアン・ラプソディ』のプロモーションでも使われたロックバンド・クイーンの名曲『ウィ・ウィル・ロック・ユー』は楽器をほとんど使わない。聴衆とバンドが一体となって、床を踏む音と手拍子で「ドンドンチャ」というリズムをつくり、全員で「ウィ・ウィル・

ウィ・ウィル・ロック・ユー」と合唱し、観客と一緒に曲を創り上げている。このように価値は、顧客といかに共創するかを探っていくことで生まれるのだ。

著者らは本書のもとになった論文を2004年に執筆して、全米マーケティング協会から「マーケティングの理論と思想に重要な貢献をした」として賞を受賞した。この論文は全世界で8500件もの論文で引用されている（2016年時点）。

Book26『サービス・イノベーションの理論と方法』やBook27『「闘争」としてのサービス』など最新の本でも、SDロジックの思想が活用されている。

SDロジックにより、いまやサービス・マーケティングは新たな進化を始めている。

本書は一読すると難解だ。しかし、本書で提唱されたSDロジックを学ぶことで、GDロジックに染まっている我々の視点は大きく矯正できるはずだ。

POINT

SDロジックで考えれば、行動はおのずと顧客志向になる

Book
26

『サービス・イノベーションの理論と方法』（生産性出版）

――ものづくりをサービス化するにはどうするか？

近藤隆雄

明治大学大学院グローバル・ビジネス研究科教授。専門はサービス・マネジメント論。1966年国際基督教大学卒業後、同大学大学院修士課程修了。米国カリフォルニア大学留学の後、日本労働研究機構研究員、HRリサーチセンター代表取締役、杏林大学社会科学部専任講師を経て、多摩大学経営情報学部助教授。2004年より明治大学大学院グローバルビジネス研究科教授。2014年退任。著書に『サービスマネジメント入門』『サービス・マーケティング』など。

ものづくり企業の悩みは、製品があっという間にコモディティ化することだ。そこで新たな成長手段として注目されているのが、**製造業のサービス化**である。

コンピューターメーカーだったＩＢＭは、いまやサービスが売上の８割以上を占める。コマツも重機のＩｏＴ化により無人操縦が可能になり、建設業者の作業全体を自動運転重機によって大幅に効率化している。これらは**サービス・イノベーション**により製造業がサービス化した成功事例だ。

本書は世の中にあるサービス・イノベーションの研究を丹念に調査し、その本質を把握した上で、方法論を提言している。著者の近藤隆雄教授は、サービス・マーケティング分野で海外文献を丁寧に調べて紹介してきたサービス理論研究の第一人者だ。

サービス・イノベーションは、モノ商品のイノベーションと大きく異なる。

まず、サービスは無形だ。英会話レッスンで英語力は上がるが、形は何も残らない。サービス・イノベーションの難しさの多くは、この特徴が生み出している。

サービスの各活動は人任せであることが多い。これは部品を緊密に組み合わせているモノ商品と異なる。英会話レッスンの先生のスキルも、人によってマチマチだ。

サービス・イノベーションは現場での偶然や思いつきによってアイデアが生まれることが多い。この点は研究部門で生まれるモノ商品と違う。民泊仲介サービスのＡｉｒｂｎｂは、創業者が家賃を払えずに近所のイベント参加者に自宅アパートの一部を貸したのがきっかけだった。

また見て触れないサービス・イノベーションは、当初は顧客にはわかりづらい。駅の自動改札も当初慣れない利用者が故障を起こし、慣れるまで時間がかかった。

さらにサービスは法的保護が難しい。仕組みが見えるので真似されやすいのだ。アメリカン航空が始めたマイレージサービスは、出現当初は画期的だったが、数年後には業界全体に広まった。

サービスの現場では、リアルな顧客ニーズが観察できる。Ａｉｒｂｎｂ創業者は、自宅の宿泊者との交流を通して彼らが何を求めているかを学び、大きなヒントを得た。**サービス・イノベーションでは現場で生まれるアイデアを捕捉して育てるのがカギ**なのだ。

製造業をサービス化する方法

製造業のサービス化には、大きく分けて3つのアプローチがある。

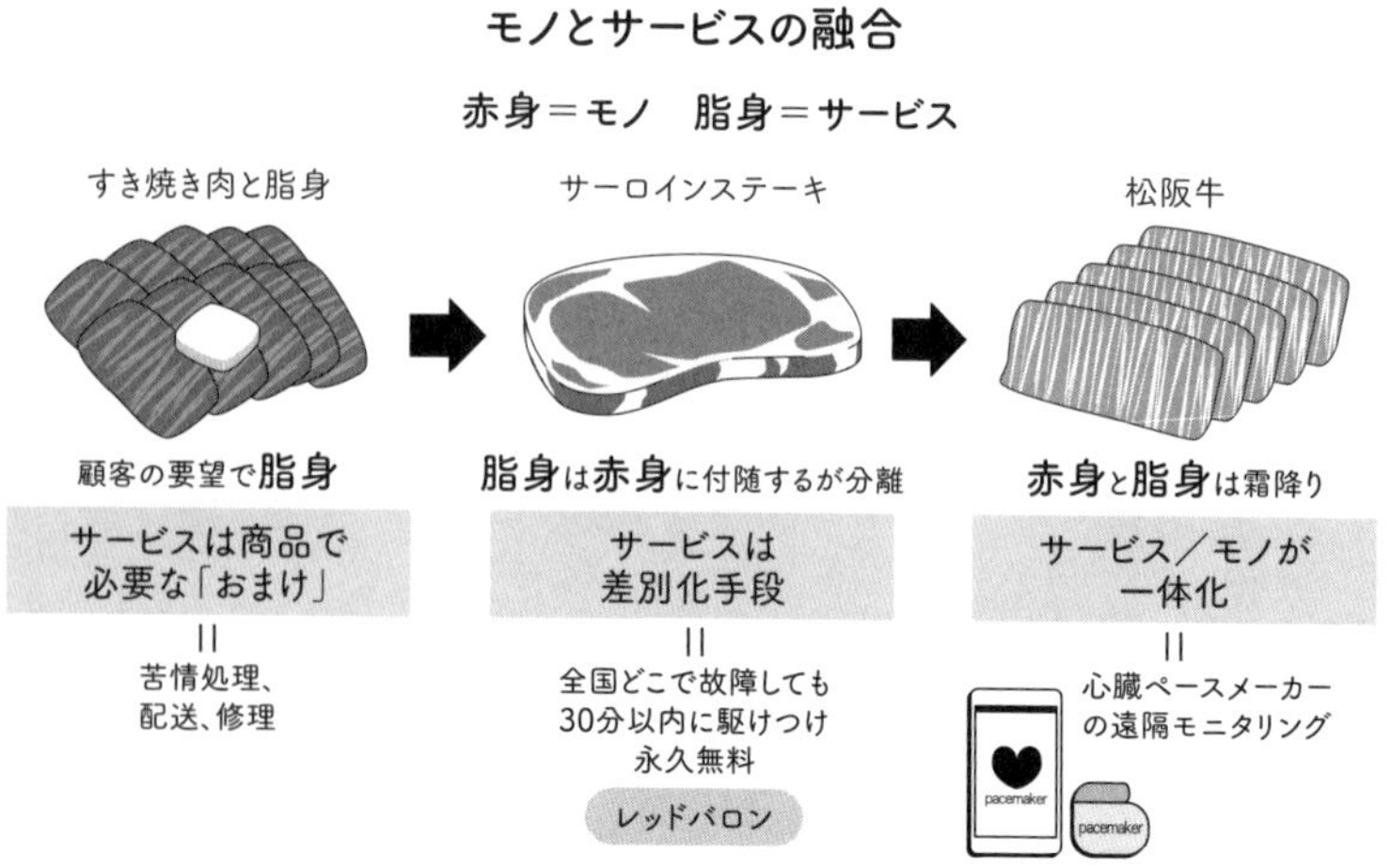
モノとサービスの融合
赤身＝モノ　脂身＝サービス
すき焼き肉と脂身
サーロインステーキ
松阪牛
顧客の要望で脂身
サービスは商品で必要な「おまけ」
苦情処理、配送、修理
脂身は赤身に付随するが分離
サービスは差別化手段
全国どこで故障しても30分以内に駆けつけ永久無料
レッドバロン
赤身と脂身は霜降り
サービス／モノが一体化
心臓ペースメーカーの遠隔モニタリング
pacemaker
pacemaker

出典：『サービス・イノベーションの理論と方法』を参考に著者が作成

❶モノとサービスの融合

これは肉＝モノ、脂身＝サービスにたとえるとわかりやすい。

第1段階　すき焼き肉と脂身……顧客の要求で脂身がつく。サービスは商品を使うために必要な「おまけ」である。一例は苦情処理だ。

第2段階　サーロインステーキ……肉は脂身がつくが両者は切り離せる。サービスは差別化の手段になる。二輪販売のレッドバロンは、全国どこでバイクが故障しても30分で現場に駆けつける修理サービスを提供し、顧客の信頼を得ている。

第3段階　松阪牛……霜降り状態のようにサービスとモノが一体化し切り離せない。ある心臓ペースメーカーは心臓の状態を遠隔監視して医師に情報を届けるサービスを提供している。

いまの日本の製造業は第1〜第2段階が多い。第3段階に入るにはＩＴ活用の変革が必須だ。

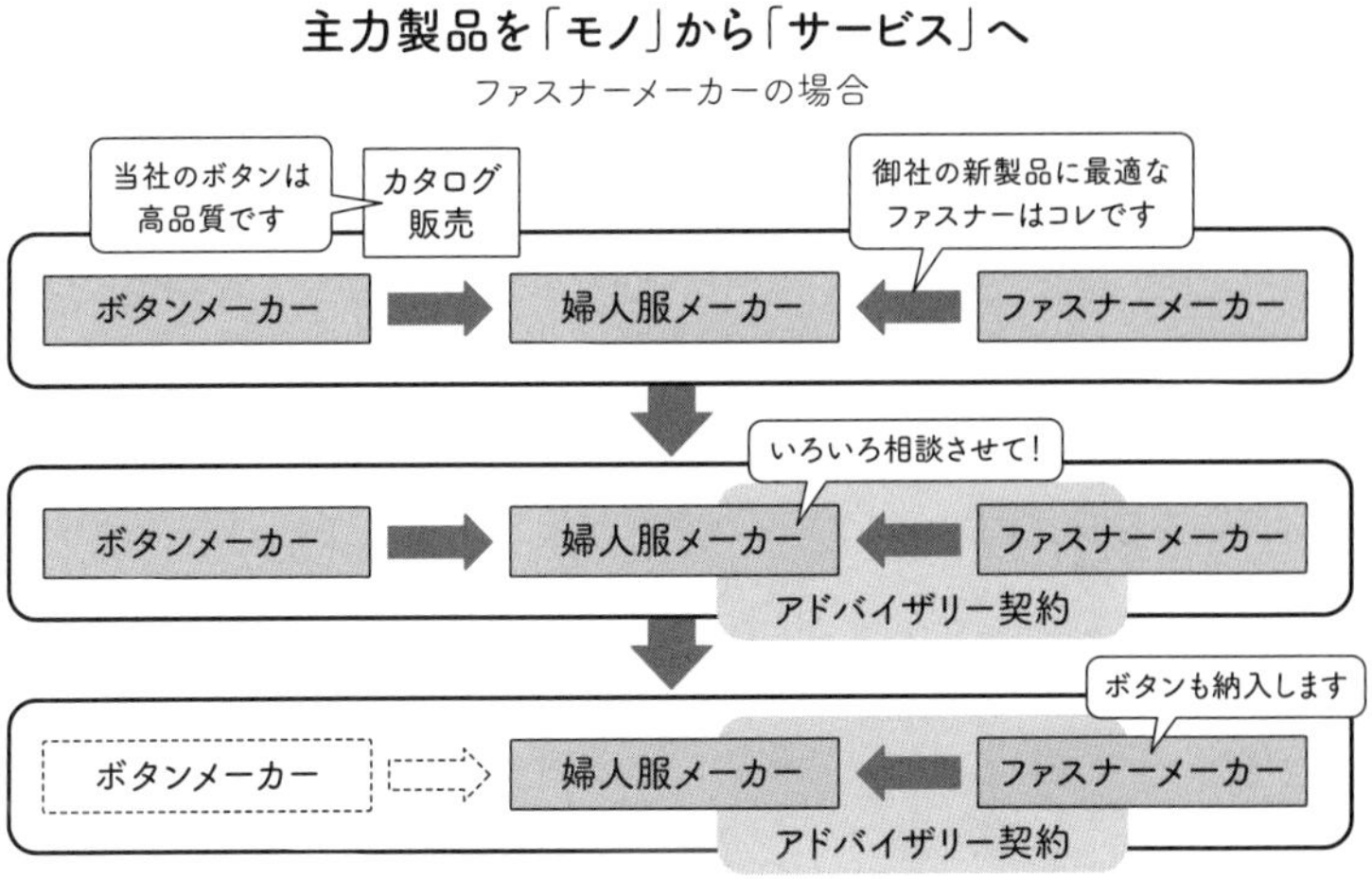

出典：『サービス・イノベーションの理論と方法』を参考に著者が作成

❷主力商品をモノからサービスへ転換する

モノ販売はコモディティ化で価格勝負に陥る。顧客の価値を高めるサービス化が必要だ。

あるボタンメーカーは高品質なボタンをカタログで販売していた。一方、あるファスナーメーカーは顧客の婦人服メーカーの課題を聞き、最適なファスナーを提案して注文生産していた。提案が的確なので、婦人服メーカーはアドバイザリー契約を締結。信頼を得たファスナーメーカーはボタンについて相談を受けるようになり、ボタンも納入するようになった。

経営危機に直面したＩＢＭも、コンピュータ販売から企業の課題解決のためにＩＴソリューションを提供するビジネスに変革した。かつて製品として販売していたコンピュータは、ソリューションを提供する「道具」となった。

製造業がサービス業に変革するには、**モノ中心の見方からサービス中心の見方に変える**ことが必須だ。Book25『サービス・ドミナント・ロジックの発想と応用』で紹介したサービス・ドミナント・ロジックの考え方を身につけることが必要なのだ。

❸サービサイジングでモノ自体をサービス化する

モノ（製品）自体をサービス化して提供するのが**サービサイジング**だ。

家電メーカーAQUAは、コインランドリー用の業務用洗濯機で国内シェア7割だ。コインランドリー市場は成長が続いており、国内2万店舗に迫る。そこでAQUAはコインランドリーのフランチャイズ（FC）ビジネスを展開している。

FCオーナーにとって大きな悩みが店員確保だ。コンビニも24時間営業のための店員確保でいつも悩んでいる。そこでAQUAはコインランドリー店舗を無人運営できるように「クラウドIoTランドリーシステム」を構築した。来店客は会員登録してキオスク端末で洗濯機を動かし、料金を払い、領収書も発行できる。AQUAは洗濯機を売らずに、業務用洗濯機を含めたコインランドリーシステム一式をサービスとしてFCオーナーに提供している。

サービス・イノベーションを生み出す「組織文化」

サービスでは組織文化が最重要だ。従業員は無意識に組織文化に従って行動する。成功したサービス企業は、共通して次のような組織文化がある。

❶企業として品質と卓越性を追求し続け、エクセレント・カンパニーを目指している

❷徹底して**顧客志向**。顧客との関係を重要な資産と考え、顧客との関係づくりを重視する

❸従業員を重要な資産と考え、人に投資する。研修や人事制度が充実している
❹現場に業務判断の権限を委譲し、自律的な現場をつくり支援するシステムをもっている
❺明確なサービスの狙いや戦略をもっており、そこに努力を集中する

そしてリーダーは使命やビジョンを語り続け、頻繁に現場へ行き、自らの行動で何が重要か示し、じっくりと時間をかけて組織文化や仕組みを創り上げている。

Book20『真実の瞬間』のSASは、カールソンがCEOだった数年間は優良企業だったが、その後は評判も業績も低迷した。SASはサービス・イノベーションを継続する組織文化や組織的な仕組みを構築できなかったのだ。本来は、評価・報酬・教育など地道な組織的取り組みが必要だったが、カールソンというカリスマ経営者が去り、後退してしまった。サービス・イノベーションは、**維持・継続のほうが困難**なのだ。

いまやあらゆる業界で、サービス・イノベーションが必要である。「サービスは関係ない」というメーカーの人たちにこそ、ぜひ読んで欲しい1冊だ。

POINT

サービス・イノベーションで「価値づくり」を実現せよ

Book
27

『「闘争」としてのサービス』（中央経済社）

――「かゆいところに手が届く」だけがサービスではない

私たちは「お客様に気を配り、徹底的に尽くすのがサービスだ」と思っている。しかし、それを「間違っている」と根底からひっくり返すのが、本書である。著者はサービスサイエンスが専門の京都大学・山内裕《ゆたか》准教授だ。

実際、**高級サービスほど「細やかに気配りし徹底的に尽くす」とは真逆**なのだ。

たとえば高級鮨屋。ミシュラン三つ星獲得の「すきやばし次郎」は、オバマ元大統領も来るほどの世界的な店だが、店主の小野二郎氏はまさに頑固一徹だ。ニコリともせず「おまえ、誰だ？」という声が聞こえそうな顔で出迎えられる。店内は緊張感が漂い、とても世間話ができる雰囲気ではない。食べ終わるまで値段もわからない。しかも高い。

高級フレンチもしきたりが多い。予約は必須。最低限、ジャケット&革靴着用。Tシャツ、音を立てて食べる、ワインの一気飲み、落としたフォークを自分で拾う、すべてNGだ。

不思議なことに高級サービスほど、どこか高飛車な感じがする。でも大繁盛なのだ。

山内 裕

京都大学経営管理研究部・教育部准教授。組織論を専門とし、主にサービスを対象に研究している。京都大学工学部情報工学科、同大学院情報学研究科社会情報学専攻修了（情報学修士）、カリフォルニア大学ロサンゼルス校、UCLA アンダーソン経営大学院博士課程修了。ゼロックス社パロアルト研究所研究員を経て、現職。共著に『組織・コミュニティデザイン』『京大変人講座』などがある。

従来のサービス・マーケティングでは、高級サービスでは緊張感を強いられ、しきたりも多いというこの現象を説明できない。本書はこの謎解きに挑戦している。

高級サービスは客を試している

著者は大量のビデオカメラやボイスレコーダーを鮨屋にもち込み、店と客のやりとりを録画・録音して分析した。鮨屋では、たとえばこんなやり取りが行われている。

親方「お飲み物はどうしましょうか？」
客「はい。あ〜、蒸しているんで生ビールでぇ……」
親方「生ビール、いきましょう」

ありがちな会話だが、よく分析するととんでもないことが起こっているのである。

これは初めての客で、席に座った直後。店内にはメニューもなく価格もわからない。なのに鮨屋の親父は「飲み物を注文しろ」と催促している。

そして客はわざわざ「蒸しているから」と理由を述べ、さらに「生ビールでぇ……」と語尾を伸ばしている。ビデオで確認すると、チラッと親方の表情を窺っている。そして親方は「生ビール、いきましょう」と、まるで客が試験に合格したように答えている。

ファミリーマートで「ファミチキください」と言う客に、店員が「ファミチキ、いきましょう」と返すだろうか？　あり得ない。そう考えると、このとんでもなさがわかるだろう。

これが鮨通の客とのやりとりだと、こんな感じになる。

親方「お飲み物はどうしましょうか？」
客「ビール」
親方「大瓶と小瓶がございますが」
客「小瓶で」

客は淀みなく答えている。

これは単に注文を聞いているのではない。親方はこの一言で客を試して見極めているのだ。客がちゃんと答えると合格で、親方は特別に注意するようになる。この質問は「ウチは当然のように質問に答える客を相手にしている」ということを示しているのだ。

高級フレンチも同じだ。テーブルに座らされた後、客は店員が出てくるのをひたすら待たされる。そして店員はワインリストやメニューを持ってくると、「ご注文をどうぞ」とそのまま立って待っている。客をさんざん待たせる割に、自分は待たない。

さらにメニューは品書きがあるだけで、こんな感じ。

「ラングスティーヌ　軽くて香ばしいゴーフレットに」

初めての人には、どんなものが出てくるかチンプンカンプンだ。

スタバも同じだ。ドリンクのサイズはS・M・Lでなく、ショート、トール、グランデ。米国ではさらに大きなベンティ、トレンタというサイズもある。しかもイタリア語だ。日本人だけでなく、米国人にもわからない。
彼らはなぜわざわざ、サービスをわかりにくくしているのか?

満足させようとすると、客は満足しない

サービスには、**提供側が客を満足させようとするほど客は満足しなくなる**、というパラドクス(逆説)がある。提供側が「客を喜ばそう」と頑張ると、客は「この人は私を喜ばそうとしている」と受け止め、この瞬間に上下関係が生まれる。客の立場は上になり、提供者は立場が弱くなる。そして、客は下の立場からのサービスの価値を低く感じてしまう。

鮨屋の親父は、頑固で無愛想に「自分のために仕事をしているんだ。お客なんて関係ねぇ」という姿勢を貫くからこそ、客はその価値をありがたがるのだ。そして、客はそんな人に認めてもらいたいと考えるようになる。何度も通いつめ、もし怖い鮨屋の親父に「おう、来たか!」と言われると、とても嬉しくなる。

逆に怖い鮨屋の親父がニコニコして客を出迎えて、「ウチはいつもお客様のために仕事をしたいんです」とメニューをサッと差し出し、「今日はいいのが入ってますよ。白身が最高です。おつまみに切りましょうか」と親切に勧めてくれるとどうだろう?

これだと当たり前のサービスだ。逆に大枚をはたいて行きたいと思わなくなる。

フレンチやスタバが意味不明な言葉を散りばめるのも、「我々のサービスはすぐにわからないほどすごいんだぞ」と伝えるためなのだ。

このような高級なサービスは「相手のかゆいところまで察し、徹底的に尽くす」という発想からは生まれない。なぜかというと**サービスは闘い**だからなのだ。

「響12年」に梅酒が少量ブレンドされている理由

サントリーの名誉チーフブレンダー輿水《こしみず》精一氏は、ウイスキーの「響12年」をブレンドする際、わざと梅酒樽の原酒を少し混ぜたという。このことを客に伝えると、客は響12年を飲むときに味を探索するようになる。これが客にとって特別な体験になる。さらに世界のバーテンダーがそのうんちくを語れることも考えてデザインされている。

料理も同じだ。大阪の日本料理店・柏屋では、若芽と筍による若竹煮で筍をペースト状にする。シャキシャキした食感が重要と思われている筍の一番の特徴を消し去る衝撃的な料理だが、これは食感だけが注目されて、忘れられがちな筍の甘味を味わってもらうための仕掛けだ。客はこの驚きとともに、料理の意味を読み解き始める。

この2つの例は、単にサービスを提供し、客の要求を満たしているのではない。提供者が酒や料理に何を込めているかを、客が読み解いているのだ。同時に客の読み解く力量も、提供者は読み解いている。**提供者と顧客がお互いに読み解き合っている**のだ。

このようにサービスには闘いの側面がある。勝ち負けの戦い（fight, battle）ではない。提供者と客が相手を対等な個人として認め、競い合うという意味での闘い（struggle）だ。

客との「闘い」こそが価値共創である

サービスの本質は、Ｂｏｏｋ25『サービス・ドミナント・ロジックの発想と応用』で紹介したように、サービス提供者と顧客による**価値共創**だ。

千利休は非日常的な緊張感をつくり出すために、小さな茶室をつくった。

この茶室では、亭主である利休も、客人である大名の武将も対等だった。狭い茶室では、亭主と客人は1メートルと離れていない。お互いに終始ふるまいを注目し、4時間近く座り続けて懐石をともにする。高い緊張感の中で亭主と客人は主客一体となって価値を共創し、洗練の度を高めていった。このような場を通じてより経験を積み、能力を向上させ、サービスをレベルアップしているのだ。

本来のサービスは客に努力と緊張を強いる。しかし一方で、**緊張感を伴うサービス特有の居心地の良さもある**。こう考えると「品質が高い」「応対がいい」は、高級サービスでは表面的なものに過ぎないことがわかる。「高い金を払えば、高級サービスが受けられる」というのも誤解だ。そう考える客はお金をもっていても、店に値踏みされるだけなのだ。

実際には、気難しそうな鮨職人も「客に上質な鮨を提供する」という目的のために、多大な努力をしている。鮨職人は、客が来る前の仕込みで仕事の95％が終わっているといわれる。

すきやばし次郎の小野二郎氏は出演したドキュメンタリー映画でこう語っている。

「この歳（87歳）になって、完璧と思っていないからね」

高級サービスの価値は、客と職人の切磋琢磨が生み出し続けている

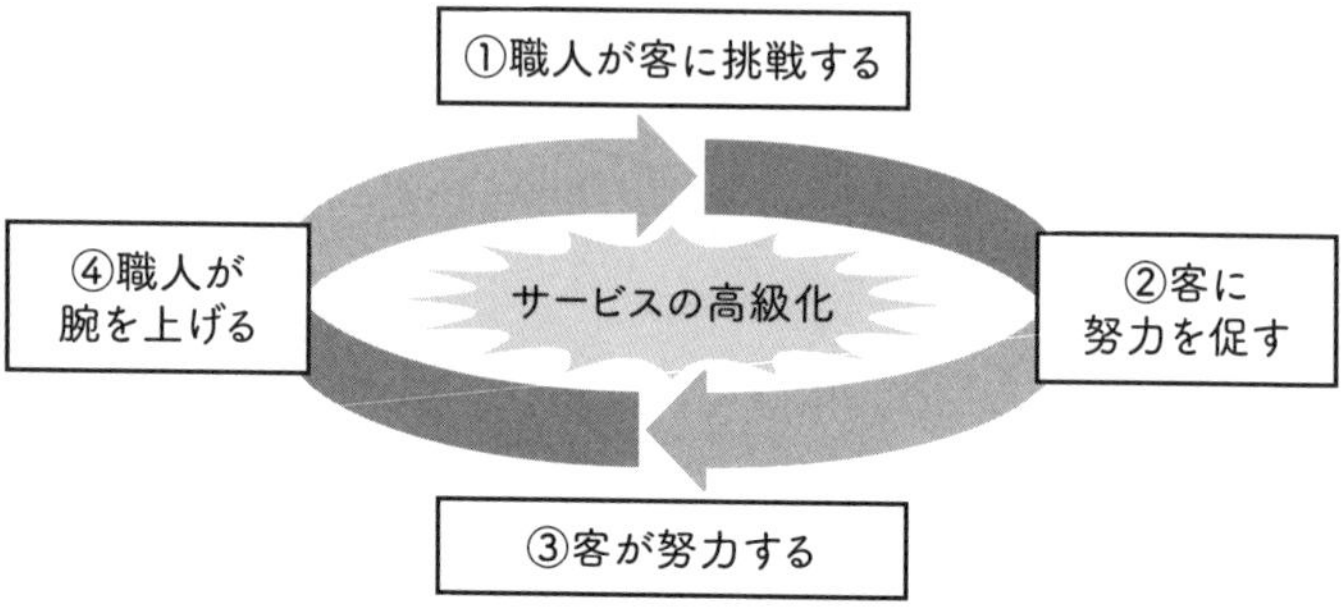
①職人が客に挑戦する
②客に努力を促す
③客が努力する
④職人が腕を上げる
サービスの高級化

客と職人の切磋琢磨の好循環は、
「顧客の欲求を満たすのがサービス」
という考え方からは生まれない

出典：『「闘争」としてのサービス』を参考に著者が作成

職人が客に挑戦するということは、客に努力を求める。そして客が努力すれば、職人も腕を上げなければならない。こうした客と職人の切磋琢磨の好循環は、「顧客の欲求を満たすのがサービスだ」という単純発想からは生まれてこない。

鮨屋の職人は、鮨通の客の存在で自らの仕事を高める。逆に真剣に鮨を味わう客が減ると、鮨の味は落ちるといわれる。

これはフレンチも同じだ。世界的に著名なフレンチのシェフである神戸北野ホテル総支配人・総料理長の山口浩氏は、こう語っている。

「サービスでは奉仕する側と奉仕される側が、互いに階段を登るということ。そこに楽しさがある。知らないことを知っていくというかけあいが楽しい」

逆に「闘い」の関係が崩れて馴れ合いになると、高級サービスの価値は崩壊する。

ある鮨通の人は、仲良くなった鮨職人から「残り物の魚があるよ。5000円にするから食べに来な

KADOKAWA

『世界の起業家が学んでいる
MBA経営理論の必読書50冊を
1冊にまとめてみた』

をご購入いただき、
誠にありがとうございます。

**ご購入いただいた皆様に
特別なプレゼントが
ございます**

詳しくは裏面をご覧ください ^^

いか」と誘われて以来、その店に行かなくなったという。

鮨屋があり、利休の茶道も生んだ日本には、「闘争としてのサービス」を新たに生み出せる土壌がある。しかし、高級なサービスは実体験しないとわからない。**日本のビジネスパーソンこそ「高級なサービス」を自分自身が実体験し、その意味を考え抜くことが必要**なのだろう。

ダイジェストを紹介したが、本書は著者が「読者に闘いを強いる本」と書いている通り難解だ。しかし、この世界を知らずして、サービスを語るべからず、である。

興味をもった人は本書に挑戦して欲しい。もし難しくて読み進められなかったら、同じ著者が寄稿している『京大変人講座』(三笠書房)の第2章がわかりやすいので、先にご一読を。

発展途上のサービス・マーケティングでは、新しい考え方が次々と生まれている。これらを学び続けることで、ビジネスの大きな力になるはずだ。

POINT

顧客との緊張感ある闘いを通して、サービスをレベルアップせよ

第4章

「マーケティング・コミュニケーション」

価値を顧客に伝える方法がマーケティング・コミュニケーションだ。
マーケティング・コミュニケーションは変遷してきた。
大量消費社会では広告が中心。しかし、次第に広告より
PR（パブリック・リレーション）が大きな役割を担うようになり、
さらにソーシャルメディアの台頭で、消費者は企業の情報を
そのまま信じなくなった。
私たちは、常に消費者に刺さる最適な伝え方を考えるべきなのだ。
第4章では、マーケティング・コミュニケーションの定番書から
最新理論まで6冊を紹介したい。

Book
28

『「売る」広告〔新訳〕』（海と月社）

――「効能」にコミットしない広告では商品は売れない

デイヴィッド・オグルヴィ
1911年イギリス生まれ。コック見習いや家庭用コンロの訪問販売員を経て、38年にアメリカに移住、ジョージ・ギャラップ博士の視聴者調査研究所で副所長を務める。第二次大戦後、ニューヨークを本社とする広告会社を設立、のちに合併し、現在オグルヴィ&メイザーとして知られる国際的大手広告会社となる。99年没。著書に、世界的ロングベストセラー『ある広告人の告白〔新版〕』、『広告の巨人オグルヴィ語録』がある。

「広告の父」と称されるオグルヴィが歯に衣を着せずに**広告**の本質を語る一冊だ。1983年出版で古さは否めないが、全盛期の広告が放っていた輝きが感じられるし、歴史的に大成功した広告が数多く掲載されていて楽しい。広告への本質的な洞察も色あせていない。オグルヴィは自ら数多くの広告をつくり、常に効果を検証してきた。本書では彼の知見が惜しみなく紹介され、説得力がある（なお、邦訳版は一時期絶版だったが、2010年に新訳版が出た）。

パーソナル・トレーニング・ジムのRIZAP（ライザップ）は、有名人が次々と登場、たるんだ身体を数カ月後に見違えるような引き締まったボディに変身させ続けるCMで、広く知られるようになった。RIZAPは、本書でオグルヴィが提唱する「売る」広告の基本に忠実だ。

❶広告は、効能を語れ！

RIZAPのCMの最後は、おなじみの決め文句である。

「結果にコミットする、RIZAP」

次々と登場する人のビフォー・アフターの圧倒的な違いを見せられた後に、この言葉。「RIZAPなら、自分も変われるかも……」と思えてしまう。

このような消費者のメリットが**効能**だ。RIZAPは効能を明確に訴求している。

効能を約束しない広告はモノが売れない。オグルヴィは「これは本書で一番重要。もう一度読み返して欲しい」と言っている。しかし、いまだに多くの広告には約束が一つもない。

❷商品を知り、ポジショニングし、違いを際立たせる

RIZAPの方法はネットで検索すれば誰でもわかる。RIZAPはそれを継続できない人に対して、豊富なデータをもとに「必ず理想の身体を手に入れることをお約束します」と確約するのだ。

広告の基本は商品を徹底的に学び、**ポジショニング**することだ。ポジショニングとは「その商品が誰のために、何をするか」を定めること。RIZAPは実に明確である。

オグルヴィもダブという石鹸を「ドライスキンの女性のための化粧石鹸」とポジショニングした上で、その後25年間使われたコピーで効能を明確に示した。

「ダブは洗っている間に潤います」

現代の多くの商品は競合商品と大きな差がない。そこで商品のよい点を、事実に基づいてより説得力ある形で説明し、違いをクッキリと際立たせることが、広告の役割なのだ。

❸ブランドイメージを与え続け、繰り返す

ＲＩＺＡＰのＣＭに「今度はこの人が……」と驚くような有名人が登場するたびに大きな話題になり、彼らが出演したユーチューブの動画ＣＭがソーシャルメディアで拡がり、世間で認知され続ける。どんな広告も、目的はブランドにイメージをもたせること。イメージとは個性である。常に同じイメージを与え続けなければならない。効果が失われるまで続けることだ。

❹チームワークで決めるな

ＲＩＺＡＰ創業者の瀬戸健社長は、創業当初は低カロリーで満腹感が得られる豆乳クッキー販売で事業を成長させた。これは瀬戸社長が高校時代に付き合っていた彼女のダイエットを応援したことがヒントだった。彼女は70キロから43キロまで痩せて性格も明るくなったが、ダイエットはとても辛そうだった。そこで「もっと楽にできないか」と考え、お菓子で満腹になるダイエットをつくった。

その後も瀬戸社長は常に「人は変われる」という理念を考え続け、生み出したのがＲＩＺＡＰだ。「結果にコミットするＲＩＺＡＰ」は、瀬戸社長の理念そのものなのだ。

オグルヴィは「少人数が頭を絞って考えるべきだ」という。関係者が多いと広告は失敗する。「〇〇委員会」などは最悪。時間がかかり批判ばかりが出るが、アイデアは出てこない。そして妥協の産物になった広告は売れない。

印刷媒体広告で成功する方法

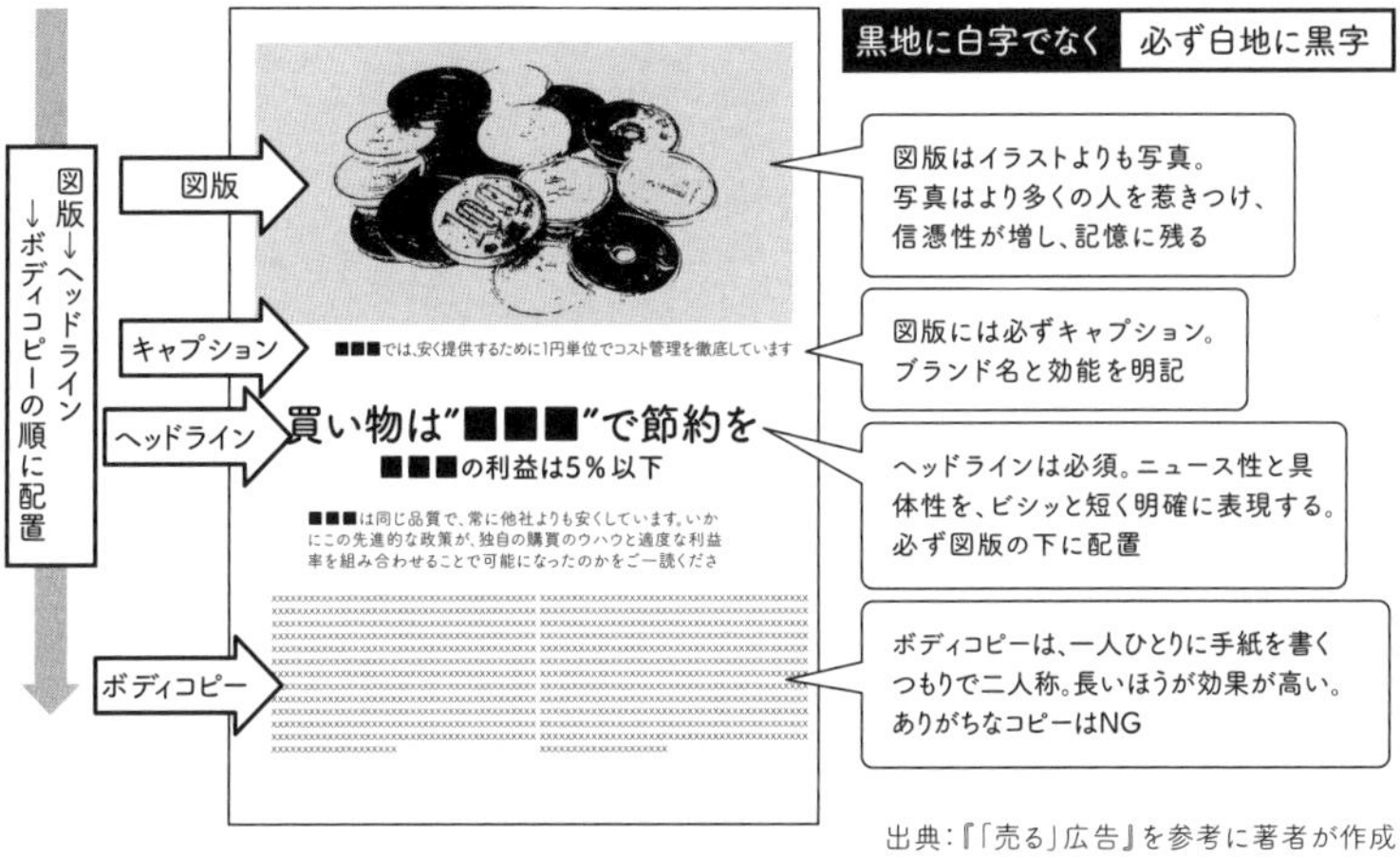
黒地に白字でなく
必ず白地に黒字
図版↓ヘッドライン↓ボディコピーの順に配置
図版
キャプション
ヘッドライン
ボディコピー
■■■では、安く提供するために1円単位でコスト管理を徹底しています
買い物は"■■■"で節約を
■■■の利益は5％以下
■■■は同じ品質で、常に他社よりも安くしています。いかにこの先進的な政策が、独自の購買のウハウと適度な利益率を組み合わせることで可能になったのかをご一読くださ
図版はイラストよりも写真。写真はより多くの人を惹きつけ、信憑性が増し、記憶に残る
図版には必ずキャプション。ブランド名と効能を明記
ヘッドラインは必須。ニュース性と具体性を、ビシッと短く明確に表現する。必ず図版の下に配置
ボディコピーは、一人ひとりに手紙を書くつもりで二人称。長いほうが効果が高い。ありがちなコピーはNG

出典：『「売る」広告』を参考に著者が作成

❺自画自賛よりも誰かの推薦

量産され続けるＲＩＺＡＰのＣＭには、ＲＩＺＡＰ関係者は一人も出てこない。ＲＩＺＡＰで本当に変わった人たちだけだから、信頼されるのだ。広告で自画自賛するよりも、誰かが推薦するほうが、人は納得するのである。オグルヴィの提言は現代でも有効であることがわかる。

印刷媒体広告で成功する方法

印刷媒体の広告を思いつきでつくる人は多い。しかし、顧客を惹きつけて離さない印刷媒体広告をつくる絶対確実な公式は、すでにある。

【ヘッドライン】 ヘッドラインを読む人は、ボディコピーを読む人の5倍。ヘッドラインで売り込まないと広告費の8割がムダだ。ニュース性のあるヘッドラインは常に効果的だ。一般的な話でなく、言いたいことを具体的にビシッと明確に述べる。

【図版】 イラストよりも写真のほうが、より人を惹きつけて信憑性が増し、記憶に残る。1枚の写真は1000語の言葉と同じ値打ちがある。人々の好奇心を掻き立てる図版のテーマ選びが大事だ。また使用前・後を図版で示したキャンペーンは販売成績が上がる。

【ボディコピー】 ボディコピーを読むのは読者の5%だが、読者数1000万人の媒体では50万人にもなる。群衆と考えずに一人ひとりに手紙を書く気持ちで、二人称単数で書く。オグルヴィの経験では短いコピーよりも長いコピーのほうが、読者は「何か大事なことを言いたいに違いない」と思って読むのでセールス効果があがる。ただし、「誰もが休暇の楽しみを心待ちにしています」といったありがちなコピーは心に残らずNGだ。

【配置】 広告を見る人は、図版に目を惹かれ、ヘッドラインを見て、ボディコピーを読む。各要素もこの順で配置する。図版の下にヘッドラインを配置すれば、上に配置するよりも読まれる率が10%高まる。図版には必ずキャプションを入れる。

「黒地に白抜きの字は読みにくい」とわかってから何十年も経つが、いまだに黒地に白字の広告が多いのは嘆かわしい。**必ず白地に黒字にすべし**。オグルヴィは黒地に白抜き文字の寄付募集広告を、白地に黒字へ変えた。すると寄付金は2倍集まった。神は細部に宿るのだ。

ウェブマーケティングで感覚を磨け

広告代理店でオグルヴィがまだ新米のとき、ある顧客が「新築ホテルに予算500ドルで集客したい」と依頼した。オグルヴィはハガキを買って近所の金持ちたちに手紙を送った。オープンの日、ホテルは満室。これでオグルヴィはダイレクトメールの威力を知った。

ダイレクトメールは、広告がどのように役立ったかがすぐ把握できる。オグルヴィは「コピーライターは2年間ダイレクトメールの広告を書くべし」という。

現代では「マーケターはまずウェブマーケティングを担当すべし」だ。私もネットで情報発信をしているが、結果がすぐにわかり、マーケティング感覚を日々研ぎ澄ませられる。

オグルヴィは本書で、Ｂｏｏｋ５『ブランディングの科学』の著者バイロン・シャープの師であるアレンバーグの言葉を、次のように引用している。

「消費者は石鹸や洗剤を購入する際、単一ブランドでなく複数ブランドの好みのレパートリーの中から買う。このレパートリーはあまり変化しないし、規則的で習慣性がある。また消費者は、自分が使っていないブランドの広告には滅多に目を留めない」

このレパートリーは、Ｂｏｏｋ７『確率思考の戦略論』で紹介した**エボークト・セット**だ。広告の役割は、レパートリーの中にある自社ブランドを頻繁に買ってもらうことなのだ。

Ｂｏｏｋ29『ブランドは広告でつくれない』にあるように現代の広告の役割は変わったが、オグルヴィは広告の本質を見事に見抜いていた。広告に関わる人には必読書だ。

POINT

オグルヴィが洞察した広告の本質は、今でも変わらない

Book
29

『ブランドは広告でつくれない 広告vsPR』
――「広告」の終焉、そして「PR」の台頭

（翔泳社）

アル・ライズ／ローラ・ライズ

世界屈指のマーケティング・コンサルタントであるアル・ライズが娘ローラ・ライズとともに経営するコンサルティング会社ライズ＆ライズは、「フォーチュン500」にランクインしている一流企業（IBM、メルク、AT&T、ゼロックスなど）を数多く顧客に抱える。執筆活動も精力的に行い、全米ベストセラー入りした著作も多数。ローラ・ライズとの共著には『ブランディング22の法則』など。ジャック・トラウトとの共著には、『ポジショニング戦略』などがある。

あなたが次のブランドを知ったきっかけは広告だろうか？　スターバックス、アップル、グーグル、ユーチューブ、フェイスブック、バルミューダ……。

いずれも強いブランドだが、あなたがこれらを知ったきっかけは広告でなくメディア記事ではないだろうか？　最近の強いブランドは広告に頼らないケースも多い。

本書は、広告に頼れない現代でブランドづくりをする方法を教えてくれる一冊だ。ポイントは**広告**と**PR**の役割の違いだ。PRは**パブリック・リレーション**とか**パブリシティ**とも呼ばれる。新聞・テレビなどのメディアを通じてメッセージを間接的に伝える方法だ。メッセージはメディア任せになり、広告のように企業の思い通りにメッセージを変えられないので非効率に思えるが、大きな利点がある。第三者情報なので消費者は信頼するのだ。

本書のメッセージは「**まずPRでブランド構築し、広告でブランドを守れ**」だ。

著者はBook3とBook14の著者であるアル・ライズとローラ・ライズ。「一番乗りでポ

ジションを取れ」という主張は本書でも首尾一貫している。

PRがブランドをつくる時代

日本国民は一人当たり年間5万5000円も広告に支払っている（2019年度の国内総広告費7兆円から計算）。この10年で1万円増えた。この50年間では物価上昇を差し引いても2・3倍。私たちが間接的に広告に支払っている金額は増えている。

しかし広告は信頼されていない。米国で職業別「正直度と倫理性」調査がある。広告マンは最低ランクの13％で、政治家の評価に近い（ギャラップ社2019年調査）。

いまの消費者は企業が広告に大金をかけていると知っており、広告を鵜呑みにしない。広告効果も薄れている。あなたは今朝の新聞の広告を覚えているだろうか？

現代は広告に大金をかけても強いブランドをつくれなくなった。コカ・コーラはレッドブルからエネルギー飲料の王座を奪回すべくエネルギー飲料KMXを発売し、ドクターペッパーの成功を見てミスター・ピブを発売した。いずれも失敗している。

コカ・コーラのKMXの広告を見た消費者はこう考える。「コカ・コーラも商品を出すのだからエネルギー飲料は将来性ある市場だ。レッドブルの成功でコカ・コーラは焦っている」

Book28『「売る」広告』の著者オグルヴィが活躍していた20世紀は、広告が光り輝いていた。広告を出せば売れた。しかし、消費者は自分が使わないブランドの広告には滅多に目を留めない。いまや情報は氾濫していて、聞いたこともない名前を広告で見てもスルーされるだ

広告とPRの役割は逆転した

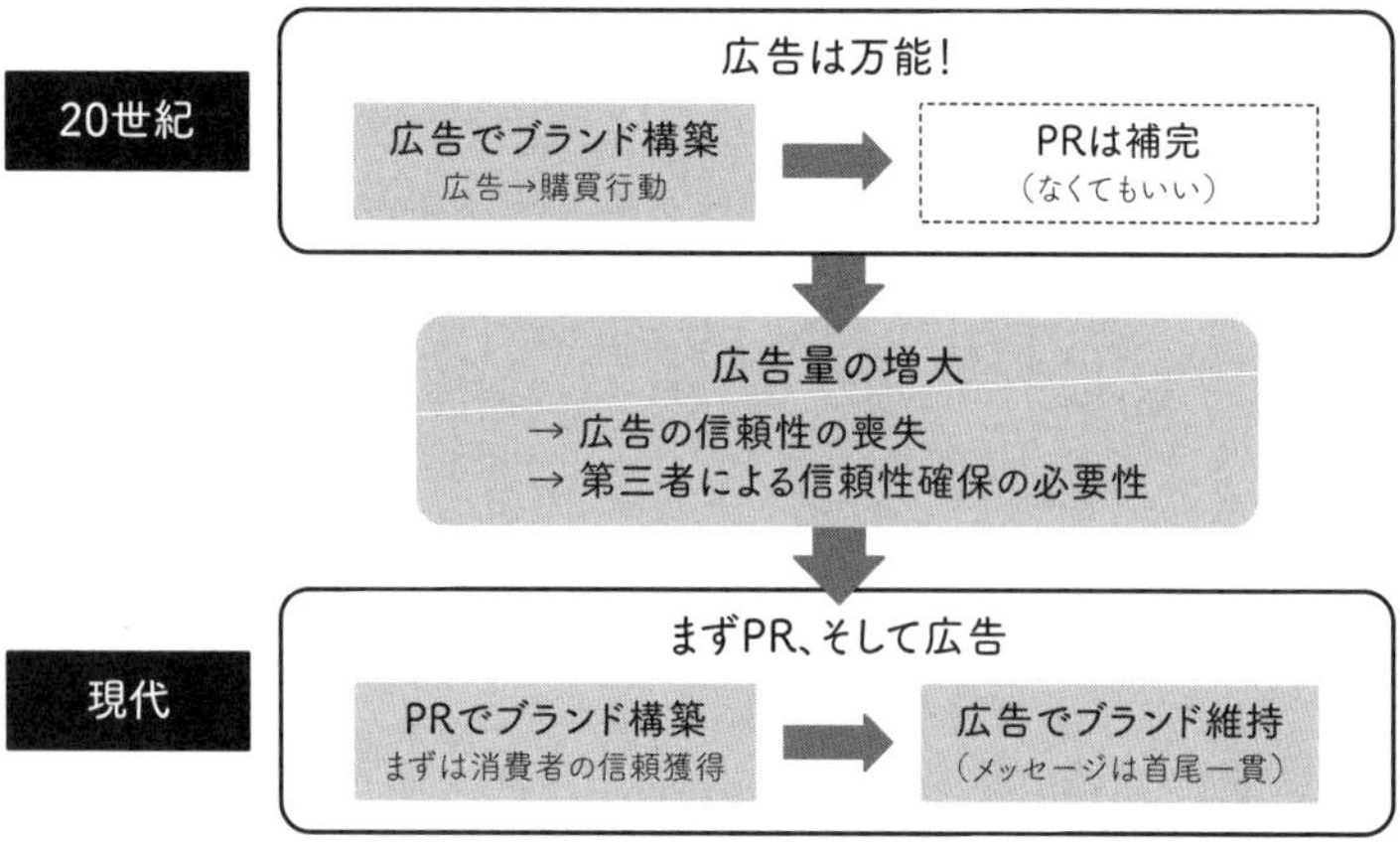
20世紀
広告は万能！
広告でブランド構築
広告→購買行動
PRは補完
（なくてもいい）
広告量の増大
→ 広告の信頼性の喪失
→ 第三者による信頼性確保の必要性
現代
まずPR、そして広告
PRでブランド構築
まずは消費者の信頼獲得
広告でブランド維持
（メッセージは首尾一貫）

出典：『ブランドは広告でつくれない』を参考に著者作成

けだ。しかし、**偏見がないメディアから発信されるPRなら信頼される。**

ＺＡＲＡ（ザラ）は年2回のセールを除き広告を使わない。ファッション業界で初めてトヨタと同じジャスト・イン・タイム方式を導入。通常デザインから納品まで9カ月かかるところを15日に短縮し、常に最新ファッションを提供。さらに多品種少量生産の「売り切れご免」方式で商品回転率を高めて商品鮮度を維持、廃棄ロスも削減したことがマスコミで報道され、来店客を増やした。

オープンソースのリナックスは所有者がいないのでそもそも広告がないが、さまざまなメディアに取り上げられて強いブランドになった。

ブランドはPRでつくられるということは、私も実体験している。

私はＩＢＭ社員だった2000年代前半、コールセンターソリューション事業のマーケティング戦略責任者だった。顧客は大企業のコールセンター長だ。当時の大企業は社内にコールセンターを数多くもっていた。しかしセンターはバラバラでつながっていなかったので、消費者は電話をたらい回しにされ顧客満足度が悪化。この問題解決のためにコールセンター統合が緊急課題だった。

ＩＢＭはすでに自社のコールセンターを統合した経験があったので、「豊富な経験で大企業のコールセンター統合を実現できること」をアピール。まずコールセンター長のコミュニティをつくり、メディア各社も招いてＩＢＭやお客様の先進事例を学ぶ半日の勉強会を隔月で１００人規模で開催した。勉強会の内容はメディアでも紹介された。

従来だったら広告で「コールセンターの統合でお悩みならば、実績豊富なＩＢＭにお任せください」とアピールするところだが、予算の関係もあって広告は一切出さなかった。

１年後、調査会社の市場認知度調査で、ＩＢＭは国内ダントツ１位になった。市場でのＩＢＭのブランド認知は劇的に上がったのである。

ただしメディアに紹介されて喜んでいるだけではダメだ。「この会社が一番」と認める内容であることだ。スタバならば「スペシャリティコーヒーで一番」と紹介されること。

しかし、「うちはスタバと違う……。話題になるものが何もない」という人も多い。なければつくるべし、である。**範囲を絞り込み、自社がトップになる領域を見つけるのが現代のＰＲ戦略だ。**ＰＲの役割はメディアを通じ信頼を得て、ブランドを構築することなのだ。

広告の新しい役割は「ブランド防衛」

広告にも役割がある。ＰＲで構築したブランドを防衛することだ。

広告ができることは、消費者の心の中に構築したブランド認知を高めることなのだ。Book7『確率思考の戦略論』で紹介したようにプレファランスを高め、いわば**エボークト・セット**の中で選ばれる確率を高めるのである。

ここで大きな問題がある。広告業界では「二番手は禁じ手」と考えられている。広告代理店は「クリエイティブな広告をつくろう」と考えて、まったく別のメッセージをつくりがちだ。しかし、広告の役割は「追認作業」だ。新しいメッセージは混乱を生み出すだけである。

俳優の渡辺謙が「本当に世の中の文字は小さすぎて、読めなぁ～い」と怒り散らすハズキルーペのＣＭは記憶に新しい。実はあのＣＭ、当初の広告代理店の案は渡辺謙がミラノにかっこよく登場するものだったという。しかし、ハズキルーペの社長は「１００億円かけている。1秒2億円。ミラノの風景はムダ。自分でやる」と却下し、あのＣＭになった。

ハズキルーペは、家電量販店の来店客が配送申し込みをするカウンターに「細かい文字が見えやすくなります」とハズキルーペを置いて喜ばれたり、ジャパネットの通販でシニア世代に売り込むなど、地道な取り組みでブランドを築き上げてきた。

そうして築いたブランドを熟知する社長が、あのＣＭをストレートに創り上げた。

消費者の関心を集めるべきは、広告ではない。製品である。

本書には米国広告業界から批判が多い。米国広告協会会長は「広告でブランド構築した事例は何百もある。論拠も事例も一方的だ」。広告マンも「読むに堪えない」。

日本の広告関係者にとっても、受け入れるのが難しい内容かもしれない。

しかし、オグルヴィがBook28『「売る」広告』で「どんな広告もブランドイメージに貢献すべし」と語った広告の力は、広告の氾濫と信頼性低下で弱まっているのも事実だ。

経営者もPRがブランド構築に役立つことを認識し、対応を始めている。

家電メーカー・バルミューダの寺尾玄社長は、自分の言葉で新製品への思いを語る。クラフトビールのヤッホーブルーイング・井手直行社長は、メディア会見に仮装で登場して注目を集め、自社ビールを美味しそうに飲む。鳥取県の平井伸治知事は「鳥取県にはスタバはないが、日本一のスナバがある」とダジャレでメディアの注目を集め、鳥取県を盛り上げる。

マーケティング・コミュニケーションに関わる人ほど、本書からの学びは大きいはずだ。

POINT

「PR」でブランド構築し、「広告」でブランドを防衛せよ

Book 30

『費用対効果が23%アップする 刺さる広告』（ダイヤモンド社）

――広告はアートではない。カイゼンが必要だ

レックス・ブリッグス／グレッグ・スチュアート

ブリッグスは、マーケティング効果リサーチおよびコンサルティング会社「マーケティング・エボリューション」の創設者。CRM、ブランディング、ダイレクト・マーケティングなどの分野で数々の賞を受賞。スチュアートは、Google、MSN、Yahoo! など300社を超えるインターネット関連のリーディング企業が加入する「インタラクティブ広告協議会（IAB）」のCEO。長年にわたって広告畑を歩み、数々の大手企業や広告代理店、世界中の新しいメディア企業で活躍してきた。

衝撃の事実がある。

多くの企業が広告に巨費を投じているが、その多くはムダなのだ。**米国では年間広告費30兆円のうち11兆円がムダ**。日本国内のコンビニ全店の売上と同じ金額だ。本書はこのムダを撲滅し、消費者に刺さる広告をつくる方法を教えてくれる。

本書はハーバード大学やペンシルベニア大学ウォートン校でテキストとして使われているし、米国の広告業界専門誌『アドエイジ』もマーケティング分野のナンバー1に選んだ。

この本は広告に関わらない人にも役立つ。商品開発では、どんなメッセージで商品を売り出すか。店頭では、新メニューをどうやって紹介するか。このように多くの仕事でマーケティング・コミュニケーションが関わる。

著者のブリッグスは、市場調査コンサルティング専門のマーケティング・エボリューション社の創設者・CEOだ。

説明責任がない広告

「この広告って、売上にどのくらい貢献するんでしょうか？」

広告関係者にこう聞くと、多くの相手は（わかってないな）という顔をしてこう言う。

「うーん。広告というものは、アートなんですよね。売上云々じゃありません」

「広告の目的はブランディングです。御社のイメージ向上に貢献します」

「そもそも広告の効果は、数字で測定できません」

広告が売上にどのように貢献しているかを答えられるケースは、とても少ない。

ある経営者はこう言った。「広告経費の半分がムダになっていることは知っている。ただ、どの半分がムダなのかわからないだけだ」

たしかに広告はムダでない。Book29『ブランドは広告でつくれない』で著者のライズも広告はPRでつくったブランド認知を維持し、売上を高める効果があると言っている。

しかし、広告はときに数億円から数十億円もかかるのに効果が把握できていない。説明責任（アカウンタビリティ）がないのだ。しかし、「半分がムダ」ということは「半分は効果が出ている」ということだ。だから企業は広告をやめられない。ジレンマである。

トヨタの生産現場では、1円以下のムダも許さず、カイゼンを徹底する。

広告でやるべきことも同じだ。「広告はアートだ」として放置せず、カイゼンするのだ。いまやカイゼン（kaizen）は英語だ。本書でも「カイゼン」という言葉が使われている。

マーケティング・コミュニケーションを「カイゼン」する

シナリオづくり ＋ 評価 ＋ 行動 ＝ 同じ予算でよりよい成果

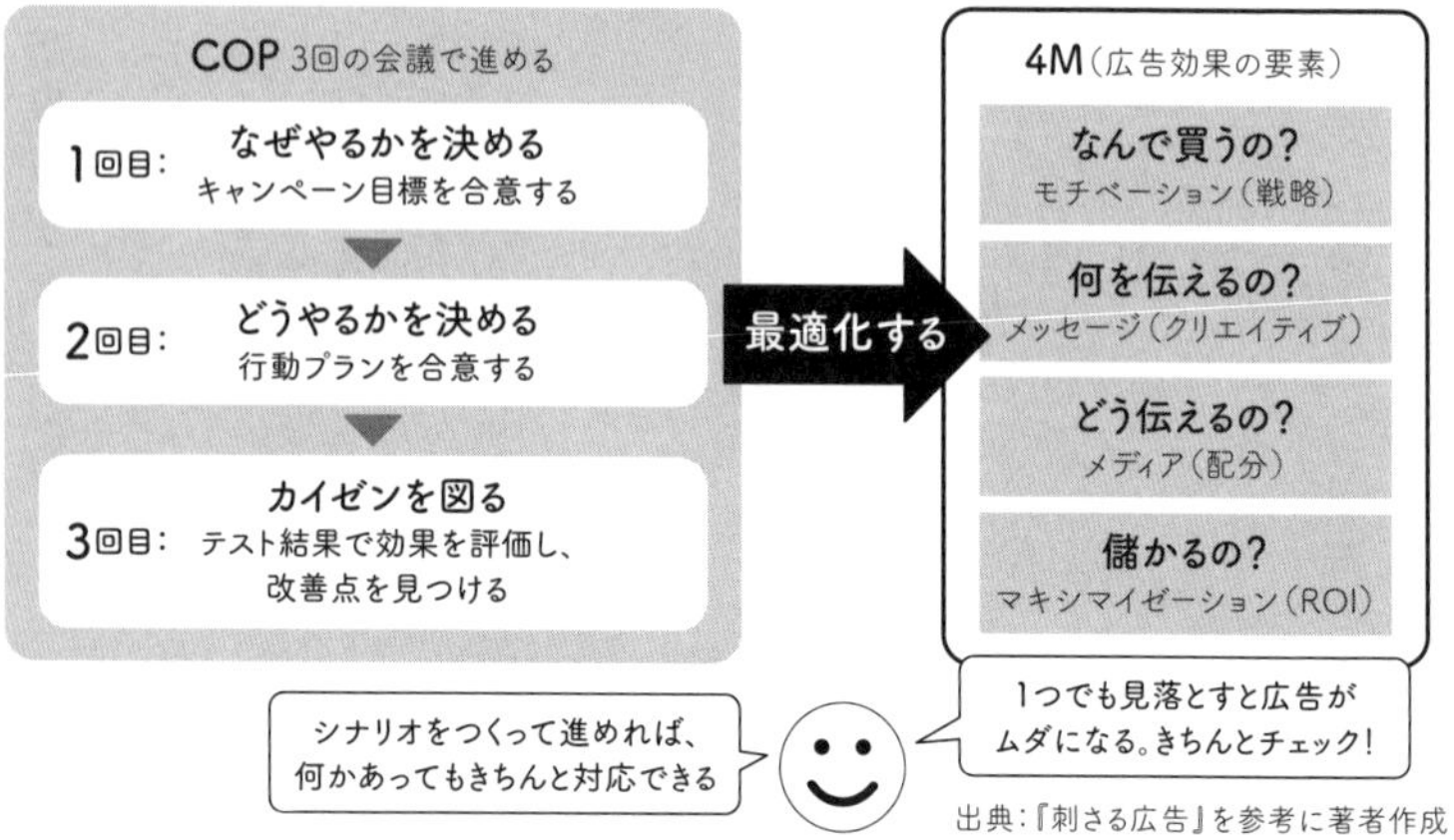

出典：『刺さる広告』を参考に著者作成

キャンペーンを最適化する

そもそも目標がなかったり、メンバー各自がバラバラに目標を考えていたり、「消費者がなぜ買うのか」「消費者に何を伝えるのか」が不明確なままキャンペーンをしても、成果があがるわけがない。しかし、そんなキャンペーンが実に多い。

そこでキャンペーンを、**コミュニケーション最適化プロセス（COP）**で最適化する。

具体的にはチームをつくり、関係者が集まって、上図のように会議を合計3回行う。1回目で「なぜやるか」という目標を決め、2回目で「どうやるか」を決め、3回目でテスト結果に基づきカイゼンを図る。

これらの会議では、常に広告の4要素である**4M**を意識し、最適化していく。

4Mとは「なんで買うの？（モチベーション）」「何を伝えるの？（メッセージ）」「どう伝えるの？

（メディア）」「儲かるの？（マキシマイゼーション：最大化）」の英語の頭文字を取ったものだ。次のようにCOPを通じて4Mをカイゼンしていく。

「なんで買うの？」に全員が答えられるようにする

4Mの1番目「お客はなんで買うの？」という質問に対し、キャンペーンのメンバーの答えがバラバラだと成功するわけがない。そこで全員が質問に答えられるようにする。

マクドナルドは新サンドイッチの発売で、キャンペーンを行うことになった。「マックはハンバーガーだけ」と思われがちなので、「消費者に新しい味もあると知って欲しい」と考えたのだ。最優先は「新サンドイッチを消費者に認識してもらう」だ。

そして、顧客がなぜ新サンドウィッチを選ぶかを考えた。

チームの結論は、「新しくて、美味しいから」。

キャンペーンでは「新しくて、美味しいから」を伝えることに集中すればいい。

こうして広告代理店がつくったオンライン広告は、チーズ、あぶった厚切りチキン、新鮮なレタスとトマトを挟んだサンドイッチに「新発売」という文字が黄色い吹き出しで出る映像だった。あまりに美味しそうな映像なので「お客様がコンピュータ画面にかぶりついても責任は負いかねます」という警告まで入っていた。

現実のキャンペーンでは最初に「お客はなんで買うの？」が共有されず、広告代理店にすべて丸投げして映像をつくらせることが多い。

「CMを目立たせよう」と考えた代理店のクリエイターが考えに考えて、いきなり赤と黄の縞模様の服を着たニワトリが出てきて、しゃべりまくる映像をつくってきたりする。

たしかにCMは目立つが、これでは商品の売上につながらない。

「何を伝えるの？」を決めるには？

4Mの2番目「何を伝えるの？」を決める際のマーケターの悩みは、メッセージが消費者の心に刺さらないことだ。**原因はマーケターの努力不足ではなく、むしろ努力のしすぎだ。**

マーケターは膨大な時間をかけて、ブランドのことを四六時中考えている。しかし、消費者のほうは、商品棚の一部やスマホ画面の片隅で一瞬ブランドを見るだけ。

時間をかけて考えるほど、消費者と同じまっさらな目線でブランドを見られない。マーケターの目線は、消費者の目線と比べて大きく歪んでいるのだ。

そこで必要になるのが、客観的に消費者を理解する方法だ。

実は、広告業界は数十年前から対策を立てている。たとえば、消費者に「広告をどの程度覚えていて、自分の行動にどんな影響を与えましたか」と尋ねる方法だ。

しかし、これはまったく意味がない。P&Gはある商品で「この商品の広告をどこで見ましたか？」と1000人以上に聞いたところ、半数が「テレビ広告」と回答した。しかし、この商品はオンライン広告のみ。テレビでは広告していなかった。

つまり、私たちが思っている以上に、消費者は自分の認識や行動を理解していない。**消費者**

に聞いてもムダなのだ。

現実には消費者は広告を覚えていなくても、知らないうちに広告から影響を受けて行動している。だから広告によって、消費者の態度や行動にどんな違いが出たかを調べるべきだ。

最も強力で簡単に行えるのが、Ｂｏｏｋ48『統計学が最強の学問である』で紹介している**Ａ／Ｂテスト**だ。Ａ／Ｂテストでは、消費者を広告を見たグループ（実験群）と、まったく関係がない広告を見たグループ（コントロール群）に分け、広告の違いによる影響を測定する。この方法であれば、広告の影響だけを抽出して広告が消費者に与える影響を把握できる。この方法はウェブマーケティングの世界でも活用されている。

たとえばＩＢＭの場合、実験群にはＩＢＭの広告を、コントロール群には赤十字などの公共広告を見せた上で、「ＩＢＭはテクノロジー分野の世界のリーダー」というイメージに強く同意するかどうかを尋ねて、各グループの回答の違いを比較する。「強く同意する」割合が同じならば、広告は何も影響を与えていないことになる。

メディアを活用し、メッセージを増幅する

４Ｍの３番目「どう伝えるの？」（メディアの配分）と４番目「儲かるの？」（マキシマイゼーション：最大化）も、マーケターの悩みどころだ。

サラウンド・スピーカーをご存じだろうか？　自分を取り囲むスピーカーから臨場感ある音が聴こえて、まるでオーケストラの中にいるように感じられる。広告も同じ。異なるメディア

で一貫したメッセージを伝えれば、消費者に力強い体験を生み出せる。

ユニリーバは、肌を整えて栄養補給する固形石鹸を開発した。商品の強みを表現するため、石鹸はピンクと白の2色ストライプ。ピンクは保湿と栄養（ビタミンE）、白は清潔な肌の約束を表現した。広告ではこの点を訴求した。

テレビCMでは、2色のストライプが混じり合って1つになり、再び分かれる映像。

雑誌広告は、2色の石鹸を大きく映して「ビタミンE配合で肌に影響を与える」。

オンライン広告も、テレビ広告同様に視覚に訴えた。

同じ広告を同じメディアで3回見せるよりも、異なるメディアで見せるほうが、消費者への影響力は高く、広告効果が増幅する。すべての顧客のタッチポイントで一貫した声を届けることが必要だ。さらに広告コスト、頻度、広告効果を考慮した上で、同じ予算で最適な組み合わせを見つけ、広告効果の最大化を図っていく。

「当たり前のこと」ができない理由

「すごい秘密があると思ったけど当たり前のことばかりだ」と思われるだろう。その通りだ。

著者は「**当たり前ができないのは、マーケティング界独特の文化が原因**」という。

まず「マーケティングは感情的なもので、アートだ。数字では測定できない」という文化が根強くあること。そしてマーケティング部門がなかなか失敗を認めないこと。さらに先述のように、膨大な時間をかけてブランドを考え続けるマーケターの目線が消費者の目線と比べて大きく歪んでいることだ。

現在の広告はまだまだ不備が多い。考え方を変えれば、本来の広告の役割である売上向上の実現のために効率化を図れる余地は、実に大きいのだ。これはチャンスでもある。

あなたが経営トップではなく一マーケティング担当者であっても、本書の方法論で、自分のキャンペーンを大きくカイゼン可能だ。

私も20年前に一担当者だった頃から、チームで「お客様が買う理由」を共有し、行動計画を決め、進捗と結果を常に共有することで、キャンペーンで成果をあげてきた。振り返ってみると、これは本書にあるCOPによる4M最適化そのものだ。独立した現在は、同じ方法論を企業研修でも活用して、研修の目標と進捗をクライアントと共有している。

全員で最初に「なぜやるか?」を決め、「どうやるか」を共有し、結果を見てカイゼンするという本書の方法論は、キャンペーンに限らずさまざまな業務で成果があがるはずだ。

POINT

チームで目標を共有して顧客を理解し、テストで広告効果を検証せよ

Book

31

『急に売れ始めるにはワケがある』（ＳＢクリエイティブ）

——流行は「人のネットワーク」が生み出す

マルコム・グラッドウェル

イギリス出身、カナダ育ちのジャーナリスト。『ワシントン・ポスト』紙のビジネス、サイエンス担当記者を経て、雑誌『ニューヨーカー』のスタッフライターとして活躍中。処女作である『ティッピング・ポイント』は、世界的なベストセラーとなった。他の著書に『第1感』『トーキング・トゥ・ストレンジャーズ』『天才!』『逆転!』などがある。ニューヨーク市在住。

グラッドウェルは米国のジャーナリストだ。２０００年出版の本書は処女作。グラッドウェルの名を世に知らしめた大ベストセラーだ。アマゾンをはじめ、さまざまなメディアで２０００年代のベストセラーに選ばれた。日本でも２０００年に原題の『ティッピング・ポイント』のタイトルで出版、２００７年に『急に売れ始めるにはワケがある』に改題されて文庫化された。出版から20年経つが、モノが一気に流行る現象を人の行動原理から解明する洞察は本質的でいまも色あせない。マーケター必読の書である。

２０１９年のタピオカ、２０１８年のインディーズ映画『カメラを止めるな！』……。世の中には気がつくとなぜか流行っているモノがある。このようなブームは感染症と共通のパターンがある。感染症も流行も短期間で拡がり、少人数の行動が大きな影響を与える。感染症のように流行が一気に拡がるポイントが、**ティッピング・ポイント**だ。ティッピング・ポイントには少数者の法則、粘りの要素、背景の力という3つの原則がある。

少数者の法則……流行を拡げる3つのタイプ

流行は影響力が大きなコネクター（媒介者）、メイヴン（物知り）、セールスマンの3タイプの人物が関わると拡がる。

❶コネクター（媒介者）

知人に実に社交的な人がいる。とにかく人と人を引き合わせてつなげるのが大好きなのだ。パーティを次々主催し、参加すると飛んできて人を紹介する。まさに社交家。コネクターはこのように交際範囲が実に広く、知り合いをつくる達人だ。

人のネットワークは、ごく少数の人が大勢とつながることでできている。社会学者ミルグラムは、米国人全員の中から無作為に面識がない2人を選んで、平均5人の知り合いを手紙で仲介すればこの2人がつながることを実験で示し、「世界は狭い」ということを実証した。この実験では24通の手紙が相手に届いたが、そのうち4分の3はたった1人の人物を経由して相手に渡されていた。コネクターとはこのように、多くの人をつなげる人間関係のハブなのだ。

また、社会学者のグラノヴェターは「**弱いつながりの強さ**」という概念を提唱している。弱いつながりとは緩くつながる人間関係のことだ。弱いつながりはアテにならないように思えるが、簡単につくれるので幅広い人たちとつながって、さまざまな新しい知識が得られる。コネクターは弱いつながりを実に多くもつ。クチコミがどこかでコネクターの口を経ると一気に拡がるのだ。ただ、コネクター自身は情報をもっていない。情報を教えるメイヴンが必要だ。

❷メイヴン（物知り）

メイヴンは他人の問題を解決することに生きがいを感じる。新しいＩＴガジェットが発売されたら真っ先に購入し、「俺、人柱だから」と言いながら結果を他人に教えたり、新しいカフェに真っ先に入り、いい店だったら人に紹介するような人だ。利害を離れた専門的な意見をもつので説得力が強い。クチコミの感染を始動させる知識と社交的スキルを備えている。しかしコネクターとメイヴンだけでは、人はなかなか動かない。そこでセールスマンの登場になる（なお、メイヴン〈Maven〉とはイディッシュ語で「知識を蓄えている人」という意味だ）。

❸セールスマン

私はある知人の別荘に招かれたことがある。深い森の中で、実に楽しいひとときを過ごした。知人は、別荘生活のすばらしさを語り続けた。

「ここでは気持ちがリフレッシュする。人生が変わる。別荘は安い買い物だよ」

翌日のこと。私と妻は借り家住まいにも関わらず、別荘の見学を申し込んだ。完全に洗脳されたのだ。お金がないので別荘購入にまで至らなかったのが、不幸中の幸いである。

セールスマンとは、この知人のような人だ。カリスマ性があり、催眠術師のように強力な説

ティッピング・ポイントで仕掛ければ、大流行が生まれる

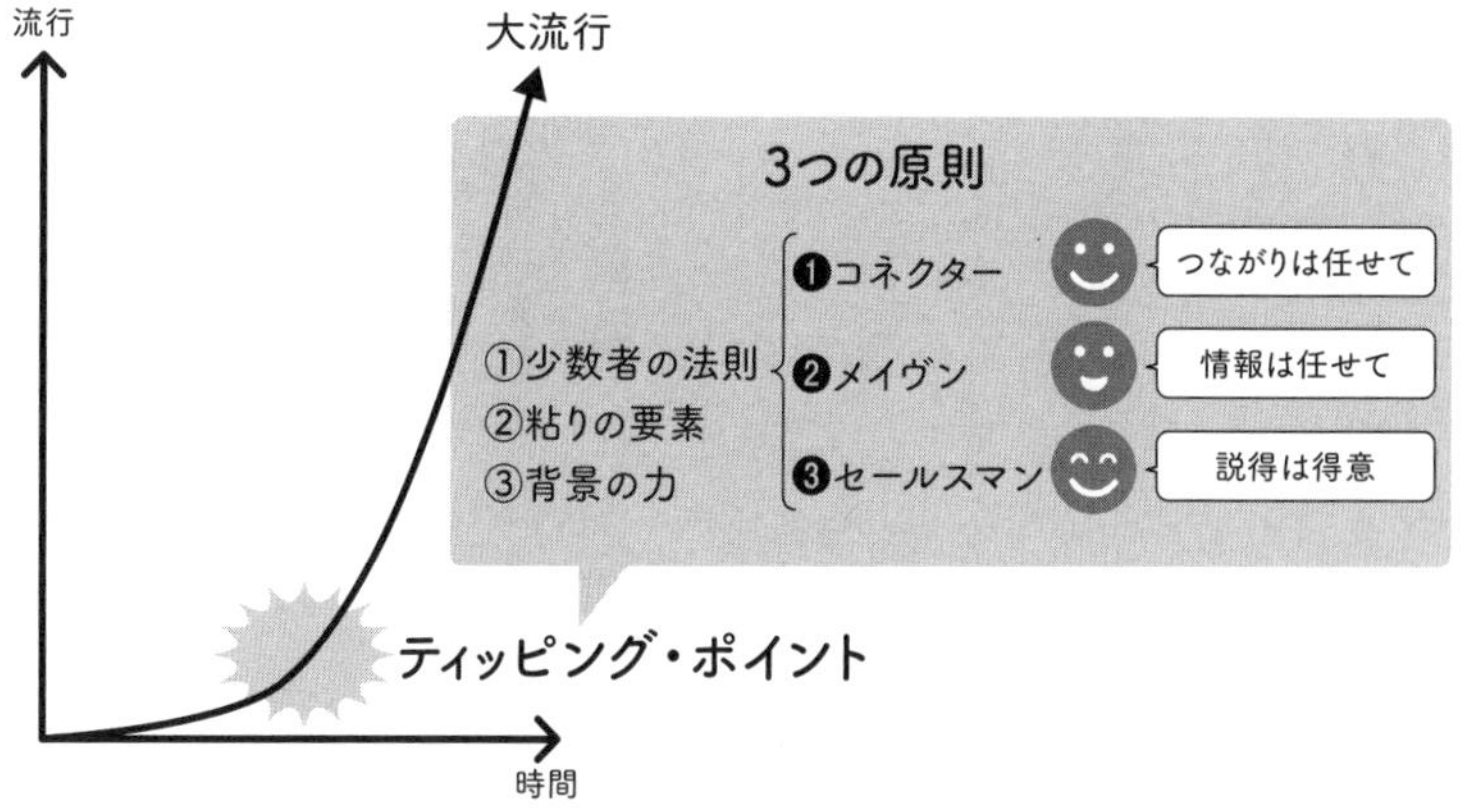

出典：『急に売れ始めるにはワケがある』（著者が一部追記）

得力をもち、相手をその気にさせる。もともと「これはいいよ」という感情は感染しやすいものだが、セールスマンは会話の流れを支配し、自分の感情を聞き手に感染させる。

このように、コネクター（媒介者）、メイヴン（物知り）、セールスマンという3タイプの人物が関わることで流行が生まれる。彼らは今風にいうと**インフルエンサー**である。

さらに流行ではメッセージ内容も重要な役割を果たす。それが「粘りの要素」だ。

粘りの要素……行動を引き出すメッセージ

モノが流行るにはメッセージが人の記憶に粘りつく必要がある。マーケティングでは「広告を覚えてもらうには最低6回繰り返せ」と言われるが、これには膨大なお金がかかる。

現実には、メッセージを粘り強くする安上がりな方法がある。

イエール大学は、学生が破傷風の予防接種を受けるよう説得できるか実験を行った。まず学生を「恐怖度が高い資料」（破傷風の恐ろしさを写真付きで解説）を見せるグループと「恐怖度が低い資料」（抑制した表現で写真不使用）を見せるグループに分けた。直感的に「前者のほうが予防接種率は高い」と思いがちだが、結果は違った。その後に実際に注射を受けたのはわずか3％。両者の違いはなく、行動につながらなかった。**メッセージに粘りがなかった**のだ。

そこで、小さな変更をして再実験した。資料に大学保健所の地図と予防接種時間を記載すると、28％の学生が予防接種を受けた。しかも両資料で予防接種率は同じだった。具体的な情報（地図と診療時間）の追加で、資料の抽象的な情報は実践的な医療アドバイスに一変したのだ。

つまり、恐怖をあおっても効果はない。少し工夫して情報を見せれば、相手の記憶に粘りつき、行動を引き出すのだ。記憶に粘りつく方法は、Book32『アイデアのちから』でさらに深掘りして紹介する。

背景の力……小さな問題から解決する

流行るかどうかは、時期と場所の条件や状態で大きく変わる。これが背景の力だ。

私は1980年代後半にニューヨークへ初出張した。当時のニューヨークは殺人が多発する物騒な犯罪都市。のどかな米国郊外と比べて、実に怖かった。特に地下鉄は荒れ放題・落書きだらけ・犯罪多発ゾーンで、「地下鉄は危険だ。絶対に乗るな」と言われた。

しかし、1990年をピークにニューヨークの犯罪は一気に減った。

きっかけになったのが**「割れた窓理論」**だ。至るところで窓ガラスが割れている無法地帯の雰囲気は「ここでは何をしてもいい」と思わせて犯罪を誘発する、という考え方だ。

ニューヨークの地下鉄は割れた窓理論に基づき、「落書きが地下鉄崩壊の象徴」と考え、徹底的に撲滅した。落書きされても毎日その上から何度も塗り潰すことで、「落書きは絶対許さない」という強いメッセージを伝えた。さらに無賃乗車も厳しく罰した。

その後、この活動を指揮した地下鉄警察の責任者がニューヨーク市警の長官になり、この戦略をニューヨーク市全体で展開して犯罪は激減した。凶悪犯罪激減のティッピング・ポイントは、一見取るに足らない生活環境犯罪の取り締まりだったのだ。

私たちは「犯罪撲滅」というと制度や失業、格差などに原因を求めがちだ。しかし、この事例は、本当の問題は実は些細なことだと教えてくれる。犯罪を撲滅するには、必ずしも大問題を解決するのでなく、環境の中のティッピング・ポイントを変えればいいのだ。

このように**流行するか否かの違いは、意外なほど細部に潜んでいる**。本書に掲載されている事例は、予算も時間もない中で、知恵を絞って成果をあげたものばかりだ。少数の特殊な人たちに働きかけ、少し情報の見せ方を変えれば、流行を起こせるのだ。

POINT

「少数者の法則」「粘りの要素」「背景の力」で流行を生み出せ

Book
32

『アイデアのちから』（日経BP）

——顧客の記憶に焼きつくメッセージをつくる6つの原則

チップ・ハース／ダン・ハース

チップ・ハースは、スタンフォード大学ビジネススクール教授。組織行動論を専門とする。Google や GAP をはじめ世界的企業のコンサルティングも行う。過去には、シカゴ大学ビジネススクールやデューク大学フュークアビジネススクールで教鞭をとった。ダン・ハースは、デューク大学社会起業アドバンスメント・センター（CASE）のシニアフェロー。ハーバード大学ビジネススクールでMBA 取得後、同学の研究員を務めた。オンライン教育大手 Thinkwell の共同創設者。

バーで魅力的な女性が近づいてきた。「もう一杯いかが？　ごちそうするわ」

そこで記憶は途切れ、気がつくとホテルの水風呂の中。「救急車を呼べ」というメモと携帯がある。かじかむ手で電話すると交換手が出た。なぜか状況を熟知しているようだ。

「腰からチューブが出ていませんか？」たしかにある。

「腎臓を1つ取られたのです。この町で暗躍する臓器狩りの犯行です。救急車が向かっています。そこから動かずに」

この臓器狩りの話は一度聞いたら忘れない。記憶に焼きつくのだ。

メッセージが相手の記憶に焼きつけばマーケティングは成功する。Book31『急に売れ始めるにはワケがある』の「粘りの要素」を深掘りした本書は、2007年の全米ビジネス書ベストセラーに選ばれた。著者のチップはスタンフォード大学教授、ダンはコンサルタント。兄弟の2人は、アイデアを記憶に焼きつかせる仕組みを研究してきた。

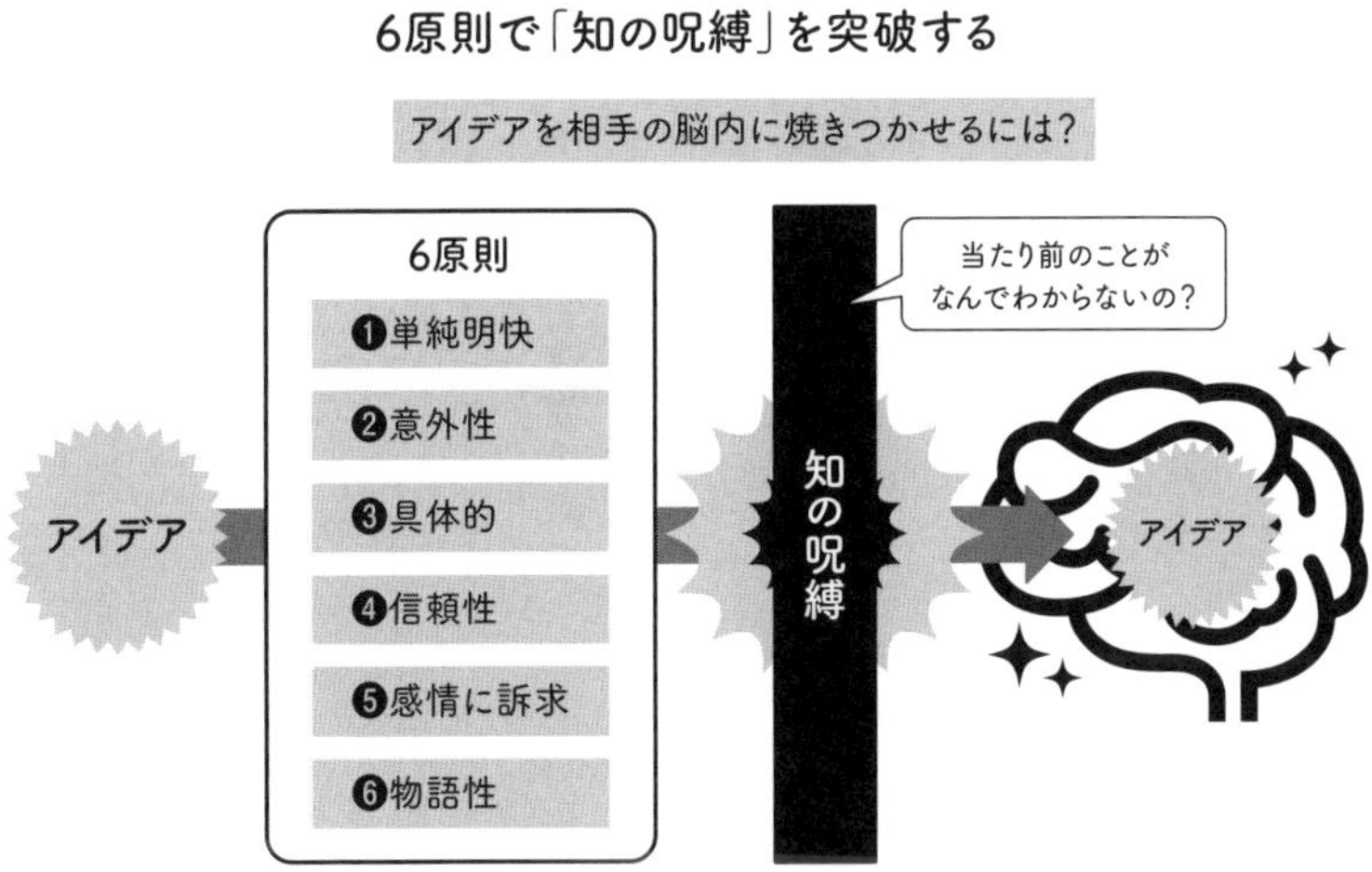

出典：『アイデアのちから』を参考に著者が作成

成功するアイデアは、次の6原則を守っている。**❶単純明快、❷意外性、❸具体的、❹信頼性、❺感情に訴求、❻物語性がある。**

現実には、記憶に焼きつくアイデアは少なく退屈なものばかり。犯人は**「知の呪縛」**である。

こんな実験がある。被験者を「叩き手」と「聴き手」に分けて、叩き手が25曲中の1曲をコツコツと指で机を叩き、聴き手が曲名を当てる。正解率は2・5％だったが、叩き手の正解率の予想は50％。叩き手の脳内にはメロディが流れ、「あの曲、わかるよね」と思っているが、聴き手はまったく違う回答をし、「何でわからないの？」となる。

相手がわからない気持ちがわからないのが、この「知の呪縛」だ。

これを突破する武器が、この6原則なのだ。

原則❶　単純明快である

ハリウッドでは、フワフワな企画段階の映画に

100億円投資するか否か決めなくてはならない。物語・監督・配役・予算のわずかな違いで完成度も興行成績も一変する。そこでハリウッドでは、「明確なコンセプト」を求める。

映画『エイリアン』のコンセプトは「宇宙を舞台にしたジョーズ」。単純明快である。これが決まれば「宇宙船はボロボロでOK、逃げ場のない船上で焦りと不安を感じながら一か八かの判断を下す」というアイデアの核ができる。この核がお粗末だとダメなのだ。

「宇宙を舞台にした愛と追憶の日々」だと、どんな名監督も救いようがない。

原則❷ 意外性がある

米国のあるCM。楽しげな家族を乗せたミニバンが滑るように走る。交差点で信号待ちして発進した直後、猛スピードの車が交差点に突っ込みミニバンの横腹を直撃。衝撃音とともにガラスは砕け、金属はねじ曲がり、画面は暗くなり、メッセージが流れる。

「予想もしませんでしたか？　誰もがそうなのです。シートベルトを締めましょう」

これは米国広告協議会が制作したCMだ。「こうなるはず」という相手の推測を壊せば相手は驚く。メッセージの核を見極め、意外な点を探し、相手の推測を壊した上で、推測を修理する。要はオチが大事だ。このCMのオチは「シートベルトを締めましょう」。

相手の興味も重要だ。人気マンガ『鬼滅の刃』は、毎回新たな敵登場などの伏線を残し、「次どうなる?」と思わせて終わる。私は本書執筆中にアニメをすべて見終え、コミックも全巻読了してしまった。『鬼滅の刃』は**隙間理論**に則っている。好奇心は自分の知識に隙間が生じたときに生まれる。「次どうなる？」という隙間は苦痛を生み、情報を渇望するようになる。意外性があるアイデアは知識に隙間を空けて、相手を焦らしながら誘惑するのだ。

原則❸ 具体的である

ある日本の教師は、算数の授業でこう質問する。

「100円もっていて70円のノートを買いました。残りはいくら？」

具体例によって抽象的な数学の概念もわかりやすく説明できる。

具体的な土台がないまま抽象的な概念を教えるのは、空中に家を建てるようなものだ。記憶をマジックテープとすると、具体例はマジックテープ上の小さなフックだ。大量のフックがもう一方の輪に引っ掛かりくっつくように、具体例が多いほど記憶に焼きつく。

原則❹ 信頼性がある

現代の消費者はメッセージを信じない。統計を利用すれば信頼される。あなたがサメ救済基金の責任者なら、「サメによる死者は年平均0・4人しかいない」ではなく、「鹿に殺される確率はサメに殺される確率の300倍」のほうが説得力ある。

シナトラ・テストと呼ばれる事例を使う方法もある。フランク・シナトラの名曲『ニューヨーク・ニューヨーク』で、ニューヨークでの新生活を始める心境を「ここでうまくいけば、どこへ行ってもうまくいくさ」と歌った一節にちなんだものだ。たとえば、「このセキュリ

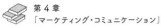

ティソフトは防衛省で採用された」と言えば、誰もが「信頼性は抜群」と信じる。

原則❺ 感情に訴える

人は「300万人が飢えている」という統計的な数字では動かない。「ロキアという7歳の少女は極貧生活を送り、深刻な飢えに脅かされている」といった個人に共感して動く。行動を促すには感情に訴えることだ。分析的に考えるとき、人は感情的になりにくい。

原則❻ 物語性がある

よい物語は、人を行動へと駆り立てる。頭の中で出来事を思い描くと、実際の活動と同じ脳の部位が呼び覚まされる。物語は行動を追体験し、記憶に焼きつくのだ。

サブウェイは脂肪分6g以下の7製品を「7アンダー6」としてキャンペーンをした。しかし、同時に実施したジャレドの物語によるキャンペーンには敵わなかった。

きっかけは新聞記事だ。大学生のジャレドは190kg。体重が増え体調が悪化。「35歳まで生きられない」と言われ、減量を心に誓う。7アンダー6を知り、自己流サブウェイダイエットを開始。体重が82kgまで落ちたジャレドは「サブウェイは命の恩人」と言う。この新聞記事がきっかけで広告代理店がテレビCMをつくると、全米で大反響。

ジャレドの物語は6原則をすべて満たしている。

POINT

「単純明快」「意外性」「具体的」「信頼性」「感情に訴える物語」を語れ

❶単純明快である……サブウェイ・サンドイッチで体重が減る
❷意外性がある……ファストフードで大幅に体重が減るのは常識外れ
❸具体的である……大きすぎて履けなくなったズボンと細くなった腰回り
❹信頼性がある……ジャレドが体験した事実に基づいている
❺感情に訴える……ジャレドはサブウェイに助けられて成功した
❻物語性がある……大きな障害を乗り越えて勝利をつかんだ物語は人を勇気づける

この話は新聞記事がきっかけだった。記憶に焼きつくアイデアは自分で生む必要はない。物語の目利きができるように、常にアンテナを張ればいいのだ。

私は本書を読んで驚いた。私の数多くの著書は、本書の方法論を自分なりに試行錯誤して活用している。改めて自分の方法論を整理することができた。

この方法論はマーケティング・コミュニケーションでも大いに役立つ。活用して欲しい。

Book
33

『ウソはバレる』
——ソーシャルメディアは、マーケティングの常識を一変させた

（ダイヤモンド社）

イタマール・サイモンソン／エマニュエル・ローゼン

　サイモンソンは、スタンフォード大学ビジネススクールのマーケティング教授。消費者の意思決定に関する世界的な権威と評され、消費者の選択、買い手の意思決定を動かす要因、マスカスタマイゼーションの限界など、マーケティングの中心的な概念について新たな知見をもたらしてきた。ローゼンは、ベストセラーとなった『クチコミはこうしてつくられる』の著者。同書で「クチコミ・マーケティング」時代の到来を予見し、のちに実現したことで注目を集めた。


「圧倒的に強いブランドをつくることが重要だ」

「既存のお客様との絆を強くすることが、最優先だ」

私たちはこう考えがちだが、本書は「**ソーシャルメディアが主流の透明な時代では、これらの考え方は時代遅れ**」と一刀両断。新しい顧客コミュニケーション方法を提唱する。

米国の著名人も本書を絶賛している。

Book15『戦略的ブランド・マネジメント』の著者ケビン・ケラーは「新しい消費者の世界を、独自の幅広い洞察で描いている」。**Book32**『アイデアのちから』の著者チップ・ハースは「すべてのマーケティング担当者は必読だ」。『フォーブス』誌は「技術がいかに消費者を賢くするか知りたいマーケターの必読書」。

著者のサイモンソンはスタンフォード大学ビジネススクール教授、ローゼンはコピーライターで従来型マーケティングの信奉者だった。定説に疑問をもった2人は共同研究に取り組

み、本書が生まれた。

無名の台湾パソコンメーカーが世界的企業になった理由

私はコロナ禍のため自宅で仕事を始めた頃、IT機器を大量に買い込んだ。講義収録のためのプロジェクター、スクリーン、ホワイトボード。さらにウェブカメラ、大型ディスプレイ、大型カラープリンター複合機。購入前に実商品に触れることはできなかったが、必ずネットで購入体験談をチェック。思った通りの商品を入手できた。

ほんの20年前、買い物はギャンブルだった。パンフレットや雑誌記事を参考にして買ったものの、「失敗だった」と思うことも多かった。いまはそんなことは少なくなった。消費者にとって実によい時代である。

台湾で無名の受託製造業だったASUS（エイスース）が成長したのもこのおかげだ。彼らが自社ブランドでパソコンを売ると言ったとき、周囲は「ブランド確立は大金がかかる。失敗する」と反対したが、2012年のパソコン出荷台数は世界5位。性能とスペックにこだわり安価だったので、ネットで高評価を獲得、多くの人がASUS製品を買った。

店頭の商品でも、その場でスマホ検索すればユーザーレビューで品質も使い勝手も一目瞭然。価格比較サイトで安い店もわかる。そして、マーケティングの常識も変わったのだ。

合理的に考えるようになった消費者は騙せない

マーケターがよく使う手法に、**おとり効果**がある。レストランで800円コースと1200円コースがあると、多くの人は800円コースを選ぶ。そこへ2000円コースを投入すると、1200円コースが選ばれるようになる。2000円コースはあまり選ばれないが、1200円コースを選ばせるためのおとりなのだ。

しかしこのおとり効果は、ネット時代では効果を失っている。

ある研究者はオンラインショッピングと同様に、さまざまな価格情報や消費者レビューを見せた上で、この実験をした。すると、おとり効果は跡形もなく消え去った。

スマホを駆使する現代の消費者は、マーケターが思うようには簡単に操られないのだ。

消費者の脳が進化したのではない。テクノロジーが進化した結果だ。

いまはレビューサイトなどで実体験に基づいた性能・機能・スペックなどの事実がきちんと整理された状態で入手できる。世の中の情報量は増え続けているが、私たちは対応できている。結果、新しい意思決定パターンが生まれた。

情緒的に考えず、合理的に考えて買うようになったのだ。

20世紀は、企業がマーケティングで消費者を情緒的に煽る手法が効果を発揮した。しかし現代では感情的な訴求はあまり効かない。

ブランドの価値が失われていく

掃除機では、ダイソンが圧倒的に強いブランドだ。

シャークは無名だが、ネットの評価が高く、ダイソンよりもお手頃。ダイソン目当ての客の多くが、店頭で考えを変えてシャークを買うようになっている。

Book16『ブランド論』でアーカーは、ブランド・エクイティーの要素としてブランド認知・ブランド連想・ブランドロイヤルティを挙げた。このうちブランド連想の価値が徐々に失われている。レビューサイトの登場で、有名ブランドの優位性が下がっているのだ。

ブランドは、いまでも重要だ。いまもダイソンは強いブランドのおかげで売れている。しかし、ブランドだけが品質の評価基準になることは少なくなった。

冒頭のASUSのように、**ブランド力がない企業も市場に参入しやすくなっている。**

ちなみに、アーカーも知人のアドバイスでASUSのパソコンを購入したという。ブランドの大家といえども、いまやブランドにとらわれないのだ。

ロイヤルティは過去のものになる

前著『MBA必読書50冊を1冊にまとめてみた』のBook11『顧客ロイヤルティのマネジメント』でライクヘルドが提唱した顧客ロイヤルティの考え方が拡がったことで、マーケターは顧客との長期的な関係を構築しようと努力してきた。

しかし、状況は変わった。

コンサルティング会社デロイトの調査によると、「毎回同じブランドのホテルに宿泊する」という人はわずか8%。

また、世界の携帯電話業界のマーケティング幹部への調査では、最優先事項は「既存顧客と絆を築くこと」だが、「自分は忠実な顧客」と考えるユーザーはわずか29%。逆に「電話会社はどこでもいい。安くていいサービスがあれば切り換える」との回答が多かった。

つまり企業側は、「当社とお客様は、固く誓い合った関係だ」と思っている。

しかし消費者は、「アナタと誓い合った覚えなんて、ないんですけど……」と思っている。

あなたもいまより安くて速い通信サービスが出てきたら、乗り換えを検討するだろう。

こうして企業側の思いとは裏腹に、消費者はどんどん他社に乗り換えていくのである。

なんでこうなってしまったのか?

20世紀の消費者は正確な情報が入手できなかった。過去に満足した商品を買わざるを得なかった。だから消費者は乗り換えず、顧客ロイヤルティも高いように見えた。

しかし現代では、購入前に正確な情報を入手できる。過去の体験とは関係なく、よければ買うし、悪ければ買わない。**正しい情報が入手できれば、過去にこだわる必要はない**。

ここまでの話を手品にたとえてまとめると、20世紀の消費者はマーケターの手品を素直に信じていた。だが、いまは手品のすぐ横でネタばらしをする人々がネット上にたくさんいる状態なのである。では、マーケターはどうすればいいのか?

「影響力ミックス」で見極める

この状況が自社にどの程度当てはまるかを見極めるのが、**影響力ミックス**だ。ある人の購入判断は、次の3つの情報源の組み合わせで決まる。

P（Prior）……その人が前からもつ好み・信念・経験
O（Other）……他の人々や情報サービス
M（Marketer）……マーケター

スマホ購入だと、Pはその人のスマホ経験、Oは友人たちの意見、Mはメーカーの言葉だ。「POM」の比率は状況により変わる。Oが増えれば、PとMが減る。そして消費者は、POMのバランスを考えつつ意思決定する。

カギはOの依存度だ。これは次の要因で決まる。

要因❶ 意思決定の重要性……高額商品（車やパソコン）はOに頼る。日用品は手間をかけない
要因❷ 質の情報はどの程度重要か？……製品の機能や品質に違いが大きいと、Oを頼る
要因❸ リスクと不確実性……「製品に問題がある」などのリスクがあると、Oに頼る
要因❹ カテゴリーの変化スピード……ガジェットのように常に最新型が出るものは、Oに頼る
要因❺ 人前で使う商品か？……車やスマホは皆の前で使うので、Oに頼る

PもOも重要でない場合に、はじめてマーケター（M）が影響力をもつ。

たとえば、日用品（歯磨き粉など）はわざわざネットで品質や価格をチェックしない。店頭でよさそうな商品があれば即買う。Mが仕掛けるブランド・棚割・パッケージが重要だ。Book5『ブランディングの科学』の通り、メンタル・アベイラビリティとフィジカル・アベイラビリティがカギだ。

広告の役割は「認知獲得」から「関心の呼び覚まし」に変わる

Oに依存する世界では広告も変わる。広告では認知獲得も説得もできないので、**顧客の関心を生むことに専念すべきだ。**

サムスンは米国でギャラクシーノートを発売する際、NBAスター選手の息子がタッチペンで父親の顔をいじったり、同僚のスター選手と大画面で動画チャットする90秒の動画CMをつくった。この広告の目的はブランド名の植えつけでなく、ユーザーにタッチペン・動画チャット・画面サイズに関心をもってもらって、検索してもらうことだ。動画はユーチューブで4000万回再生されて高い関心を呼び起こし、売上につながった。

このように広告は認知よりも顧客視点で製品メリットを訴求し、関心を生むべきなのだ。

Oに依存する新しい世界では、ユーザーや専門家の率直な意見も見える化すべきだ。

Book29『ブランドは広告でつくれない』でアル・ライズが言うように専門家の関心を集

「影響力ミックス」で消費者の行動を見極める

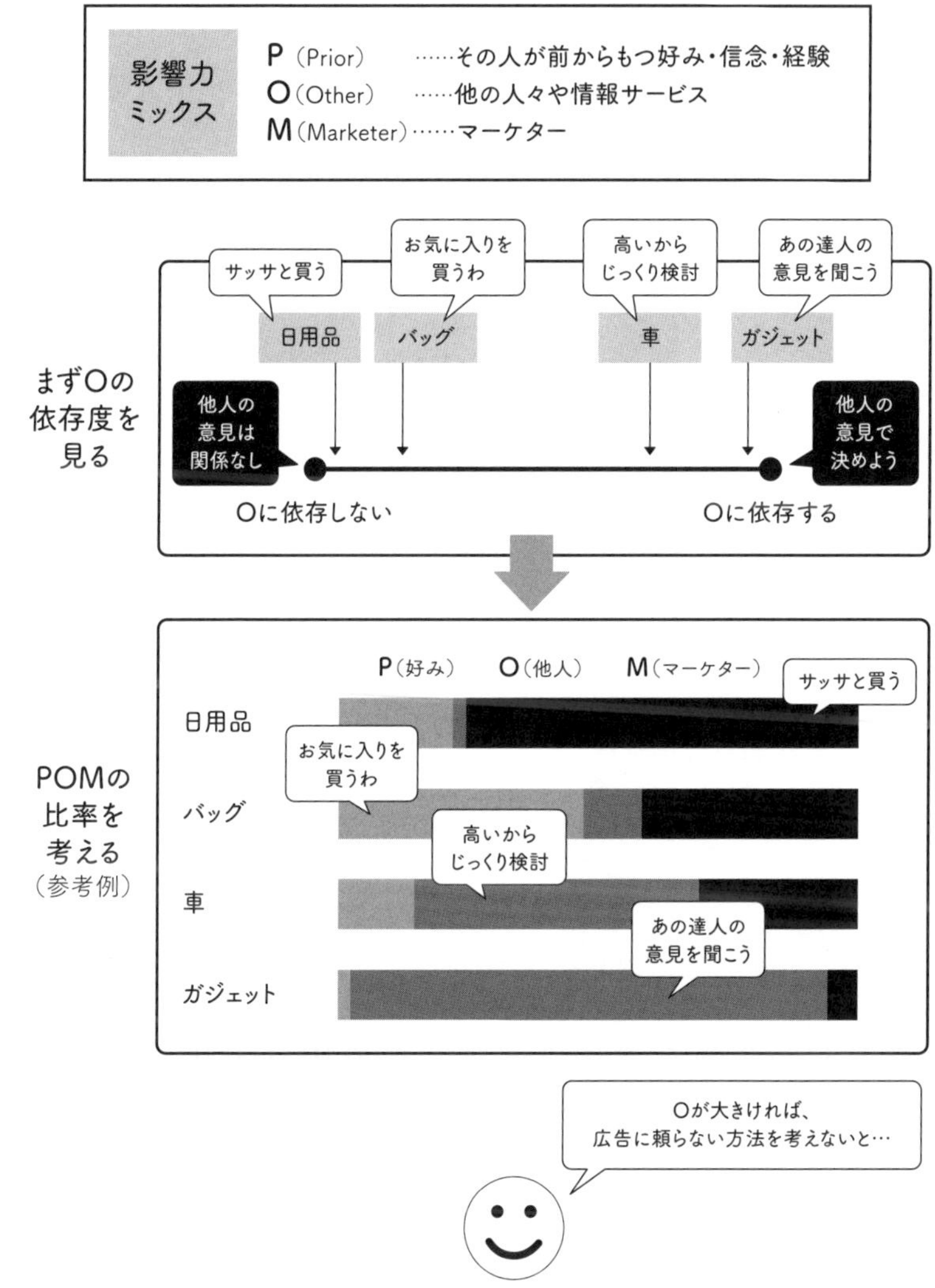

出典：『ウソはバレる』を参考に著者が作成

めるためにPRが重要になる。

また、ソーシャルメディアの活用方法を誤解しているマーケターが多い。「説得ツールだ」と捉えて大量の商品情報を流したり、「ソーシャルメディアを使えば、消費者はブランドのファンになり応援してくれる」と考える人もいる。これらは**本来Oとして活用すべきソーシャルメディアをMとして使っている時代遅れの考え方**だ。

一方で、Oに依存しない歯磨き粉のような日用品の世界で売れるかどうかは、従来通りMとP次第だ。

ソーシャルメディア全盛期にどの打ち手が正しいかは、自社ビジネスがOに依存するか否かで大きく変わる。的確な打ち手を考える上で、本書は大きな示唆を与えてくれる。

POINT

「O」に依存するか否かで、マーケティングの打ち手は正反対になる

第5章

「チャネル」と「販売」

セールスとは、マーケティング・ミックスのチャネルそのものだ。

価値を顧客に届ける重要な役割をもっている。

大切なのは、製品ではなく、顧客が求める価値を売ること。

ドリルを買う人が必要なのは、穴なのだ。

セールスには小売セールス（B2C）と法人セールス（B2B）がある。さらにデジタル時代になり、販売方法も大きく変わりつつある。

第5章では流通チャネル戦略、小売セールス、法人セールス、さらにデジタル時代のセールスを教えてくれる名著11冊を紹介する。

Book
34

『流通チャネルの転換戦略』（ダイヤモンド社）

——顧客ニーズを満たすために「チャネル戦略」を実行せよ

V・カストゥーリ・ランガン

ハーバード・ビジネス・スクール教授。インドでエンジニアリングの学位取得後、ノースウェスタン大学大学院ケロッグスクールでマネジメントの博士号を取得。渡米以前は多国籍企業のセールスやマーケティングの担当者として実務経験を積んだ。ハーバード・ビジネス・スクールでは、MBA コースのマーケティング全般で教鞭をとり、経営幹部向けの B2B 戦略、企業の社会的責任に関するプログラムなども担当してきた。

あなたがつくった服がまわりで大人気。そこで売り方を考えてみよう。

野外フェスなどで1個ずつ手渡しして売るのも一つの方法だ。お客の生の声も聞ける。しかし、手間がかかるし、売っている間は服をつくれない。

ネットは24時間売れるが、ネットの知識は必須だし、配送や代金回収の手間がかかる。

ショップで商品を置いてもらえば楽に売れるが、ショップを開拓するのは大変だ。

そこで、数多くのショップに商品を卸している問屋（卸売業者）と取引できるようになれば販路は一気に拡がる。ただ、お客の生の声は届かなくなる。

これらの商品販路を**チャネル**という。チャネルをいかに構成し、管理するかを考えるのが**チャネル戦略**だ。チャネル戦略はマーケティング・ミックス（4P）の重要な一つだ。

本書はチャネルの変革戦略について詳しく解説した数少ない理論書であり実践書だ。

著者のランガン教授は「**チャネル戦略のすべての始点は、顧客ニーズだ。顧客ニーズを満た**

チャネル戦略はマーケティング・ミックスの大切なひとつ

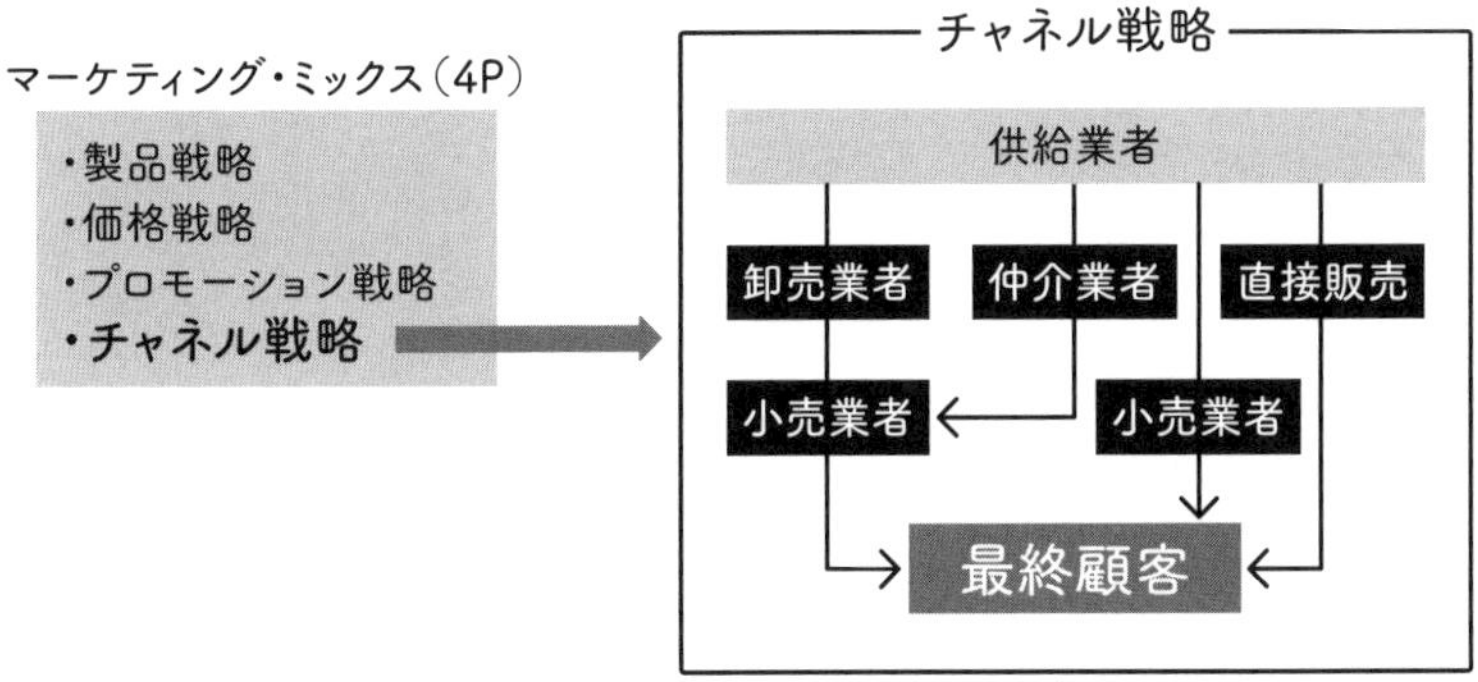

「顧客に届ける価値をいかに最大化するか」が
チャネルの使命

出典：『流通チャネルの転換戦略』を参考に著者が作成

すためにチャネルを構築せよ」と言う。当たり前に聞こえるが、できていないことが多い。

食品製造業の営業部長に会ったときのこと。

「永井さんは『価値で勝負しろ』って言いますが、理想論ですね。現実は値引きばかりですよ」

「御社の商品の品質はどうなんでしょうか？」

「絶品です。いまの人は本物を知りません。ウチの商品を食べると、皆が驚きますよ」

「美味しいのに値引きする理由は何ですか？」

「ん？　そう言えば……ナゼナンダロウ……」

詳しく話を聞くと、この会社のセールスは消費者にはほとんど会わないという。

普段の商談相手は問屋。この会社のセールスの顧客は、問屋なのだ。だから「絶品」と言う消費者がなぜ買わないのかがわからない。

結果、相手の問屋は商談で「絶品はわかったからさ。で、いくら値引くの？」

消費者に会ったことがないセールスは多い。「顧客は卸売業者（問屋）や小売業者」と勘違いしたまま営業しているのである。

ランガン教授も「**チャネル戦略では、顧客志向の考え方が実践されていない**」と嘆く。卸売業者も小売業者も大切だが、彼らは顧客ニーズを満たす中継点であり顧客ではない。

本当の顧客は商品に価値を感じてお金を出す消費者だ。チャネル関係者は、顧客のために一致協力すべきだ。しかし、顧客不在のまま、不毛な争いをすることも少なくない。

米国のナイキと靴の小売業者・フットロッカーは、長年二人三脚でナイキのシューズを売り、成長してきた。しかし、フットロッカーが値引きキャンペーンを始めて対立が勃発。ナイキが「やめてくれ」と言うと、フットロッカーは「不当な要求だ」と注文200億円分をキャンセル。ナイキは対抗手段として人気モデル供給を停止した。

泥仕合が続き、ナイキもフットロッカーも売上が低迷してしまった。

「チャネルの他メンバーに影響を与える能力」のことを**チャネルパワー**という。強い製品をもつナイキは**製品パワー**、多くの小売店舗をもつフットロッカーは**市場パワー**という強いチャネルパワーをもっている。しかし、両社は自社の利益のためだけにチャネルパワーを使い続け、業績が悪化してしまった。顧客不在の結末だ。では、どうすればよいのか？

何がお客様にとってベストか？

供給業者から顧客への商品の流れを**チャネル・バリュー・チェーン**（**CVC**）という。

CVCではさまざまな関係者がつながり、たすきリレーで顧客に商品を届ける。図上のよう

チャネル・スチュワードシップの目的

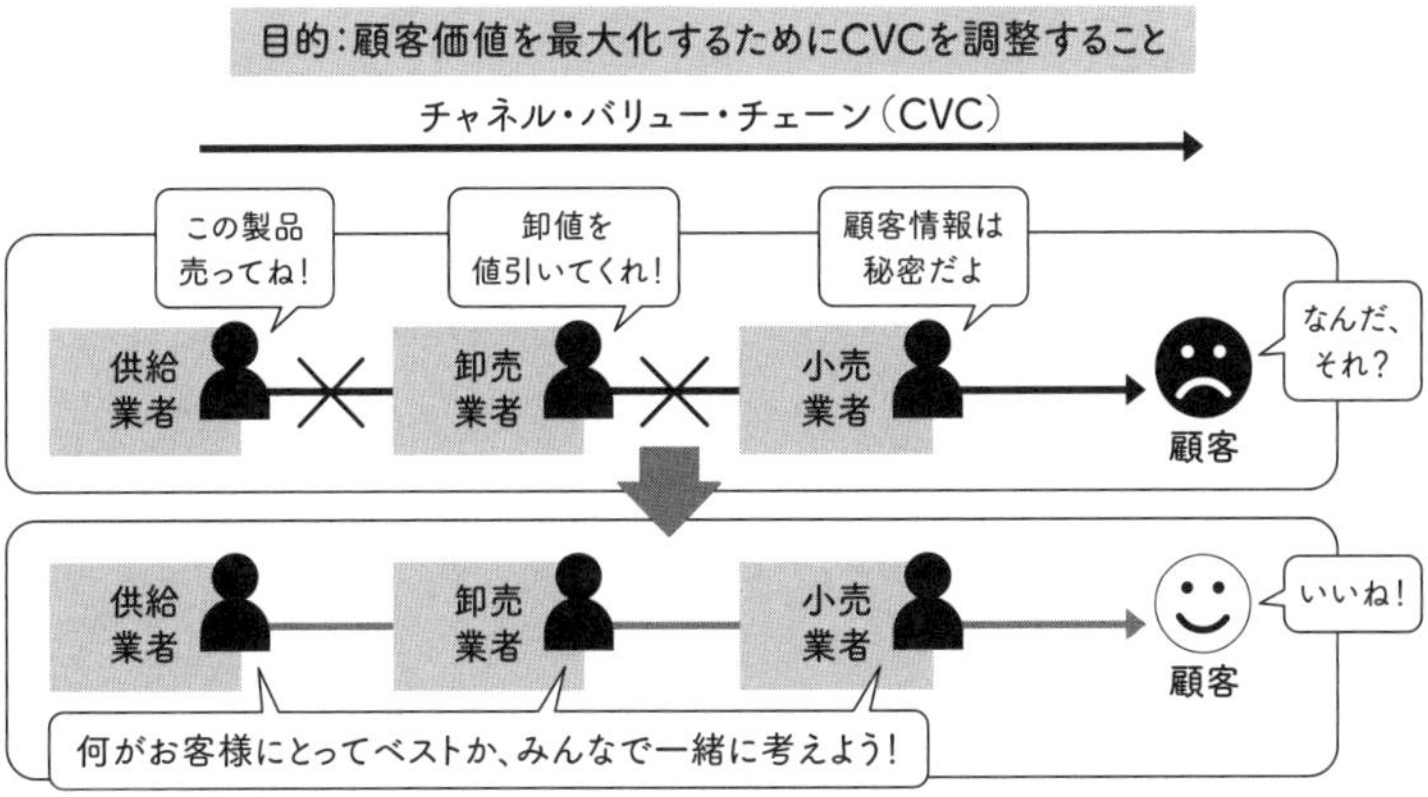

チャネル・スチュワードシップの考え方

出典：『流通チャネルの転換戦略』を参考に著者が作成

にバラバラだと客は離れてしまう。

CVCを通じて顧客に「価値」を届けることが必要だ。そこでランガン教授は**チャネル・スチュワードシップ**という考え方を提唱している。チャネル・スチュワードシップでは、**チャネル・スチュワード**（チャネルの調整役となる会社）が関係者に呼びかけ、図下のように「何がお客様にベストか一緒に考えよう」と皆で考えながらCVCを調整する。

世界最大の小売業者・ウォルマートは、チャネル・スチュワードシップを発揮した好例だ。ウォルマートでは店舗からメーカーの工場までのCVCがつながり、自動化されている。

店舗在庫が減るとメーカーは自分の判断で店舗に商品を直接補充する。ウォルマートは販売情報を無料でメーカーに提供している。これはメーカーの商品開発でとても有益な情報となる。ウォルマートの年間売上は57兆円。ウォルマートはその圧倒的な規模のチャネルパワーを活かして、顧客に「安さ」を提供し、メーカーにもフェアに利益を共有している。

このようにレーザー光線のように顧客にまっすぐ焦点を当て、いかに顧客ニーズを満たすかを関係者全員が理解する状態をつくりだすべきだ。ちなみに、Stewardshipとは「他人から資産を預かり管理する」という意味だ。まさにCVCという資産を預かっているのだ。

「チャネルパワー」は顧客のために使う

メーカーもチャネル・スチュワードシップを発揮できる。ネットワーク機器大手のシスコシステムズ（以下シスコ）は、販売業者をチャネルとして活用して成長した。しかし、米国ITバブル崩壊で顧客の需要が一気に縮小。そこで、シスコはチャネル戦略を大幅に見直した。

「顧客を万全に支援する販売業者を重点的にサポートする」と考えたのだ。

それまでは売上に応じて販売業者に値引きしていたが、すべて中止。代わりに新技術のスキルに応じて値引きをするようにした。販売業者は高いスキルをもてば、大きな値引きで商品を仕入れて販売でき、利益が上がる。

逆に専門スキルがない販売業者はシスコ製品を売れなくなり、販売業者数は半減した。

3年後、販売業者の顧客満足度は大きく上昇、投下資本利益率も50％増加した。シスコが顧客に提供する価値は大きく上がり、業績も上がったのだ。

このように**徹底した顧客視点をもち、CVC全体のパフォーマンスを追求することが、チャネルメンバー全員に価値をもたらす唯一の方法**なのだ。

チャネルパワーは顧客のために使うべきだ。顧客価値を高めたいと考えたシスコが低スキルの販売業者を退場させるためにチャネルパワーを使ったのが、正しい使い方だ。ナイキやフットロッカーのように相手を屈服させるために使っても、何も生まない。

チャネル戦略で、戦略の打ち手は増える。海外進出したい日本企業が販売力強化のため海外の販売会社を買収することがあるが、買収は失敗することが多い。自社で販路をもたなくてもチャネル戦略を考えれば、販売力を強化できる。シスコはすぐれたチャネル戦略を立てて、販売業者とともに、自社・販売業者・顧客がメリットを得られる統合チャネルを創り上げた。

現実には多くの企業で製品・価格・プロモーションの各戦略は考えていても、チャネル戦略は放置されることが多い。

チャネル戦略は手薄になりがちだ。だからこそ、チャネル戦略の見直しは効果が上がりやすい。その見直しの際に、チャネル・スチュワードシップの考え方は役立つはずだ。

POINT

手薄になりがちなチャネル戦略を見直せば、確実に効果が上がる

Book
35

『私のウォルマート商法』（講談社）

――「世界最大の小売業」は愚直で圧倒的な努力から生まれた

「安くすれば売れる。売れなければ、値引けばいい」と安易に考える小売業者が多い。大間違いだ。価格勝負の勝者は、業界内で最安値1社だけ。難易度はきわめて高いのだ。その価格競争で世界一の勝者はウォルマート。売上57兆円。世界最大の小売業だ。

本書はウォルマートの創業者・サム・ウォルトンの自伝である。安く売るためには、徹底的に顧客の立場に立った上で、愚直に戦略の実践を繰り返す圧倒的な努力としつこさが必要であることを教えてくれる。

実際に本書の冒頭で、成功したのは「**目標に向かってこつこつとやってきただけ**」「**ごく普通の平凡な人々が一丸となることで非凡な結果を成し遂げてきたのが、ウォルマートの物語だ**」とサムは述べている。

これは謙遜ではない。現実には目標に向かってこつこつと何十年も続けるのはとても難しい。逆にそんな努力を本当に継続できれば、成功は手に入れられる。

サム・ウォルトン

世界最大の小売業者であるウォルマートの創業者。1918年アメリカのオクラホマ州の農場を営む家に生まれた。ミズーリ大学を卒業後、27歳で小売業界に入り、62年にディスカウントストアのウォルマート・ストアを創業した。『フォーブス』誌は85年から88年までウォルトンを「世界一の金持ち」として紹介した。奨学金制度の創設など慈善事業にも積極的に参加。92年には大統領自由勲章を受章している。92年4月逝去。

1ドル節約するたびに、他社に先んじる

1985年、サムはウォルマートの成功で全米一の大金持ちになった。

しかし、本人は米国の田舎・アーカンソー州で古ぼけたトラックに乗り、ウォルマートのロゴ入り帽子を被り、散髪は町の床屋で済ませるという、至って質素な生活をしていた。

勤勉・正直・誠実な両親の元で育ったサムは豊かではなかった。大学生まで新聞配達で家計を助け、1ドルを稼ぐ苦労、稼いだときの誇らしさ、そしてお金を貯める最も確実な方法は不要なお金は使わないことだと、身をもって学んだ。

ウォルマートの経営も同様だ。社員が出張で宿泊するホテルは必ず安いホテルで、2人相部屋。食事はファミレス。これも1ドルの価値をよく考えているからだ。1ドル節約するたびに、他社との競争で一歩先んじることができる。

ちなみに、現在ウォルマートと覇権を争うアマゾンも、「倹約」が企業文化だ。世界一の資産家・創業者ベゾスの愛車は長年ホンダ・アコード。彼も海外出張の飛行機はエコノミーで、安いホテルに泊まる。「顧客に関係ないことにはお金を使わない」ことを徹底している。

倹約の実践は、ディスカウント小売会社が成功するためには必須の企業文化なのだろう。

サムは1962年のウォルマート創業前に、20年間近く小売業で経験を積んだが、小売業についてまったく無知だったことが幸いしたという。当時の小売の指南書はどれも役立たなかっ

た。ウォルマート哲学の土台は、最初に自分がもった店で実体験を通して学んだ。80セントで仕入れた商品は、1ドル20セントで売るより、1ドルで売るほうが3倍以上売れた。1個当たりの利益は半分だが総利益は1・5倍。価格を安くして販売量を増やせば、高価格よりも儲かる。**薄利多売**で儲けるディスカウントの真髄を、身をもって学んだ。

サムは米国中部アーカンソー州の片田舎にある小さな町で、資金もなく融資も受けられずに小売業を始めた。当初、ウォルマートは粗末な店舗だったが、「どこよりも安い価格で売る」という考えを10年間徹底した結果、顧客とよい関係を築き上げて売上は拡大。地域の顧客は「ウォルマート」といえば「低価格と満足の保証」を思い浮かべるようになった。これはまさに**ブランド連想**だ。そして、ウォルマートは次第に多店舗展開を始めた。

小さな町に出店し続けて世界一の小売に

創業当初のウォルマートは、経営者であるサム自らが婦人用下着をワゴン車から積み下ろしたり、コーヒーの染みがついた黄色いノートを抱えうろついたりしていて、田舎町で怪しげなディスカウントストアをやっている印象だった。

しかし、サムは常に「最高の小売企業をつくりたい」と考え、全国のあらゆる店やチェーンストア本部を訪ね、ディスカウント店のチェーン化について学び続けた。マネジメント経験者を雇い入れ、「仕入れや販売データを紙の上で把握していては遠くの店の状況が把握できないので遠くの地域に出店できない」とわかれば、コンピュータ化についても学んだ。

物流も懸案だった。片田舎の店舗で商品を発注しても、いつ到着するかわからない。商品はタイムリーに店で並べたいのでこれは困る。各地の物流センターを見学して、自社で物流センターをもち、情報システムと統合すべきだとわかった。いまでは多くの企業がやっているが、サムは1960年代にコンピュータ時代を10年早く見越していた。

こうしてウォルマートは1960年代の終わりには、チェーン化の手法、プロの経営陣、成長を支えるサポート体制といった、その後の成長の基礎を整えていた。

現代の日本でも、多店舗展開を支える仕組みがないまま店を増やし、客離れして業績が悪化する企業は少なくない。さまざまな小売企業から学んだサムは、事前に手を打ったのだ。

ウォルマートの出店戦略は実にシンプルだ。

「他店が素通りするような小さな町に、適正規模のディスカウント店を開く」

日本と米国では「町」の概念が違う。人が密集する日本では町と町はつながっている。米国では町と町は数kmから数十km離れ、ポツポツ点在している。1つの町が1つの閉じた**商圏**になっているのだ。

当時小売業最強だったKマートは、5万人以下の町は商圏が小さすぎて出店しなかった。サムは5000人以下の町にディスカウント店を出せば寡占化できると知っていた。そんな町は米国にはたくさんある。小さい町なら無競争で勝てる。チャンスは膨大だ。

まず、その町を寡占化できる規模のディスカウント店で、1つの町の商圏を寡占化。さらに近くの町にも出店し、地域の複数の商圏（**商勢圏**）を寡占化する。そして地域を拡げ、他店が狙わない商勢圏を塗りつぶしていく。

さらに店を物流センターの守備範囲内に置いて管理するために、店は本部と物流センターから車で1日の走行距離内（半径560㎞）に置いた。各店を本部が掌握し、情報システムを駆使して徹底的に店の面倒を見る。物流コストも管理コストも大きく下がった。地域を寡占化すれば広告を使わずにクチコミで顧客が来るので、広告費も節約できた。

そして物流センター半径560㎞の地域を寡占化したら、別の物流センターをつくり、同じことを繰り返す。こうしてウォルマートの売上は伸びていった。

1970年　32店舗　総売上34億円

1980年　276店舗　総売上1320億円

2001年　4414店舗　総売上2兆4178億円

2019年　11361店舗　総売上56兆5846億円（1ドル110円換算）

ウォルマートは愚直にシンプルな戦略を繰り返し、驚異的な成長を成し遂げたのだ。

「顧客第一主義」を徹底する

小売業の成功の秘訣は「**お客が望むものを提供する**」ことだ。ウォルマートは愚直なまでに

ウォルマートの出店戦略

他社が素通りする小さな町（人口5000人以下）に1つずつ出店し、着実に商圏→商勢圏→地域を寡占化し、時間をかけて拡げていく

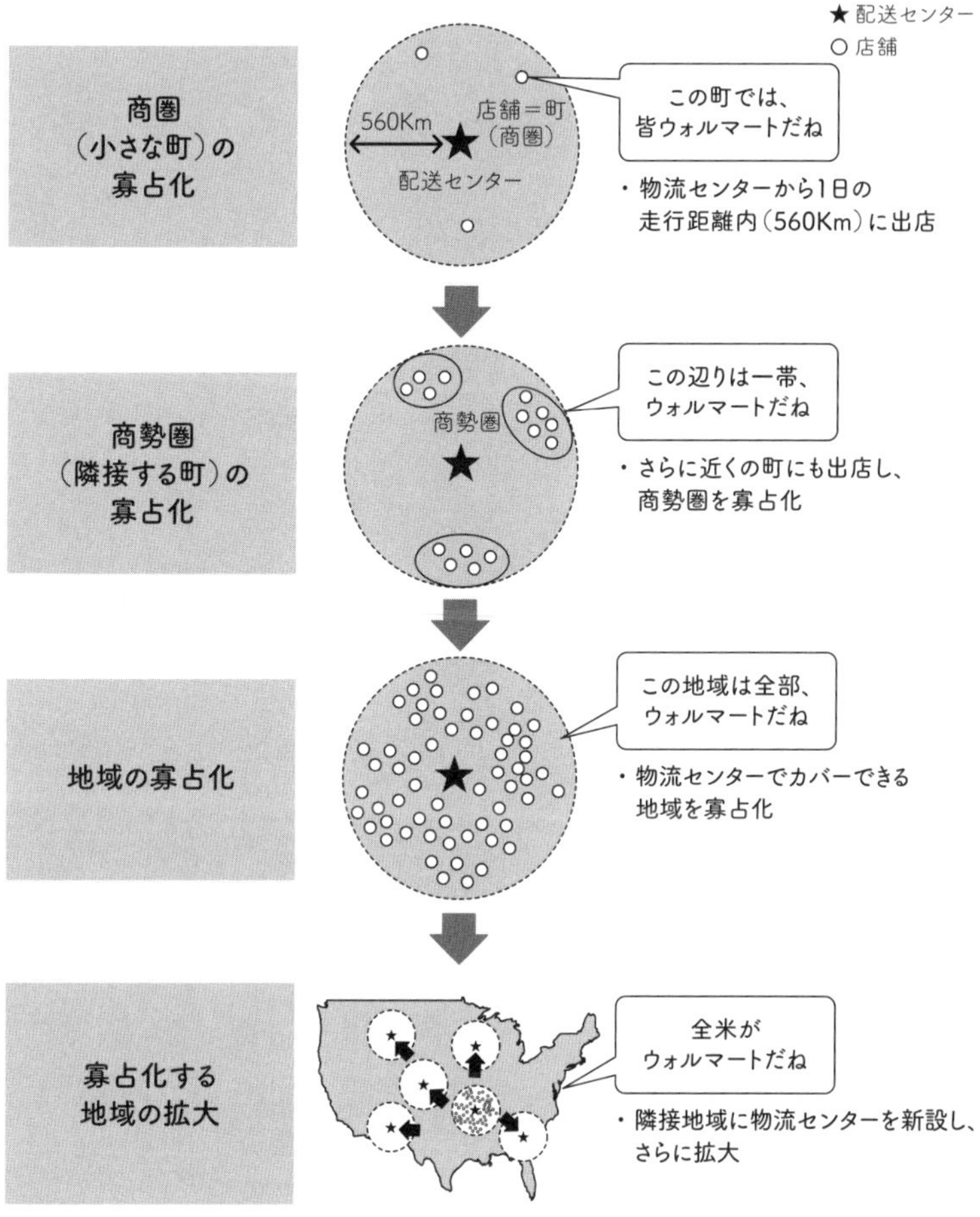

出典：『私のウォルマート商法』を参考に著者が作成

この当たり前のことを徹底している。Ｂｏｏｋ１『Ｔ・レビット マーケティング論』でも紹介したように、創業時に部下が定価1ドル98セント、仕入れ値50セントの商品を「1ドル25セントで売りましょう」と提案したとき、サムはこう言ったという。

「50セントで仕入れたんだから、それに30％上乗せする。それ以上はダメだ。安く仕入れた分の儲けは、お客に還元するんだ」

ウォルマートのバイヤーが仕入れ業者に対して徹底的に値切るのも、バイヤーが顧客のために交渉しているからだ。お客は安く買う権利がある。だからウォルマートのバイヤーは、底値で買うことに徹底的にこだわる。

当初、ウォルマートは仕入れ業者のP＆Gと厳しい交渉をしていた。あるとき、両社の経営幹部が「我々は顧客志向なのに、両社バラバラで余分なコストを生んでいる。まったく新しいパートナーシップをつくろう」と合意し、コンピュータにより情報を共有した。これによりP＆Gはウォルマートのｐ＆Ｇ商品の販売状況をもとに生産・出荷計画を立てられるようになった。結果、低価格と高品質を両立できるようになり、売価を下げることにつながった。

長所は「過去を捨てて方向転換できる文化」

ウォルマートはＢｏｏｋ36『21世紀のチェーンストア』の著者・渥美俊一氏がチェーンストア理論の最高のお手本として学んだ企業だ。本書の監訳も渥美氏が担当している。

渥美氏は、サムと何回も面談した。サムは「私の自慢は、米国のどのチェーンのトップよりも多くの店を見学していること」と言ったという。彼の言葉には必ず「米国の某チェーンでいつごろこういうことがあった」という裏づけがあった。サムは「**私がやったことの大半は、他人の模倣だ**」という。徹底した現場主義に加え、あらゆるモノから貪欲に半世紀にわたって学び続けることで、ウォルマートは世界一の小売企業になったのだ。

その後、ウォルマートを小売業時価総額1位の座から引きずり下ろしたのが、アマゾンだ。そこでウォルマートはアマゾンに対抗すべく、ネット通販に力を入れ始めている。ウォルマートは長年苦戦してきたが、2020年のコロナ禍を機に同社のネット通販は成長している。サムは「我々の企業文化の長所は、過去を捨てて方向転換できること」と本書で述べている。いま、ウォルマートは新たに方向転換できるかが問われている。

小売で安く売ることは、決して時代遅れな考えではない。しかし、**安く売るには愚直で圧倒的な努力が必要**であることを、ウォルマートの物語は教えてくれる。中途半端に特売で安くしても「安物狙い」のバーゲンハンターを引き寄せ、いい顧客が離れるだけなのだ。

POINT

「安く売る」と決めたら、顧客に低コストで届けることに全集中せよ

Book
36

『21世紀のチェーンストア』（実務教育出版）

――標準化した多数の店舗が、異次元の力を発揮する

渥美俊一

1926年三重県生まれ。52年、東京大学法学部卒業。読売新聞社経営技術担当主任記者として「商店のページ」を1人で編集・執筆。62年からチェーンストア経営研究団体ペガサスクラブを主宰。チェーンストア経営専門コンサルティング機関である日本リテイリングセンターを設立。零細企業段階からビッグストアへと育成指導した企業は700社超。専門分野はチェーンストアの経営政策と経営戦略と基礎技術論。2010年に逝去。

Book35のウォルマートのように店舗と売上を順調に増やすのは、現実には難しい。売上好調なので大量出店したものの、急激に低迷する小売業者は多いのだ。いきなりステーキも一時期は絶好調、5年間で400店舗の大量出店をしたが、2020年には破綻の淵に追い込まれた。一方でニトリやくら寿司のように、長年にわたって店舗数・売上・利益を着実に成長させ、好調を維持する小売業者もある。

両者の違いは、本書にある**チェーンストア理論**を忠実に実践したか否かによる。小売業で多店舗を展開する場合、チェーンストア理論は不可欠である。スーパーマーケット各社も1960年代からチェーンストア理論を実践し、大きく成長した。

著者の渥美俊一氏は「国民の豊かな暮らしを実現したい」と考えてチェーンストア理論を提唱し、日本の小売業を長年にわたり発展させた功労者だ。流通業界では広く知られている。

マスの力が圧倒的な力を生み出す

鎖（チェーン）の一つひとつの輪は小さく弱いが、一定の法則で多数の輪がつながれば強くなり、大きな力を発揮する。この鎖のように「多数の店をシステムでつなげて、1つの店でできない力を出そう」というのが、チェーンストア理論だ。

チェーンストアとは、11店舗以上の店を集中管理して販売する小売業者のことだ。店舗数が増えると大きな効果が生まれ、大規模になればよい商品を安く提供できるようになる。「お、ねだん以上。」のニトリは615店舗だ（2020年5月時点）。

ただし、単に店舗数を増やすのではなく**標準化**する。まず❶その店舗の運営にベストの方法を発見し、❷関係者を教育し、❸その通り実行できる状態にする。その上で、❹一定期間が過ぎたら**ルールを改善・修正**し、❺①から④の手順を繰り返して**例外発生を減らす。**

ウォルマートやニトリ、くら寿司は、❹～❺を愚直に実践した結果、成長を続けている。しかし、❹～❺をサボり、途中で低迷し始める小売業者は多い。

チームを運営していると、ある人数を超えた途端、管理が難しくなる経験をしたことはないだろうか？　小売業も同じことが起こる。店舗数が5店を超えると管理の限界を感じるようになり、20店で命令が無視され、30店で現場の報告が信頼できなくなる。

チェーンストア理論では、仕組みづくりで各々の段階を乗り越える。ここで重要なのが、**マ**

スという概念だ。「ある一定量を超えるとまったく新しい性質を得て、新しいことができるようになる」という意味だ。

20〜30店の壁はまったく新しいマネジメントの仕組みをつくれば乗り越えられるが、50〜100店で次の限界がくる。ここで時間をかけて経験を積み重ね、綿密で周到な新しいシステム設計を行う必要がある。この段階を乗り越えれば従業員の考え方や行動が変わり始め、企業文化のレベルが一気に上がる。200店を超えるとチェーンストアが威力を発揮し始め、500店を超えると、ものすごい効果を発揮する。

ニトリの似鳥昭雄会長もインタビューで「200店になると交渉力は倍になった。さらに原材料を調達して集中発注して、さらに価格を下げられた」と述べている（日経ビジネスオンライン「似鳥社長、巷に広がる「チェーンストア限界論」に物申す」2015年）。

大量出店で好業績から一気に転落する小売業者は、新しいシステムづくりをサボったまま大量出店した結果、自ら墓穴を掘っているのだ。

このようにチェーンストア理論では、本部による大量集中仕入れでコストを徹底的に下げ、店舗作業を徹底的に標準化し、例外が出ないようにして**規模の経済**を追求し続ける。その結果、適切な品質の商品を、常に廉価で提供し続けることができるのだ。

「チェーンストア理論」は時代遅れか？

新聞記者だった渥美氏は1950年代から「日本社会の恥部は暮らしの貧しさ。克服するに

チェーンストアの仕組みは、時間をかけてつくり込め

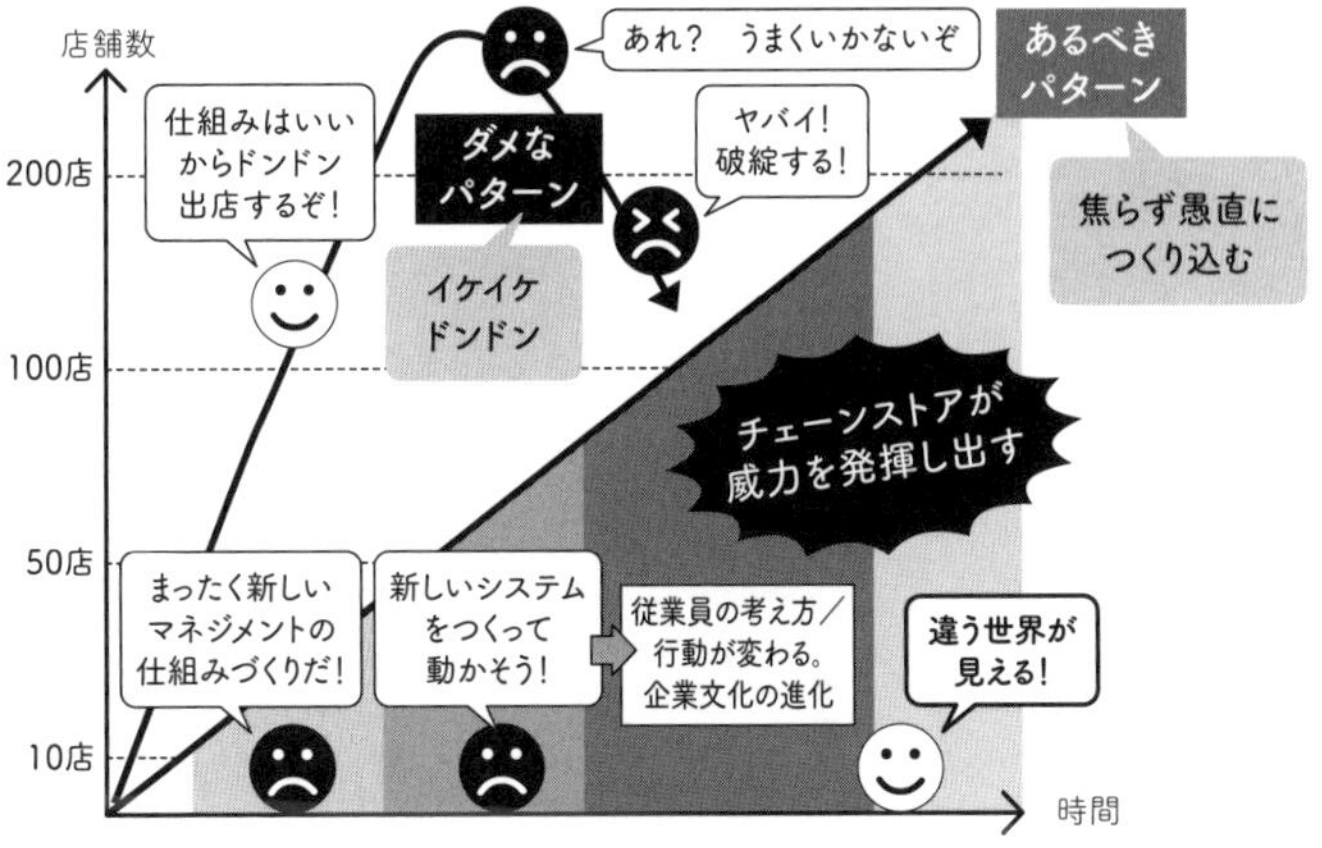

出典:『21世紀のチェーンストア』を参考に著者が作成

はチェーンストア産業づくりが必要」と考えていた。渥美氏はウォルマートなどの欧米小売業から学んだ。「チェーンストアは国民の生活を守る基幹産業」と長く考えられてきた米国では、店舗数は４桁が当たり前で、直営店が多く高収益だった。

欧米企業から学んだ渥美氏は国内で小売業の同志を探し歩き、１９６２年に**ペガサスクラブ**を創設。メンバーはイオンの岡田卓也（当時36歳）、ダイエーの中内功（39歳）、イトーヨーカ堂の伊藤雅俊（37歳）といった小売業の若き経営者たち。いまや大企業だが、当時は年商３〜10億円程度。数店舗を展開する零細企業だった。

「小売業が零細だと日本は貧しいまま。日本にチェーンストア産業を生み出し、暮らしを豊かにする」というビジョンのもとに結集した彼らは、毎年、米国視察旅行や相互見学会で学び続けていった。小売業はこうして一大産業に育った。

それから半世紀。現在の小売業界は、渥美氏から

どう見えるのか?

2010年に逝去した渥美氏は、2008年に出版した本書でこう述べている。

「実現できたのは、当初の理念のごく一部。欧米が実現した生活革命はできていない」

小売業界の売上は伸びたが、収益は米国の半分。規模拡大も極端に鈍化している。

「大手ほど自己満足に陥って革新性を失った。売上のみ追い求め、人海戦術に頼る。標準化、マス化、エンジニアリング(状況を数字で把握して分析し、システムを改善すること)が徹底できていない。現場の頑張りを期待してはダメだ」と厳しく指摘している。

一方で、いまや**チェーンストア限界論**がささやかれるようになった。チェーンストア理論の基本は、本部主導の徹底管理だ。各店舗に仕入れ権限などをもたせる**個店経営**は否定する。

しかし、ドン・キホーテは店舗に自由裁量を与え、個店経営を突き進み、成長を続ける。

2019年には業績が低迷する総合スーパー・ユニーに出資し、ユニー店舗を「ドンキ化」して、チェーンストア経営から個店経営に大きく切り換えた。売る気持ちが弱かった現場社員に仕入れ権限を与えて自ら売るように変えて、業績は一気に改善した。

ユニクロでは、都市部の大型店舗には本部から現場へ大幅に権限を委譲した。

小売業各社も**脱チェーンストア**という言葉を使うようになった。

チェーンストア理論は限界なのか?「人生の師匠」と呼ぶ渥美氏からチェーンストア理論

を忠実に学んで実践し事業を拡大させてきたニトリの似鳥会長は、先のインタビューでこう語っている。**「チェーンストア限界論が言われるのはそれができていないから。理論は正しい」**。

また、法政大学の矢作敏行名誉教授は「店舗が地域や立地に合った品揃えや店舗運営をするのは当たり前。商品別・店舗別・地域別に売れているものがわかるのは、チェーンストアの強み。個店で最適な品揃えができるのもこの情報のおかげだ。個店経営はチェーンストア理論の否定ではなく、進化形だ」と述べている（『販売革新』２０１５年11月号）。

Book 37『なぜこの店で買ってしまうのか』で紹介するように、いまの客は店のフロアで何を買うかを決める。店舗に権限委譲して判断できれば、ドンキのように売上は大きく上がる。チェーンストア理論が個店経営に進化するのは、歴史の必然なのだろう。

米国小売業から貪欲に学び続けた結果、日本で独自に進化し、日本の小売業発展に貢献をしたチェーンストア理論は、いまだに有効だ。しかし、理論が提唱された当時から社会は変わった。チェーンストア理論を学び、進化させることで、日本の小売ビジネスは拡大できるはずだ。

POINT

チェーンストア理論はまだ有効。マスのメリットを活かし進化させせよ

Book
37

『なぜこの店で買ってしまうのか ショッピングの科学』（早川書房）

——小売業者は客のことを知らなすぎる

パコ・アンダーヒル

マーケティング・コンサルタント会社エンバイロセル社の創業者・CEO。ニューヨークを拠点に世界中のあらゆる業種・形態の店舗で顧客行動を追跡、そこから導き出す店づくりのノウハウは多くの一流企業で活用されている。マーケティング、コンサルティングの分野に「顧客購買行動分析」というまったく独自の手法を確立した実績から「ショッピング界の人類学者」「ショッピング界のシャーロック・ホームズ」とも評される。

私の妻は混雑した売場が大嫌い。お気に入りの商品があっても「後でいいわ」と絶対に立ち寄らない。本書の冒頭でこの理由が紹介されていた。**尻こすり効果**である。

著者のパコ・アンダーヒルは、百貨店のネクタイ売場で品定めする客が、他の客に尻を押されると、そこで買い物をやめることを発見した。そこで、売場を通路から離れた場所に移すと売上は急上昇。同じ現象がさまざまな売場で起こっていた。売上に悩む店は多いが、実はほんの少しの工夫で、売上はグンと伸びる。本書にはそんなヒントが満載だ。

副題の**ショッピングの科学**とは、買物客が購入したくなるように店や商品を変える考え方だ。著者の会社は企業の依頼を受け、訓練された調査員がさまざまな店で気づかれぬように買物客を尾行し、全行動を記録・分析して、客が商品を買うためのヒントをあぶり出す。全世界でサービスを展開し、『フォーチュン』誌の上位100社の3分の1がクライアントだ。

かつて企業は広告を使って消費者に「この商品を買いたい」と思わせ、来店させて売っていた。いまはこの方法は使えない。現代の客は店のフロアで何を買うか決めているからだ。

実際、ドン・キホーテの客もジャングルのような店内に入ってから何を買うか決めている。

私たちも普段は同じことをしている。しかし小売業者は意外なほど客のことを知らない。

客の滞留時間が長いほど売上は伸びる

多くの小売業者が知らない客の実態を、いくつか紹介しよう。

・買い物客が店に滞留する時間を調べた著者は、買い物時間と売上の相関関係を発見した。電器店では、非購入者は5分6秒で、購入者は9分29秒。玩具店では非購入者は10分で、購入者は17分以上。両者で3～4倍の差があることも多かった。日本の蔦屋《つたや》家電は居心地がよく時間を忘れて楽しめる空間だ。本やオシャレな商品が快適な空間に並んでいる。そして売上も高いという。蔦屋家電はこの理論を実践しているのだ。

・来店客のうち実際にモノを買う客の比率を、**コンバージョンレート**という。著者がある小売幹部に店のコンバージョンレートを聞くと「ウチの客は目的買いの客ばかり。ほぼ100％です」。実際に調査すると48％だった。来店する膨大な客をみすみす逃しているということにまったく気づいていない小売業者は、実に多い。

・従業員と客が接触する割合を**応対率**という。応対率が高いほど売上は伸びる。従業員はもっと客に接するべきだ。しかし、多くの店は逆に従業員を削減し、売上を落としている。

「2本の手」がショッピングに与える影響とは?

人間の生物学的な特徴が買い物にも影響を与えている。たとえば人間には手が2本ある。そこで楽に買い物ができる環境をつくれば、売上は伸びる。

・渋谷にある東急百貨店本店では手荷物を1階クロークで預かってくれる。おかげで手ぶらでとても楽だ。店は手間をかけているが、これは店の売上拡大に大きく貢献している。手が2本しかない人間は、両手が塞がるとそこで買い物は終了だからだ。
著者は、ある店の買い物記録ビデオでたくさんの荷物を抱える客の姿を見て思いついた。「カゴを使えばいいのでは」。著者は「商品を3個以上もつ客にカゴを手渡してはどうか」と店に提案。やってみると売上がみるみる伸びた。店の黒字・赤字を分けるのは、ちょっとした「ついで買い」だ。客が「もう1つ買うにはカゴがいる」と思ったとき、そこにカゴがあることが重要だ。

・店の入口付近に置かれているカゴやチラシは、誰も取らないことが多い。人は店に入った直後、無意識に店内を観察し、音・匂い・温度の分析に集中するからだ。この時点はまだ本当に店にいる状態でない。**移行ゾーン**と呼ばれる状態だ。
店の奥に数歩進んで、やっと客はカゴやチラシの存在に気がつく。移行ゾーンを短くすれば、店の空間をもっと有効に活用して売れるようになる。入口を自動ドアにするのは一見便

「移行ゾーン」を最短化しよう

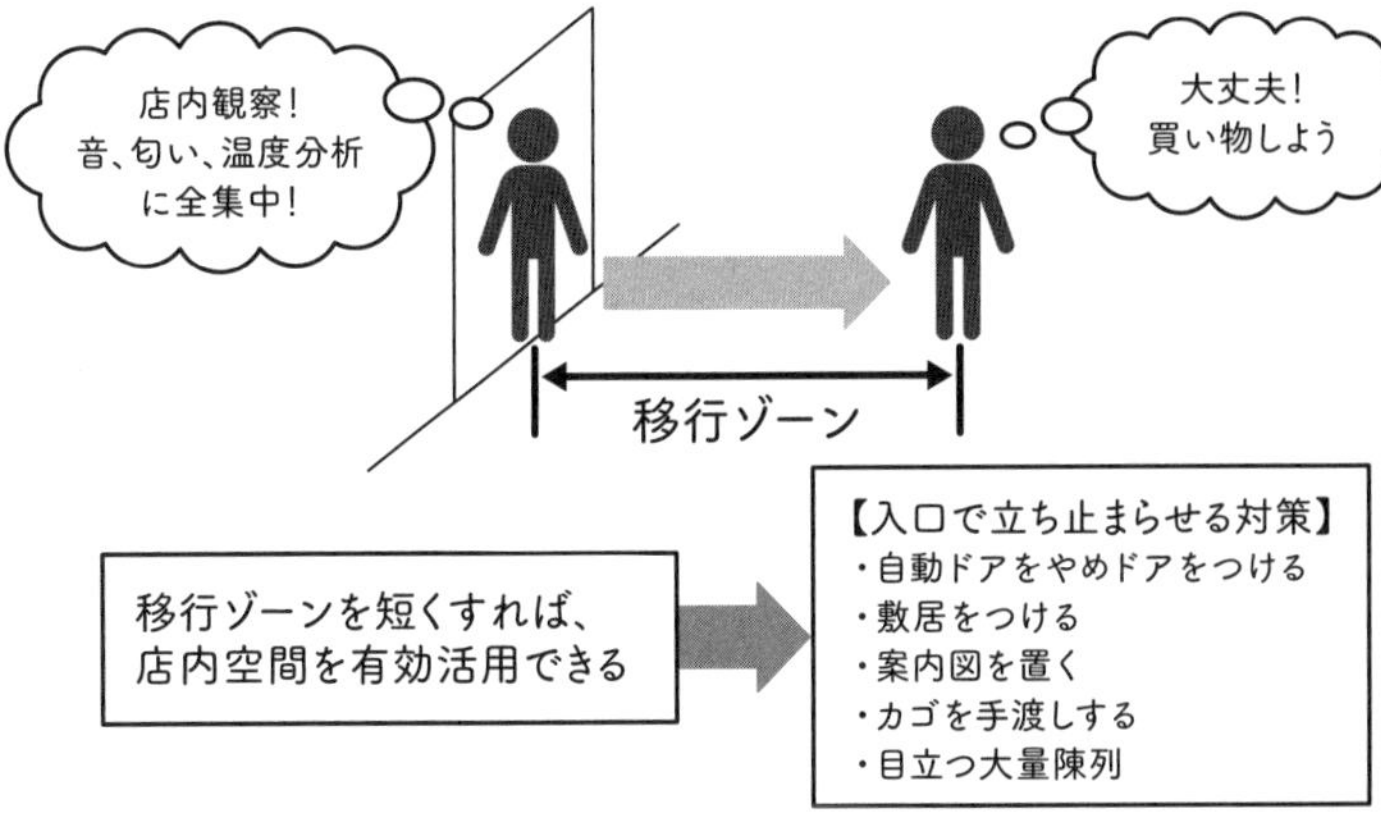
店内観察！
音、匂い、温度分析
に全集中！
大丈夫！
買い物しよう
移行ゾーン
移行ゾーンを短くすれば、
店内空間を有効活用できる
【入口で立ち止まらせる対策】
・自動ドアをやめドアをつける
・敷居をつける
・案内図を置く
・カゴを手渡しする
・目立つ大量陳列

出典：『なぜこの店で買ってしまうのか』を参考に著者が作成

利だが、入店客の歩行速度が落ちないので逆に移行ゾーンを拡大する。ドアや敷居をつければ速度が落ち、移行ゾーンが小さくなる。入口で人がカゴを渡したり、衣料店の入口に大量のセーターなどを展示して立ち止まらせてもいい。

・買い物客はほとんど右利きなので、右に手を伸ばすほうが楽だ。客に買わせたいものがあれば、客の立つ位置の右寄りに陳列すればいい。

・椅子があれば多くの店の売上はすぐ伸びる。男性は女性の買い物を邪魔せず待つようになり、女性も気兼ねなく買い物できる。

客を買う気にさせる方法

近所に輸入食品ショップ・カルディがある。店頭では商品のコーヒーを淹れ、紙コップで配っている。店内にはコーヒーの香りが立ちこめ、陽気なラテン音楽も流れる。味覚・嗅覚・聴覚に訴え、客が買いたくなるようにするためだ。

百貨店の女性の下着売場では、下着は袋に入っていない。女性は肌につけるものは触って試着したがるからだ。客は自分で嗅ぎ、触り、味わい、見て、試して、納得したものを買う。

現代の消費者は**「買う前に試したい」**と考えている。視覚、触覚、嗅覚、味覚、聴覚はショッピングに大きな影響がある。店の役割は商品に触れさせることだが、多くの店はこのことを理解していない。プリンターの電源が入って紙が補給された状態でプリンターを売る店はほとんどない。

衣料品店の試着室は殺風景だ。試着室の客は買う気満々だが、多くの店がチャンスを逃している。照明をリッチにし、何種類かの光に切り換えてシーン別に着た感じを確認できるようにする。鏡は良質で大きいものに替え、毎日掃除しているとわかるように生花をいければ、売上は上がる。

食品の新商品が売れないのは、食べたことがないからだ。客に試食をさせることだ。かつてキッコーマンは米国市場で醤油を売り始めたが、米国人は醤油の味を知らない。そこで醤油を使った料理の試食コーナーを全米につくった。いまや shoyu は英語になった。

客の待ち時間を活かせ

客が店のサービスに評価を下す上で、最も影響があるのは**待ち時間**だ。短ければ価値は向上するが、長ければすべての努力が台なしだ。待ち時間が90秒を過ぎると、買い物客の正確な時間感覚が歪み、イライラする。これを短く感じさせることが大切だ。待ち時間を表示するのは一つの方法だ。

待つ客は１カ所に立って一方向を向き、しかも手持ち無沙汰だ。賢い小売業者は、待ち時間を「見えない財産」と考える。たとえば、待っている客にメニューを渡したり、興味を引くメッセージを送る方法もある。人は文字を読んでいると、待ち時間を短く感じるようになる。また、待っている客に試食品を提供すれば、待ち時間を活かすことができる。

自社の店舗に行こうとしない企業幹部は多いが、リアルな店で買い物客や従業員にどのようなことが起こっているかを実体験することは大切だ。店だけでなく、客の好みや行動も常に進化し続けており、ショッピングが変わっていることを、私たちは理解すべきだ。

Book36『21世紀のチェーンストア』で紹介したチェーンストア理論が、本部主導徹底から個店経営に進化せざるを得ないのも、消費者が進化しているからだ。

マーケティングというと大がかりなマーケティング戦略に目が行きがちだが、実際には**現場での実践がビジネスの結果を大きく左右する**ことも多い。私たちの固定観念を取り払い、小売の現場で何が起こっているかを理解する上で、本書は大いに役立つはずだ。

POINT

売上のカギは「現場で起こっている現実」にある

Book
38

『小売再生』リアル店舗はメディアになる
（プレジデント社）

——店舗は「モノを売る場所」から商品に興味をもたせる「メディア」に変わる

ダグ・スティーブンス

世界的に知られる小売コンサルタント。リテール・プロフェット社の創業社長。人口動態、テクノロジー、経済、消費者動向、メディアなどにおけるメガトレンドを踏まえた未来予測は、ウォルマート、Google、セールスフォース、ジョンソン＆ジョンソン、ホームデポ、ディズニー、BMW、インテルなどのグローバルブランドに影響を与えている。本書のほかに、『The Retail Revival』『Reengineering Retail』などの著書がある。

先日、アマゾンの年間支払額を調べる裏技を知った私は、調べてみて驚いた。この10年間、私の支払額はコンスタントに毎年20%ずつ増えている。特にコロナ禍で在宅ワークが続いた２０２０年９月時点では前年比2倍。たしかに実店舗で商品を買うことは徐々に減った。

ネット通販が小売全体に占める割合は世界で年々増加し、コロナ禍で一気に加速した。

そんな現代でリアル店舗が目指すべき未来を描いた本書は、米国のメディアや小売業の経営者から「必読の書」と評されている。著者は世界的な小売コンサルタントだ。

「ネットで服は売れない」と言われていたが、いまやＺＯＺＯで服を買う人は多い。

現代では家庭向け食材から家具に至るまで、ネットで売れないものはない。自動車メーカーのテスラも、体験できるショールーム店舗を残して販売はネットに全面移行した。スマホで本を買うのと同じ感覚でテスラ車を購入できる。**小売でネット販売が及ばない聖域は存在しない。**

アマゾンのスマートスピーカー「エコー」を使えば、音声で商品を注文できる。また、VR（ヴァーチャル・リアリティ）技術により、世界中の店で仮想的な買い物体験が可能になる。いまや感触や匂いをネット経由で体験できる技術も開発中だ。配送ではウーバーイーツなどのベンチャーが次々登場、アマゾンもドローン配送実験、配送センター自動化、航空機調達などで迅速に配送するニーズへ急速に対応している。

オンラインショッピングは爆発的な進化を続け、欲しい商品は即入手できるようになる。リアル店舗はこの進化にまったく追いついていない。時代は激変しているのに、この200年間、商品を売るリアル店舗の仕組みは基本的に同じ。商品を探すのはとても面倒だ。

小売の業績を測るモノサシ（売り場面積当たり売上、従業員当たり売上、既存店ベースの成長率、在庫回転率など）も変わらない。この結果、「売上悪化→合理化→売上悪化」の悪循環。百貨店も低迷が続いている。リアル店舗はどうすればいいのか？

ドンキが教えてくれる「リアル店舗の未来」

小売業界が低迷する中、ドン・キホーテは絶好調だ。店内はまるでジャングル。雑然と商品が積まれている。低迷中のスーパー・ユニーはドンキ傘下に入り、ドンキ風に改装した途端に売上増。そのドンキの秘密を探る実験がある。カギは、脳内で生まれて快楽や意欲を左右する**ドーパミン**という快楽物質だ。

この実験では、猿が作業後にご褒美を与える仕組みで、猿の脳内でドーパミンが生成される条件を探った。この実験では、実験開始が近づくとライトが点灯する。

実験の結果、最もドーパミンが放出されたのはご褒美がもらえる瞬間ではなく、ライトの点灯を見た瞬間だった。「ご褒美がもらえる」という期待で、脳は快楽を感じていたのだ。

面白いことにご褒美がもらえる確率を下げると、ドーパミンは逆に上昇、確率50％で最高レベルになった。確実にご褒美がもらえる場合は、ドーパミンが減ってしまった。

買い物客に当てはめると、探していた商品を入手できる瞬間にドーパミンが最も放出され、掘り出し物を探している状態だとドーパミンはさらに増える、ということだ。

つまり、アマゾンのようにあらゆる商品がすぐ見つかる状態は、ドーパミンを下げかねない。**ネット通販で買い物が便利になると、逆に人は体験への飢餓感を感じる**のだ。

むしろドンキのように実店舗に無秩序感を仕込むことで発見のワクワク感が生まれる。楽しいショッピング体験は合法的な麻薬。脳内にドーパミンを生み出す。体験を得られるのはリアル店舗ならではだ。便利なネット通販全盛の現代、顧客はリアル店舗に体験を求めている。

しかし、いまの店舗は体験を求める消費者に応えてない。家電量販店はどこもギラギラ、ピカピカ、派手な音楽。ヨドバシもビックカメラも、看板とBGM以外はほぼ同じだ。アマゾンが店舗を殺しているのではない。変化しない店舗は、自分で自分の首を絞めているのである。

リアル店舗は「体験」を提供して進化する

Ｂｏｏｋ37『なぜこの店で買ってしまうのか』で紹介したように、蔦屋《つたや》家電は消費者に体験を提供している。ゆったりとした店内の照明はやや暗く落ち着いている。空気感は心地よい。商品はこだわりの品ばかり。店内には文具、アウトドア用品、こだわりグッズなどさまざまな店がある。眺めるだけで楽しめるし、客はソファーでゆったりと過ごしている。蔦屋家電は心地よい空間を創り出している。

蔦屋家電を運営するカルチュア・コンビニエンス・クラブの増田宗昭社長は「ネットに置き換わることはしない。リアルでしかできないことを掘り起こす」と考え、さまざまなことに挑戦している。蔦屋家電もそんな挑戦の一つだ。

最近はスタートアップがネットで顧客に直販する**D2C（Direct to Consumer）**というビジネスモデルが成長中だ。しかし、実店舗を出すD2C企業は少なくない。

米国で大人気のメガネオンライン販売・**ウォービーパーカー**。メガネを自宅で試着できるので、当初は「実店舗は不要」と考えていたが、注文殺到で自宅試着を中断した際、「会社で試着できるか？」という電話が次々かかってきた。アパートの一室で顧客に対応してみて、対面が顧客との関係づくりで大切とわかり、多くの実店舗を展開中だ。

家電メーカーの**ソロス**は顧客に自社スピーカーを知ったきっかけを尋ねたところ「友人宅でくつろいでいるとき」という回答が多かった。同じ体験を提供するため、マンション風の一室に家具を揃え、音響特性を完璧に調整し、インテリアに凝った完全密閉型リスニングルームを開設した。ここで来店客は製品を体感できる。

あるアパレル系D2C企業のCEOは、こう語る。

「街に出店すると、オンラインだけの場合と比べ、地域の認知度や売上が4倍に伸びる」

いまや店舗で商品を買うのは二の次。最優先は**顧客体験の提供**なのだ。

「体験型小売店」の時代

リアル店舗は、モノを売る場所から客を楽しませて商品に興味をもたせる場に変わった。

米国西海岸にあるb8ta（ベータ）の店内には、スタートアップ企業が開発したロボットやドローンなどの尖《とが》った製品が並ぶ。店の目的は顧客に製品を体験してもらうこと。b8taはカメラなどで店内客の反応を記録・収集し、メーカーにデータを売っている。メーカーにとって顧客が自社製品にどのように反応するかはきわめて貴重な情報だ。

日本でも蔦屋家電が、**蔦屋家電＋**という次世代ショールームで同じ挑戦をしている。

ニューヨーク・マンハッタンにあるSTORYは、ギャラリーのように4～8週間ごとに店内を総入れ替えし、商品を展示販売する。店内を1冊の雑誌に見立て、テーマを決めて各ブランドのストーリーを訴求する。ジレット、GE、ホームデポなどの各社は自社ブランドのストーリーを店で語るためにお金を払う。同店は店内の客の動きを測定する技術も導入している。各社は顧客がどのように自社商品を受け容れているかをデータで把握できる。売り場面積当たりの売上は、百貨店メイシーズの12倍だという。

メディアと店の役割は入れ替わりつつある。

リアル店舗はメディアになる

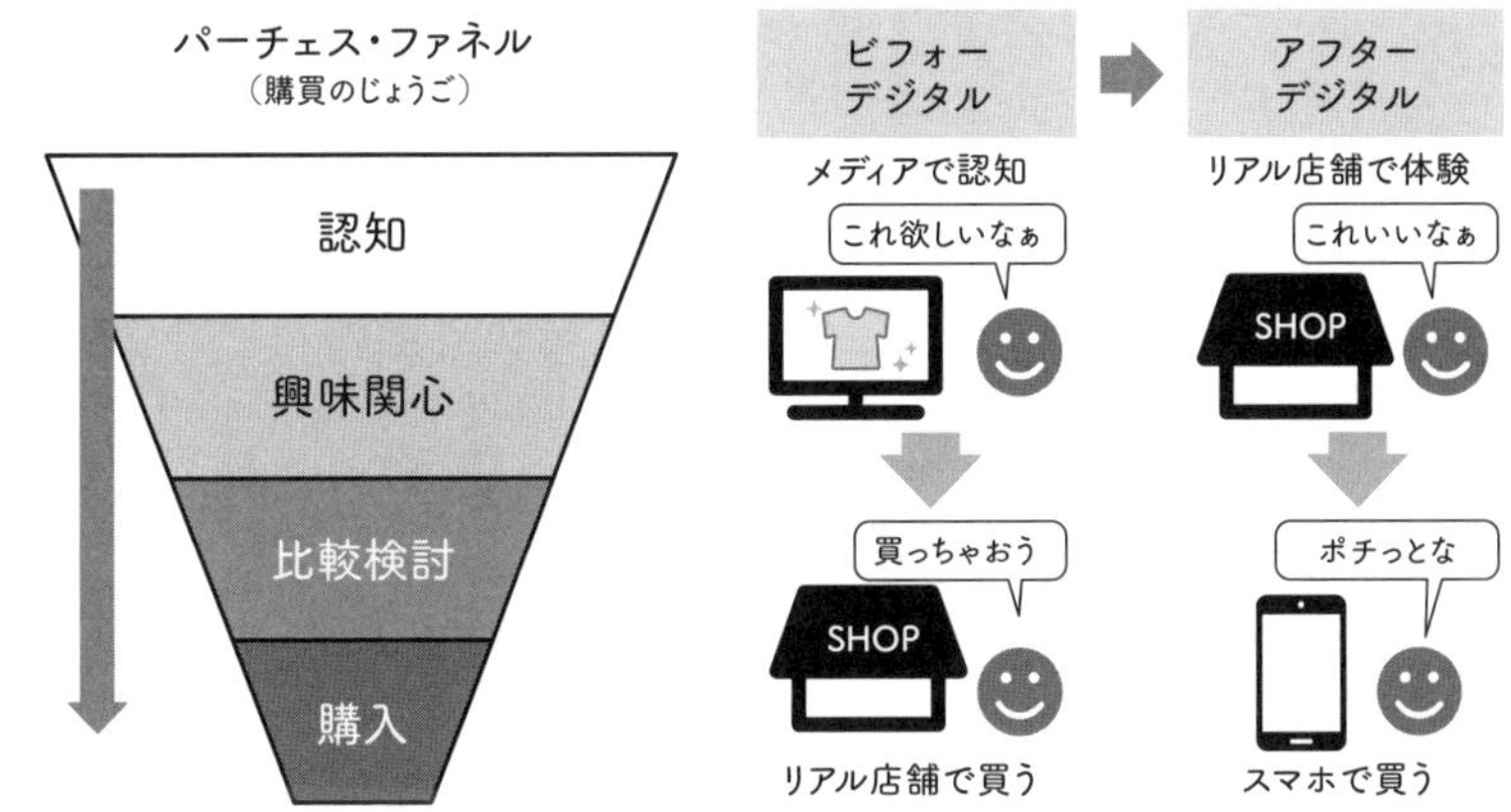

出典：『小売再生』を参考に著者が作成

消費者の心理変化をじょうごにたとえた**パーチェス・ファネル**というモデルがある。**認知**し、**興味関心**をもち、**比較検討**をして**購入**に至る。

これまでは、最初にメディアで商品を知ってもらい、最後にリアル店舗で売っていた。現代ではこれが逆転。リアル店舗がメディアとなって、商品を知ってもらう。そしてスマホでポチれば、商品はどこでもすぐ買える。

「商品を仕入れ、消費者に売り、差益を取る」という小売ビジネスモデルは崩壊しつつある。売るだけが目的の小売はすでに時代遅れだ。

体験型小売店の時代がやってきたのだ。

b8ta、STORY、蔦屋家電＋のように、小売業者はメーカーに代わってすぐれた顧客体験をつくり込んで提供し、ブランド紹介の対価を要求できるように進化すべきなのだ。

では店舗スタッフの未来はどうなるのか？

店舗スタッフは「ブランド・アンバサダー」になる

先日、私はある家電量販店で店員に商品について質問したが、「わかりません」との対応。結局、スマホでグーグル検索して調べた。いまや店員よりもグーグルのほうが正確で早い。

ある在庫管理ロボットは、店内を自動巡回して陳列棚をスキャン。商品数千点の在庫状況を確認・記録でき、精度もほぼ完璧だという。同じ作業を人間がやると週に25～40人必要で精度は低いという。

現在の店舗スタッフの未来は暗そうだが、まったく別の未来がある。そんなモデルになる人がいる。近所にある某女性ブランド用アパレルショップの販売員・サワダさんだ。

サワダさんはこのブランドが大好きで愛用している。ブランド愛用者の妻は、店でよく買い物をする。サワダさんは妻の好みを熟知しており、似合う商品が入荷すると速攻で電話が来る。サワダさんご本人の仕事ぶりからは、この仕事が好きなことが伝わってくる。

未来の店舗スタッフに求められるのは、サワダさんのような人間らしさだ。**ブランドのよさを顧客目線で伝えるブランド・アンバサダーの役割を担う**のだ。

20年前、音楽業界のアーティストの収入はほぼレコード売上だった。いまは6％。残りの収入は主にライブだ。小売で同じ変化が起こる。それがライブな店舗体験の提供だ。「モノを売る必要はない」と割り切れば、さまざまな新たな可能性が生まれてくる。

日本でもすでにこの方向に大きく舵を切った小売大手がある。

2019年5月、丸井は**デジタル・ネイティブ・ストア**というコンセプトを打ち出し、「ネット販売を前提に、商品体験と顧客が集まるコミュニティの場を提供する」と発表した。店舗にはオーダースーツをD2Cブランドで提供するFABRIC TOKYO、日本初上陸のb8ta、ペンタブレットのワコム製品を試せる店など「商品を売らない店」が続々入店中だ。店の評価基準も「売上と粗利」から「客数と顧客生涯価値」に変えていくという。

さらに、丸井はD2Cスタートアップ企業を支援する新会社も立ち上げた。丸井は本気でデジタル・ネイティブ・ストアへの進化の歩みを始めている。

小売は死なない。脱皮中なのだ。現在の小売業界のビジネスモデルはつくり直しになる。崩壊の道を選ばずに自ら破壊を仕掛ければ、小売は未来を築き上げられるのだ。

POINT

リアル店舗は提供できる体験を磨き抜き、「メディア」となれ

Book

39

『大型商談を成約に導く「SPIN」営業術』（海と月社）

――小型商談の成功パターンは、大型商談では致命傷になる

ニール・ラッカム

英国シェフィールド大学にて行動心理学の研究者となった後、ハスウェイト社を創業。12年にわたり世界3万5000件の商談を調査研究し、独自のセールス法を開発。セールスに関するコンサルティングやトレーニング、セミナーを手掛け、アメリカ有数の企業に成長させる。同社のセールス・プログラムは23カ国で展開され、マイクロソフト、IBM、GEのほか、フォーチュン500社の半数以上で採用された。

「売れない理由は簡単だ。セールスが売っていないからだ。気合いで売らせればいい」事業部の幹部会議で、営業部長が気合いの一喝。全員が納得した顔をしているが、何かオカシイ……。具体的にどう売ればいいのか、営業部長は何も言っていない。

営業には、消費者相手に売る**小売営業**と、企業相手に売る**法人営業**の２つがある。後者はＢ２Ｂ（Business to Business）営業とも呼ばれる。本書はこの**B2B営業**の本だ。私たちは普段Ｂ２Ｂ営業を見かけない。彼らの主戦場は、企業のオフィスなのだ。

現実にはこの営業部長のように、気合いと根性だけで売るＢ２Ｂ営業も少なくない。そんな中で１９８７年刊行の本書は、現代ではＢ２Ｂ営業の常識となった「コンサルティング営業」を生み出すきっかけをつくった。当時の常識を覆す内容だったので、刊行前は出版社5社が立て続けに出版を断ったという。しかし２０１３年には「営業をアートから科学に変えた必読

書」と評され、「最も影響を与えたビジネス書トップ10」にも選ばれている。

B2B営業には、小型商談と大型商談がある

B2B営業は、普段はどのようにセールスを行っているのだろう?

スズキさんは小さな会社に飛び込みでパソコンを売り込む名人だ。こんな感じで売る。

「お客さん、ついてますよ! このパソコン、入荷ホヤホヤで5万円。なんと7割引です! ただ今日だけですよ。さぁさぁ。すぐにこの注文書にご捺印を」

お世辞にも品がよいとはいえないが、スズキさんの営業成績はよかった。顧客は「ウザいけど商品は安いし、この人とはもう会わないし……」と考えて5万円出して購入、スズキさんには早々にお引き取りいただくのである。

さて、スズキさんは「もっと高額商品を売りたい」と考えて、転職した。しかし転職先では超多忙なのに、売上は最下位だ。相変わらずこんな売り方をしているからだ。

「御社の次期システム、ぜひ弊社にお任せください。1000万円で全部面倒を見ますよ。いまならなんと、無料導入サービス付き。契約書はここです。さぁさぁ。早くご契約を」

しかし、スズキさんは訪問先企業から、「出禁(出入り禁止)」を言い渡されてしまった。

ラッカムはコンサルティング会社ハスウェイト社を創業し、3万5000件のセールスを細かく調査分析した。結論は「**小型商談で成功したスキルは、大型商談では致命傷になる**」。

B2B営業には、小型商談と大型商談がある。両者の売り方は、まったく違う。

【小型商談】 1回の商談で終わる。買い手は1人で意思決定する。少額なので損しても許容範囲。セールスの商品知識がモノを言う。押しの一手は意外と効く。

【大型商談】 複数名が関わり商談が何カ月も続く。高額なので損すると顧客の責任問題。顧客の課題解決が必要。下手な押しの一手は、スズキさんのように「出禁」になる。

B2B営業で大きく成功するには、売上が大きい大型商談の成功が必要になる。スズキさんの方法ではダメなのだ。では、大型商談を成功させるためには、どうすればいいのか？

顧客ニーズを見極める「質問」

考えるべきは顧客ニーズだ。顧客ニーズには次の2種類がある。

❶潜在ニーズ……客が口にした問題。たとえば「マシンの性能に不満だ」

❷顕在ニーズ……客が口にした欲求。たとえば「業務完了のために高性能マシンが欲しい」

ラッカムが実際の商談を観察したところ、潜在ニーズを把握することで小型商談の成立の確率が高まったが、大型商談の成立の確率は高まらなかった。

しかし、具体的な顕在ニーズを把握すれば、小型商談・大型商談ともに商談成立の確率が大きく高まった。実際に熟練B2Bセールスに話を聞いてみると、彼らは潜在ニーズをまったく信じておらず、顕在ニーズを育てるために全力を尽くしていた。

成功のカギは「**潜在ニーズを、いかに顕在ニーズに育てるか**」にあったのだ。

ここで勝敗を分けるのが、質問である。

B2B営業の商談を分析したところ、成功した商談は、失敗した商談よりも質問が多かった。質問により買い手をしゃべらせ、顧客ニーズを明確にするのだ。しかし、見込客は退屈な質問攻めを極度に嫌がる。単に質問すればいいわけではない。顧客の時間は貴重である。意味のある質問をすることだ。

ありがちな商談は、こうなる。

売り手「〇〇（ライバル製品）を、お使いになってますか」
買い手「3台使っています」
売り手「使いづらくないですか」
買い手「担当者3人が使い方を学びましたから」
売り手「弊社の×××なら、誰でも使えますよ」
買い手「お値段は？」
売り手「基本システムは1000万円です」
買い手「はぁ？　1000万円？　ご冗談でしょう」**↓ここで自爆である。**

この方法では5万円のパソコンなら売れるかもしれないが、大型商談では無理。初対面で「僕と結婚前提に付き合ってください」と言うのと同じで、唐突なのだ。

そこで、成功例で使っていた質問法をまとめたのが、4つの質問「SPIN」である。

潜在ニーズを「顕在ニーズ」に育てるには…

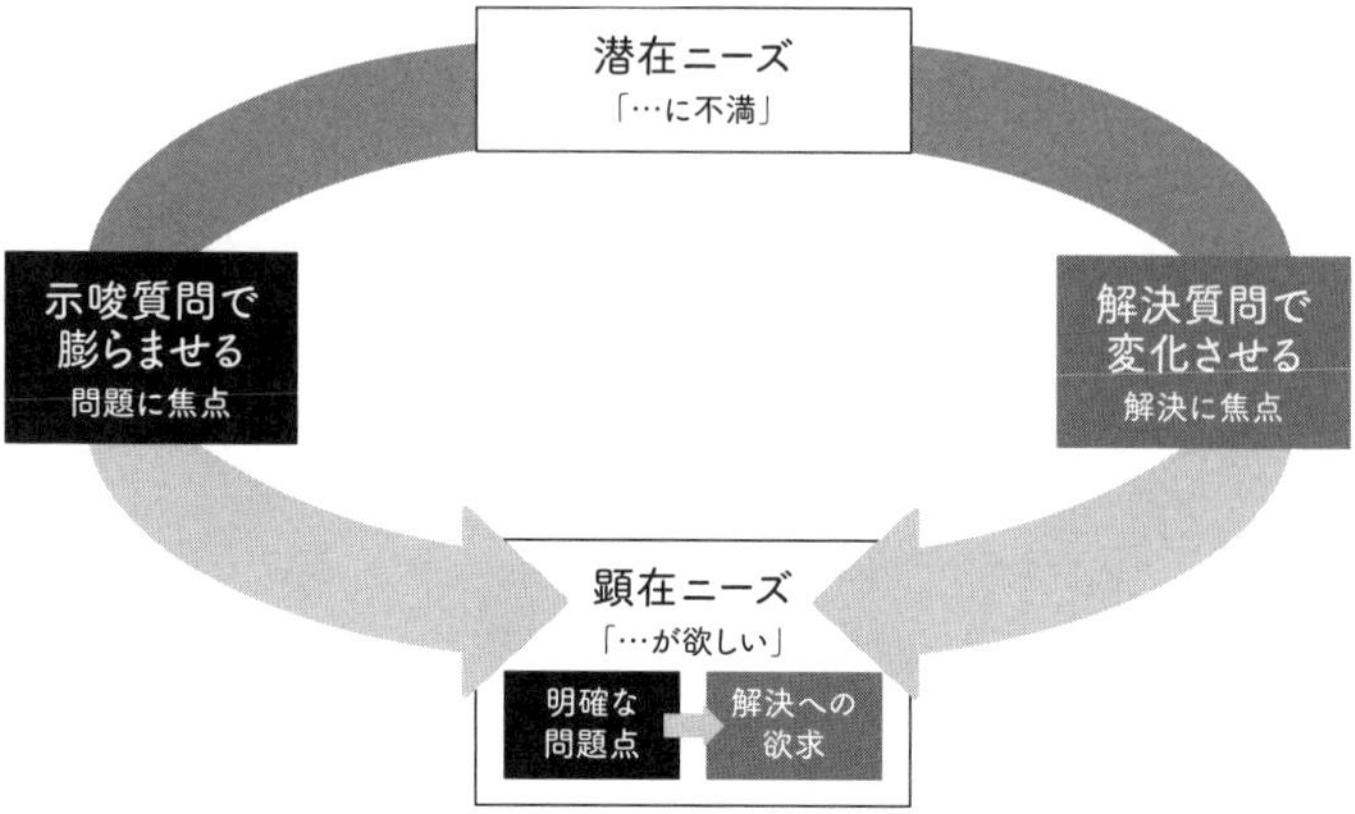

出典:『大型商談を成約に導く「SPIN」営業術』(著者が一部改変)

❶**状況質問(Situation)**……「どんな設備をおもちですか」というように事実を収集する。ただ連発すると客はイライラするので、必要最小限にする。

❷**問題質問(Problem)**……「設備に満足してますか」というように潜在ニーズを語らせる。

❸**示唆質問(Implication)**……「古い設備だとコストが高いのでは」というように潜在ニーズがもつ問題の深刻さに焦点を当てて、顕在ニーズを浮かび上がらせる。

❹**解決質問(Need-payoff)**……「新設備に変えるとどうなりますか」というように、解決策の価値を、見込客本人に語らせる。

先のダメな例では「使いづらくないですか」という問題質問の直後に、いきなり「弊社の×××なら……」と解決策を提示している。これでは相手は納得しない。常に**価値の方程式**で解決コストと問題の深刻さのバランスをイメージしながら話すべきだ。

常に「価値の方程式」をイメージする

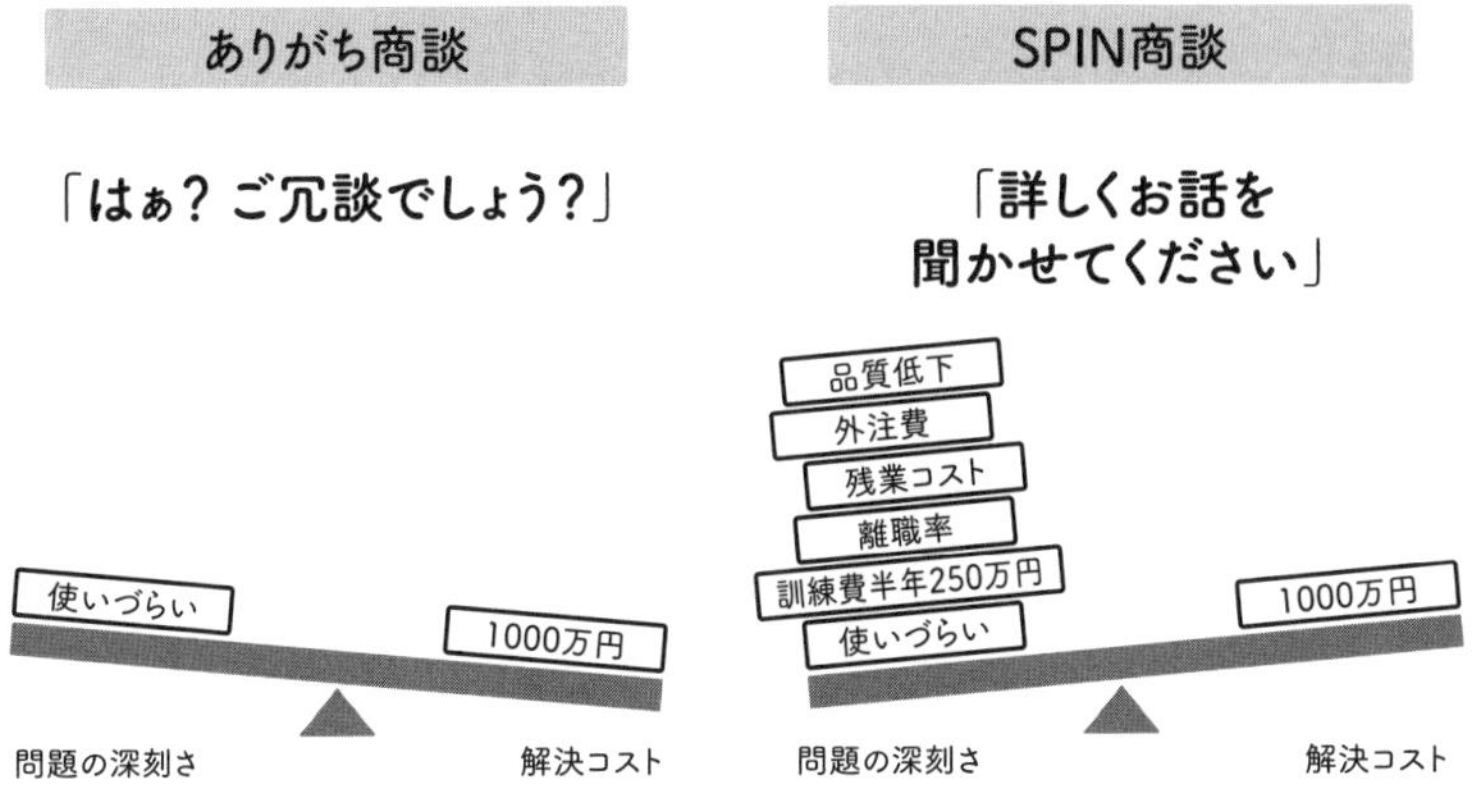

出典：『大型商談を成約に導く「SPIN」営業術』（著者が一部改変）

示唆質問で、先の例はこう変わる。

買い手「担当者３人が使い方を学びましたから」

売り手「３人で困るケースはありませんか」**（示唆質問）**

買い手「それは辞めるときですね。そう言えば『使いにくい』と言って割と辞めます」

売り手「訓練費用がかかるのでは」**（示唆質問）**

買い手「訓練コストは１人50万円ですね。６カ月で５人訓練しています」

売り手「常に３人いないのでは」**（示唆質問）**

買い手「そうですね。足りないときは残業や外注で乗り切っていますが、考えてみれば余分なコストがかかっていますね」

売り手「品質はどうですか」**（示唆質問）**

買い手「外注委託分は品質が不安ですね」

売り手「つまり、○○が使いにくいため、担当者の離職率が上がり、半年で訓練費２５０万円かかり、欠員が出て残業や外注費がかか

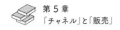

示唆質問は「商談前」がカギ！

> ❶見込客が抱えていると思われる問題点を書き出す
> ❷関連した他の問題がないか考える
> ❸各問題について、どんな質問が可能か考える

【問題】○○は使いにくい

- 【問題】オペレータの不満 → 【質問】離職につながってないか？
- 【問題】訓練コスト → 【質問】訓練費用は？
- 【問題】使える人が不足 → 【質問】人材確保はどうか？
- 【問題】品質問題があるかも → 【質問】不合格品の率は？

出典：『大型商談を成約に導く「SPIN」営業術』（著者が一部改変）

り、品質も問題あるんですね」（**まとめ**）

買い手「たしかに……。大きな問題ですね」

売り手「誰でもすぐ使える機器に換えると、どうなりますか」（**解決質問**）

買い手「訓練不要なので、訓練費もボトルネックも消え、外注不要になりますね」

売り手「弊社なら基本システムを1000万円でご提供できますよ」

買い手「詳しく話を聞かせていただけますか？」

こうして問題に焦点を当てた示唆質問で潜在ニーズを膨らませ、「……が欲しい」という顕在ニーズを顧客の中に生み出し、解決に焦点を当てた解決質問によって問題の深刻さが解決コストを上回るようにするのだ。

示唆質問は商談前の準備が重要だ。商談前に次の3つを考える。**❶見込客の問題点を想定して書き出す ❷関連した他の問題がないか考える ❸各問題で**

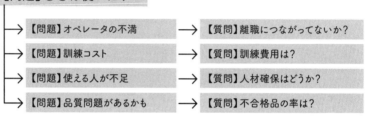

どんな質問が可能か考える。

右図は先の事例のパターンだ。熟練セールスは事前準備を怠らない。解決質問は次の練習が有効だ。**❶友人か家族に見込客になってもらう ❷相手のニーズを想定する ❸相手にニーズを満たす利点を語らせる。**

たとえば、新型iPhoneが欲しいという相手に「どうして欲しいの?」と質問すれば、よい練習になる。

熟練セールスにはおそらく「こんなの常識」だろう。その通りだ。本書は熟練セールスの行動を観察してつくったモデルを誰でも使えるように、世界で初めてまとめたものだ。だから、現代のB2B営業研修で、本書の方法論は広く活用されるようになった。その源流を理解するためにも、B2B営業に関わる人たちにはご一読を勧めたい。

POINT

「示唆質問」と「解決質問」で潜在ニーズを顕在ニーズに育てろ

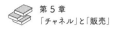

Book

40

『チャレンジャー・セールス・モデル』（海と月社）

——B2B顧客は「ソリューション営業」にうんざりしている

マシュー・ディクソン／ブレント・アダムソン

世界有数のアドバイザリー会社CEBにおいて、ディクソンはエグゼクティブ・ディレクターを、アダムソンはマネージング・ディレクターを務めた。CEBは、数千社におよぶクライアント企業の成功事例、先進的な調査手法、人材分析を組み合わせて、経営陣に事業変革のための知見やソリューションを提供。その独自アプローチで、世界中のエグゼクティブから注目を集めている。他の共著に『隠れたキーマンを探せ！』がある。

私は前職で人材育成部長だったとき、研修サービスＡ社の営業から売り込みを受けた。数回の打ち合わせで課題をインタビューされ、最後にいただいた提案はイマイチだった。後日、別のＢ社の担当と会って悩みを話すと「ああそれな、問題がこうや。対策はコレやね」と的確な指摘。私はその場で社員研修を依頼した。何が違うのか？　本書に答えがある。

１９７０年代、顧客の課題を理解して解決策を提供する**ソリューション営業**という考え方が生まれた。先のＡ社はこれを実践したのだが、いまやこの方法は限界なのである。

著者らはＣＥＢ社で、新しいＢ２Ｂ営業のあり方を企業に提言してきた。２０１１年に出版された本書には、その知見が詰まっている。

ソリューション営業はＡ社のように顧客課題を把握して、個別に解決策を提案する。しかし、いまの企業の課題はさまざまだ。課題把握には手間がかかる。顧客にも負担がかかる。結果、**顧客は「ソリューション疲れ」を感じており、手間がかかる割には売れない。**

一方でB社のように、提案に手間をかけずに売れる人もいる。違いは何だろう？

セールスは5つのタイプに分けられる

CEB社は全世界6000人のセールスを調査し、セールスには5タイプあると発見した。

タイプ❶ 論客型……論議を怖れず顧客に自己主張する
タイプ❷ 一匹狼型……自信家で我が道を行く
タイプ❸ 勤勉型……誰よりも多く電話し顧客訪問する
タイプ❹ 受動的問題解決型……要望には必ず対応する
タイプ❺ 関係構築型……顧客のためなら必死に働く

従来は「理想は関係構築型」といわれていたが、次ページ図のように最も業績が悪かった。**突出して好業績なのが「論客型」**。好業績者の4割近くを占める。この論客型が、本書のタイトルにもなっている「チャレンジャー・セールス」だ。

論客型はある意味「上から目線」だ。顧客に独自の知見を提供し、顧客に「こうすべき」というい意味のプレッシャーをかけ、建設的な緊張をつくり、顧客を指導する。関係構築型は逆に「下から目線」。顧客と仲良くなるように緊張を和らげ、協力を促す。緊張という点で、両者は正反対だ。

現代のB2B営業では複雑な問題解決が必須だ。問題解決には顧客が行動を変える必要があタイプ別の「好業績者」と「平均業績者」

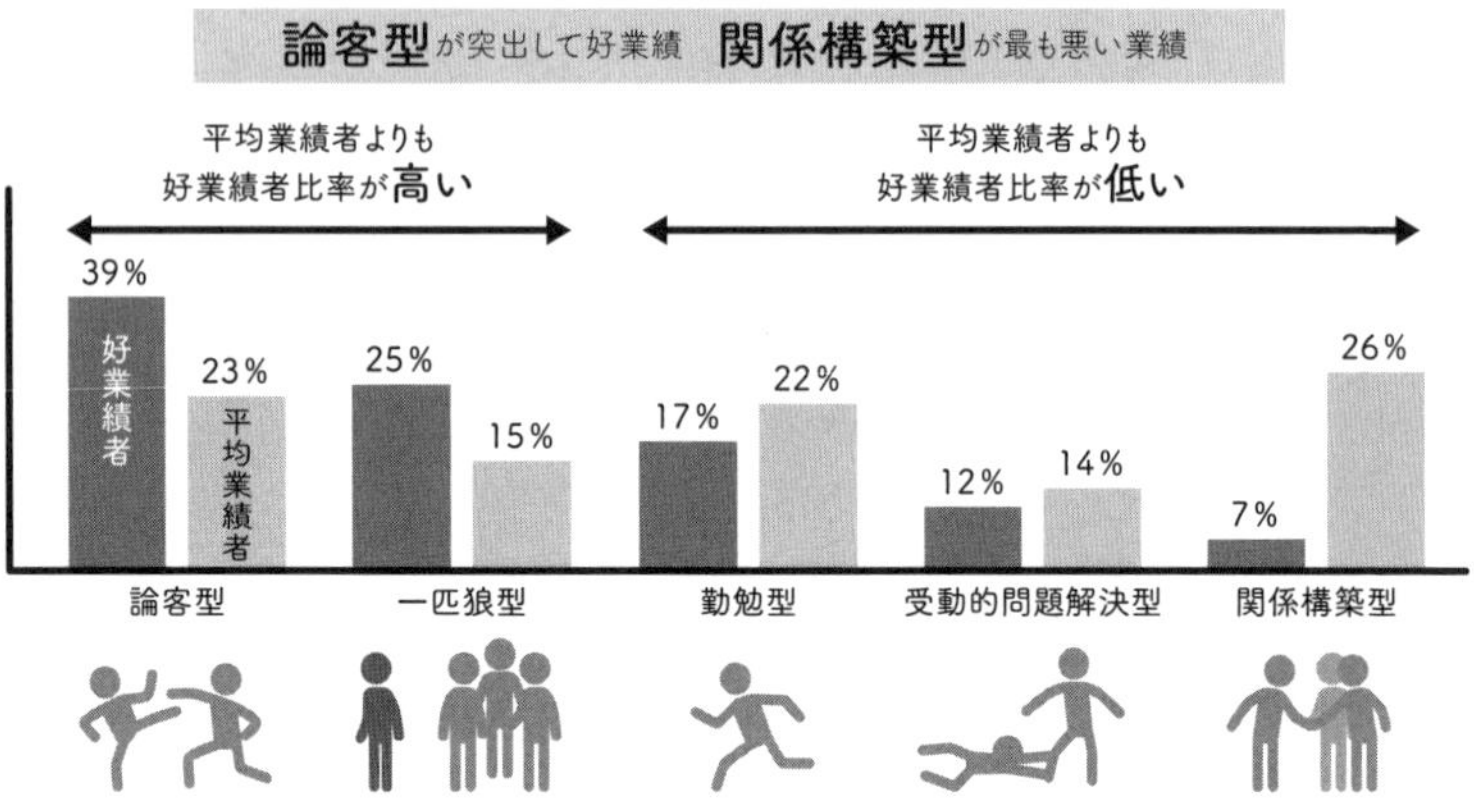

出典：『チャレンジャー・セールス・モデル』（著者が一部改変）

る。論客型は顧客に変化を促し、成功する。関係構築型は変化を生み出せず、売れない。

普通のB2B営業もトレーニングした上で組織で支援をすれば、論客型のようにセールスできる。そのためには**指導、適応、支配**の3つのスキルが必要だ。

差別化のための「指導」

「プレゼントするから欲しいモノ教えて」と寄ってきてイチイチ教えなければならない人と、「欲しいモノ、これですよね」とその場で期待を超える素敵なプレゼントをする人。

相手をワクワクさせるのは後者の人だろう。現代のB2B営業も同じである。

多くの顧客は自分の課題がわからず困っている。課題を教える方法が有効なのだ。

そこで顧客が知らない知見（インサイト）を提供し、顧客の考え方を変えるのである。

顧客は「自分が知らない、よりよいビジネスの方法」、つまりセールスの知見を重視している。顧客は口には出さないが、セールスに自分の考えを覆す力を期待している。必要なのは、顧客に「まさにその通り」と言わせるのではなく、「**え？　考えたこともなかった**」と言わせ、顧客に次の行動を促すこと。説得力あるストーリーと知見が求められている。

しかし、その知見も商談につながらないと売れない。指摘した課題を自社だけが解決でき、「**なぜ他社でなく当社から買うべきか？**」という質問に答えることが必要だ。

W・W・グレインジャー社（以下、グ社）は、さまざまな部品や工具などの企業用資材（MRO［保守・修理・運用］と呼ばれる）を販売する大手だ。200万社の顧客をもち、数十万種類の製品を取り扱っている。グ社は顧客との長期購買契約を目指しているが、顧客はグ社を単なる製品供給者として見ており、セールスは目先の価格交渉に追われていた。

顧客はMROに年間数億円も使う。正しく管理すれば大きな節約ができるはずだ。そこでグ社は「なぜ顧客は他社でなくグ社から買うべきか？」を社内で議論した。

グ社は幅広い品揃えを誇っていたが、同等の品揃えをする競合はすでにある。また店舗数も多かったが、同じ数の店舗を展開する競合がすでにある。当初、議論は堂々巡りだった。

顧客にインタビューして市場調査し、議論を繰り返した末、2つの結論に至った。

結論❶ ほとんどの顧客企業は、MROで年間数億円も支出をしている事実を知らない

結論❷ 幅広い品揃えと多くの店舗数の両方をもつのは、グ社だけ

つまりグ社ならば、顧客が何をどこでいつ必要でも確実に商材を提供できる。顧客の大幅な出費削減を手助けでき、戦略的パートナーになれる。そこで顧客に「ＭＲＯ管理方法を見直すだけで大幅なコスト削減が可能」と提案するために、営業資料を用意した。

セールスは商談を６ステップで進める。順に見ていこう。

ステップ❶「**地ならし**」……セールスは顧客との最初の会議で、顧客が直面する日々のさまざまな課題を挙げる。そしてグ社が知る他社の状況を説明する。ここでは課題は聞かない。代わりに「課題の仮説」を示す。

ステップ❷「**再構成**」……顧客が気づかない視点を提示する。ここでＭＲＯ購買の分析グラフを示す。ＭＲＯ購買のうち予定内が６割、予定外が４割だ。顧客は「予定外が４割？　考えたこともなかった」と反応する。

ステップ❸「**裏付け**」……データで具体的に、予定外購買のコストを示す。予定外購買は低頻度だが手間がかかり、積み重なるとコストは巨額だ。予定外で購入した17ドルのハンマーは、人手を含めると社内コストは１１７ドル。顧客は「これが全体の４割？　全社ではどうなるんだ？」と考える。

ステップ❹「**心をゆさぶる**」……顧客に個人的で切実な課題と感じさせる。たとえば「社長室の古いエアコンが真夏に故障」というリアルな話をする。「古いので、部品はなかなか見つからず困りますよね。念のため予備も購入しなきゃなりませんよね」。こうして当事者意識をもたせる。

ステップ5「**新しい方法の提示**」……どうビジネスを改善するか具体的な新しい方法を示す。MRO支出を全社的に管理できれば、予定外購買の不要な支出・コストを削減し、コストを大きく減らせる。

ステップ6「**ソリューションの提案**」……その方法を提供できるのは自社だけだと示す。グ社は品揃えと店舗数が多く長期購買契約もある。唯一解決方法を提供できるのだ。

こうしてグ社は「17ドルのハンマーを売る会社」から「117ドルのハンマーを買わないための戦略的パートナー」になる。大事なポイントは「**自社の紹介は最後**」である。

多くのセールスは最初に自社を紹介して失敗する。顧客にとって興味があるのは顧客自身の課題だ。

共感を得るための「適応」

従来は「セールスは顧客の**意思決定者**（経営幹部）を説得せよ」といわれてきた。

しかしCEB社の調査では、現代の意思決定者は社内の幅広い支持を重視する。そこで意思決定者の判断に大きな影響を与えるのが社内の**インフルエンサー**だ。インフルエンサーとは購入する商品サービスのユーザーや専門家として意思決定者が頼りにする人のこと。

意思決定者はインフルエンサーの率直な視点を求める。勝ちパターンは変わったのだ。経営幹部への影響力は、セールスよりもインフルエンサーのほうが格段に大きい。

セールスの力関係が変化し、勝ちパターンが変わった

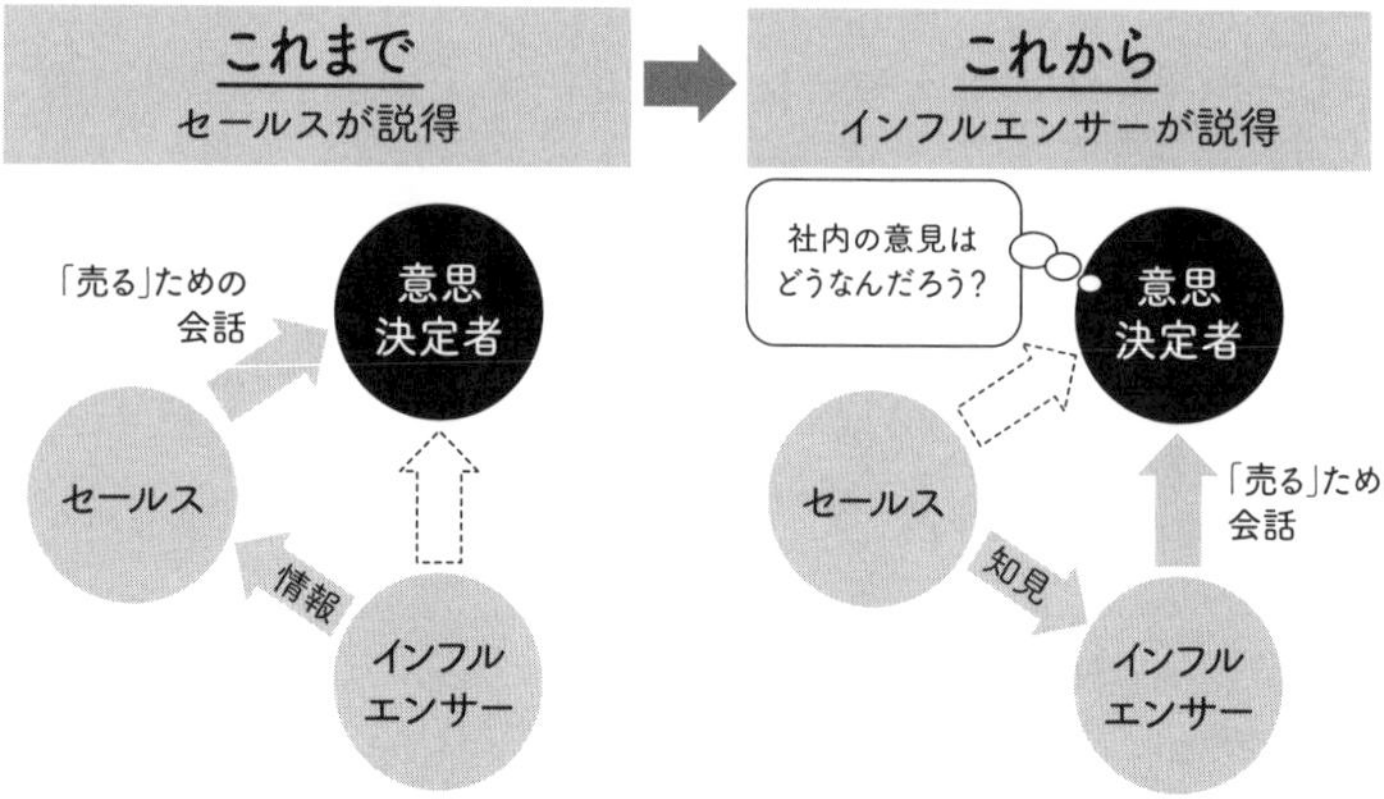

出典:『チャレンジャー・セールス・モデル』を参考に著者が作成

営業プロセスの「支配」

セールスは顧客を動かし、お金の話をいとわず、営業プロセス全体を通して主導権を維持することが必要だ。

多くのセールスは、顧客の担当者が会ってくれるというとすっ飛んで行くが、論客型は上の人と会わないと案件が進まないと知っている。だから最初にこう言う。

「当社のソリューションは、幹部の方が購買決定に関わります。いつお目にかかれますか？　お目にかかれなければ、価値にご納得いただいているか確認できないので、話し合いは意味がないと思われます」

論客型は、顧客の課題について独自の知見を提供し、建設的に自己主張し、仮説を曲げず、ときにキツイ言葉も使う。そして営業プロセスを主導し、簡素化する。勝率も高い。

「そんなの無理。出禁になる」と言う人は、自分の価値を考えるべきだ。セールスは顧客が知らないことを知っているので、本来主導できる。**「顧客が偉い」という考えは捨てよう。**

平均的なセールスは、受動的に顧客の要求を受け入れ、課題に合わせてきめ細かくソリューションを提案する。結果、時間がかかり勝率も低い。デュポンはセールスが交渉で主導権を取るため「交渉管理ロードマップ」を1枚にまとめている。どの段階で顧客とどんな会話をすべきか明記している。セールスは対策を立てて、自分の案件状況を分析できる。

Book39『大型商談を成約に導く「SPIN」営業術』の著者ラッカムは、本書の冒頭で「この10年間、関係構築型セールスは効果を上げていない。いまや顧客に考えさせ、創造的な方法で顧客をサポートするセールスが評価される」という言葉を寄せている。

本書は、知見を創る**指導**について丁寧に解説しているが、**適応・支配**の部分は、率直に言ってやや手薄だ。この2つを掘り下げたのが、本書の続編である**Book41**『隠れたキーマンを探せ！』だ。ぜひ2冊セットで理解したい。

POINT

B2B営業は課題を聞くな。課題を教え自社の強みに引き込め

Book
41

『隠れたキーマンを探せ！』（実業之日本社）

――B2B営業が進まない原因は「顧客の購買プロセス」にある

ブレント・アダムソン／マシュー・ディクソン他

世界有数のアドバイザリー会社 CEB において、アダムソンはマネージング・ディレクターを、ディクソンはエグゼクティブ・ディレクターを務めた。CEB は、数千社におよぶクライアント企業の成功事例、先進的な調査手法、人材分析を組み合わせて、経営陣に事業変革のための知見やソリューションを提供。その独自アプローチで、世界中のエグゼクティブから注目を集めている。本書の共著者には、他にニック・トーマン、パット・スペナーがいる。

二十数年前、私がＩＢＭでセールスをしていた頃、セールスの合い言葉はこれだった。

「お客様の社内で、ＩＢＭに好意的なキーマンを見つけろ。味方にすれば勝てる」

今のＢ２Ｂ営業は、これだけでは売れない。

本書はその理由を分析し、勝率を上げる対策を教えてくれる一冊だ。本書はＢｏｏｋ40『チャレンジャー・セールス・モデル』の続編だ。原題も“The Challenger Customer”。本書も、著者らが所属するＣＥＢ社の豊富な調査と分析に基づいている。

現代ではＢ２Ｂ営業で購買決定に関わる人数は平均5・4人もいる。

購買の可能性は、購買関係者1名で81％。2名で55％。6名では31％に激減する。

今の顧客の意思決定者は1人で決められない。リスクを嫌い、社内合意を重視するからだ。

そこでセールスは5・4人と個別に会い、全員説得を試みる。しかし彼らの関心は、立場で

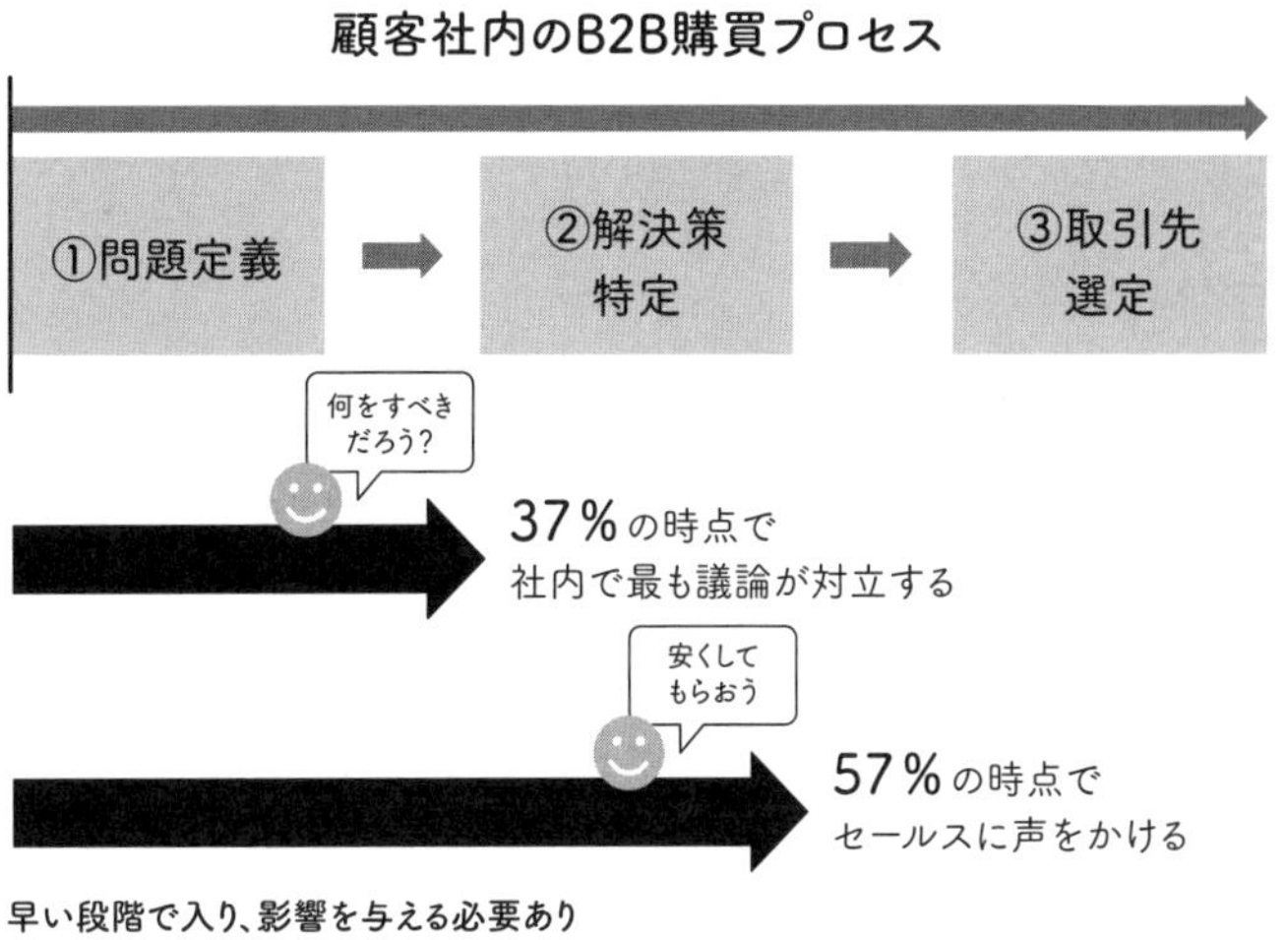
顧客社内のB2B購買プロセス
①問題定義
②解決策特定
③取引先選定
何をすべきだろう?
37%の時点で社内で最も議論が対立する
安くしてもらおう
57%の時点でセールスに声をかける
早い段階で入り、影響を与える必要あり

出典:『隠れたキーマンを探せ!』を参考に著者が作成

まったく違う。管理部門は「コスト削減」、営業部門は「売上拡大」、マーケティング部門は「市場認知度向上」だ。相反するので全員説得は大変だ。まるで皿回しの曲芸である。

全員を説得しても売れないことも多い。セールスは個別の商談で相手が関わる部分を強調する。しかし最後に関係者全員が集まり承認するとき、相手は説明されていない全体の大きさを初めて知って「話が違う。契約にはサインできない」となる。**個別説得は関係者の違いを拡大し、合意を妨げる**のだ。

問題はまだある。顧客の購買プロセスで、社内で最も議論が対立するのは37%まで進んだ「②解決策特定」の時点。そして、顧客がセールスに声をかけるのは57%まで進んだ「③取引先選定」の時点。ここでの関心は「どの会社を選ぶか」なので値切られる。セールスは早い段階で購買プロセスに入り、顧客が問題と解決策を決めるのを支援する必要がある。

そこでCEB社は購買関係者700名に調査し、顧客関係者を7タイプに分けた。

❶やり手……組織を改善し、結果を出す

❷教育者……知見の伝達と共有を重視。同僚に頼られる。情熱と説得力がある

❸懐疑者……正確さを重視し、立証責任を求める。この人が支持すれば皆が信用する

❹案内役……手に入らない情報を教えてくれる

❺友だち……接触しやすく、他の人を紹介する

❻上昇志向……自分が目立つことを支援する

❼阻害者……現状維持を求め、変化を阻む

さらにセールスに「どのタイプが重要と思うか」を聞き、セールス業績で結果を分類した。従来の定石は案内役や友だちと関係構築することだが、分析結果は常識を覆すものだった。

案内役・友だち・上昇志向との関係を重視するのは、**平均的な業績のセールス**だった。案内役・友だち・上昇志向は話し好きだが、組織を変えられない。彼らを**トーカー（話し好き）**と呼ぶ。B2B営業で最大の敵は、ライバルでなく**顧客の現状維持志向**だ。平均的セールスはトーカーに売り込むが、顧客は何も変わらない。だから売れないのだ。

好業績のセールスは、やり手・教育者・懐疑者との関係づくりを重視していた。やり手・教育者・懐疑者は組織行動を推進し、結果を重視する。彼らを**モビライザー（動員者）**と呼ぶ。

B2B営業は問題解決を売っている。問題解決には顧客の変化が必要だ。モビライザーは顧客が変わる原動力なのだ。セールスを成功させるには、モビライザーにどこで学べばよいか**指**

顧客タイプ別、組織的行動に及ぼす効果

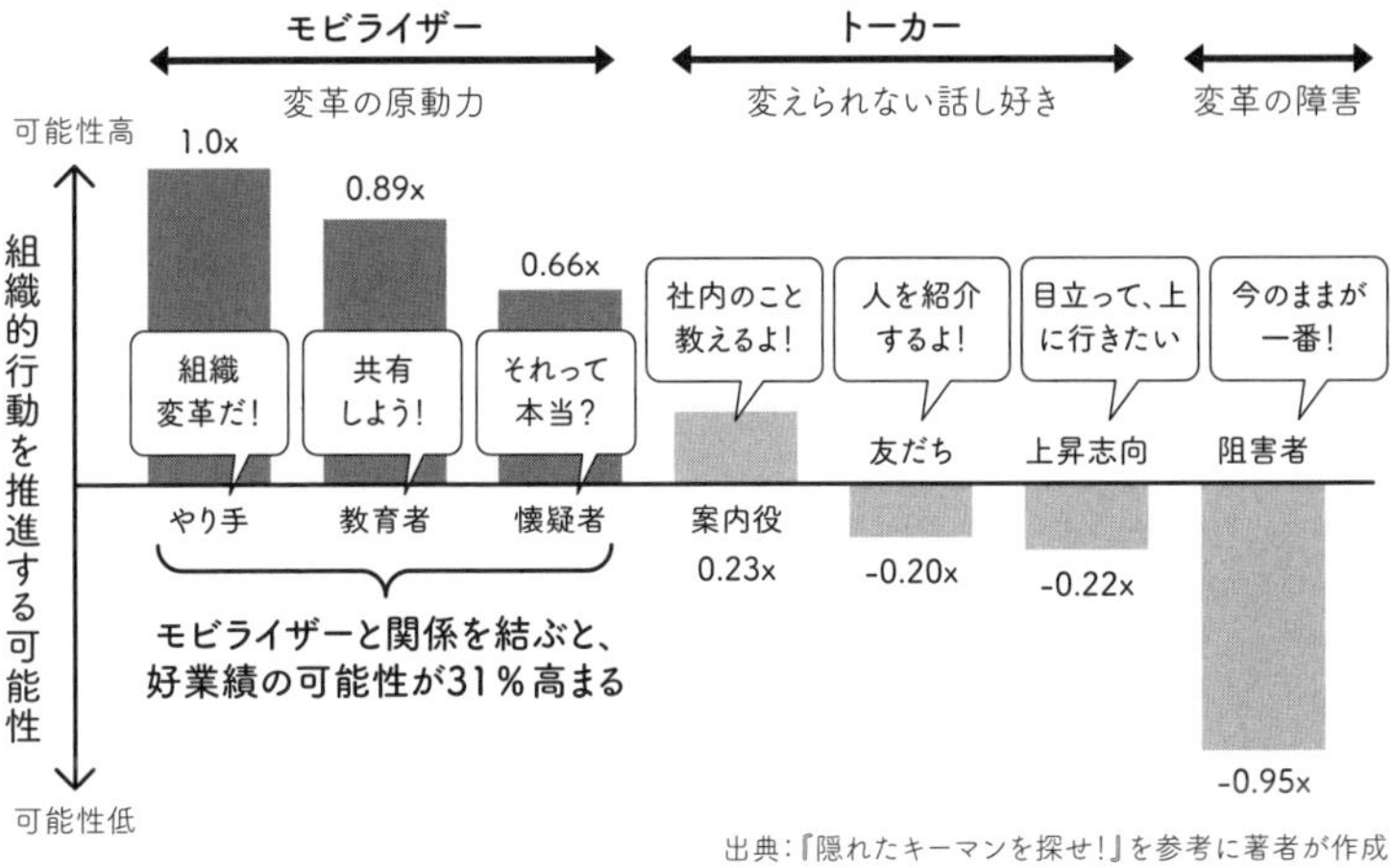

出典：『隠れたキーマンを探せ！』を参考に著者が作成

導し、関わり方を関係者ごとに**適応**し、合意形成プロセスを**支配**するよう誘導することだ。

第1段階　知見を提供し「指導」する

出発点は、モビライザーが「現状を変えるには新しい挑戦が必要だ」と認識することだ。

そしてモビライザーに残り4・4人を説得させるのだ。ここで顧客の**メンタルモデル**（根強い考えや思い込み）を変える必要がある。次ページ図のように顧客が**「現在の考え方や行動（A）を、望ましい考え方や行動（B）に変えなければ」**と納得したとき、顧客のメンタルモデルが変わる。ここで必要なのが、Aのデメリットをしっかり説明することだ。

CEB社の調査では、顧客の課題に関する意外な情報が、顧客の購買行動に最も影響を与える。**Book40**『チャレンジャー・セールス・モデル』のW・W・グレイジャー社の事例で紹介したように「それ間違っていますよ」という知見である。知見

顧客のメンタルモデルの転換イメージ

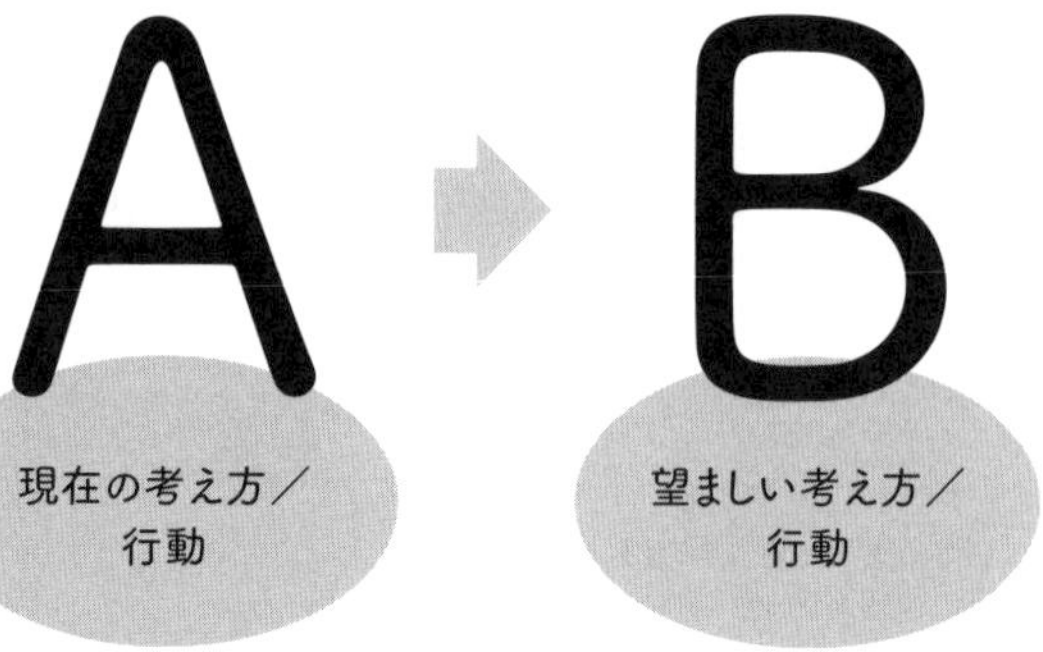

出典：『隠れたキーマンを探せ！』

を使って、顧客を自社しかない強みに誘導するのだ。

しかし、**顧客がセールスに声がけする57％よりも前段階でモビライザーに知見を伝え、働きかけなければいけない。**そこで彼らが「変革を推進したい」と思わせる種をまく。

ソーシャルメディアが普及した結果、モビライザーは売り手の発信情報よりも、第三者の専門家や他顧客の意見を参考にしている。そこでソーシャルメディアを活用して、モビライザーが常識に疑いをもつように働きかけ、変化を促すのだ。さらにすべてのコンテンツが「知見」につながるようにデザインする。そのためには3ステップ必要だ。

❶**刺激**……モビライザーに知見を伝え「知らなかった。もっと調べよう」と思わせる。

❷**導入**……詳しく説明する。動画や詳細資料で「当社はどうだろう？」と思わせる。

❸**直面**……痛いところを突く。オンライン診断など

でモビライザーが自社の痛みの程度をわかるようにする。「これはまずい。解決方法を学ばないと」と思わせる。

常識を壊す意外なコンテンツは、ソーシャルメディアでシェアされる。ここではBook33『ウソはバレる』で紹介したソーシャルメディア活用方法が参考になるはずだ。

第2段階　個々の顧客関係者に知見を「適応」する

そしてセールスがモビライザーにつながる際に、いま会っている顧客がモビライザー（やり手・教育者・懐疑者）か、トーカー（案内役・友だち・上昇志向）かを見極める。ここではモビライザーを見分けるよりも、トーカーを除外するほうが簡単である。

❶知見への反応はどうか？　知見に興味をもたなければ「案内役」「友だち」「阻害者」だ。彼らは変革する気がないので、知見には興味がない。

❷知見に興味をもったら、その課題についてどう話すかを見る。自分のことばかり語る人は「上昇志向」、組織全体の課題を話したら、その人はモビライザーだ。

❸さらにコミュニケーションスタイルを見る。具体性を求めるなら「やり手」、意見を語るなら「教育者」、事実を重視するなら「懐疑者」である。

第3段階　顧客社内の合意形成を「支配」する

顧客の意思決定に強い影響力をもつモビライザーは、セールスにとって貴重な資産だ。

彼らのおかげで顧客の購買行動と購買プロセスを支配できる。

そこで必要なのが**集団学習**だ。顧客の関係者同士が互いに話し合い、学び合って社内の断絶を克服し、新たな合意ポイントを探り、共通の意思決定を行い、組織内で合意させるのだ。セールスは、顧客の関係者同士が理解不足をなくすように手助けする。

集団学習は、質の高い案件を獲得する確率を20％高める。さらに多様な関係者を購買前に一緒に学習させれば「高い料金を払ってもよい」という顧客の意向は70％高まる。

従来のB2B営業ではともすると「顧客同士で議論させるな。個別合意が壊れる」といわれたが、実際には議論による集団学習こそが重要なのだ。集団学習には、顧客社内のワークショップが効果的だ。顧客自身が社内関係者がバラバラだという事実に直面すると、「この断絶は放置できない」という切迫感を抱くようになる。

ワークショップの提案が断られる案件は、成約の見込みがないということだ。

顧客の集団学習を促すために、セールスはプレゼンテーション力よりも**ファシリテーション力**（議論を活性化し、合意形成を支援する力）をつけるべきだ。そして顧客内で不安や懸念があれば、包み隠さず話し合うように奨励する。

B2B営業の残念な〝常識〟

従来のB2B営業の常識は、いまや間違っている。典型的なものを紹介しよう。

【需要の創出？】ＢＡＮＴ条件（予算、権限、ニーズ、時期）で買う準備ができた顧客を探すのが定石だったが、この時点で顧客に会ってもすでに遅い。議論の段階で会うべきだ。

【マーケティング人材】最近のマーケティング部門は、デジタルスキルを重視しすぎだ。デジタルスキルは単なる手段。重要なのは顧客に先んじて価値がある知見を創る力だ。

【ソーシャルメディア】「情報を拡散すればいい」と思っている。価値がない情報を拡散してもノイズでしかない。モビライザーと知見を共有するチャネルとして活用すべきだ。

【阻害者への対応】「阻害者は無視」は間違いだ。彼らの影響力は大きく、見えないところで案件を潰す。ワークショップを活用して、顧客関係者により阻害者を説得すべきだ。

本書は一貫して「**いかに売るかでなく、いかに顧客の変革を支援して成功させるかを考えろ**」と言っている。一見当たり前のことだ。しかし現実には、B2Bセールスの多くは、話しやすいが組織を変えられない「トーカー」としか話していない。本書からの学びは多い。

POINT

顧客の中の「やり手・教育者・懐疑者」を味方につけて、変革を支援せよ

Book
42

『サブスクリプション』（ダイヤモンド社）

――顧客と直接つながる「サブスク化」は企業経営を劇的に変える

ティエン・ツォ他

Zuora創業者兼CEO。セールスフォース・ドットコムの創業期に入社し、CMO（最高マーケティング責任者）やCSO（最高戦略責任者）を歴任。「サブスクリプション・エコノミー」の到来をいち早く予見し、2007年にZuoraを創業。同社は従来のプロダクト販売モデルからサブスクリプション・モデルへのビジネスモデル変革と収益向上を支援するSaaSプロバイダで、1000社超の顧客をもつ。本書は、ゲイブ・ワイザートとの共著。

「今後、当社もサブスクに力を入れる方針です」

こんな話をよく聞くようになった。いま**サブスクリプション**（以下**サブスク**）に注目が集まっている。しかしサブスクの本質を誤解し、失敗する企業は実に多い。本書はそんなサブスクの世界的な定番書だ。著者は企業のサブスク化を支援するズオラの創業者だ。

サブスクとは、**顧客が購入し続ける長期的な関係をつくるビジネスモデル**のこと。新聞・雑誌の定期購読やガス・水道・電気の定期契約も、広い意味でサブスクだ。

サブスクに注目が集まる理由は、ＩＴの進化で顧客の利用状況がこと細かにビッグデータで把握・分析できるようになり、個々の顧客ごとに細かくサービスを最適化できるようになったからだ。

サブスクはまったく新たなステージに進化した。サブスク化によりビジネスは高収益化する。売上が安定化し、新規顧客が買いやすくなるのだ。

サブスク化するアップル（四半期ごとの売上推移）

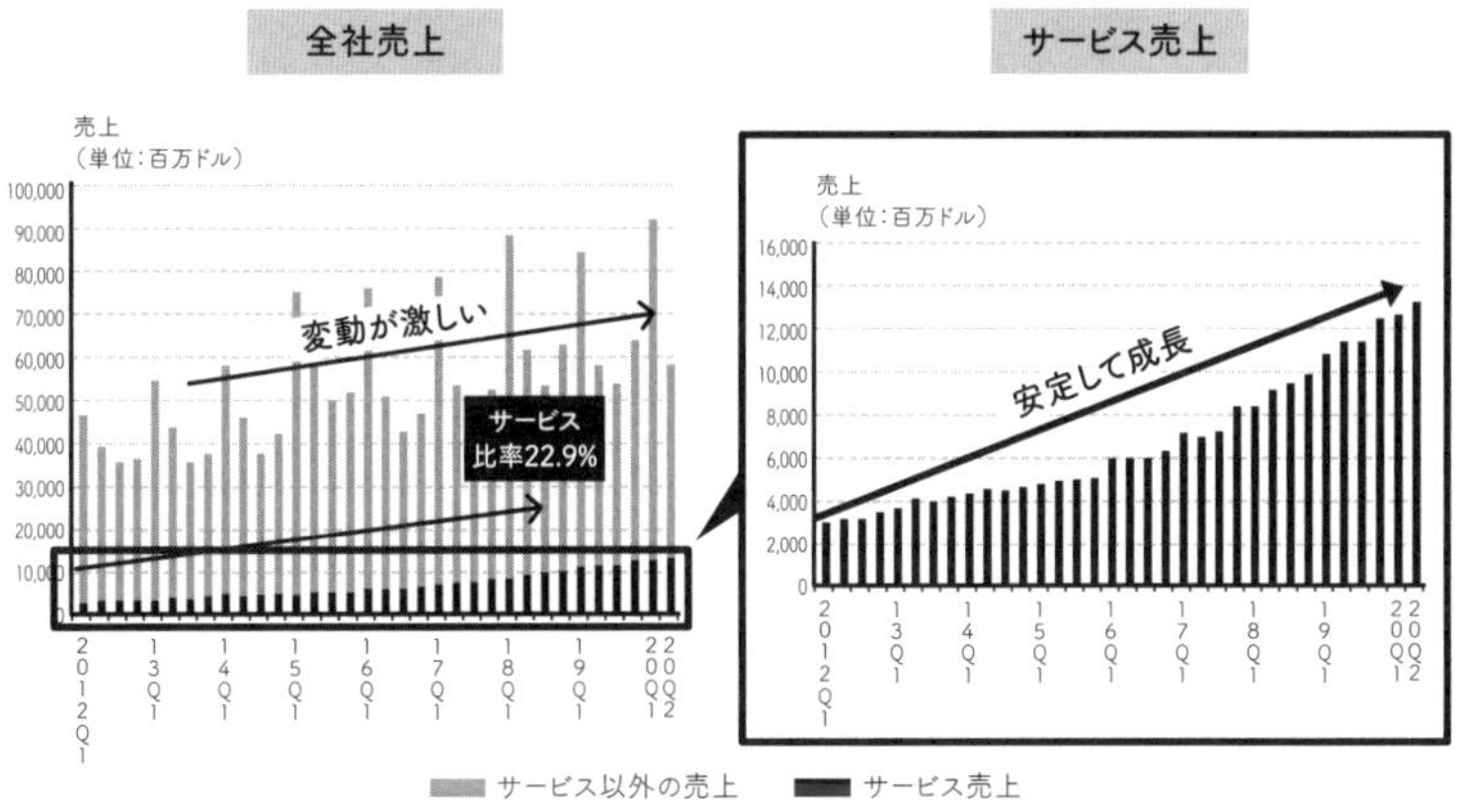

出典：アップルの四半期ごとの業績発表をもとに著者が作成

サブスク化で不況に強くなる

アップルは時間をかけてサブスク化している。主力商品はＭａｃやｉＰｈｏｎｅなど少数だが、売上は新商品の人気で大きく変わる。クリスマス商戦の季節変動もあり、全社売上は大きく変動していた。そこでアップルはクラウドやアプリ販売などのサービスを拡大している。サブスク主体のサービス売上はこの８年間で４倍に安定成長しており、２０２０年の年間売上は５兆円を超える。ハードウェア商品は不況で買い控えるが、サービスを使うユーザーは不況でも解約しないのだ。

モノ売り中心だと常に販売し続ける必要があり、不況になると売上はがた落ちだ。サブスク売上が主体ならば契約分の売上は確保できる。実際、**サブスク売上の比率が高い企業は、コロナ禍の不況の中でも強かった。**

サブスク化で顧客は買いやすくなる

高級バッグ選びは女性にとって悩みの種だ。30万円で憧れのバッグを買ったけれど「何か違う」と感じたりしたらショックは大きい。そんな女性たちにとって、ラクサスは悪魔のように魅力的なサブスクだ。なんと月6800円で30万円の女性用高級バッグ3万点が使い放題。おかげでラクサスは急成長している。しかし実は当初、ラクサスはユーザーの女性たちからこんな苦情を受けていた。

「でも、欲しいバッグがないの……」

バッグが多すぎて、お気に入りが見つからないのだ。そこでユーザーごとに好みをチェックし、AIでマッチング。好みのバッグをスマホで簡単に見つけられるようにした。

このようにサブスクで高価格なものをお手頃価格で提供すれば、顧客が買いやすくなって使い続ける。結果として顧客数を増やし、売上成長を実現できる。

そこで冒頭のように「そんなにいいのなら、当社もサブスク化しよう」と考えがちだが、ちょっと待って欲しい。既存ビジネスをサブスク化するだけでは成功しない。

ある家電メーカーは大型テレビを月々数千円で使えるサブスクを開始。しかし、大型テレビは値下がりが速い。調べてみると発売数カ月後には3年間のサブスク総支払額よりも量販店の販売価格のほうが数万円も安くなっていた。これでは何のためのサブスクかわからない。

紳士服のアオキはスーツ定額サービスを始めた。このサービスは順調に会員数が伸びたが、システム構築費の負担が意外と大きく、赤字になると判断し、早めに事業撤退した。

サブスクを成功させる鉄則は、❶顧客に「**どうしても使いたい**」と思わせる顧客体験・利便性・お得感を提供すること、❷顧客に**継続的に使ってもらえる**ように顧客体験を高め続けること、さらに、❸**収益化**により継続できることだ。

実はサブスクのハードルは高いのだ。しかし、これらのハードルを乗り越えれば、サブスクはさまざまな業界で活用できる。本書に掲載されている米国の事例を紹介しよう。

定額で「乗り放題」の航空会社

エレキギターは習得が難しい。90％の初心者が1年で脱落し、10％しか残らない。そこでエレキギター老舗のフェンダーは、こう考えた。

「脱落率を80％に抑えれば、20％の初心者が残って売上倍増。生涯の顧客になる」

そこで定額利用のオンライン教育動画サービスFender Playを開始した。

さらにチューニング用の無料モバイルアプリFender Tuneも開発。膨大な消費者データが得られ、何人がどの機種を何分かけてチューニングして成功しているかを把握できるようになり、脱落率を下げている。フェンダーは、顧客を「ギター所有者」ではなく「ギター奏者であり生涯の音楽愛好家」と見たのだ。

サーフエアーは米国カリフォルニア州拠点の航空会社だ。

月20万円の定額で飛行機にいつでも乗り放題。従来の航空会社では、直前のチケット購入は高価格だった。搭乗手続きも煩雑で時間もかかった。サブスク化により、会員は電話で気軽に乗る便を予約して、空港に着いたら即搭乗できるようになった。まるでプライベートジェット並みの使い心地だ。

手続きが面倒だった航空機利用が、サブスクによりスムーズに使えるようになったのだ。

『ニューヨーク・タイムズ』は売上の6割がサブスク

「オンラインニュースは無料。新聞は死ぬ」といわれてきたが、日経電子版の購読数は2019年に70万人を超えた。消費者はデジタルメディアのサブスクに抵抗感なくお金を払う。

紙の時代から新聞は売上の過半が広告だったが、サブスクで収益が安定するようになる。『ニューヨーク・タイムズ』は広告激減に直面、サブスク化を進めた。売上の広告比率は62％から29％に半減し、いまや6割がサブスク。ネット読者の4％が有料ユーザーだ。同紙は無料ビジネスモデルのフリーミアムとサブスクを組み合わせ収益化している。

このようにさまざまな業界のさまざまな企業がサブスク化に成功しているが、既存企業がサブスク企業に変革するためには避けて通れない壁がある。

「魚」を呑み込め

アドビはデザイナー・ソフトの老舗だ。定価10万円のソフトウェアをCDに入れて箱売りし

サブスク化した『ニューヨーク・タイムズ』

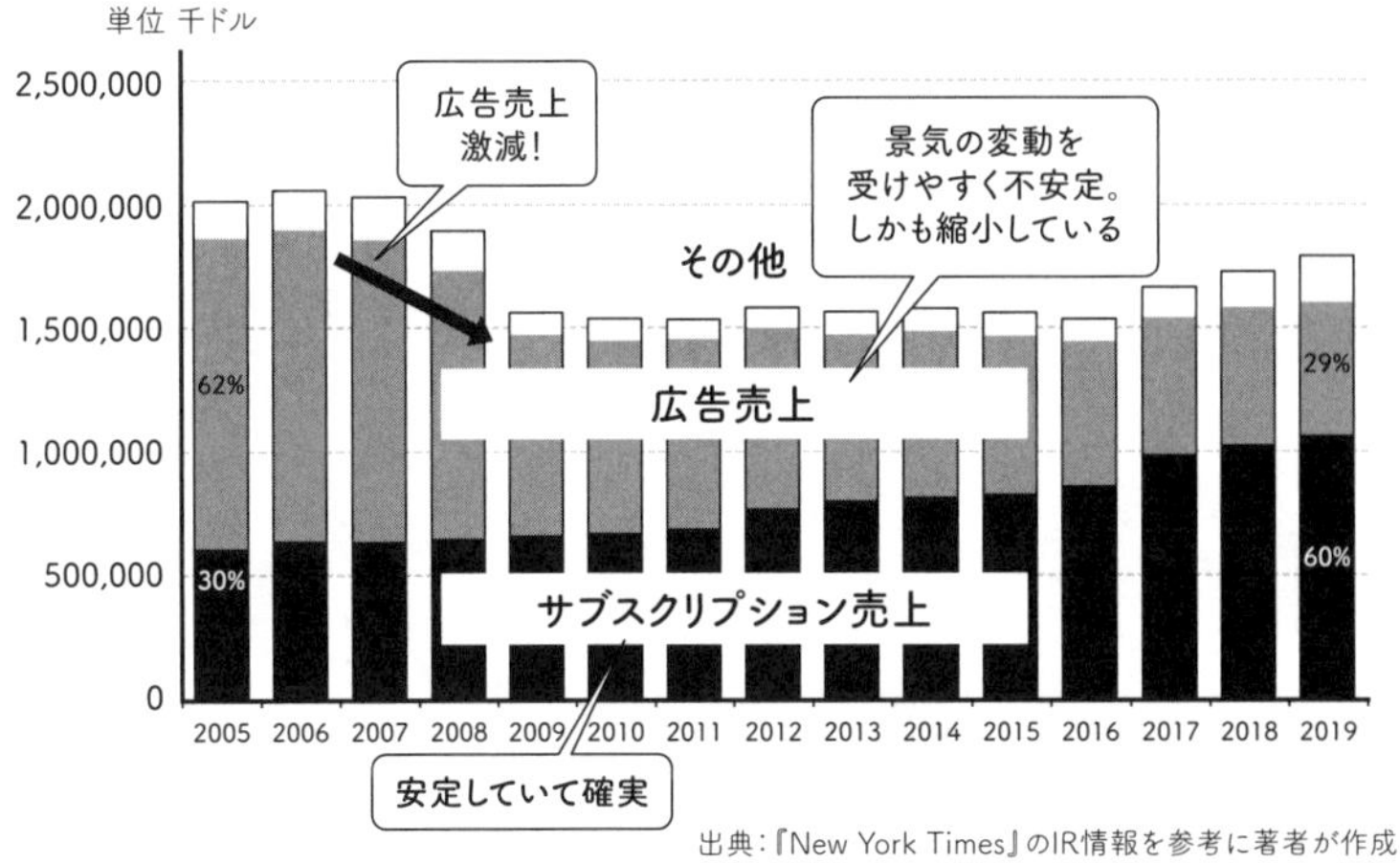

出典：『New York Times』のIR情報を参考に著者が作成

ていたが、2008年のリーマンショックで売上激減。「箱売りに未来はない」と考えた経営陣はサブスク化を決断。しかし当時、老舗ソフトウェア企業でサブスク化に成功した企業は皆無。サブスク化で次ページ図のような「魚」が現れるので、どこも挑戦しなかった。

従来はソフト1本の販売で売上10万円。しかしサブスクで毎月2000〜3000円に激減する。さらにサブスク化のために製品・財務・販売の仕組みを変えるコストが増加し、利益が悪化する。経営陣が短期利益志向の場合、この状況を嫌がり現状維持を続けて、サブスク化できない。

しかしアドビ経営陣はこの「魚」を呑み込む覚悟を決め、腹をすえてサブスク化に取り組んだ。

アドビの仕事は一変。従来は店舗売上を集計すれば済んだが、サブスクでは毎月ユーザー300万人への請求が必要だ。営業は短期売上でなく、長期的な受注に注力するようになった。サブスク化を決意

サブスク・シフトで姿を現す「魚」

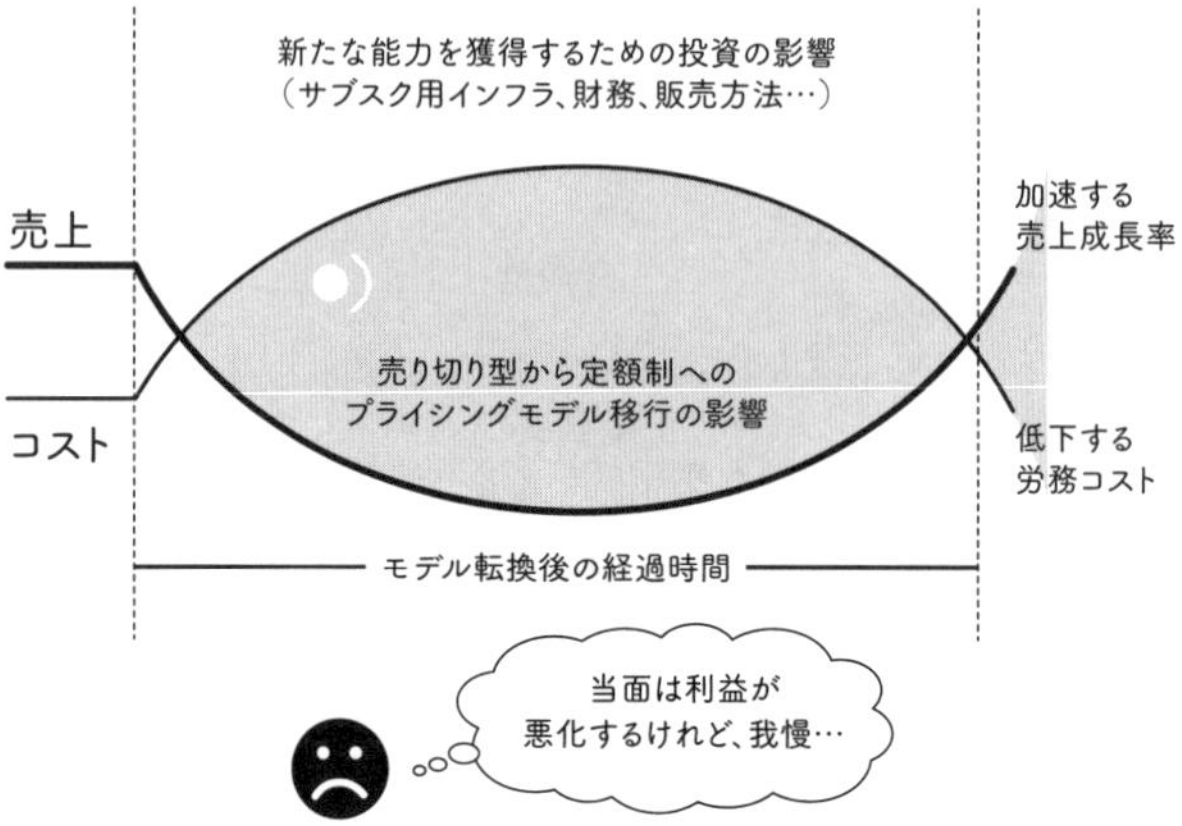

出典：『サブスクリプション』（著者が一部追記）

サブスクの年間定期収益の成長を把握する公式

$$ARR_{n+1} = ARR_n - Churn + ACV$$

ARR_{n+1}	ARR_n	Churn	ACV
n+1年度（翌年）開始時期の年間定期収益	**n年度開始時期の年間定期収益** サブスク事業のために、ARRの一定比率を投資し続ける	**解約（チャーン）** 解約を抑制、ARR減少を防ぐことが重要	**年間契約金額** 新規契約分の金額。ACVを増やせば、ARRも増える
		❶**顧客離反**を防止する	❷**新規契約**を獲得する

ARR:Annual Recurring Revenue（年間定期収益）
ACV:Annual Contract Value（年間契約金額）

出典：『サブスクリプション』（著者が一部改変）

した2011年は売上4500億円だったが、3年間の収益低迷期を乗り切り、2019年売上は1兆円を超えた。

サブスクの将来の売上は、年間定期収益の成長を決める公式（右図下）で算出できる。本年の**年間定期収益**（**ARR**）から**チャーン**（**解約**）を引き、**年間契約金額**（**ACV**）を足すと、翌年のARRになる。つまりサブスクでは、❶**顧客離反防止**と❷**新規契約獲得**の2つの対策で、年間定期収益を安定させて増やすことができる。このうち顧客離反防止の具体的な方法論が、次の**Book43**で紹介する**カスタマー・サクセス**だ。

サブスクは顧客利用状況がわかるので、顧客が突然見え始める。高精度のカスタマーインサイト（顧客の洞察）が入手できる時代になった。ユーザー1億2000万人と直接つながるネットフリックスは、ユーザーが関心のある番組がわかるので、顧客が期待する番組づくりに年間8000億円の投資ができる。宣伝は視聴率にほぼ影響ないことがわかり、やめた。サービス化が進む現代は、本書で描かれた方向に急速にシフトしつつある。業種を問わず多くのビジネスパーソンが、本書から学びを得られるはずだ。

POINT

顧客と直接つながって「魚」を呑み込み、既存事業をサブスク化せよ

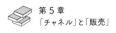

Book
43

『カスタマーサクセス』（英治出版）

――「売る」のはゴールではなく、スタートである

ニック・メータ他

カスタマーサクセス・ソフトウェアを提供するゲインサイト（Gainsight）のCEO。適切な人材を集め、顧客、取引先、従業員とその家族の成功のために最良の体制をつくっている。「他人から自分にしてもらいたいことを他人に対してせよ」という黄金律の強い信奉者であり、深い思いやりをもって人と関わっている。本書はダン・スタインマン（ゲインサイトCCO）、リンカーン・マーフィー（コンサルティング企業の創業者）との共著。

「当社は、お客様のためにベストを尽くします」

どの企業もこう言うが、本書を読めばやるべきことはまだ膨大にあるとわかるはずだ。

Book42『サブスクリプション』にあるサブスク成功のカギは、**顧客離反防止**だ。顧客離反防止の具体的な方法が、本書で紹介する**カスタマー・サクセス**である。これは**顧客がサービスを使うときの問題を先回りして解決して顧客が成果をあげられるようにし、顧客離反を防ぐ**考え方のこと。顧客（カスタマー）の成功（サクセス）を支えるのだ。この仕事を行う職種もカスタマー・サクセスと呼ばれる。

本書はカスタマー・サクセスの考え方や実践方法を紹介するバイブルだ。著者はカスタマー・サクセスのソフトウェアを提供するゲインサイト社のCEO。カスタマー・サクセスの最前線で何が起こっているかを熟知している。

『サブスクリプション』の著者ティエン・ツォも、本書を推薦している。

顧客離反防止のために生まれた「カスタマー・サクセス」

カスタマー・サクセスの考え方は、セールスフォース社が生み出した。

セールスフォースは、企業の営業活動を支援するシステムをクラウド上でサブスクにより提供している。セールスフォースを使えば、企業は自社でＩＴシステムをもたずに、すぐにシステムを使える。他社からの乗り換えも簡単。手軽さが受けて１９９９年創業後は順調に成長を続けたが、創業から5年後、セールスフォースは自社のビジネスモデルに致命的な欠陥があり、このままでは破滅が待っていることに気づいた。

サブスクでは**顧客解約率**のことを**チャーン**という。原因はここに潜んでいた。

当時のセールスフォースのチャーンは、月８％（年換算96％）。１年間必死に獲得した新規顧客がすべて解約する状態だった。いくらセールスを頑張っても売上はゼロ成長。「底に大穴が空いた桶に、必死に水を汲み入れている状態」と気づいたのだ。

そこでＣＥＯのマーク・ベニオフは、２つの指示をした。

「全社でチャーンを計測し、徹底削減しよう！」

「カスタマー・サクセスのチームをつくろう！」

セールスフォースは「顧客が成果をあげるのを全力で支援しない限り、自社の未来はない」と身をもって学び、カスタマー・サクセスという仕組みを創り出したのである。

「世話を焼く」のが仕事

カスタマー・サクセスの仕事は、ユーザーにサービスをもっと使ってもらって成果が出るように、高級旅館の仲居さんのようにあの手この手でこと細かに世話を焼き面倒を見ることだ。

セールスフォースは、企業の営業活動を支援する仕組みを提供している。顧客がやりたいことは商談成約の増加だ。そこでセールスフォースのカスタマー・サクセス担当者は、まず顧客と「商談成約率」などの目標を決め、目標達成のためにソフトウェアをどう使えばいいか顧客に提案する。しかし、実際にユーザーがサービスを使わなければ目標達成はできないし、その状態を放置すると顧客は解約してしまう。

そこで、きめ細かな世話焼きが始まる。

たとえば、ユーザーのログイン率やデータ更新頻度を常に監視し、使用状況を追いかける。使用状況がわかれば困っている部分がわかる。先回りしてうまく使うアドバイスもできる。常に先回りして世話を焼きサービスを使い倒してもらうことで、チャーンを防ぎ契約更新や追加購入へつなげるのだ。**サービスを使い倒すユーザーが少しずつ増えていけば、売上も次第に増えていく**。水が漏れないコップならば、たとえ一滴ずつでもあふれるほど水がたまる。

ダメなサブスクは、販売後の顧客は放置する。結果、顧客は解約する。まさにザルから水が漏れた状態だ。顧客が次々解約していることも知らずに、新規顧客獲得に没頭する。そして「忙しいのに、なぜ売上が落ちているんだろう？」と悩むのである。

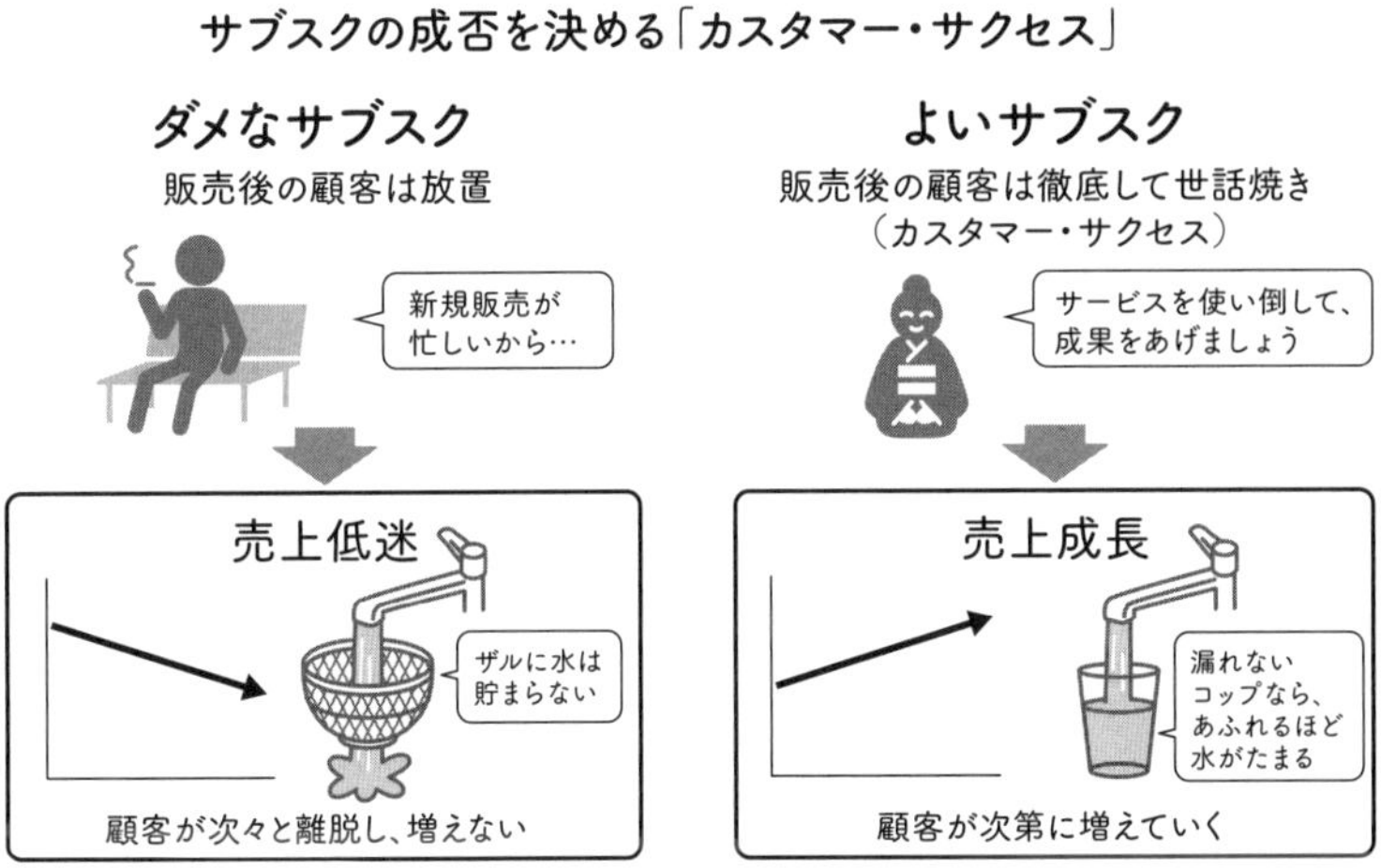
サブスクの成否を決める「カスタマー・サクセス」
ダメなサブスク
販売後の顧客は放置
新規販売が
忙しいから…
売上低迷
ザルに水は
貯まらない
顧客が次々と離脱し、増えない
よいサブスク
販売後の顧客は徹底して世話焼き
（カスタマー・サクセス）
サービスを使い倒して、
成果をあげましょう
売上成長
漏れない
コップなら、
あふれるほど
水がたまる
顧客が次第に増えていく

出典：『カスタマーサクセス』を参考に著者が作成

Book42『サブスクリプション』で紹介した高級バッグ使い放題サブスクのラクサスは顧客継続率を最重視する。品揃え強化やＡＩで好みのバッグをマッチングするなどして顧客満足度を徹底追求、９カ月以上使うユーザーの顧客継続率は95％以上だという。

ちなみにカスタマー・サクセスと似た言葉に**カスタマー・サポート**があるが、両者はまったく違う。カスタマー・サポートの仕事は「壊れたら直すこと」。問い合わせや要望に応える受動的な仕事だ。効率を重視し、限られた人数で問い合わせに対応する。

カスタマー・サクセスの仕事は「**顧客の成功を実現すること**」。何が起こるか予測し、顧客に働きかける能動的な仕事だ。顧客の成功を重視し、契約更新率や追加購入率を追いかける。そして日々の顧客状況を分析し、チャーンを予測し、先回りして防止する。

日本が失った本来の「おもてなし」を取り戻す

カスタマー・サクセスを社内に導入するには、従来の考え方を変える必要がある。**従来のセールスは売るのがゴール**だった。売ったらすぐに次の顧客への売り込み方法を考えるのが、優秀なセールスだった。**カスタマー・サクセスは売ったときが始まり**だ。徹底的に顧客の面倒を見て、使い続けてもらうことに集中する。

企業もカスタマー・サクセスの企業文化を全社に拡げる必要がある。

営業部門は「売って売って売りまくる」という考え方から、「長期的に成功できる顧客生涯価値が高い顧客に売る」という考え方に進化すべきだ。

製品部門は「競合に勝つ商品を開発しよう」という考え方から、「実装しやすさと使いやすさを追求し、既存顧客の維持を最優先にしよう」という考え方に進化すべきだ。

サービス部門は「顧客が契約したらサービスを提供する」という考え方から、「顧客の問題を迅速に解決して、次の契約更新を実現しよう」という考え方に進化すべきだ。

このためにはトップの明確なメッセージが必要だ。ある会社は、幹部評価は「新規顧客獲得と更新率」の2つだけ。そして幹部全員がチャーン防止に全力で取り組んでいる。

インターネットが普及したおかげで、顧客はサービスを自由に選んで簡単に乗り換えられるようになった。顧客の期待に応えられない企業はすぐに捨てられる。

顧客は本当に神様になったのだ。それがあらゆる業界で起こりつつある。

しかし、怖れる必要はない。神様が何をやっているかは、テクノロジーを使えば見える時代でもある。その方法が、このカスタマー・サクセスだ。

日本人はお客様への「おもてなし」を重視してきたが、ともすると精神論に偏りすぎだった。温泉旅館の宿泊客が「早く温泉に入りたい」と思っていても、「おもてなし」と称し、仲居さんが客室に何回も出入りして時間をかけてお茶や浴衣をセットすることもある。過剰品質で儲け度外視、そして、ときに顧客不在の「おもてなし」なのだ。

あるべき姿は正しい顧客に適切な品質のサービスを提供し、顧客の成功を支援すること。顧客が何を望んでいるかを見極め理解した上で、テクノロジー活用により顧客の成功を実現するのが、カスタマー・サクセスだ。カスタマー・サクセスを理解し、日本流に取り込むことで、日本が見失った本来の「おもてなし」を取り返せる可能性が高い。

テクノロジーをビジネスで活用することに、やや苦手意識をもつ人も多い。しかしテクノロジーの壁を乗り越えれば、お客様を大切にすることが根づいている日本企業は、カスタマー・サクセスの考え方をスムーズに活用できるはずだ。

POINT

顧客は本当に神様になった。顧客の成功を実現しない会社は消える

Book

44

『成約のコード』

――デジタル・マーケティングだけでは成約は勝ち取れない

（実業之日本社）

クリス・スミス

キュレーター（Curaytor）社共同創業者。コンバージョンコード（成約のコード）を活用し、ベンチャーキャピタルからの資金調達なしで、同社を3年足らずで年間経常収益500万ドル超に拡大させた。その後もソーシャルメディア、デジタル・マーケティング、セールスコーチングを通じ、ビジネスの成長加速を支援している。創業前には、時価総額約10億ドルの上場企業、1億800万ドルで買収されたスタートアップ企業での勤務経験がある。

弊社に飛び込み電話がかかってきた。

「御社の人材採用のお手伝いをさせてください」

採用はしていないので丁重に辞退した。飛び込み電話は貴重な時間を奪うし、成功確率も非常に低い。私は「この世から飛び込み電話を撲滅できないものか」と常に思っている。

現代の主流は、スマホ広告で見込客を発掘する**デジタル・マーケティング**だが、この方法にも限界がある。見込客への最後の一手が足りず、なかなか成約できない。著者によると「ココで、電話の出番だ」という。デジタル・マーケティングで発掘した「いますぐ欲しい」という見込客に絞り込んで電話すれば、高い確率で成約できるのだ。

本書はデジタルとアナログの営業をつなぐ方法を具体的に紹介した一冊だ。

著者は本書の方法論「**コンバージョンコード**」（邦訳タイトル「成約のコード」の原題）を

現代のマーケティングは、デジタルと電話で良質な成約を量産する

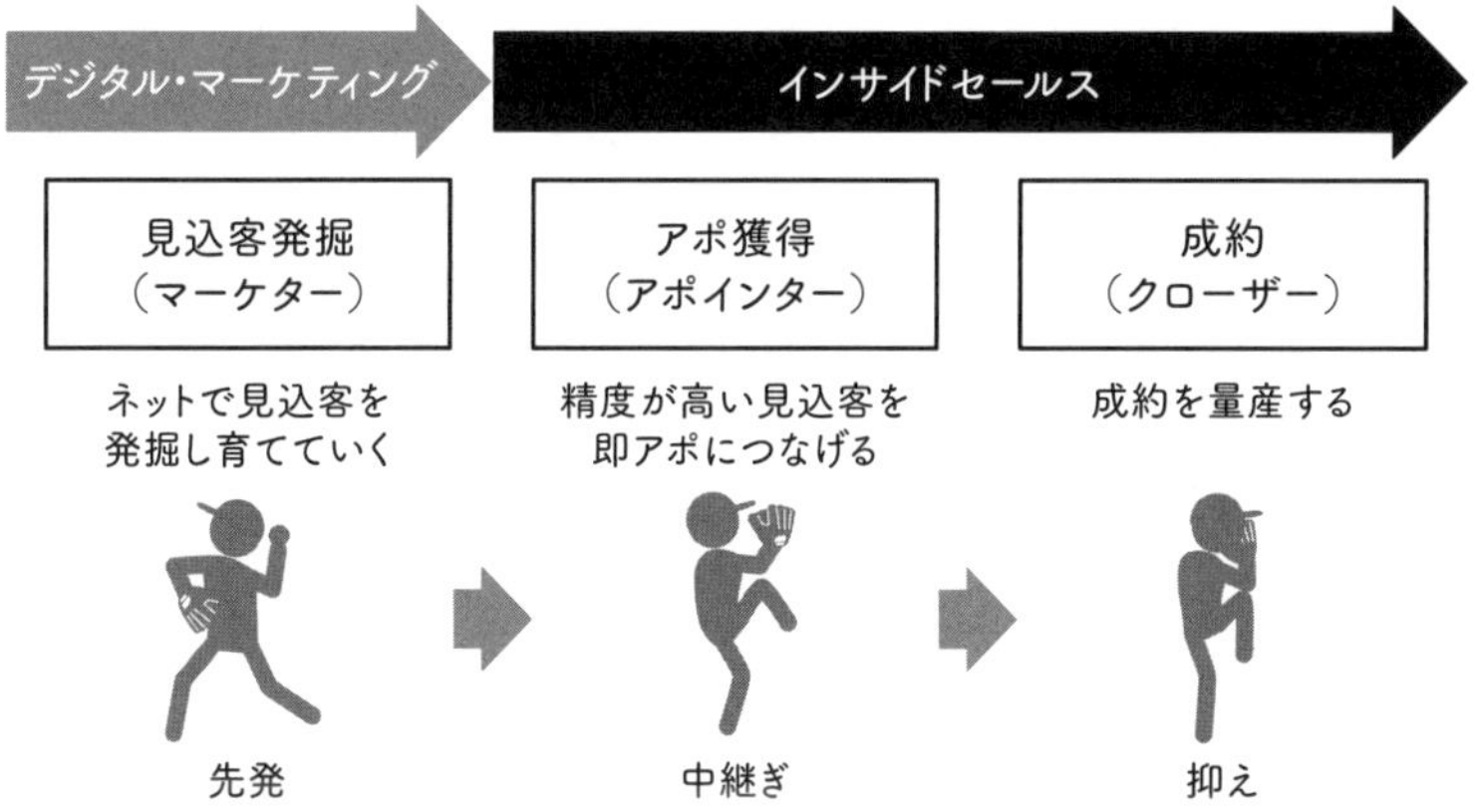

出典：『成約のコード』を参考に著者が作成

生み出して成果をあげ、キュレーター社を創業して数多くの企業を支援している。本書を読めば、デジタル・マーケティングで成果をあげるコツもわかる。

現代のセールスは「分業」で進める

「見込客発掘→アポ取り→商談成約」を1人でこなすセールスは多いが、それぞれ必要なスキルは異なるので効率が悪い。

得意作業に専念すれば効率は上がる。野球で「先発→中継ぎ→抑え」と継投するのと同じだ。

先発は**マーケター**。デジタル・マーケティングを駆使してネットの見込客を発掘して育てる。

中継ぎは**アポインター**で、問い合わせをしてきた見込客にアポ取りする。最後に抑えの**クローザー**が、見込客と電話で話して成約を量産する。

アポインターとクローザーは顧客訪問せずに電話やウェブ会議などで見込客と商談する。彼らを**インサイドセールス**という。「社内（インサイド）にい

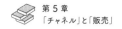

るセールス」という意味だ。

では、具体的にどのように進めるのか？

現代の見込客は、ネット上で発掘する。まずウェブサイトづくりからだ。

ところで、あなたはわかりにくいサイトに出合うと、すぐに閉じたりしないだろうか？

著者がネット検索する人たちに調査したところ、見た瞬間に**「このサイトはダメ。信用できない」**と感じる理由は**デザインが94％**。**コンテンツはわずか6％**だった。

現代ではすぐれたウェブデザインがビジネスに直結する。ある程度お金をかけてもサイトはしっかりデザインできるプロに依頼すべし。著者もプロのウェブデザイナーにつくり直してもらったところページビューが3倍になったという。サイトの費用対効果は高い。

さらに重要なのが、**ランディングページ**。ネット広告をクリックすると表示される1枚のウェブページだ。見込客はここから問い合わせをし、商品を購入する。見込客を早く獲得するには、まずランディングページのデザインを改善するのが近道だ。

問い合わせの質問項目が多いと相手はそこでやめるので、質問項目は最小限にする。きちんとした簡潔な文章で、相手にして欲しいことをわかりやすい文章で書く。「〇〇をお試しください」よりも「いますぐ無料ダウンロード」のほうがいい。ボタンは大きく明るい色で配置する。

現代人は短気だ。最近の調査では**8秒以内に関心を惹かないと、人は次に移る**。2000年

よりも4秒短くなった。脳の処理速度は文章よりビジュアルのほうが6万倍速い。デザインには徹底して気を配ることだ。

マーケターは、フェイスブックで見込客を育てていく

皆がフェイスブックを長時間使っている。いまや**フェイスブック**はインターネットそのもの。フェイスブック広告はきめ細かくターゲット顧客を指定でき、狙った顧客の目の前にピンポイントで、ごく自然な形で広告を見せられる。現時点でこんな広告メディアは、他にない。

具体的には次ページ図のように3段階の広告を、3種類のターゲット顧客に表示する。

第1段階　コンテンツ広告

目的は見込客にブランド認知させ信用を得ること。ここでは数が大事だ。幅広い見込客に表示する。フェイスブック広告は、地域・年齢・学歴・所得・資産・世帯構成・関心分野などできめ細かく広告のターゲット顧客を設定できる。ターゲット顧客の概数もわかる。第1段階では数十万人から100万人規模に表示する。

ところで、あなたはどこかのサイトで商品紹介を見た後、その商品広告がフェイスブックで表示され続けた経験がないだろうか?

実はその仕組みは簡単につくることができる。

まず広告のランディングページに、フェイスブックが提供する**トラッキングピクセル**という

フェイスブック広告で見込客を追いかけ、絞り込む

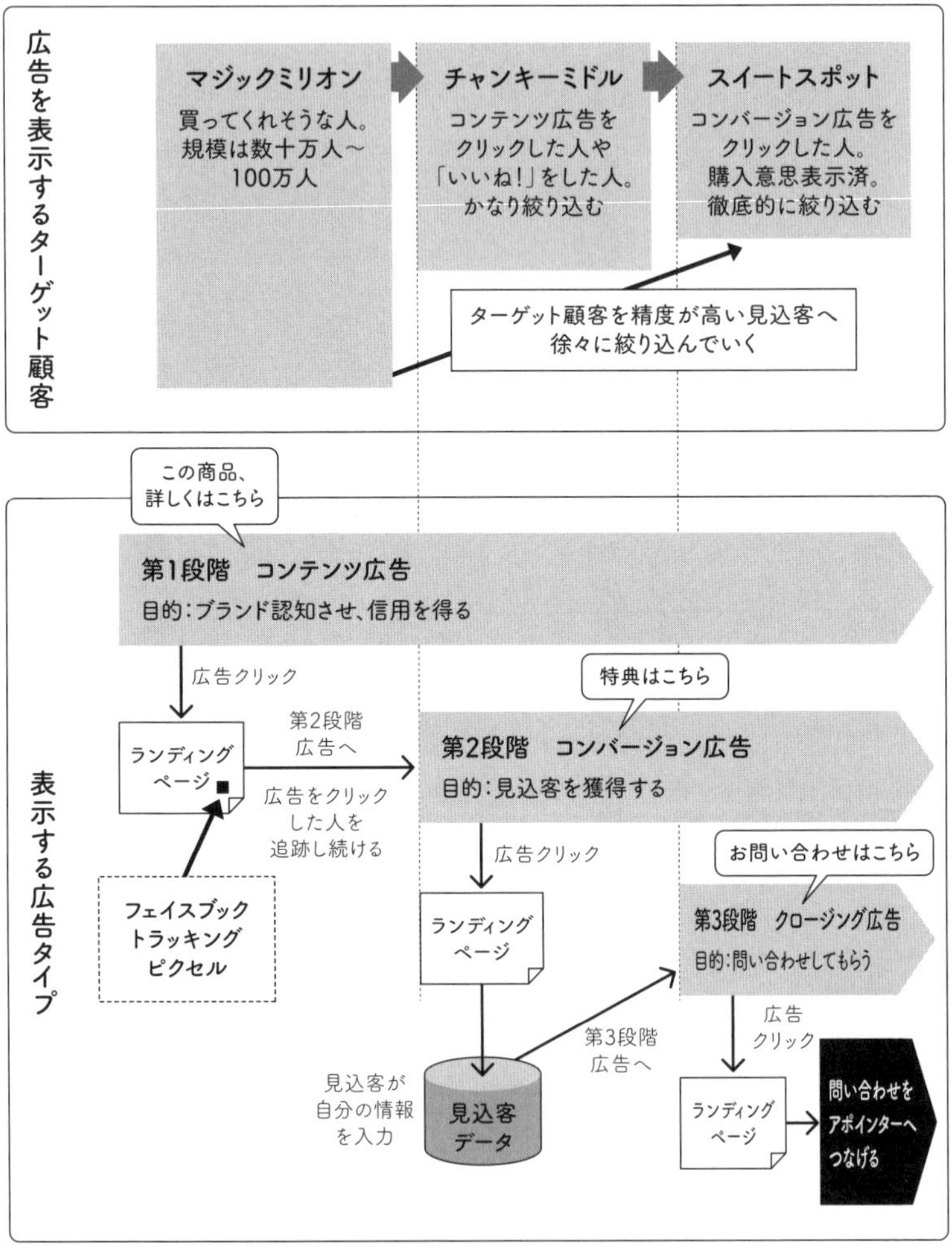

出典：『成約のコード』を参考に著者が作成

データを埋め込む。ランディングページを見た人は、商品に興味ある人だ。トラッキングピクセルにより、彼らを追跡（トラッキング）し続けて、広告を表示できるのだ。

第2段階 コンバージョン広告

目的は買う気がある見込客の獲得だ。小冊子や動画などをプレゼントにして見込客を惹きつけ、登録してもらって顧客情報を入手する。ターゲット顧客は第1段階よりも絞り込む。まず第1段階のコンテンツ広告をクリックした人。さらに、この商品のフェイスブックページに「いいね！」をした人も加える。

第3段階 クロージング広告

目的は購入・問い合わせやセミナー参加など、具体的な行動をしてもらうことだ。第2段階の広告で問い合わせしてきたスイートスポットのターゲット顧客だけに表示する。この顧客に興味をもち続けてもらうために、購入や問い合わせをしてもらえるまでコンテンツ広告・コンバージョン広告・クロージング広告を表示し続ける。

このように**三重の網を張り**、**最後に見込客が自ら問い合わせをするように仕掛ける**のだ。そして見込客が問い合わせをしてきたら、インサイドセールスへと引き継ぐ。

問い合わせから「5分以内」に電話をする

見込客が問い合わせしたらアポインターが見込客に連絡し、アポを取ってクローザー専任の営業につなげる。ここで重要なのが、**迅速な対応**だ。**見込客が問い合わせて5分以内に電話**をかけると、30分後に電話をかける場合と比べて連絡が取れる確率は**100倍**になる。**何度でもフォローし続ける粘り強さ**も重要だ。初回の連絡では48%の見込客にしかつながらないが、6回の連絡で93%につながる。これだけで案件数は2倍になる。

1回目でダメなら1分後、次は10分後、30分後、3時間後、そして翌日にかけるべきだ。しかし著者が企業に調査したところ、1回目の電話は平均3時間8分後。しかも問い合わせ全体の47%は一度も電話をかけていない。宝の山を捨てているようなものだ。御社はどうだろう?

見込客が問い合わせしたときに、「○○さん、こんにちは。○○でご登録いただきました。いまお話できますか?」というショートメッセージを自動送信するのも有効だ。メール受信箱があふれている人は多いが、ショートメッセージは開封確率が高いからだ。

ここでは問い合わせした見込客は絶対離さず、クローザーにつなげるアポ取りに徹する。

成約までもっていく「深掘り質問」

いよいよクローザー営業の登場だ。電話の相手はどこかの時点で個人情報を提供して、あなたの連絡を待つ見込客だ。飛び込み電話とはまったく違う。成約率は格段に高い。

著者によると、成約に至る平均通話時間はおよそ40分だという。誰よりも早く、誰よりも長く相手と話せば、成約できる。そこで必要なのが深掘り質問だ。

著者いわく、「深掘り質問もせずに、成約してもらうのは無理」。

相手の状況に純粋に興味をもち、相手の話をよく聞き、メモを取ることだ。

会話は商品の特徴が相手の**便益（ベネフィット）**と結びつくように構成する。たとえば、「製品サービスはこうこうです。だから、御社にはこんな形でメリットがありますよね」

大切なのは熱意を込めて話すこと。「相手の役に立ちたい」と心から思って話せば、熱意がこもる。インサイドセールスのプロは、相手の期待を少しずつ高めつつ、その期待が売り物の値段よりも高くなる瞬間を見極める。セールスでは感情が大切だからこそ、デジタル・マーケティングだけに頼らず、電話で話すことが必要なのだ。

私自身、本書は勉強になった。古くなった弊社サイトを自分でつくり直そうと思っていたが、本書を読んで「プロに外注しよう」と納得したし、改善点も多数見つかった。

また、本書は電話セールスが前提だが、オンラインセールスや対面セールスで活用できるヒントも多い。

2016年の本書執筆当時から状況が変わった点もある。デジタル・マーケティングの世界では日々、次々と新しい手法が生まれている。その一方で、トラッキングピクセルについては

「別サイトで見た商品の広告が追いかけてくる。なんか気持ち悪い」という人が増えた。フェイスブックは相変わらず使われているし、広告効果も高いが、世間からの風当たりは強くなりつつある。

しかし、アナログとデジタルの営業をつなぐ考え方を示した本書は、ノウハウの塊だ。変化が激しいデジタル・マーケティングだからこそ、本書の考え方は理解しておきたい。

POINT

見込客をデジタルで育てて、インサイドセールスで確実に刈り取れ

第6章

「市場」と「顧客」

21世紀になって20年が過ぎ、世の中は大きく変わった。
しかし、人は世の中をありのまま理解できないのが現実だ。
なによりまず、人間の認知能力には限界がある。
さらに現代では、想定外の出来事が甚大な影響をもつようになった。
一方で未来は、これからも大きな変化が続いていく。
第6章では、今後の市場と顧客を理解するために
役立つ6冊を紹介したい。

Book
45

『FACTFULNESS（ファクトフルネス）』（日経BP）

――事実どおりに見ることができない原因は、人間の「本能」にあった

ハンス・ロスリング他

医師・グローバルヘルスの教授・教育者。世界保健機構やユニセフのアドバイザーを務め、スウェーデンで国境なき医師団を立ち上げたほか、ギャップマインダー財団を設立。TEDトークは延べ3500万回以上も再生されており、『タイム』誌が選ぶ「世界で最も影響力のある100人」に選ばれた。2017年に他界。本書の共著者であるオーラ・ロスリングはハンスの息子で、アンナ・ロスリング・ロンランドはその妻。

私たちは事実に基づいて考えているつもりでも、意外と間違っている。

著者のハンスは、講演会でこんな質問をしてきた。

「15歳未満の子どもは現在世界に20億人。国連の予測では2100年に何人になるか？」

A　40億人　B　30億人　C　20億人（正解は後述）

猿がランダムに選んでも正解率は33％だが、世界の正解率は平均で9％。賢人が集まるダボス会議メンバーでも26％。他の質問も似た状況だった。偉い政治家・経営者・マネージャーでも、間違った知識で考えて問題を解決しようとしている。本書は人が事実をありのまま見ることができない根本的な原因を解き明かし、世界的ベストセラーになった。

著者のハンスは医師としてアフリカの医療現場で感染症対策に尽力した際、先進国の支援策が事実を把握していない現実を知った。「世の多くの問題は、人々の知識不足が原因」と考え

るようになり、**事実に基づく世界の見方**（**ファクトフルネス**）を広める活動を始めた。この活動を、彼の息子オーラとその妻アンナの3人でまとめたのが本書だ。

人が事実に基づいて世界を見ることができない原因は、勉強不足ではない。原因は、人の本能だ。我々の脳には先祖の狩猟時代に必要だった本能が組み込まれている。危険を瞬間的に判断し、回避するのも本能のおかげだ。本能は現代の生活でも必要だが、**すべてを本能に任せるとありのままの世界を見ることができなくなる**。

本書では10の本能と対策が紹介されている。マーケティングでも事実に基づき市場と顧客を理解する必要があるが、間違って理解し、失敗することも多い。そこで10の本能への対策からマーケティングで役立つ4つを選び、マーケティング事例に置き換えて紹介したい。

2つのグループに分けたがる「分断本能」

「結局、人っていい人と悪い人しかいないよね」

このように人は、**モノや人々を対立する2つに分けたがる**。これが**分断本能**だ。

ターゲット顧客を考える際も、分断本能が顔を出す。たとえば「低中所得者向けファッション」（＝高額所得者は買わない）と考える。しかし、高額所得者もユニクロを愛用する。市場にはさまざまな人たちがいて、皆違う。数字は大事だが、収入などの平均値だけで分けると顧客の多様さは見えなくなる。きめ細かく現場で実態を観察するべきなのだ。

クラフトビール最大手のヤッホーブルーイングは新ビール「水曜日のネコ」で、具体的な顧客の人物像（ペルソナ）を描いた。

「アラサーの女性。責任ある仕事をバリバリこなし、独身または既婚。子どもはいない。東急東横線か東京メトロ日比谷線沿線に在住。ファッションや持ち物にこだわる。帰宅するとお酒を飲んで素の自分に戻る。それが次の日の活力」

ここから資生堂TSUBAKIシャンプーのCMに出てくるような、オシャレで自立した女性が憧れるリーダー層の女性を想定し、「**TSUBAKIな女性が仕事終わりにOFFタイムでリセットするビール**」というコンセプトを考えた。

実際にTSUBAKIな女性にどんなときにお酒を飲みたいかを聞くと「週の真ん中で一息つきたい」。好きなものは「ネコ」だった。ここから「水曜日のネコ」という名前が生まれた。

誰からも嫌われない商品は、同時に「ものすごく好き」という人もいない商品だ。賛否両論があっても2～3割の人が「すごく好き」という商品こそが愛される。「水曜日のネコ」は発売数年後のいまも売上成長中である。

直線的増加が続くと思い込む「直線本能」

戦後数十年間、「日本の土地は永遠に値上がりする」と信じられていた。

しかしその後、土地は大暴落。日本全体が長期低迷に陥るきっかけになった。

このように多くの人は「**直線的な増加は続く**」と考えてしまう。これが**直線本能**だ。

間違いに導く本能①

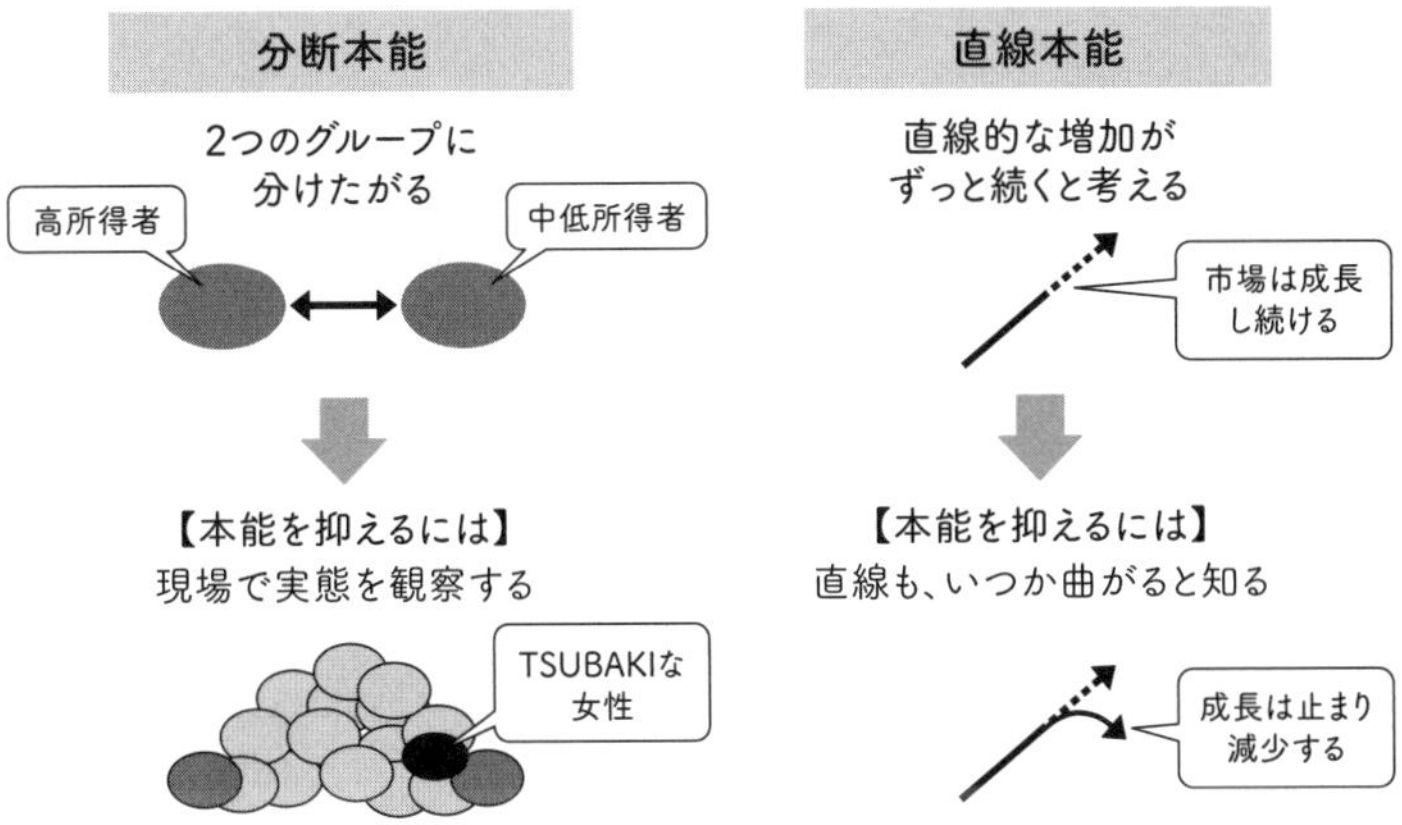

出典:『FACTFULNESS』(著者が一部改変)

冒頭の「現在世界に20億人いる15歳未満の子どもは、2100年に何人になるか?」の答えは「C 20億人」。人口も爆発的に増えていると思いがちだが、現実には子どもの数はこの20年間であまり変わっていない。人口問題の専門家は、世界人口は100~120億人で安定すると予測する。秘密でもなんでもなく、国連が公に発表している事実だ。

現実には**直線的な増加が続くことはほとんどない**。何ごともどこかでS字カーブになり、ピークを迎えて下降する。これは戦略で、市場の成長を考える際にも重要だ。

私がIBMのマーケティング責任者として担当したコールセンター市場は、当時10年近く年率数十%の高成長が続いていた。しかしあるとき、ほぼすべてのセールス案件が突然延期・中止になった。大企業が投資対効果を一斉に見直した結果、市場成長が止まったのだ。市場調査会社が「市場の成長は踊り場だ」と発表したのはその半年後だった。

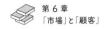

市場変化を他社に先んじて捉えたおかげで、私は新しいマーケティング戦略を策定・実行し、成果をあげることができた。常に現場を注意深くチェックし続け、いち早く変化を見極めれば、逆にチャンスをつかめるのだ。

思い込みですべてに当てはめる「パターン化」

「政治家は、嘘つきだ」「最近のゆとり世代は、忍耐力がない」と考えがちだ。しかし実際には、誠実な政治家は決して少なくないし、粘り強く頑張るゆとり世代もいる。

しかし、人は深く考えず、**モノゴトをパターン化し、あらゆる状況に当てはめようとする。**これが**パターン化**、つまり思い込みだ。パターン化は思考が効率化するメリットもあるが、間違ったパターン化をすると正しくモノゴトが理解できなくなる。

ユニ・チャームは2000年にインドネシアでベビー用オムツを販売した。当初はプレミアム品を販売してそれなりに売れたが、シェアは伸びなかった。現地メーカーの倍の価格で高すぎたのだ。そこで中低所得者が購入できる低価格品の投入を決めた。しかし高品質と低価格は矛盾する。解決の糸口はないか？

そこで担当者が一般家庭200軒を汗だくになって訪問して使い方を観察した。すると日本の常識がまったく通じないことがわかった。

当時のインドネシアの家庭は床にオムツ交換できる清潔な場所が少なく、布パンツを立ったままはかせていた。そこで基本機能以外を削ったパンツ型紙オムツを低価格で開発した。さら

間違いに導く本能②

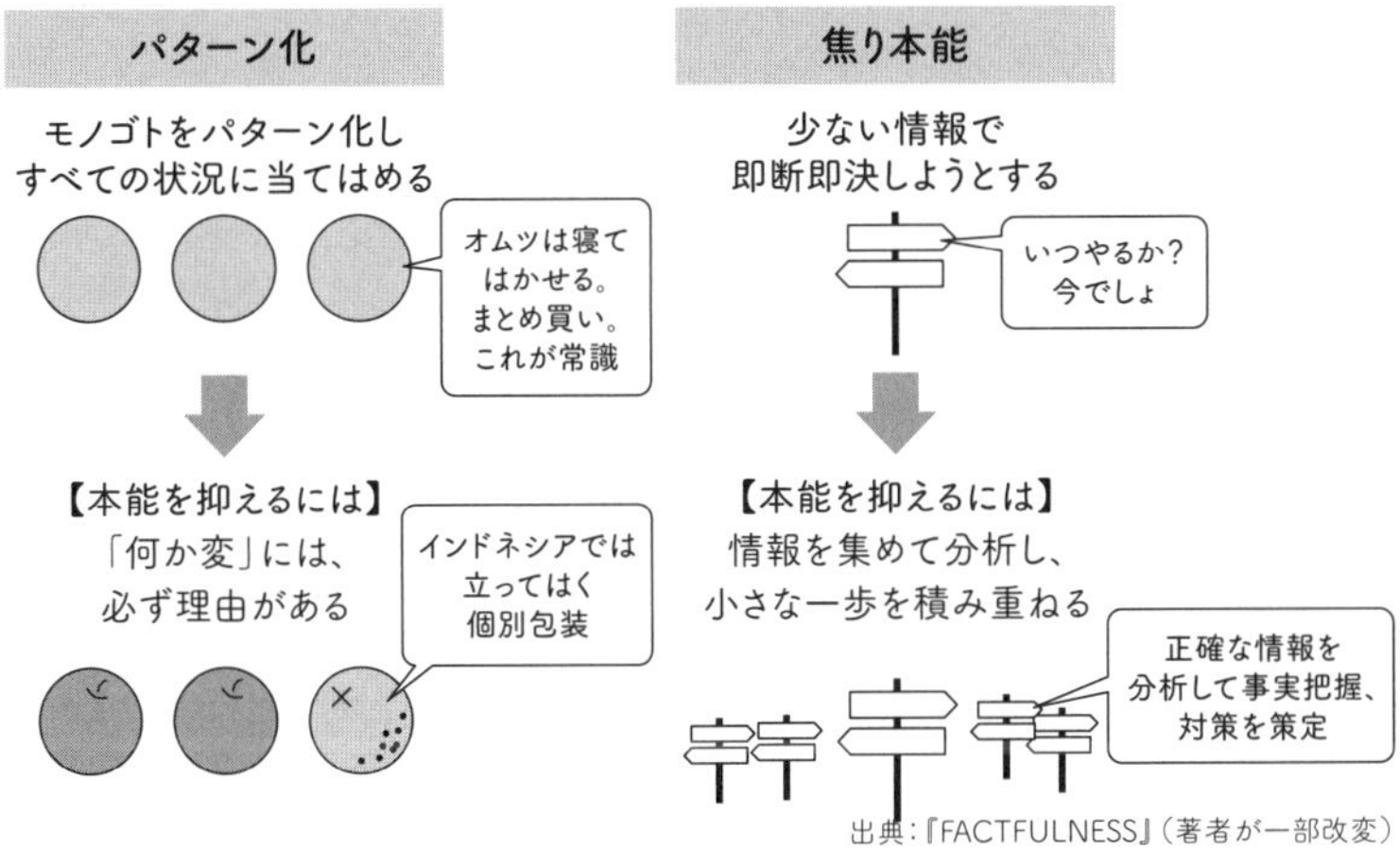

オムツは寝てはかせる。まとめ買い。これが常識

「何か変」には、

情報を集めて分析し、

正確な情報を分析して事実把握、対策を策定

出典：『FACTFULNESS』（著者が一部改変）

にインドネシアでは、日本で常識のおむつのまとめ買いはしない。紙オムツは個別包装が好まれた。個別包装を店頭に並べれば、お母さんたちがお試しで1個買い、外出のときだけ使ってもらう、という売り方ができる。

結果、インドネシアの紙オムツ使用率は30%から50%に上昇。ユニ・チャームのシェアは65%になった。現場で顧客を徹底的に調べることでパターン化を脱したのだ。

「何か変だな」と思ったら「**相手にはそうしなければならない理由があるはず**」と考え、好奇心をもって調べるべきだ。そうすれば顧客の真実に迫れるのだ。

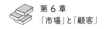

少ない情報で即断即決する「焦り本能」

「いつやるか？　今でしょ」「即断即決」……。この考え方が**焦り本能**を引き出す。焦り本能は人間に染みついている。森で大きな熊が現れたら、考える前に逃げ出さないと殺される。

しかし、現代の問題は複雑だ。中途半端な分析で即断即決し実行すると、大ケガをする。

ＺＯＺＯは２０１７年、体型データを細かく採寸する「ゾゾスーツ」と、採寸データを活用して体型にジャストフィットする新ＰＢブランド「ＺＯＺＯ」を大々的に発表した。

ＺＯＺＯは「より細かなサイズを用意し、試着不要で商品を選べれば、新市場が創り出せる」と考えたのだ。ユーザー調査を行い、顧客ニーズも検証した。

・洋服購入の際にサイズが合うかどうかが大事→98%
・ネットの服購入で、サイズが合うかわからず購入を諦めたことがある→89%
・同じＳＭＬ表記でもサイズ感が違うことに不満を感じることがある→89%
・試着することは嫌い→58%

ゾゾスーツは大反響。１００万人以上の試着データが集まった。新ＰＢブランドＺＯＺＯの受注も多かった。しかし、思わぬ障害があった。生産工程で不具合が起こり、品質問題も発生、納期は遅延した。赤字総額１２５億円。ＺＯＺＯは新ＰＢブランド立ち上げ、膨大なサイズ展開、さらにゾゾスーツ配布と一気に手を拡げて、失敗したのだ。

ＺＯＺＯはこの失敗から「高リスク・高リターンの満塁ホームラン狙いで大赤字を出した。まずはヒット狙いで収支トントンを狙うべきだ」と学んだ。たとえば、その一環として、足のサイズを測定できるゾゾマットを配布している。測定データをもとに、ＺＯＺＯが扱う既存ブランドの靴をお勧めするサービスだ。購入者からは「紙1枚とスマホだけで簡単かつ正確に計測できるのはすごい！」「オススメを買ったら全然痛くない」と好評だ。

このように**焦り本能を抑えるには、小さな一歩を重ねることだ。**

事実に基づいて世界を知るために必要なのは、謙虚さと好奇心だ。謙虚になると、心は楽になる。好奇心があれば新しい情報を積極的に探し、自分に合わない情報も受け容れられる。自分の間違いに興味をもてば、気づかなかった事実を理解できるようになる。

現代では常識は10～20年で時代遅れになる。多くのビジネスパーソンは昔の常識を変えずに仕事しているが、現実には新しい常識は意外と簡単に手に入る。

この『MBAマーケティング必読書50冊を1冊にまとめてみた』も、この10～20年で大きく変わった新しいマーケティングの常識の全体像を把握できるようにまとめた一冊だ。

自分の考え方が世の中の現実と正反対だと、いくら頑張っても成果は出ない。まずは謙虚になり、好奇心をもって事実を知ることが、出発点なのだ。

POINT

本能の支配に気づき、過ちを認めれば、事実は徐々に見えてくる

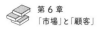

Book
46

『大本営参謀の情報戦記 情報なき国家の悲劇』（文藝春秋）

——「情報軽視」の体質は現代の日本企業にも引き継がれている

堀 栄三

1913年奈良県生まれ。日本の陸軍軍人、陸上自衛官。階級は陸軍少佐、陸将補。正確な情報の収集とその分析という過程を軽視する大本営にあって、情報分析によって米軍の侵攻パターンを的確に予測したため、「マッカーサー参謀」とあだ名された。戦中の山下奉文陸軍大将、戦後の海外戦史研究家にもその能力を高く評価された。戦後は陸上自衛隊に入隊。大阪学院大学ドイツ語講師、郷里の西吉野村の村長を務めた。95年逝去。

「日本人は事実に基づいて考えるのが、なんでこんなに苦手なんだろう？」

私は外資系企業で海外・日本混成チームで協業するたびに、こう感じていた。

本書は、その原因を徹底的に分析した一冊だ。

旧日本軍の情報戦の実態を、大本営情報参謀だった著者が明かしている。日本の敗因は「米国との圧倒的な国力差」と考える人が多いが、著者は「**決定的な差は情報力だ**」という。

たとえば、米国は戦争の19年前から日米の戦争を想定し、日本の情報収集を始めた。日本で米国担当の情報部ができたのは、戦争を始めてから半年後。これでは勝てるわけがない。

「彼を知り己を知れば百戦殆うからず」という。日本は負けるべくして負けたのだ。本書では情報を軽視し、悲惨な負け戦を繰り返す日本軍の姿が生々しく描かれている。

旧日本軍の情報軽視体質は、残念ながら現在の日本企業にも脈々と引き継がれている。

だからこそ本書の洞察は、私たちビジネスパーソンにとって実に貴重なのだ。ビジネスの戦

日本軍の敗因は日本企業に引き継がれている

日本陸海軍の情報部が不十分だった理由（米軍の指摘）		現代の日本企業では…
❶国力判断の誤り	⇒	❶′市場と顧客の判断の誤り
❷制空権の喪失		❷′IT戦略思考の不在
❸組織の不統一		❸′全社で情報を共有しない
❹情報の軽視		❹′事実の軽視と隠蔽
❺精神主義の誇張		❺′ものづくり幻想の誇張

出典：『大本営参謀の情報戦記』を参考に著者が作成

略を立てるには、**自分たちの思考の弱点を知り、対策を立てることが重要**だからだ。

　戦後、米軍は旧日本軍の情報部を分析した。米軍は日本の陸海軍情報が不十分だった理由として上図の5点を挙げた。いずれも的確だ。現在の日本にもそのまま通用するし、私たちの課題も読み取れる。そこでこの5点に沿って、当時と現代の課題を考えよう。

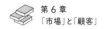

理由❶ 国力判断の誤り→市場と顧客の判断の誤り

【大戦中】日本は「同盟国はウソをつかない」と考え、同盟国ドイツの情報を100％信じていた。本来情報は疑ってかかるべきで、ヒットラー率いるドイツからの情報には間違いも多かったが、日本は「ドイツが勝つ」と信じて戦争の行方を見誤った。一方で米国の情報は把握せず、圧倒的な米国の国力を甘く見ていた。

　米国は、日本の情報収集を徹底した。さらに戦争が始まると「米国国内の日系人の中には必ずスパイがいるはず」と考え、日系人を全員強制収容所に隔離。日本は米国国内の情報が一切得られなくなった。こうした情報感度の差が敗戦につながった。

【現代では】 市場やライバルの情報を知ろうとせず、顧客に会わない技術者は多い。顧客不在の製品開発を続け、顧客から貪欲に学ぶアジアの新興メーカーに負け続けている。情報感度の鈍さは変わらない。

理由❷ 制空権の喪失→IT戦略思考の不在

【大戦中】 太平洋には何千という島がある。戦争が始まり、日本軍はこれら島々に進軍して占領し、守備隊を置いた。しかし、1つの島に配置できる守備隊の数には限りがある。一方で米国は広大な太平洋を舞台とした日本との戦いを考え、**飛び石作戦**という戦略を立てた。

日本は無数の島を**点**で守っている。サイパン島を占領しても面積は122平方キロだ。米国は「空を使い、**面**を押さえよう」と考えた。戦争末期の米軍戦闘機の行動半径は1000キロ。飛行場を占領すれば、飛行場を中心に半径1000キロの空域（314万平方キロ）を占領できる。面積はサイパン島の2万6000倍。この空域内では日本の艦船は撃沈され、一隻も入れない。空域内で新たに飛行場を占領すれば、さらに空域を拡げられる。

飛び石のように1000キロ離れた島から島を占領し続ければ、日本本土に近づく。そして日本本土を空襲すれば日本に勝てるという戦略を考え、米国は着実に準備を進めてきた。

具体的な戦術はこうなる。米軍は戦艦で日本が守る島を取り囲み、激烈な艦砲射撃を行う。島では大砲が1㎡に一発という密度で降り注ぐ。これは一軒家の庭に大砲が10発以上落ちる密度だ。その後も航空機で徹底的に空襲した上で、日本守備隊の5〜6倍の兵力で上陸。奇跡的に生き残り食料も弾薬も尽きた少数の日本兵は、数少ない武器を手に取り、圧倒的兵力の米軍に「天皇陛下万歳!」と叫びながら突撃して玉砕。こうして島は占領され、飛行場は米軍の手に落ち、米軍は半径1000キロの空域を手に入れる。

太平洋の海を眺め、水面と波だけ見ていたのが日本の戦略立案者。上を見上げ「あの空を取らなければこの海は取れない」と考えたのが米国の戦略立案者だった。

【現代では】「制空権」を現代で言い換えると「ITの戦略思考」だ。日本企業は「ITは作業効率化や情報収集・分析の手段」程度にしか考えていない。**Book47**『思考』で紹介するように日本は**仕組み連動テクノロジー**で50年間遅れていることに気づいていない。GAFA(グーグル、アップル、フェイスブック、アマゾン)の爆発的成長の裏にもこの戦略思考がある。学ぶべきは戦略思考だ。製品やサービスを真似ても勝てない。

理由❸ 組織の不統一→全社で情報を共有しない

【大戦中】一見関連ない些細な情報も、突き合わせると重要情報が浮き上がる。だから諸外国は情報機関(米国のCIA、英国のMI6など)が国家の情報を1カ所にまとめ分析する。

しかし、日本軍は国家全体で情報を分析する体制がなかった。たとえば日本軍の情報部は、本土を空襲するB－29の動きをかなり正確に発信電波でつかんでいた。あるとき情報部は正体不明のB－29小部隊に気づいた。「特殊任務があるのでは」と考えて情報を集めたが、「米国で新実験が行われた」という外国通信社の記事が目立つ程度だった。

8月6日、情報部は小部隊の広島接近を探知。その後、原爆投下。後に別部署が「新実験は原爆」との情報をもっていたことが判明。事前に情報を突き合わせれば原爆投下を予測して、被害を少しでも抑えられた可能性がある。**全情報が1カ所にないがための悲劇**だ。

【現代では】不祥事でトップが「知らなかった」と謝罪会見を開くのは見慣れた光景だ。「部下が知らない情報を握っていることを見せれば、権威を示せる」という管理職すらいて、情報共有はなかなか進まない。全社で情報共有する仕組みと企業文化が必要なのだ。

理由❹ 情報の軽視→事実の軽視と隠蔽

【大戦中】日本軍の情報軽視の考え方は、至るところに顔を出した。日本軍は台湾沖で、米海軍の大艦隊を航空機で攻撃したことがあった。現地からは大戦果が報告されたが、著者は「怪しい」と感じた。現地で調べると、戦場の基本である戦果確認をしていなかった。帰投した搭乗員が「炎上していたのはたぶん味方機でなく敵空母」と言うと「空母1隻撃沈」と勘定していた。その場で著者は「大戦果は信用できない。多くても戦果は2〜3隻」と大本営に緊急電報を打ったが、この電報は無視された。

数日後、大本営は「米軍大艦隊は全滅」という大戦果を発表。敗色濃厚だった日本中が喜び、「もう戦争は大丈夫」。作戦参謀も「反転攻勢の絶好の好機」と作戦変更。大兵力を戦場に海上輸送した。しかし、米軍大艦隊は無傷。輸送船の大半は撃沈。多くの人命を失った。

終戦直前のこと。日本軍には敵の暗号解読部隊があったが「暗号解読関係者は処刑される」との噂があり、暗号解読部隊は数日間かけて全資料を焼却した。戦後、日本の戦争犯罪を追及する国際軍事裁判「東京裁判」で、ある日本人の弁護人が「戦争は米国が仕掛けたものだと立証すれば、日本の戦争犯罪は回避できる」と考え、先に米国が戦争を計画していた証拠を探していた。しかし、暗号解読部にあった証拠（米国の解読文書）はすでに焼却。裁判は日本が負け、多くの日本軍の将校が処刑された。情報が残っていれば、戦後の日本の立場は今と違った可能性がある。**何げない情報が重大な価値をもつ**のだ。

【現代では】販売状況のレポートを見てしばらく考えていた営業部長が、部下に言う。「この数字は上に報告できない。ウチの組織の志気も下がる。だから見直してくれ」。こうして数字が改ざんされていく。実際に会社でこんな現場を見た人は多いだろう。都合の悪い事実を無視し隠蔽する姿勢は変わらない。事実から逃げず、事実に基づいて考え抜くべきだ。

理由❺ 精神主義の誇張→ものづくり幻想の誇張

【大戦中】米軍と戦う前、日本軍は中国軍と戦った。中国軍は弱く、著者の上官はこう言った。「タマ（まれ）にしか当たらんから、弾丸（たま）というのだ。わかったか」

米軍との戦いではまったく違った。米軍はここでも面の戦いを仕掛けてきた。日本軍は中国軍相手と同じ突撃攻撃を繰り返し米軍と戦ったが、まったく成功しなかった。

日本軍は敵の50〜60m前から敵の射撃の間隙をぬい「突撃!」と突っ込む。米軍は自動小銃を左右に振り回し掃射する。自動小銃一挺で1分間350発。これが一連隊で162挺。幕のように銃弾が飛び交う「弾幕」の中に、日本兵は次々と突っ込み倒れた。

米軍は10〜20年前から日本軍との戦いを予期し、周到に用意していたのだ。「タマにしか当たらんから弾丸だ」という精神主義では、弾幕には絶対に勝てない。

【現代では】「日本はものづくり大国」という考えは、根拠なき幻想だ。商品開発の本質は「顧客づくり」だ。かつてソニーもウォークマンで「外で音楽を聴く人」を創り出した。ものづくりだけでは、ロジカルに顧客ニーズを探り開発する海外メーカーに勝てない。

誰もが「情報の専門家」になれる

しかし希望もある。旧日本軍は、一方的に負け続けたわけではない。

著者は米軍の戦略を分析し小冊子「敵軍戦法早わかり」にまとめ、最前線部隊に配布した。米軍の戦闘パターンを解説し、対策として戦闘部隊の拠点となる陣地のまわりは艦砲射撃に耐えられるように土などで厚さ2m以上を確保すること、米軍上陸の際に突撃攻撃しても自滅するので、洞窟の中に陣地を構築して持久戦にもち込み、米軍の損害を増やす必要を説明した。

その後の日本軍は、沖縄と硫黄島では米軍に対して互角以上に善戦。

ルソン島を守る山下将軍も10万の米軍を相手に1945年1月から8月の終戦まで戦い抜い

た。もしルソン島が1月に陥落していたら、米軍はこの大兵力を転用して6〜7月に日本上陸ができたので、さらに大きな被害が出ていた。**的確な情報が大きな犠牲を防いだ**のだ。

著者は、米軍のルソン島上陸、第1次日本上陸計画、第2次日本上陸計画の時期・場所・兵力を正確に予想していた。断片的な米軍の情報をつなぎ合わせ、さらに米軍トップが考える戦略を徹底的に考え抜いた結果だった。著者の予想がきわめて正確なのに驚いた米軍は、本気で「機密情報が漏洩したのでは……」と怖れて、戦後著者を尋問したという。

しかし、著者は情報参謀任官前は、情報参謀の仕事はまったくの未経験。しかも日本軍には情報参謀の教育がなかった。著者は現場から学んで一流の情報参謀に育ったのだ。我々も情報の専門家になり得るということだ。

しかし人は、個人任せにしていては育たない。企業は情報を正しく扱う仕組みと人材育成の仕組みをつくることが重要だ。本来、情報投資は投資対効果が実に高い。旧日本軍は戦争で300万人の将兵の命を失った。多くは飢え・疾病・輸送途中の撃沈などで、戦う前に失われた。情報に基づき戦略を立てていれば、守れた命である。

「日本よ、将来とも情報を軽視してはならない」と残した著者の言葉は、実に重い。

POINT

情報を重視し、全体で共有し、情報をもとに判断する仕組みをつくれ

Book
47

『思考 日本企業再生のためのビジネス認識論』（学研プラス）

――「日本のテクノロジーは半世紀遅れている」という認識からスタートせよ

井関利明／山田眞次郎

井関は慶應義塾大学名誉教授、社会学博士。慶應義塾大学文学部教授、同大学総合政策学部長、千葉商科大学政策情報学部創立とともに学部長。大学改革の手本となった慶應大学 SFC の創設メンバーの中心。専攻分野は、行動科学、科学方法論、ソーシャル・マーケティングなど。山田は、株式会社ブレインパス代表取締役、工学博士（機械）。株式会社インクス設立、代表取締役 CEO に就任。小渕恵三首相の私的諮問機関「ものづくり懇談会」のメンバー就任。

「細部への徹底的なこだわりこそが日本流」「快適さと安心感で、おもてなし」

本書は私たちが「日本の強み」だと信じ込んでいるこれらこそが「日本の深刻な弱み」と一刀両断。多くの日本人が気づかない、本質的な日本企業の問題点をあぶり出す。

「日本は技術立国」「日本はものづくり」と言い続け、失われた20年は30年となり、日本は低迷が続いている。著者らは「**日本の技術は半世紀遅れ。しかも認識されていない。細部のこだわりもイノベーションを阻んできた**」という。

幕末の黒船、そして敗戦と、日本は外圧で変わってきた。しかし、現代の黒船は世界を大きく変えたのに、古いメガネで世界を見ている私たちの目には見えない。私たちはまず現代の黒船の存在を認識した上で、自分たちの問題を知ることが必要だ。

本書は慶應義塾大学の井関利明名誉教授と経営者の山田眞次郎氏の対談を通して、何が起こっているかを認識させてくれる。

「細部へのこだわり」がイノベーションを阻む

日本人が徹底的に細部にこだわるのは、世界的にも有名だ。

日本の旅館も快適さ・安心感を追求して訪日客をおもてなししてきた。

しかし、皆が細部にこだわって内向的になり、横並びで快適さを追求する社会からは、現状を否定するような大きなブレイクスルーを起こすイノベーションは生まれない。

戦後の荒廃から1980年代まで、日本は世界の経営の教科書に載るような画期的イノベーションを数多く生み出したが、1990年以降はそんなイノベーションはごくわずかだ。結果、日本は世界から脱落しているのに、変化から逃げ続けている。

実は**日本企業が世界一になった分野は、第二次世界大戦前に米国で基礎技術が確立され、すでに米国が捨てた分野**である。日本は古い分野で「世界一」と言い張っているのだ。

3つの「発明期」

本書によると、産業革命以降の技術革新は、3つの大きな発明期に分けられる。

【第1発明期】 18世紀半ばから19世紀前半の産業革命期。本質は指の作業の機械化。紡績機や機織り機により指の繊細な作業が機械化され、蒸気機関の発明で水車に代わる動力を手に入れ、蒸気機関車や蒸気船が生まれた。

【第2発明期】 19世紀後半から20世紀初頭。動力が小型化し、パーソナル化した。発電機・

3つの発明期

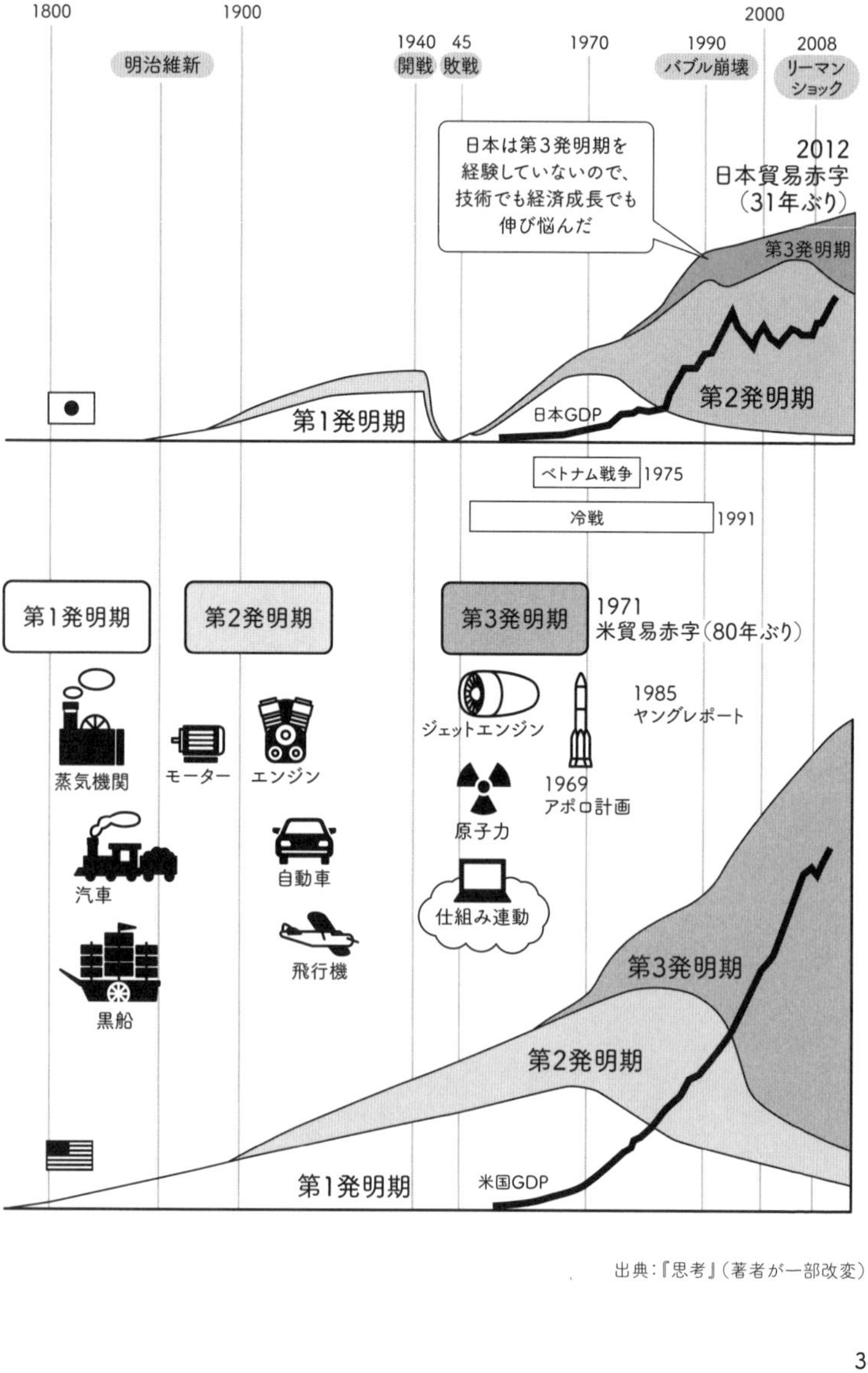

1800
1900
2000
1940
45
1970
1990
2008
明治維新
開戦
敗戦
バブル崩壊
リーマンショック
日本は第3発明期を経験していないので、技術でも経済成長でも伸び悩んだ
2012
日本貿易赤字（31年ぶり）
第3発明期
第2発明期
第1発明期
日本GDP
ベトナム戦争
1975
冷戦
1991
第1発明期
第2発明期
第3発明期
1971
米貿易赤字（80年ぶり）
1985
ヤングレポート
蒸気機関
モーター
エンジン
ジェットエンジン
1969
アポロ計画
原子力
汽車
自動車
仕組み連動
黒船
飛行機
第3発明期
第2発明期
第1発明期
米国GDP

出典：『思考』（著者が一部改変）

モーター・内燃機関の発明で個人が動力を手に入れ、飛行機も登場した。日本が世界一になった自動車や家電は第2発明期のものだ。米国はほぼ撤退している。

【第3発明期】 第二次世界大戦後の1945年から始まった。動力が大出力化、集中制御されるようになった。主な発明は原子力・ジェットエンジン・ロケット・コンピュータ・電子回路だが、もう1つの見えない重要技術がある。各単体技術をつないで連動させる**仕組み連動テクノロジー**だ。人が連絡を取り合い連携していたのが、自動化されたのだ。

米国の「仕組み連動テクノロジー」

仕組み連動テクノロジーの集大成は、1960年代のアポロ計画だ。コンピュータ制御で自動操縦されたロケット・司令船・月着陸船・追跡レーダー・救助船などの設備と人と情報が、「人を月面に立たせる」という**ミッション（使命）**の下で仕組みに組み込まれ、単品同士が情報を交換して仕組みが連動し、ミッションを達成した。アポロ計画を通じて、**ミッション達成のための仕組み連動の発想とテクノロジー**が磨かれていった。

アポロ計画は1972年に終了。その後、仕組み連動テクノロジーは米軍で磨かれた。たとえば米軍が「北朝鮮がミサイル発射準備中」と察知すると、電子偵察機・偵察衛星・イージス艦・戦闘機・空母・原子力潜水艦が連携して情報収集し、全情報がコロラド州にある北米航空宇宙防衛司令部に集まり分析され、迎撃するか否かが即時判断される。

アポロ計画で仕組み連動技術を磨いた多くのコンピュータ技術者は民間企業にも移籍し、民間で技術を蓄積していった。身近なところではｉＰｈｏｎｅがわかりやすい。

ｉＰｈｏｎｅは、電話回線につながると電話、ネットにつながるとモニター、ＳＮＳにつながると画面と入力機になる。仕組みにつながった瞬間、仕組みの一部として連動する。単体性能は重要でなく、仕組みの中で必要な性能を考えて機能向上を図っている。

米国は仕組み連動テクノロジーの基礎を１９７０年までの戦後25年間で確立し、進化させ、高い技術をもつようになった。しかし同じ時期、日本は敗戦から復興するために古い第2発明期の家電や自動車に集中せざるを得なかった。**第3発明期を実体験していないので、いまに至っても仕組み連動テクノロジーの存在自体を認識していない。**

コロナ給付金に時間がかかった本当の理由

日本は２０２０年のコロナ対策で国民１人10万円の給付をする際、経費１５００億円と数カ月間もの労力・期間をかけた。一方で米国は、個人ごとの社会保障番号をもとに各自の銀行口座に振り込む仕組み。法律成立から2週間で支給が始まった。

マスコミは「デジタルインフラ整備が遅い」と政府を非難したが、**問題の本質は日本の仕組み連動テクノロジーが未熟なこと**だ。

米国は既存の仕組みを連動させ手間をかけず迅速に対応する。この仕組み連動の概念を理解せず準備も怠った日本は、そもそも手間をかけすぎなのにもかかわらず、なぜ同じことができないのかが理解できない。そして「デジタルインフラの未熟さ」という抽象的な言葉で総括、根本的な対策をしない。2020年、日本政府はデジタル庁新設の方針を打ち出したが、各省庁のIT部門を1つの組織にまとめ、マイナンバーを普及させるだけではダメだ。まずミッションを定め、その達成のために人手を一切排除し各省庁のシステムを自在に連動させる仕組みをつくらない限り、危機のたびに同じ混乱が再発する。

仕組み連動テクノロジーが未熟な日本は、ビジネス面でも大きく遅れている。イーロン・マスク率いるテスラは、車をネット経由でアップデートできる。自社の充電スタンド網「スーパーチャージャー」と連携し、充電できる。自動運転でも業界の先頭だ。車はテスラのシステムの一部に過ぎない。壮大な仕組み連動テクノロジーを実現している。

GAFA(グーグル・アップル・フェイスブック・アマゾン)も、仕組み連動テクノロジーの集合体だ。グーグル検索・Gメール・グーグルマップ・カレンダーは相互連動し、アマゾンは買い物・電子書籍・ビデオを連動させ、高い顧客体験を生み出している。

現代の消費者は単品の製品ではなく、全体の経験価値を重視する。しかし多くの日本企業は、単品性能や単体機能しか考えない。スマホと冷蔵庫を連動させてドアの閉め忘れを通知する仕組みをつくることもあるが、これは場当たり的な発想で単品同士を連動させただけ。

「月に人を立たせる」というミッションを達成するアポロ計画のように「**1つのミッション達成のために既存の仕組みを連動させ全体最適する**」という発想が、根本的に欠落している。

日本はこのように半世紀遅れてしまった技術の差を認識すべきだ。幕末の日本は巨大な黒船を目の当たりにして欧米との技術格差に愕然とし、明治維新後は大きな差を謙虚に認めて急速に欧米に追いついた経験がある。まずは「日本の技術は世界一」という幻想から覚めて、第3発明期で弱い部分を謙虚に認めて挑戦すべきなのだ。ではどうすればいいか？

イノベーションを「技術革新」と訳す日本の勘違い

日本は**イノベーション**を「技術革新」と誤訳し、イノベーションを誤解してしまった。前著『MBA必読書50冊を1冊にまとめてみた』のBook17『企業家とは何か』で紹介したように、イノベーションは技術ではない。既存知と既存知の新たな組み合わせにより、新たな価値を生み出し、人々に新しい生活体験を提供することだ。iPhoneは新技術はないが、「iPod・携帯電話・ネット通信機器」の3つを組み合わせたイノベーションだ。

イノベーションで必要なのが**創発**だ。仲間と意気投合して夢中で取り組むうちに、想像もしない新しいモノが生まれた経験はないだろうか？　異質なモノ同士が相互作用し、予想を超えた新しいモノが生まれるのが創発だ。イノベーションも創発で生まれる。

しかし、なかには「社員にアイデアをプレゼンさせて、予算を与えればイノベーションが起きる」と考える経営者がいる。そもそも自由な発想が求められるイノベーションと御前会議は水と油だ。**イノベーションは管理からは生まれない。イノベーションはリーダーシップで窒息する。**むしろ自由裁量をもつチームにすべて委ねることだ。

新しい時代を担うのは、古い先入観をもっていない3つのタイプの人たちだ。

【若者たち】デジタル・ネイティブ。関係づくりに長け、イノベーションを起こす人材だ。
【女性たち】女性は右脳思考にすぐれ、マネジメント能力もある。多くの会社の男性管理職が奥さんには頭が上がらないのも、女性のマネジメント能力が高いためだ。
【外国人たち】日本人には当たり前で気づかない独特の空気や特殊性がよく見える。彼らが組織に多様性（ダイバーシティ）をもたらし、イノベーションの源泉になるのだ。

Ｂｏｏｋ８『両利きの経営』で紹介したようにイノベーションはリスクを伴う。しかしイノベーションを避けると、変化に直面したときに破綻する。コロナ禍で長年変わらなかった老舗アパレルや百貨店は破綻した。イノベーションに挑戦しない限り企業の発展はない。日本の失われた30年は、イノベーションに挑戦しなかった30年でもある。

ここでは本書の一部を紹介した。本書は他にも「３つのビジネスパラダイム」など私たちに見えていない多くの新たな認識を教えてくれる。残念ながら絶版だ。再版を望みたい。

POINT

「仕組み連動テクノロジー」を改めて認識し、何をすべきか考えよ

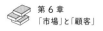

Book
48

『統計学が最強の学問である』（ダイヤモンド社）

——「統計リテラシー」がないと、知らないうちに大損する

西内 啓

1981年生まれ。東京大学医学部卒（生物統計学専攻）。東京大学大学院医学系研究科医療コミュニケーション学分野助教、大学病院医療情報ネットワーク研究センター副センター長などを経て、現在はデータに基づいて社会にイノベーションを起こすためのプロジェクトにおいて調査、分析、システム開発および戦略立案をコンサルティングする。著書に『サラリーマンの悩みのほとんどにはすでに学問的な「答え」が出ている』など。

ブラッド・ピット主演の映画『マネーボール』は、実に面白い。

米国の貧乏球団が新しい統計手法を開発・駆使して、勝利に貢献できるのに評価が低く低年俸の選手を発掘し、低予算で優勝争いに絡む物語だ。読み書き能力をリテラシーというが、**統計リテラシー**があればビジネスで勝率を上げることができる。逆に、ない人は損をする。

マーケティングでも統計リテラシーを身につけ、エクセルを活用すれば大きな力になる。

統計学は難しい本が多いが、本書は実にわかりやすく網羅的で、統計学の本としては異例のベストセラーになった。著者は東京大学医学部、同大学院医学系研究科の助教授を経て、現在分析サービスを提供する会社の取締役として活躍している。

視聴率のコンマ数%の違いは意味がない

2019年ラグビーワールドカップ「日本×南アフリカ戦」の盛り上がりは記憶に新しい。

統計リテラシーの第一歩は「誤差の理解」から

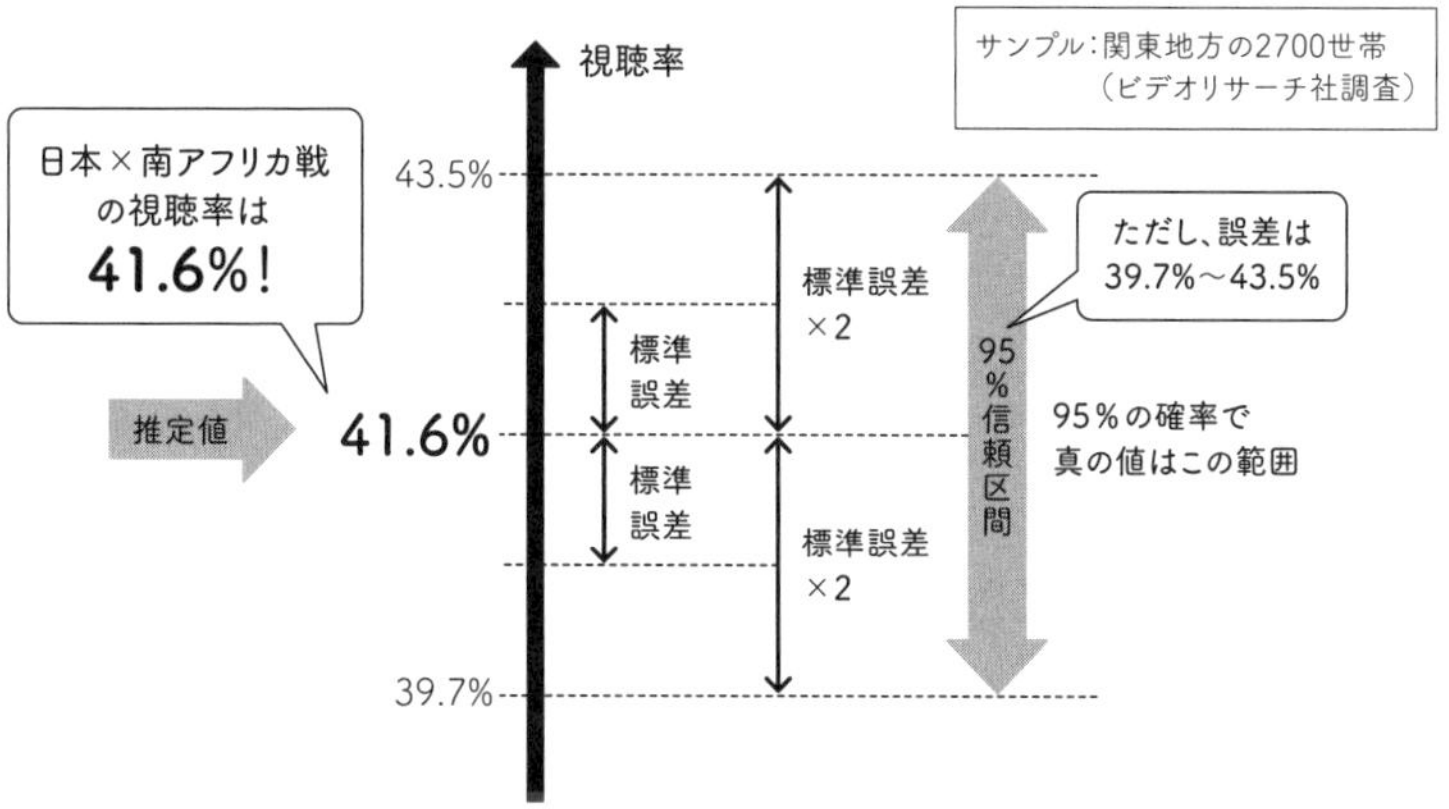

出典：『統計学が最強の学問である』を参考に著者が作成

関東の視聴率は41・6%だったが、あなたは「番組を観ましたか？」と聞かれたことはないはずだ。視聴率は全数調査でなく、ランダムに選ばれた世帯を**サンプル調査**している。

関東では2700世帯を調べている。「関東は4000万人もいるのにそれだけ？」と思ってしまうが、統計学を使えばある程度の**誤差**を許容することで、2700件でも真の視聴率を推定できる。この誤差の範囲を示す指標が**標準誤差**や**95%信頼区間**だ。上図のように95%信頼区間とは「95%の確率で、真の値はこの範囲内にありますよ」という範囲のことだ。

「日本×南アフリカ戦」の95%信頼区間は39・7%〜43・5%だ。意外とバラついている。実は視聴率のコンマ数%の比較はほとんど意味がない。

誤差を小さくし精度を上げるには、サンプル数を増やせばいい。精度を倍にするにはサンプル数は4倍必要だ。関東地方では1万800世帯。しかしコストも4倍増になる。このように統計リテラシーの第一歩は「誤差」の概念の理解だ。

「だから何?」という残念な分析

ビジネスの現場では、「だから何?」という残念な分析が多い。

「販促キャンペーンの評価レポート」として、こんなデータを示すマーケターがいる。

あなたは過去1カ月間で、当社の〇〇キャンペーンの広告を見たことがありますか?

見た……8%　たぶん見た……38%　わからない……41%　見ていない……13%

(商品購入後のアンケートを集計)

「部長!　過半数近い46%の認知率を獲得しました。販促は成功です」

マーケティングの現場でありがちな光景だが、これが「だから何?」である。「広告はよく知っているけど、いつも別商品を買う」という人は多い。多くの人が販促キャンペーンを知っていても、「購買」という行動につながらないと無意味だ。

一面だけ見た単純集計が無意味なことは、こんな事例を考えればすぐわかる。

「心筋梗塞で死亡した日本人の95%以上が、生前この食べ物を食べていた。凶悪犯の7割以上が犯行前24時間以内にこの食べ物を食べていた。この食べ物、禁止すべきか?」

この食べ物は「ごはん」である。一面だけ見た単純集計では「白米禁止」というおバカな結論になりかねない。必要なのは「**十分なデータで、適切な比較を行うこと**」なのだ。

「ランダム化比較実験」で因果関係がわかる

「広告の効果」の分析として、こんな事例を考えてみよう。

あなたは過去1カ月間で、当社の広告を見たことがありますか？

商品購入者（100名）　見た…62％　見ていない…38％

商品非購入者（200名）　見た…21％　見ていない…79％

この分析からは「広告を見た人は、商品を買っている」という**因果関係**が解釈できる。因果関係とは「Aが起こると↓Bが起こる」という関係のことだ。しかし、「商品を購入したため、広告を見るようになった」という逆の因果関係も解釈できる。

そこで因果関係があるか否か分析する際に役立つのが、**ランダム化比較実験**だ。これは**Book30**『刺さる広告』でも紹介したように**A／Bテスト**とも呼ばれている。

「現代統計学の父」と呼ばれるフィッシャーは、1920年代に世界初のランダム化比較実験を行った。何人かの英国紳士と婦人が紅茶を楽しんでいたときのこと。ある婦人が「**『紅茶を先に入れたミルクティ』か『ミルクを先に入れたミルクティ』かは、味が全然違うからすぐわかるわ**」と言った。その場の紳士たちにとっては「紅茶とミルクは一度混ぜたら化学的性質は変わらない」が常識だったので、この話を笑い飛ばした。

しかし、フィッシャーは「では、テストをしてみましょう」と提案。ティーカップを並べ、婦人が見えない場所で2種類の違った淹れ方のミルクティを4杯ずつ合計8杯用意した。そしてランダムな順番で婦人にミルクティを飲ませ、答えを書き留めた。婦人は全部当てたという。8個の中から4個を選ぶ方法は70通りだ。すべて当てる確率は70分の1なので約1・5%だ。これだけの確率ならば「**彼女はなんらかの方法でミルクティを識別できている**」と考えるのが自然である(数字は『実験計画法』〈フィッシャー著〉を参照)。

2003年に英国王立化学協会が発表した「1杯の完璧な紅茶の淹れ方」というプレスリリースでは「牛乳蛋白は摂氏75度以上になると変質する。まず牛乳を入れ次に紅茶を注ぎ、変質を防ぐべきだ」とある。紳士たちの常識は、科学的には誤りだったようだ。

この方法は、ビジネスでも応用できる。

ある通販会社の担当者が「**ミシンを2台買ったら1割引という販促はどうか?**」と考えた。常識では「**ミシンは一家に1台で十分だ。あり得ない**」と一笑に付すところだが、この会社は販促キャンペーンの際には複数案をA/Bテストでランダム化して試していた。

会議で喧々諤々の議論をするよりも、「とりあえずサクッと試して、ダメならやめる」と考えるほうが速く、合理的だ。実際にA/Bテストをすると、顧客一人当たりの売上は3倍になって大成功。販促を見た顧客たちは「**欲しいミシンが1割引になるなら**」と、わざわざ隣人や友人を誘って共同購入を呼びかけたのだ。

現代ではウェブを使えばランダム化比較実験のコストは安い。とりあえずランダム化し、定期的に評価すれば、早く安上がりに確実な答えを得られる可能性が高いのだ。

統計学は万能ではないが、不毛な議論は避けられる

ここでは本書から統計の基本概念の部分を中心に紹介した。本書ではさらに回帰分析や重回帰分析など、統計学をユーザー目線で実にわかりやすく紹介している。

一方で統計学は万能ではない。たとえば、A／Bテストでは比較するAとB以外の条件を同一にする必要があるが、現実の世界はこのような状況はとても少ないので、厳密なA／Bテストは難しい（ウェブのようにサンプル数が膨大に得られれば、A／Bテストは有効だ）。

また、統計学には「限られた条件でのみ有効な方法だ」との批判もある。詳細はBook49『ブラック・スワン』で紹介したい。

しかしながら、統計学は有効な分野では大きな力を発揮する。

Book46『大本営参謀の情報戦記』で紹介したように、日本では情報は軽視されがちだ。経験や勘だけの不毛な議論も多い。たとえば、テレビのコメンテーターは失業問題で「頑張った人が報われる社会を」と情緒的な発言をする。しかし、失業問題ではすでに多くの統計分析がある。統計リテラシーを学びネット上の公開論文を検索すれば、「職業訓練や職探し支援、企業への雇用補助金が雇用対策に有効」とわかる。少し調べれば建設的な議論ができる。

情報を正しく扱う基礎力をつけるためにも、本書の内容はぜひ押さえたいところだ。

POINT

統計リテラシーがあれば、効率よく確実に正解へたどり着ける

Book
49

『ブラック・スワン［上・下］』（ダイヤモンド社）

——甚大な影響を与える「想定外」に、どう対応すればいいか？

「真っ白なカラスがいる」と言われたら、多くの人は「あり得ない」と笑うだろう。

しかし、本当にいたら常識は覆る。実際に過去に同じことがあった。かつて「白鳥は白い」は常識だったがオーストラリアで黒い白鳥が発見された。まさに「**想定外**」である。

マーケターの仕事は未来を予測し先手を打つことだ。しかし、現代では想像もしない大きな出来事が頻繁に起きて、読みが外れる。コロナ禍でも世界が想定外の大打撃を受けた。

本書では常識から逸脱した想定外で衝撃がある出来事を「**黒い白鳥**（ブラック・スワン）」と名づけている。少数の黒い白鳥が社会に莫大な影響を与え、その影響力はますます甚大になっている。**現代では想定外の黒い白鳥を「想定」して、戦略を考える必要がある。**

しかし黒い白鳥は過去の経験や知識で予測できないので、統計学は役に立たない。

では想定できないものに、いかに対応するのか？　そのヒントが本書にある。

著者のタレブはレバノン出身のトレーダーで、現在は**不確実性科学**を研究している。

ナシーム・ニコラス・タレブ

文芸評論家・実証主義者にして、非情のデリバティブ・トレーダー。レバノンでギリシャ正教の一家に生まれる。ウォートン・スクール MBA 修了。博士号はパリ大学で取得。トレーディングを行うかたわら、ニューヨーク大学クーラン数理科学研究所で確率論のリスク管理への応用を教えた。マサチューセッツ大学アマースト校では学長選任教授として不確実性科学を研究。著書『まぐれ』は世界30カ国語に翻訳されたベストセラー。

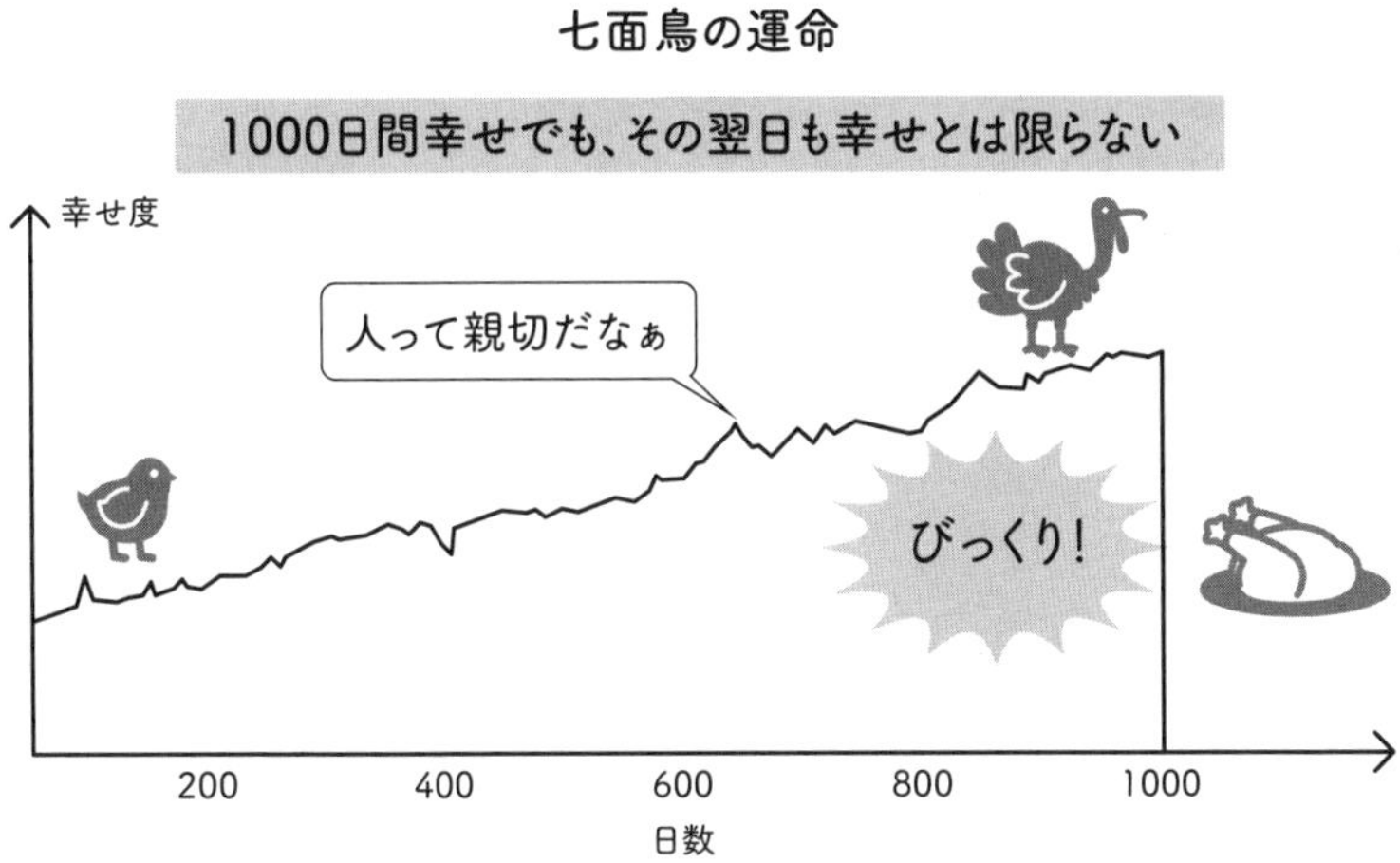

出典:『ブラック・スワン』(著者が一部改変)

幸せな七面鳥は、ある日突然殺される

毎日餌をもらう七面鳥は「人は親切だ。毎日餌をくれる」と思っているが、生後1000日経った感謝祭の前日、人に首を切られる。明日は今日までの出来事で、ある程度予測できるが、正確さはその予想の想定よりちょっと不足する。その「ちょっと」の違いで話はまったく変わる。

七面鳥のように、私たちも過去から論理的に結論を導き出そうとする。こうして得た知識が**帰納的知識**だ。Ｂｏｏｋ48『統計学が最強の学問である』で紹介した統計学も帰納的知識を導き出す方法だが、帰納的知識には限界もあるのだ。

過去の経験に基づく分析は意外とアテにならない。これは**帰納の問題**と呼ばれている。

マーケティングでも、次ページ図のように過去の時系列データの延長線上で将来を予測する人が多い。しかし別の予測もあり得るし、長期的に見ると

短期間ではまっすぐな線に見えるが、長期間で見ると直線でないことが多い

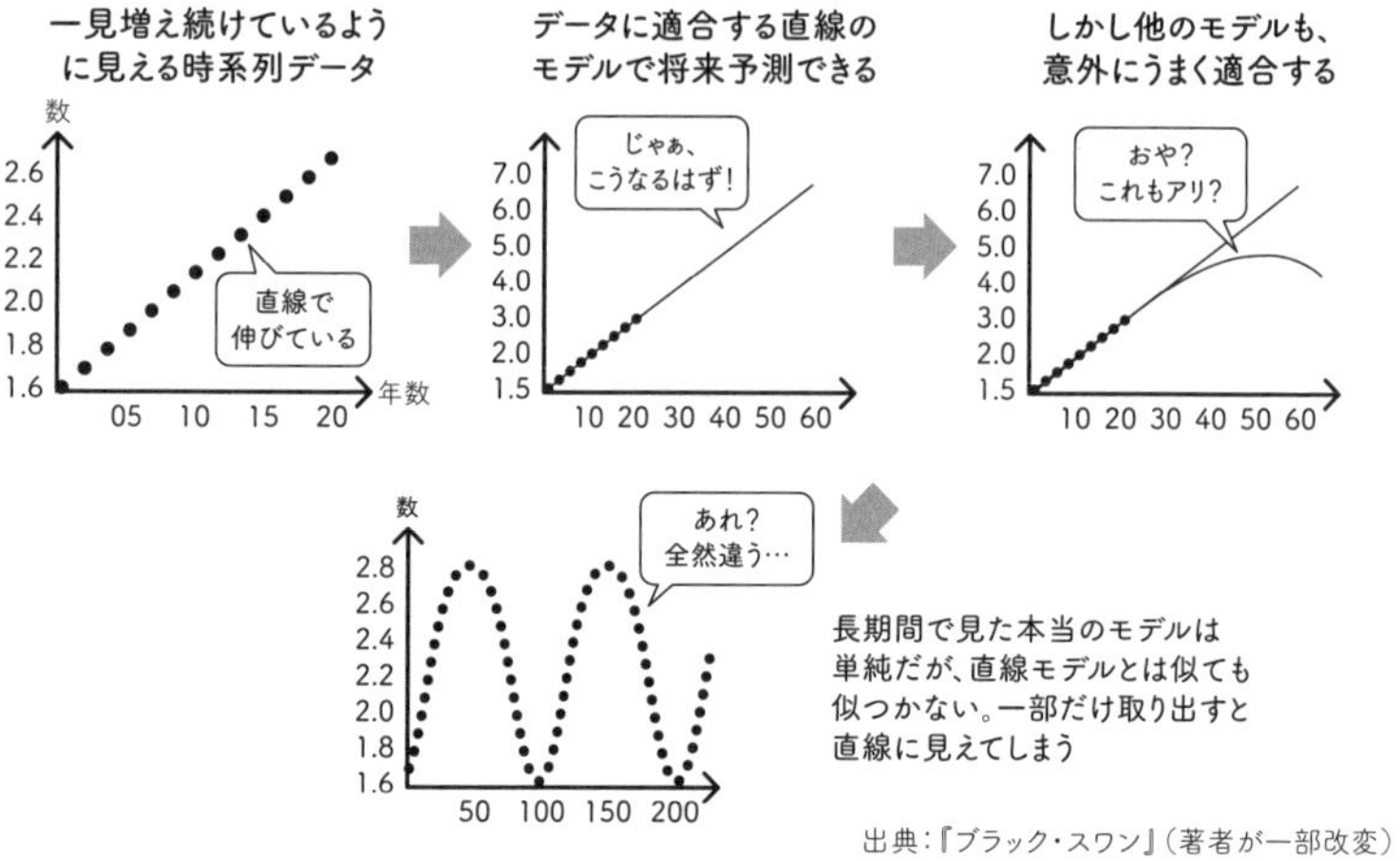

一見増え続けているよう
に見える時系列データ

データに適合する直線の
モデルで将来予測できる

長期間で見た本当のモデルは
単純だが、直線モデルとは似ても
似つかない。一部だけ取り出すと
直線に見えてしまう

出典：『ブラック・スワン』（著者が一部改変）

現実はまったく違うかもしれない。

バイアスで「黒い白鳥」が見えなくなる

女性を集めて12足のナイロンストッキングから好きなモノを選ばせ、選んだ理由を尋ねる実験があった。生地・肌触り・色などさまざまな要素が挙がった。実は12足は同じもので、被験者は選んだ理由を後づけでつくっていた。

私たちは**無意識に主張を裏づける事実を探し、意味をつくり出して解釈する**ことがある。

そもそもある事実が主張を裏づけるものであっても、必ずしもそれが証拠になるとは限らない。実際に白い白鳥を何百万羽見つけても「黒い白鳥はいない」という証明にはならなかった。

さらに一見、因果関係があるように思えても、実際には因果関係が存在しないことも多い。

たとえば成功した億万長者には、勇気があり、リスクを取り、楽観主義という共通点がある。しかし大失敗した人にも、勇気があり、リスクを取り、楽観主義という共通点がある。両者の特徴は同じである。両者を分けたものは、実は**純粋な運**なのだ。

大人数でジャンケンすると必ず10回連続で勝つ人がいる。その人はジャンケンの才能があるわけではない。単に、運がいいだけだ。しかし、私たちは存在しない因果関係を勝手に頭の中につくり上げて「私はジャンケンが強い」と考えてしまう。

以上のように人は「自分はすべて知っている。知らないことはない」と思い込みがちだ。想定しない未知の世界、つまり**未知の未知**があると考えないから、想定外が起こるのだ。

「月並みな国」と「果ての国」

世界は「**月並みな国**」と「**果ての国**」に分かれている。

歴史上、最も体重が重い人は635キロだったという。しかし、世の中からランダムに1000人選び、635キロの人を加えても、平均体重にはほとんど影響しない。これが「月並みな国」だ。グラフで横軸に体重、縦軸に人数をとると、体重の分布は平均体重の人が一番多く、平均から外れるほど人数は急速に少なくなる**ベル型カーブ**を描く。体重1トンの人が存在する確率は0ではないが、まずあり得ない。だからベル型カーブを使い、いろいろな確率を計算できる。統計学はこの「月並みな国」で有効な方法論だ。

一方で2020年の世界富豪ランキング1位はアマゾン創業者のジェフ・ベゾスで、資産は約14兆円。世の中からランダムに1000人選んでベゾスを加えると、全資産でベゾスが占め

「月並みな国」と「果ての国」

月並みな国

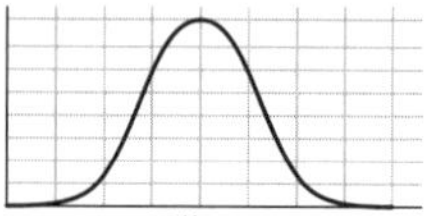

確率に沿って、
ベル型カーブに
従って分布する

例 身長、体重、自動車事故、カジノの稼ぎ

- 典型的なメンバーは平均値
- 勝者はほんの一部を取る。平等
- 先祖が住んでいた環境で見つかることが多い
- 黒い白鳥に左右されない
- 過去の情報からある程度予測可能（統計学が有効）

果ての国

分布は予測できない。
黒い白鳥次第。
偶然に支配される

例 財産額、所得、知名度、災害被害、企業規模、価格、経済データ

- 典型的メンバーはいない。巨人か小人
- 勝者総取り。不平等
- 現代の環境で見つかることが多い
- 黒い白鳥に振り回される
- 過去の情報から予測ができない（統計学は使えない）

出典：『ブラック・スワン』（著者が一部改変）

る割合は99・9％以上になる。資産の平均値はベゾスがいるかどうかでまったく変わってしまう。これが「果ての国」だ。格差が大きい。平均から外れた一つが圧倒的に大きな影響を及ぼす。

月並みな国では、Book48『統計学が最強の学問である』の視聴率調査で紹介したように、データが増えるほど予測が正確になる。

果ての国では、データが増えても予測は少ししか正確にならない。多くの人のデータを集めて平均年収を計算しても、ベゾスが加わるだけで平均値は激変する。一つの出来事がとても大きな影響を与える。黒い白鳥はこの「果ての国」にいる。しかも現代は多くのものが密接につながり合っているので、「果ての国」の領域が拡がっている。だから世界中で想定外の黒い白鳥が頻繁に現れているのだ。

カジノは一見不確実な世界だが、実は月並みな国だ。勝率は計算できるし、ルールも掛金倍率も不変。掛金上限もある。客が多いほどベル型カーブに従って収益を正確に計算できるので、カジノ経営者は確実に儲けられる。しかし現実のビジネスの世界は、勝率は計算できないし、ルールも頻繁に変わる。カジノの世界とビジネスの世界はまったく違うのだ。

著者はニューヨーク大学で確率論を教えた経験があり、統計学を知り尽くしているが、「統計学は壮大な知的サギだ。統計学者は『自分たちは月並みな国にいる』と思い込んでいる可哀想な人たちだ。統計学は消毒されたつくり物に基づいて考えられている。統計学は犯罪統計や死亡率のように、ごく一部の月並みな世界でしか使えない」と手厳しい。実際、果ての国にいるのに「月並みな国にいる」と勘違いすると、ひどい目に遭う。

たとえば、ショールズとマートンは、新しい金融理論を開発してノーベル経済学賞を受賞した。彼らの理論は「月並みな国」のベル型カーブ分布が前提だったが、現実には金融市場は想定外の大きな金融危機が10年に一度の頻度で起こる典型的な「果ての国」だ。

彼らは金融理論を実践するヘッジファンドＬＴＣＭを立ち上げた。当初は大きな収益を上げたが、数年後のロシア金融危機を契機に会社は潰れ、金融市場に甚大な影響を与えた。

彼らの理論は、大きな外れ値が出る可能性を無視していたのだ。

統計学では「未知の未知」は予測できない。ではどうすればいいのか？

「予測できない」ことを武器にする

現実には、人間は賢くない。出発点は「自分は知識がない」ことを恥ずかしく思わないことだ。予測できないならば、予測できないことを利用すればいい。

著者はトレーダー時代から実践してきた**バーベル戦略**を推奨している。バーベル戦略は超保守的投資と超積極的投資を組み合わせた戦略だ。お金の85～90％を超安全資産（米国短期国債など）に投資、残り10～15％は超投機的な賭け（オプション取引など）に投じる。こうすればどんな黒い白鳥が来ても安全資産は守れるし、ひどい目には遭わない。

この考え方はビジネスでも応用できる。まず**悪い黒い白鳥と良い黒い白鳥**を区別する。

悪い黒い白鳥とは、予期せぬことで大打撃を受け、大損害が出る可能性がある既存事業だ。悪い黒い白鳥には、被害妄想のような態度を取り、虎の子の既存事業を徹底して守る。

良い黒い白鳥とは、勝率は少ないが大化けする可能性がある新事業だ。良い黒い白鳥には、目一杯自分をさらす。損しても失うものが少なく、成功すると利益が大きい新事業に片っ端から手を出す。そもそも黒い白鳥は予測できない。だから細かいことは一切気にしない。不確実性の構造はわからなくてもまったく構わない。

世の中の発明のほとんどは、**セレンディピティ**（ふとした偶然でいい目に遭える能力）のおかげで生まれたものだ。ＥＤ治療薬バイアグラは高血圧の薬として開発中に勃起不全の治療効果が見つかった。つまり**未知こそが大きなチャンス**なのだ。

良い黒い白鳥に出会うには、投資上限を決め、リスクは回避せずにむしろ歓迎し、偶然に出会えるチャンスを徹底的に高めることだ。チャンスや、チャンスに見えるものには次々と手を出せばいい。大雑把に悪い影響とよい影響に焦点を当てて考え、悪い影響を最小限にし、よい影響を最大化するように考えればいい。確率を厳密に計算する必要はない。

Book8『両利きの経営』で紹介した**知の深化**と**知の探索**とも相通じる考え方だ。

本書はBook48『統計学が最強の学問である』と逆の主張をしているように見える。しかし私たちが学ぶべきポイントは、要は確率に沿って分布する月並みな世界（視聴率など）では統計学を、黒い白鳥が支配する不確実な世界では本書の考え方を使えばいいということだ。

今後、私たちが黒い白鳥と遭遇する可能性はますます高まっていく。

だからこそ著者が推奨するように、超保守的投資で悪い黒い白鳥の影響を最小限化しつつ、超積極的投資で良い黒い白鳥との出会いを増やしていく「バーベル戦略」を、私たちもビジネスで取り入れるべきだろう。

POINT

〝悪い〟黒い白鳥の影響を最小限化し、〝良い〟黒い白鳥との出会いを増やせ

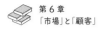

Book
50

『限界費用ゼロ社会』（NHK出版）

——コロナ後の世界で生き残るために必要なことは？

ジェレミー・リフキン

文明評論家。欧州委員会、メルケル独首相をはじめ世界各国の首脳・政府高官のアドバイザーを務めるほか、TIRコンサルティング・グループ代表として協働型コモンズのためのIoTインフラづくりに寄与する。ペンシルベニア大学ウォートン・スクールの経営幹部教育プログラムの上級講師。著書『ヨーロピアン・ドリーム』はCorine International Book Prize受賞。広い視野と鋭い洞察力、未来構想を提示する手腕は高い評価を得る。

従来の常識では理解できないことが起こっている。GAFAと呼ばれるグーグル、アップル、フェイスブック、アマゾン4社の時価総額は580兆円（本書執筆時点の2020年9月現在）。日本のGDPとほぼ同額。しかもコロナ禍の半年間で、50％以上も増えた。

この謎を解くカギが、本書の**限界費用ゼロ**の概念だ。

『MBAマーケティング必読書50冊を1冊にまとめてみた』の最後に本書を紹介する理由は、限界費用ゼロの概念を理解することは現代では必須だからだ。本書は米国のメディアで「恐るべき結末を示した示唆に富む一冊」「多くの人がいかに生きるべきか再定義を迫っている」と評されている。

限界費用とは、生産量を1単位増やした際の費用増加分のことだ。

たとえば、あるパン屋を考えよう。家賃は月20万円、パン1個の材料費は10円とする。つくるパンが1個でも10個でも、家賃は同じだ。一方で材料費は、パンを2個つくると20円、3個だと30円だ。このように生産量を1個増やす際にかかる費用10円が、限界費用だ。

いまさまざまな世界で、この限界費用がゼロに近づいている。たとえばあなたがウェブサイトを立ち上げた場合、サイト制作と運営には費用がかかるが、サイトのユーザー数が少々増えても費用はほとんど変わらない。つまり限界費用はほぼゼロになる。

なぜこうなるのかを理解するには「**指数関数的**」の意味を理解することが必要だ。

未来は「指数関数的な世界」の延長線上にある

あなたは、次のいずれかの金額をもらえるとしたらどちらを選ぶだろうか？

❶毎日100万円ずつ積み立てて、365日後に受け取る
❷1万円を毎日3％ずつ増やして、365日後に受け取る

30日後を比較すると、❶は3000万円、❷は2万4272円。
90日後を比較すると、❶は9000万円、❷は14万3005円。
しかし365日後は、❶は3億6500万円、❷は4億8482万円。
ちなみに2年後だと、❶は7億3000万円、❷は23兆5057億円。

❷が指数関数的な世界だ。指数関数的な変化は、最初はごく小さい。しかし時間が経つとものすごく大きな違いになる。そして現代の変化は、指数関数的なことが増えつつある。

ITの世界には、集積回路の素子数が2年ごとに倍増する「**ムーアの法則**」がある。コンピュータの心臓部・集積回路の演算能力は素子数で決まる。このためコンピュータの価格性能比（コスパ）は2年ごとに半分になる。

私がIBMに入社した1984年、最高性能のコンピュータの価格は20億円だった。

今はこれよりも演算能力が高いスマホが実質0円だ。コンピュータの演算コストは指数関数的に下がった。ユーザーが少々増えてもコストは増えない。限界費用はいまやほぼゼロ。だからグーグルは何十億人ものユーザーに無料でサービスできる。ムーアの法則はすでに日本でも広く知られている。しかしその本質的な意味は、日本では十分に理解されているとは言い難い。

Book47『思考』の中にこんなエピソードがある。1993年、米国で軍事用に使われていたGPSが民間に開放され、米国のある研究所で軍事用GPSを積んだ車を開発していた。最初のカーナビだ。これを見た日本の古参の自動車技術者は、こう言ったという。

「米国の軍事技術の連中はバカだ。あの車に積んだGPSは車本体よりも高いんだ。そんなの売れるわけがない」

カーナビGPSが普及したいま、本当のバカがどちらかは歴史が証明している。

米国の技術者は、将来のコストが指数関数的に下がることがちゃんと見えていた。日本の技術者は現在しか見ず、将来のコストが劇的に下がる指数関数的な世界が見えていなかった。

指数関数的な世界では、未来は現在の直線上にはない。未来は指数関数的な延長線上にある。次ページ図の左のようにグラフの縦目盛を10、20、30、40と等間隔で考えず、図の右のよ

「直線の世界」と「指数関数の世界」

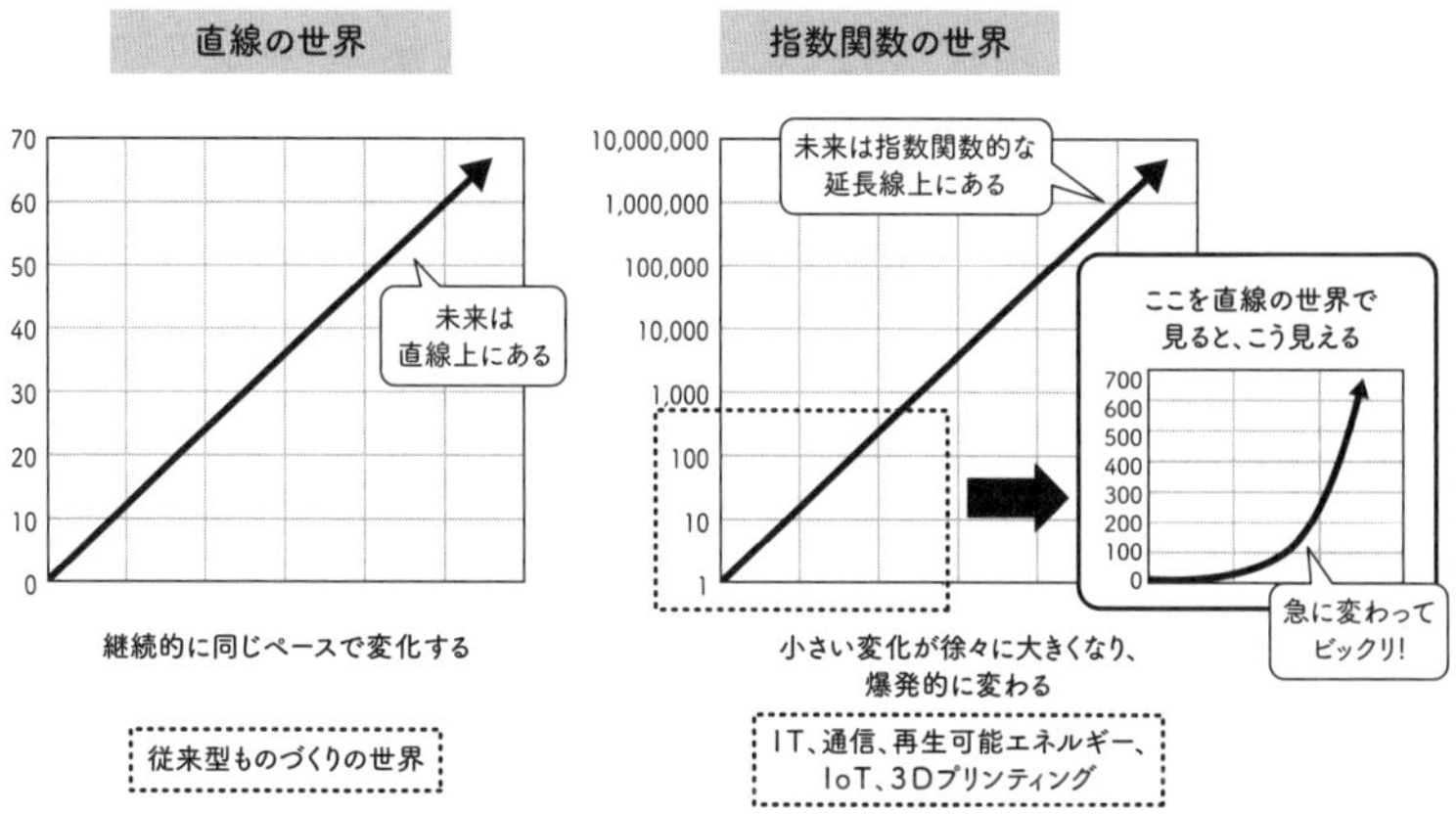

出典:『限界費用ゼロ社会』を参考に著者が作成

うに縦目盛を1、10、100、1000と1桁ずつ上がる世界で考えるのだ。ちなみに、この図右のようなグラフを「**片対数グラフ**」という。

指数関数的な世界では時間経過とともに価格性能比が飛躍的に上がり、限界費用はゼロに近づく。この未来を見越し、ドンピシャのタイミングで妙手を打つビジネスが成功する。

ユーチューブは、2005年にピザ販売店と日本食レストランの2階にある小さなオフィスで創業した。当時の非力なコンピュータや通信回線では動画を扱うのは大きな負荷だったし、動画配信を支えるサーバーや回線コストは金食い虫で、しかも収益化のメドも立っていなかった。しかし、翌年2006年にグーグルは約1700億円でユーチューブを買収。その後サーバーや回線の性能が飛躍的に向上し、動画は当たり前に使えるようになった。いまやユーチューブはグーグルの大きな収益源だ。

このような未来が見えないまま、従来の直線的な世界で努力を続け、戦うとどうなるか?

これは**筋肉量が毎年2倍になる化け物のようなライバルと、オリンピックで戦うようなもの**だ。指数関数的な世界を見据えて準備を整え、時間経過とともに桁違いに能力を上げてくるライバルと戦っても、絶対勝てない。努力で克服できる範囲をはるかに超えている。

エネルギーの限界費用もほぼゼロに近づく

「でも、それってITの世界だけの話じゃないの?」と思うかもしれない。

指数関数的に性能向上し、限界費用ゼロに近づく世界は拡がっている。

たとえば、2015年は30セント。**再生可能エネルギー**。200分の1だ。太陽電池の価格は1977年に1ワット当たり76ドルだった。2015年は30セント。200分の1だ。風力発電の風力タービンの生産性も過去25年間で100倍に増え、性能は10倍以上に伸び、コストは大幅に下がった。

再生可能エネルギーのコストが指数関数的に下がり続けた結果、エネルギー全体に占める再生可能エネルギーの比率は2000年以降急増、2019年には5%を超えた。今後はエネルギーの主役になり、エネルギーの限界費用はほぼゼロに近づいていく。

コミュニケーションの世界では**IoT**(モノのインターネット化)が爆発的に拡がっている。2007年、世界中のセンサーの数は1000万個だった。2030年の予想は100兆個。13年で1000万倍だ。あらゆるものにセンサーがつけば生産性は劇的に上がる。

工場をセンサー内蔵ロボットで自動化すれば無人化でき、労働の限界費用はほぼゼロになる。世界で2003年に1億6300万人いた工場労働者は、2040年には数百万人に減るという予測もある。アマゾンは自社倉庫を自動化、配送もドローンを活用し、物流の無人化を目指している。自動運転が普及すれば、配送は限界費用ほぼゼロの自動運転車が担う。工場・倉庫・自動運転車は、再生可能エネルギーで動くようになる。こうして輸送も無人化・効率化により、限界費用はほぼゼロに近づいていく。

ものづくりの世界では、**3Dプリンター**が進化して価格性能比が指数関数的に下がっている。3Dプリンティングは材料を一層ずつ積み重ねて製品をつくる。材料コストは従来の製造方法の10分の1で済み、ムダがないので生産性も高い。自動で動く3Dプリンターは労働コストも不要だ。再生可能エネルギーを使えば限界費用ほぼゼロで製品を生産できる。今後30年でさらに複雑な製品を安価に製造できるようになる。

このような世界が拡がる未来では、私有財産の意味は徐々に消えていく。

若者の新しい価値観が社会を変えていく

自動車は私有財産の象徴だが、近年若者の自動車離れが指摘されている。今の若者は自動車よりもネットのアクセスを選ぶ。私も10年前に自動車を手放したが、まったく不自由はない。いまや多くの人がモノの所有にこだわらない。今の若者はおじさん世代から「欲望が薄い」と揶揄《やゆ》されるが、若者世代は相手への共感が強く、協働作業を重視し、多様な見方を尊重し、ダイバーシティへの理解も深い。環境保全意識もあり、お金で幸せが買えないことも知っている。この若者世代の特徴は、世界で共通に見られる。この価値観は、**物質主義症候群から抜け出した、限界費用ゼロ社会に最適化した価値観**ともいえる。

コロナ禍でデジタル化が5～10年分前倒しされ、限界費用ゼロ社会が拡がっている。

私もコロナ禍を契機にお金を使わなくなった。以前は毎月長距離出張でホテルに宿泊、都内の会場で自社主催セミナーを行い、頻繁に外食していた。いまはオンラインで多くの人たちにセミナーや研修を行い、打ち合わせもできる。自宅で普段着で過ごし、外食もしない。

こんな世の中になって、いま若者を中心に「**時間や場所に縛られず、フリーランスとして自立して仕事し、成長していきたい**」と考える人が増えている。

テレビを観ていたらフリーランスのコミュニティが紹介されていた。鎌倉にほど近い一軒家に、20～40代の男性5人と女性3人が暮らしている。全員がフリーランスのデザイナーやエンジニアだ。各自が個室をもち、プライバシーを確保。家賃・水道・光熱費込みで家賃6万8000円。個人がフリーランスとして仕事を始めやすくするために、このようなシェアハウスをつくったという。個人で仕事が見つからなくても、企業のホームページ制作などの仕事を住民同士でシェアし請け負っている。入居希望者は100人待ちだという（『ワールドビジネスサテライト』テレビ東京、2020年8月31日放送）。

いまはパソコンさえあれば、最新技術はほぼ無料で活用できる。服はGUかユニクロ、日用品は100均で調達すれば十分。ある程度仕事ができれば、コミュニティの中で楽しく暮らせる。本書ではこのようにさまざまなものを共有し合うモデルを「**共有型コモンズ**」と名づけている。コモンズとは、たとえばマンションの管理組合のように自主的に共有管理する場のことだ。

若者にとって魅力がない大企業が職場として選ばれなくなる時代が間もなくやってくる。

さらにコロナ禍で需要が大きく変動した。本書では「**10%効果**」が紹介されている。**一般に考えられるよりもはるかに低い閾値を超えた途端、壊滅的なインパクトが生まれる**ということだ。たとえば、消費者が消費を10%減らし、仲間との共有を10%増やしただけで、従来型企業の利潤に与えるインパクトは甚大になる。この変化に対応できない昔ながらの企業は、消費者から選ばれず、若者から職場としても選ばれなくなり、市場からも消え去る。

いま企業は変革か、さもなくば淘汰される覚悟を決めるか、決断を迫られている。

著者は本書で「限界費用ゼロ社会で、あらゆるものが無料になるのは2050年」と予想する。コロナ禍でデジタル化が進み、さらに前倒しで到来する可能性もある。

冒頭で紹介したように、GAFAの時価総額がコロナ禍で50%も増えたのも、世界のデジタル化が進んだことで、デジタル化をリードする企業のさらなる成長を株式市場が期待した結果だ。時代は確実に本書が示す限界費用ゼロ社会に向かって進化中だ。このような時代こそ、自ら柔軟に変化できる者が大きなチャンスをつかむ。

自ら変化する者になろう。

POINT

指数関数的な世界を理解すれば、新たな世界でチャンスをつかめる

おわりに――名著をビジネスで活かす方法

名著を読んでビジネスに活かすことは、とてもコスパが高い自己投資である。

最後に、そのヒントをまとめたい。

本書を読み終えて、学びがいくつか得られたら、最も大きな学びについて、その方法論を仕事でまずはそっくりそのまま実践することをお勧めしたい。できれば原書も読むこと。結果は必ず振り返る。失敗したら、それはなぜか。成功したら、どこがよかったか。修正しながら繰り返せば徐々に力がつき、継続すればするほど大きな力が身につくはずだ。

Book10『アイデアのつくり方』は、本文で紹介したように私の人生を大きく変えた。

当時20代後半の私は、企画担当者としてアイデアに困っていた。「すぐれたアイデアは定型作業で生まれる」という点に感銘を受けた。そこで本書の方法論（①情報収集→②徹底咀嚼→③忘れる→④ひらめく→⑤まとめる）を日常業務でそのまま実践した。すると、次第に通勤途中や風呂に入ってボーッとしているときに、難問を解決するアイデアがひらめくようになった。その後、私はこの本を座右の書として30年間実践し、企画力と戦略策定力を身につけた。

またマーケティング戦略を俯瞰的に考え首尾一貫して実行すれば、マーケティングは大きな力を発揮する。そのためには自分の守備領域を広げる必要がある。このときも名著が役立つ。

あなたが製品開発部門の製品担当者ならば、Ｂｏｏｋ3『ポジショニング戦略［新版］』を学ぶことで、製品をいかにポジショニングすれば売れるかがわかる。

あなたがウェブマーケティング担当者ならば、Ｂｏｏｋ38『小売再生 リアル店舗はメディアになる』を読めば、実店舗とウェブをいかに連携させればチャンスをつかめるかがわかる。

あなたの守備範囲を拡げるヒントを見つけるには、本書を常に自分の手が届くところに置き、時間を見つけてパラパラとめくり、眺める習慣をつける方法もお勧めだ。

さて、本書で紹介した50冊には、対立する理論もあることに気づいた読者もいるだろう。

たとえば、Ｂｏｏｋ22『顧客体験の教科書』でジョン・グッドマンは「顧客を維持するために、顧客トラブルを減らせ」と主張するが、Ｂｏｏｋ5『ブランディングの科学』でバイロン・シャープは「既存顧客維持よりも、新規顧客獲得」と主張する。他にも対立する主張をしている著者は多い。

「おいおい、どっちなんだ？」と思う人も多いだろう。

実はマーケティングの世界は、最新理論ほど理論が対立することがある。

これには理由がある。理論の世界は、対立し合う意見同士で事実に基づいて議論を戦わせ、対立と矛盾を克服し、より高い段階に進化を図るという方法論で進化している。

私たち日本人は慣れていない人が多いが、これはグローバルのビジネスでも一般的な議論のスタイルだ。現在対立する理論も、議論を通じて次第に整合性が取れていくだろう。世界の論文を検索できるグーグル・スカラーで検索すれば、最新論文（主に英語）を見つけることができるので、興味がある方はぜひご確認いただきたい。

実際には対立する理論Aと理論Bがあっても、前提条件次第でどちらも正しいことが多い。aの状況では理論Aが正しく、bの状況では理論Bが正しい、という感じだ。対立する理論とその背景を理解すれば、自分の状況にあてはめて最適な答えを導き出せるようになる。

そこで本書では最新マーケティング理論を理解するために、あえて対立する理論も掲載した。

ビジネスで勝つのは、売れる仕組みがわかっている人だ。

ぜひ本書を活用しながら、日々の仕事を通じてマーケティング力を高めて欲しい。

2020年10月

永井　孝尚

Book List

前著『世界のエリートが学んでいるMBA必読書50冊を1冊にまとめてみた』の掲載書籍一覧

第1章「戦略」

Book1『新訂 競争の戦略』 M・E・ポーター著、ダイヤモンド社
➡米国企業の経営者が必ず手元に置いているといわれる戦略のバイブル。

Book2『競争戦略論Ⅰ』 M・E・ポーター著、ダイヤモンド社
➡「日本企業には戦略がない」など現代の経営課題を「戦略」の視点で説いた一冊。

Book3『戦略サファリ 第2版』 ヘンリー・ミンツバーグ他著、東洋経済新報社
➡「戦略は分析でなく人が生み出す」という立場で世の中の戦略論を大きく10の学派に分類し、その成り立ちから批判までを俯瞰。

Book4『競争優位の終焉』 リタ・マグレイス著、日本経済新聞出版社
➡「一時的競争優位性」を獲得し、成長し続ける10社の共通点を紹介。

Book5『良い戦略、悪い戦略』 リチャード・P・ルメルト著、日本経済新聞出版社
➡「良い戦略」と「悪い戦略」に分けて、その違いを明快に示した一冊。

Book6『ゲーム理論で勝つ経営』 A・ブランデンバーガー他著、日本経済新聞社
➡ビジネスは勝ち負けだけではない。「双方が勝つ」ゲームがあることを教えてくれる。

Book7『コア・コンピタンス経営』 ゲイリー・ハメル／C・K・プラハラード著、日本経済新聞社
➡1995年、長く低迷していた米国企業に「自社の強みを磨き、未来を開け」と提言した書。現在低迷する日本企業への示唆は大きい。

Book8『企業戦略論』 ジェイ・B・バーニー著、ダイヤモンド社
➡「会社の業績は経営資源で決まる」と主張し、大きな影響を与えた一冊。

Book9『ダイナミック・ケイパビリティ戦略』 デビッド・J・ティース著、ダイヤモンド社
➡経営資源を動的に組み直し、「新しい強み」をつくることを提唱。

Book10『知識創造企業』 野中郁次郎／竹内弘高著、東洋経済新報社
➡日本企業を事例に、企業が知識を組織的に生み出す仕組みについて解説。

第2章「顧客」と「イノベーション」

Book11『顧客ロイヤルティのマネジメント』 フレデリック・F・ライクヘルド著、ダイヤモンド社
➡新規顧客よりも既存顧客を大切にすれば儲かると提言。企業が顧客維持を重視する契機となった書。

Book12『ネット・プロモーター経営』 フレデリック・F・ライクヘルド他著、プレジデント社
➡顧客ロイヤルティを具体的に把握するNPSという方法論を提唱した一冊。

Book13『キャズムVer.2』 ジェフリー・ムーア著、翔泳社
➡新商品を普及させる方法をまとめたハイテク・マーケティングのバイブル。

Book14『イノベーションのジレンマ』 クレイトン・クリステンセン著、翔泳社
➡リーダー企業が新興企業のオモチャのような商品によって市場から追い出されるのはなぜか？ その謎を解明した書。

Book15『イノベーションへの解』 クレイトン・クリステンセン他著、翔泳社
➡破壊的技術によってリーダー企業を追い落とす方法を解明した一冊。

Book 16『**ジョブ理論**』 クレイトン・クリステンセン著、ハーパーコリンズ・ジャパン
➡運任せにせずにイノベーションを生み出す成功パターンを提示。

第3章「新規事業」と「起業」

Book 17『**企業家とは何か**』 J・A・シュンペーター著、東洋経済新報社
➡現代のイノベーション論や起業家論の源流ともいえる古典。

Book 18『**アントレプレナーの教科書**』 スティーブン・G・ブランク著、翔泳社
➡「新商品を成功させるには、製品開発ではなく顧客開発せよ」として、顧客開発モデルを提言。

Book 19『**リーン・スタートアップ**』 エリック・リース著、日経BP社
➡トヨタ生産方式から学んだスタートアップを成功させる方法を紹介し、大きなムーブメントを巻き起こした。

Book 20『**トヨタ生産方式**』 大野耐一著、ダイヤモンド社
➡かんばん方式などの「トヨタ生産方式」を体系化した著者が解くものづくりのあり方。世界の起業の考え方に大きな影響を与えた。

Book 21『**アダプト思考**』 ティム・ハーフォード著、武田ランダムハウスジャパン
➡生物学にもとづき「失敗からの学びが進化を生み出す」と説いた一冊。

Book 22『**ZERO to ONE**』 ピーター・ティール著、NHK出版
➡シリコンバレーで絶大な影響力をもつ著者がゼロから1を生み出す方法を伝授。

Book 23『**［新版］ブルー・オーシャン戦略**』 W・チャン・キム／レネ・モボルニュ著、ダイヤモンド社
➡レッド・オーシャン（競争が激しい市場）から抜け出し、ブルー・オーシャン（ライバルなき新市場）をつくる方法を提唱しビジネス界を席巻した一冊。

Book 24『**ブルー・オーシャン・シフト**』 W・チャン・キム／レネ・モボルニュ著、ダイヤモンド社
➡普通の会社がブルー・オーシャン市場を開拓するための実践的方法を紹介。

Book 25『**発想する会社！**』 トム・ケリー他著、早川書房
➡誰でもクリエイティブになれるデザイン思考を提唱した一冊。

Book 26『**メイカーズ**』 クリス・アンダーソン著、NHK出版
➡デジタルでものづくりのハードルが一気に下がり、個人でもものづくりができる時代になっていることを示した書。

第4章「マーケティング」

Book 27『**ブランド優位の戦略**』 デービッド・A・アーカー著、ダイヤモンド社
➡世界的なブランド戦略の大家が書いた、強いブランドを戦略的につくる方法。

Book 28『**価格の掟**』 ハーマン・サイモン著、中央経済社
➡世界的な価格戦略の第一人者が、儲けるための価格戦略を解説。

Book 29『**フリー**』 クリス・アンダーソン著、NHK出版
➡グーグル検索やスマホアプリなどが無料で提供できるビジネスモデルの仕組みを解き明かした一冊。

Book 30『**パーミッション・マーケティング**』 セス・ゴーディン著、海と月社
➡「顧客の事前許可を得る」という現代のマーケティングの本質を示した書。

Book 31『**戦略販売**』 R・B・ミラー他著、ダイヤモンド社
➡法人セールスの戦略的で実践的な方法を教える現代セールスの基本書。

第5章 「リーダーシップ」と「組織」

Book 32 『**エクセレント・カンパニー**』 トム・ピーターズ／ロバート・ウォータマン著、英治出版
➡超優良企業のベストフォームを解明し、米国企業の経営を変えた一冊。

Book 33 『**ビジョナリー・カンパニー**』 ジム・コリンズ他著、日経BP社
➡業界トップの地位を長年維持する超一流企業の基本原則と共通パターン。

Book 34 『**ビジョナリー・カンパニー2**』 ジム・コリンズ著、日経BP社
➡平凡だったがあるとき急に飛躍する企業に共通する経営トップと戦略。

Book 35 『**日本の優秀企業研究**』 新原浩朗著、日本経済新聞社
➡産業政策のプロフェッショナルが示す日本の優秀企業に共通する条件。

Book 36 『**ティール組織**』 フレデリック・ラルー著、英治出版
➡「管理されない進化型組織が爆発的な成果を生み出す」ことを示す組織論。

Book 37 『**企業変革力**』 ジョン・P・コッター著、日経BP社
➡「従来の変革の進め方は間違っている。変革には定石がある」として、マネジメント至上主義からリーダーシップ重視への転換を主張した一冊。

Book 38 『**企業文化 生き残りの指針**』 エドガー・H・シャイン著、白桃書房
➡企業文化理論を打ち立てた第一人者が示す組織変革の方法。

Book 39 『**巨象も踊る**』 ルイス・V・ガースナー著、日本経済新聞社
➡破綻寸前の超巨大企業IBMに単身で乗り込み変革したIBM再生物語。

Book 40 『**スターバックス再生物語**』 ハワード・シュルツ他著、徳間書店
➡「スタバらしさ」を問い続け、低迷から復活を遂げるまでのストーリー。

Book 41 『**成功はゴミ箱の中に**』 レイ・クロック他著、プレジデント社
➡52歳でマクドナルドを起業した著者の情熱と執念を体感できる一冊。

Book 42 『**幸之助論**』 ジョン・P・コッター著、ダイヤモンド社
➡リーダーシップ論の世界的な権威が著した「経営の神様」の伝記。

第6章 「人」

Book 43 『**人を伸ばす力**』 エドワード・L・デシ他著、新曜社
➡「報酬はやる気を高める」という常識を覆し、自律性と有能感で人は学び続けて成長することを示した一冊。

Book 44 『**フロー体験入門**』 M・チクセントミハイ著、世界思想社
➡好きなことに夢中になる「フロー体験」が成長につながることを提唱。

Book 45 『**GIVE&TAKE「与える人」こそ成功する時代**』 アダム・グラント著、三笠書房
➡常に相手の立場で考える人が成功する仕組みを解き明かした書。

Book 46 『**予想どおりに不合理**』 ダン・アリエリー著、早川書房
➡不合理な人間の行動パターンを解き明かす「行動経済学」の全体像をわかりやすく解説。

Book 47 『**選択の科学**』 シーナ・アイエンガー著、文藝春秋
➡不確実性と矛盾が伴う「選択」を徹底的に研究した一冊。

Book 48 『**影響力の武器［第三版］**』 ロバート・B・チャルディーニ著、誠信書房
➡知らない間に他人に操られてしまう仕組みと対処法を紹介した世界的なロングセラー。

Book 49 『**さあ、才能に目覚めよう 新版**』 トム・ラス著、日本経済新聞出版社
➡ダントツの強みになり得る「原石」である資質を見つけるための本。

Book 50 『**リーディングス ネットワーク論**』 ミルグラム／コールマン／グラノヴェター著、勁草書房
➡日本で紹介されていなかった人のつながりに関する「ソーシャルネットワーク理論」の主要な7つの海外論文の翻訳をまとめた一冊。

本文デザイン／ホリウチミホ（ニクスインク）
本文イラスト／瀬川　尚志
編集協力／高橋　一喜

ま行

や行

ら・わ行

欧文

た行

な行

は行

索引

永井 孝尚（ながい　たかひさ）
マーケティング戦略コンサルタント。慶應義塾大学工学部を卒業後、日本IBMに入社。マーケティングマネージャーとして事業戦略策定と実施を担当、さらに人材育成責任者を担当し、同社ソフトウェア事業の成長を支える。
2013年に日本IBMを退社し、ウォンツアンドバリュー株式会社を設立。執筆の傍ら、幅広い企業・団体へ戦略策定支援を行う一方、毎年2000人以上に講演や研修を提供し、マーケティングや経営戦略の面白さを伝え続けている。さらに「永井経営塾」も主宰。2002年多摩大学大学院ＭＢＡ修了。
主な著書に、本書の第１弾となる『世界のエリートが学んでいるMBA必読書50冊を1冊にまとめてみた』のほか、シリーズ60万部突破！『100円のコーラを1000円で売る方法』（KADOKAWA）、『これ、いったいどうやったら売れるんですか？』（SB新書）など多数。

永井孝尚オフィシャルサイト takahisanagai.com
Twitter　@takahisanagai

世界《せかい》のエリートが学《まな》んでいる
MBAマーケティング必読書《ひつどくしょ》50冊《さつ》を１冊《さつ》にまとめてみた

2020年11月13日　初版発行
2024年９月５日　10版発行

著者／永井《ながい》 孝尚《たかひさ》

発行者／山下 直久

発行／株式会社KADOKAWA
〒102-8177　東京都千代田区富士見2-13-3
電話 0570-002-301（ナビダイヤル）

印刷所／TOPPANクロレ株式会社

●お問い合わせ
https://www.kadokawa.co.jp/（「お問い合わせ」へお進みください）
※内容によっては、お答えできない場合があります。
※サポートは日本国内のみとさせていただきます。
※Japanese text only

定価はカバーに表示してあります。

ISBN 978-4-04-604715-1　C0030